Dorothea Kirschbaum · Erzählen nach Wagner

ECHO

Literaturwissenschaft
im interdisziplinären Dialog

Herausgegeben von
Angelika Corbineau-Hoffmann,
Ursula Link-Heer und Pascal Nicklas

Band 14

Dorothea Kirschbaum

Erzählen nach Wagner

Georg Olms Verlag
Hildesheim · Zürich · New York
2010

Dorothea Kirschbaum

Erzählen nach Wagner

Erzählstrategien in Richard Wagners *Ring des Nibelungen* und Thomas Manns *Joseph und seine Brüder*

Georg Olms Verlag
Hildesheim · Zürich · New York
2010

Dieses Buch ist die durchgesehene und textlich leicht bearbeitete Fassung
der im Juli 2009 an der Universität zu Bonn angenommenen Dissertation
„Erzählen nach Wagner".

Die Deutsche Nationalbibliothek verzeichnet diese Publikation
in der Deutschen Nationalbibliografie; detaillierte bibliografische Daten
sind im Internet über *http://dnb.d-nb.de* abrufbar.

ISO 9706
Gedruckt auf säurefreiem und alterungsbeständigem Papier
Umschlagentwurf: Prof. Paul König, Hildesheim
Satz: Vollnhals Fotosatz, Neustadt a. d. Donau
Herstellung: druckhaus köthen, Köthen/Anhalt
Printed in Germany

www.olms.de
ISSN 1610-1189
ISBN 978-3-487-14442-9

Dank

Eine Arbeit, die sich zwischen den Disziplinen bewegt, bringt den ungeheuren Luxus zweier Doktorväter mit sich. Herrn Prof. Dr. Helmut J. Schneider danke ich für seinen literaturwissenschaftlichen Beistand und die konstruktive Kritik während der gesamten Promotionszeit. Den intensiven Seminardiskussionen und Kolloquien verdanke ich wichtige Anregungen und nicht zuletzt die Erkenntnis, dass genealogische Verbindungen im Literarischen kaum zu überschätzen sind.

Der musikwissenschaftliche Dank gilt Herrn Prof. Dr. Wolfram Steinbeck, der mich schon in frühen Semestern lehrte, bei der wissenschaftlichen Beschäftigung mit Musik nie das Musikalische aus den Augen zu lassen. Auch ihm möchte ich für die Anmerkungen und Fragen danken, mit denen er stets noch ungelöste oder versteckte Problemstellungen zu treffen vermochte.

Besonders danken möchte ich Herrn Dr. Markus Lorenz für ungezählte Diskussionen über „die zwei" und seine ermutigenden wiewohl kritischen Kommentare. Ihm und meiner Mutter, Frau Dr. Juliane Kirschbaum, bin ich für die geduldige und genaue Durchsicht der Arbeit in ihrer Schlussphase, aber auch in früheren Stadien zu großem Dank verpflichtet. Bedanken möchte ich mich auch bei Herrn M. A. Björn Dornbusch für sein prüfendes Lesen.

Mit Freundlichkeit, Fachkompetenz und Zuspruch hat sich der Georg Olms Verlag dieser Publikation angenommen. Frau Dr. Doris Wendt möchte ich für ihr Engagement danken, ebenso Frau M.A. Sandra Walczyk für ein letztes, hochkonzentriertes Lekorat.

Ein Projekt dieser zeitlichen Länge verfehlt nicht, seine Auswirkungen auf den Schreibenden und sein Umfeld haben. Mit fachlicher, praktischer und nervlicher Unterstützung hat ein treuer Freundeskreis die lange Entstehungszeit der Arbeit begleitet. Stellvertretend möchte ich Herrn Wolfgang Badun für das geduldige Ohr bei endlosen Monologen über das immergleiche Thema danken.

Und schließlich gebührt tiefer Dank meiner ganzen Familie, die sich bei harmlosen Abendessen unversehens literatur- und musikwissenschaftlichen Diskussionen ausgeliefert sah, die nicht nur toleriert, sondern mit Nachdruck und Werkkenntnis aufgenommen wurden.

Meinem Vater

Inhalt

Einleitung

Die persönliche, inhaltliche und formale Auseinandersetzung des Dichters Thomas Mann mit dem dichtenden Komponisten Richard Wagner zieht, nicht zuletzt angeregt und bestätigt durch Selbstaussagen des Autors, seit über hundert Jahren die besondere Aufmerksamkeit von Rezeption und Forschung auf sich. Im Hinblick auf formale Übernahmen weckt vor allem die ins Sprachliche gewendete (Leit-)Motivstruktur, die sich primär aus der Musikkunst Wagners ableitet, den Forscherehrgeiz. So untersucht schon eine der ersten Studien zu den erzählerischen Mitteln im Werk Th. Manns die Verwendung leitmotivischer Techniken: Alexander Paches Aufsatz *Über das Leitmotiv bei Thomas Mann*, veröffentlicht 1906 in den Hamburger Nachrichten.

Seit diesen Anfängen widmet sich die Forschung unter dem Aspekt der Wagnerrezeption vor allem den Werken, in denen der Wagnerbezug auch inhaltlich offensichtlich ist. Von Interesse sind in erster Linie Romane und Novellen des Frühwerks (beispielsweise *Buddenbrooks, Der kleine Herr Friedemann, Wälsungenblut, Tristan*) und die essayistischen Arbeiten (hier vor allem die Betrachtungen eines Unpolitischen und die Wagneraufsätze). Die Josephsromane bleiben in diesem Zusammenhang eher ein Stiefkind der Forschung.[1]

Dabei zeigen beispielsweise die Untersuchungen zum *Zauberberg*, besonders Eckhardt Heftrichs *Zauberbergmusik* (1975), dass es lohnend ist, auch in den Romanen und Erzählungen, in denen nicht direkt von Wagner und (seiner) Musik die Rede ist, auf Spurensuche zu gehen: Obwohl Wagner im *Zauberberg* nur eine mittelbare Bezugsgröße darstellt, nehmen seine Musik und der Wagnerismus als Epochenphänomen wie auch als Ausdruck der persönlichen Auseinandersetzung Th. Manns mit dieser Künstlerfigur einen festen Platz im symbolischen Gefüge des Romans ein. Musik allgemein ist

---

[1] Dies nicht nur im Hinblick auf die Bedeutung der Musik allgemein und unter dem Aspekt von Th. Manns Wagnerrezeption im besonderen. Insgesamt stehen die sporadischen Aufsätze und vereinzelten Monographien zahlenmäßig in keinem Verhältnis beispielsweise zu den Publikationen über den *Zauberberg*. Zu den Interessenschwerpunkten der Forschung gehören das Nachspüren und Aufschlüsseln der Quellen, Mythos und Mythosverständnis, Exilliteratur, wenige Einzelstudien widmen sich auch dem Erzählen. Seit Anfang der 90er Jahre ändert sich das Bild ein wenig, die Publikationen werden zahl- und variantenreicher. Damit geht einher die vor allem auf die Untersuchungen Heftrichs zurückgehende Einsicht, dass sich die Auseinandersetzung Th. Manns mit Wagner nach und mit dem *Zauberberg* doch noch nicht erledigt habe oder lediglich in den Aufsätzen fortgesetzt würde.

„politisch verdächtig", ein Urteil, das seinen tiefen Sinn erst aus Th. Manns (privatästhetischer) Metaphysik der Musik bezieht, in der sich die kunstlastige Willensphilosophie Schopenhauers mit Nietzsches Kritik an der Willensverneinung und seiner Wagnerkritik verbindet.

Dieser Komplex steht in engem Zusammenhang mit dem dekadenten Ästhetizismus um 1900 und gewinnt schärfere Konturen durch Thomas Manns eigenes Wagnererleben. Dass sich die Bezüge zwischen den Sprachwerken Th. Manns und den Musikdramen Richard Wagners vor diesem Hintergrund nicht in „einfachen" intertextuellen Verweisen (wie der Parodie von Charakteren, Figurenkonstellationen und Situationen, Handlungsverläufen, dem Einsatz verfremdeter oder sogar wörtlicher Zitate aus den Dramentexten und den Musikbeschreibungen) erschöpfen, nimmt kaum wunder. Auf einer formalen und auf einer symbolischen Ebene werden die Musik und das Musikalische selbst zum Symbol.

Th. Mann selbst ist es darum zu tun, die „stilbildende Wirkung" der Musik und den „Einfluß [der] Kunst Richard Wagners" auf seine Arbeit wahrgenommen zu sehen. Stellvertretend für andere Äußerungen eine Bemerkung aus Manns Einführung in den *Zauberberg* von 1939:

> Die Musik hat von jeher stilbildend in meine Arbeit hineingewirkt. (...) Der Roman war mir immer eine Symphonie, ein Werk der Kontrapunktik, ein Themengewebe, worin die Ideen die Rollen musikalischer Motive übernehmen. Man hat wohl gelegentlich – ich selbst habe das getan – auf den Einfluß hingewiesen, den die Kunst Richard Wagners auf meine Produktion ausgeübt hat. Ich verleugne diesen Einfluß gewiß nicht, und besonders folge ich Wagner auch in der Benützung des Leitmotivs, das ich in die Erzählung übertrug, und zwar nicht, wie es noch bei Tolstoi und bei Zola, auch noch in meinem eigenen Jugendroman ‚Buddenbrooks' der Fall ist, auf eine bloß naturalistisch-mechanische weise, sondern in der symbolischen Art der Musik.[2]

Nach eigener Aussage also ist die (leit-)motivische Technik dem Werk Wagners abgelauscht, und hier ist es wiederum der *Ring des Nibelungen*, in dem die Leitmotivkunst Form und Gehalt am nachdrücklichsten prägt. Wie bewusst sich Th. Mann dieser Tatsache ist, zeigt sich vor allem in den Wagneraufsätzen, in denen er seine Beobachtungen zum leitmotivischen Gewebe vorwiegend an Beispielen aus dem Ring vorführt.

---

2 Th. Mann: *Rede und Antwort*, in: *Gesammelte Werke in Einzelbänden*, hg. v. Peter de Mendelssohn, Frankfurt 1984, S. 75.

Die rezeptionssteuernde Wirkung der Selbstkommentare Th. Manns schlägt sich nicht zuletzt in dem Umstand nieder, dass in der Forschung sowohl die Funktionsweise der Motivstrukturen als auch ihr symbolischer Wert besonders diskutiert werden. Dabei rückt immer wieder die Frage in den Vordergrund, wie sich nun das musikalische Leitmotiv vom literarischen Motiv nach Art des Epithetons unterscheide und ob es überhaupt statthaft sei, die in Th. Manns Werken zu beobachtende Motivarbeit auf die Leitmotivtechnik in den Musikdramen Wagners zurückzuführen.

Jenseits dieser formalen Problematik wird die Motivstruktur auch als Ausprägung und Umsetzung einer ganzen ästhetisch-philosophischen Weltsicht gelesen, die auf Th. Manns Auseinandersetzung mit Schopenhauer basiert. Eine bei Mann zu findende Doppelstruktur des Erzählens lässt sich demnach als narrative Ausformung der zweigeteilten Welt als Wille und Vorstellung auffassen. So hat Børge Kristiansen gezeigt, wie mit den Mitteln realistischen Erzählens eine nicht-fiktionale, „realistisch" anmutende Welt, die Welt der Vorstellungen, aufgebaut wird; durch detaillierte Beschreibungen wird ein Wirklichkeitseffekt erzielt. Andererseits wird dieses Erzählen als Oberflächenschicht demaskiert durch die zweite Ebene des Erzählens: Wiederholungen, z. B. in Gestalt wiederkehrender sprachlicher Ausdrücke, Zitate und nicht zuletzt die kommentierenden Erzählerfiguren decouvrieren den Realismuseffekt als Schein. Vor allem die leitmotivischen Strukturen verweisen auf eine untergründige Bedeutung und laden das realistische Geschehen allegorisch auf.[3] Die Interpretation der Motive als Struktur, in der sich die (pessimistische) Weltsicht Schopenhauers formal ausdrückt, geht hier einher mit einer Kontextualisierung der Th. Mannschen Wagnerrezeption: Diese wird gesehen im Licht seiner Rezeption Schopenhauers, Nietzsches und schließlich auch Goethes und den damit verbundenen Themenkomplexen Musik und Sprache, Künstlertum und Bürgerlichkeit, Geist und Leben, Apollinisches und Dionysisches.

---

[3] Dazu v. a. Børge Kristiansens grundlegende Publikation *Thomas Manns ‚Zauberberg' und Schopenhauers Metaphysik*, 1984; komprimiert sein Aufsatz *Das Problem des Realismus bei Thomas Mann. Leitmotiv, Zitat, mythische Wiederholungsstruktur* im Th. Mann-Handbuch. Zum Joseph: *Ägypten als symbolischer Raum*, in: Thomas-Mann-Jahrbuch Band 6, 1993, S. 9–36. Zu den Schopenhauereinflüssen in den Josephsromanen außerdem Dierk Wolters: *Zwischen Metaphysik und Politik. Thomas Manns ‚Joseph und seine Brüder' in seiner Zeit*, Tübingen 1998.

Auf diesen Ansätzen kann auch eine Untersuchung der Josephsromane aufbauen, spielt hier Musik zunächst inhaltlich, als (künstlerisches) Ausdrucksmittel, auch tatsächlich eine eher untergeordnete Rolle. Sie begegnet dem Leser als Klage- und Freudengesang zur Begleitung religiöser Riten (so der Klagegesang der Frauen im festlichen Begehen des Adonis-Kults), ein anderes Mal als (vom Erzähler beißend kommentiertes) mittelmäßiges Gelegenheitsprodukt eines ägyptischen Höflings. Sie ist allerdings auch die Form, in der Jaakob durch seine Enkeltochter Serach nach Jahren erfährt, dass sein tot geglaubter Sohn Joseph noch lebt.[4] Sich selbst auf der Leier begleitend, singt sie ein einfaches Lied mit wiederkehrendem Refrain („Der Knabe lebt"). Zunächst vom „Geharf" angetan, zeigt sich der alternde Patriarch bei näherem Hinhören vom Inhalt verärgert und verliert sich in Betrachtungen über die Zusammenhänge von Wort, Poesie und Zeichen.

An die grundlegenden Diskussionen um die Musik in den *Buddenbrooks*, im *Zauberberg* oder natürlich im *Dr. Faustus* reichen diese Ausführungen kaum heran. Und doch wird in dieser Passage und in weiteren Bemerkungen eine Sichtweise auf das Musikalische deutlich, die nicht nur vertraute Kriterien aus Th. Manns Gesamtwerk (Rausch, Erotik, Gefährlichkeit, Heimsuchung, kurz: das Dionysische) einbringt, sondern diese als immer noch gültige Pole im konzeptuellen Spannungsfeld der Josephsromane kenntlich macht. Die symbolische Bedeutung der Musik bzw. des Musikalischen wird formal, vor allem durch die Ausarbeitung eines motivischen „Beziehungsgeflechts", in die narrative Struktur aufgenommen.

Mittlerweile ist die Erkenntnis, es sei viel Wagner im *Joseph*, in der Forschung nicht mehr nur vereinzelt anzutreffen. Rudolf Vaget, der die Bedeutung Wagners für Thomas Mann weit über die anderer „Künstlergestalten" (Goethe, Tolstoi, Schiller) stellt,[5] geht sogar so weit, im „summum opus seiner mythopoetischen Erzählkunst, >Joseph und seine Brüder<, auch das Gipfelwerk seines Wagnerismus" zu sehen:

---

[4] Thomas Mann: *Joseph, der Ernährer* in: Gesammelte Werke in Einzelbänden, hg. v. Peter de Mendelssohn, Frankfurt 1983, S. 433–444. Im Folgenden gelten die Siglen Jak (*Die Geschichten Jaakobs*), JJ (*Der Junge Joseph*), Ägy (*Joseph in Ägypten*) und E (*Joseph, der Ernährer*).

[5] *Im Schatten Wagners*, Frankfurt 2005, S. 312.

> Das nahtlose Motivgewebe, die Kunst der von langer Hand vorbereiteten Übergänge, der interne und externe Beziehungszauber wie überhaupt der hohe, verpflichtende Begriff von Werk und Lebenswerk markieren Thomas Mann als einen Erzähler im Geiste Wagners.[6]

Für Vaget ist das Moment des Kreativen, die Verarbeitung im Werk, der entscheidende Motor für Th. Manns lebenslange Auseinandersetzung mit Wagner. Wie genau dieses Kreative aussieht, wie „Motivgewebe" und „Beziehungszauber" sich im *Joseph* herstellen, wird jedoch nicht weiter ausgeführt. In seiner jüngsten Monographie zu dem Themenkomplex *Seelenzauber. Thomas Mann und die Musik* (2006) konzentriert sich Vaget auf die Romane, in denen schon inhaltlich ein Bezug zur Musik und zum Musikalischen oder direkt oder indirekt zu Wagner gegeben ist, lässt den *Joseph*, der kurz mit Rückbezug auf die Forschungsergebnisse E. Heftrichs Erwähnung findet, jedoch außen vor.

Heftrich spürt in seiner Studie *Geträumte Taten* (1993) den intertextuellen Bezügen im Joseph nach und betont besonders die Nähe zum musikalischen Großprojekt Ring. Neben grundsätzlichen Bemerkungen zur Narration und zur Funktion der Motivstruktur auf formaler Ebene gilt dabei sein Hauptaugenmerk den inhaltlichen Verweisen. Allerdings stellt Heftrich ebenso die intertextuellen Bezüge zu anderen Werken (sowohl Wagners als auch Werken der Literatur; als prominentestes Beispiel sei Goethes *Faust* erwähnt) heraus.

Wie Heftrich hervorhebt, reichen die „weit gefassten Entsprechungen zwischen dem ‚Joseph' und Wagners Werken (...) vom Detail der sprachlichen Fügung bis zum größten Ganzen der zielgerichteten Handlung" (Taten S. 60).

---

[6] Ebenda, S. 326. In den „Transformationsprozessen", die sich in den „mythopoetischen Strukturen" niederschlagen, sieht auch Claudius Reinke strukturelle Übernahmen, die zumindest von der Wichtigkeit des *Rings* zeugen. Alles andere aber seien „Arabesken", und gerade inhaltliche Bezugnahmen dürften nach Reinke nicht überbewertet werden, da dieses Musikdrama auch nur eine der zahlreichen Quellen darstelle, die Th. Mann für seinen Roman nutze. C. Reinke: *Musik als Schicksal. Zur Rezeptions- und Interpretationsproblematik der Wagnerbetrachtung Thomas Manns*, Osnabrück 2002; Zu *Ring* und *Joseph* speziell S. 346f. Reinke ist bedingt recht zu geben, die Entschlüsselung und Rückkoppelung von Einzelmotiven an den *Ring* ist nicht geeignet, dessen Sonderstellung für die Konzeption und die Ausarbeitung des *Joseph* herauszustellen – hat er doch schlicht zuviel Konkurrenz. Im Gegenteil sind es eben gerade formale und strukturelle Analogien, wobei auch Brüche und Umwertungen bedeutsam sind, in denen der *Ring*-Bezug aufscheint.

An Einzelbeispielen[7] führt er seine Überlegungen zur analogen Übertragung musikalischer Strukturen ins Sprachwerk weiter aus und bespricht darauf aufbauend detailliert die inhaltlichen Bezüge und Anspielungen.[8]

Das vorliegende Experiment, *Joseph und seine Brüder* vor dem Hinterrund des *Ring des Nibelungen* zu lesen, kann in manchen Punkten an die Ergebnisse Heftrichs anschließen, legt es den Schwerpunkt auch weniger auf direkte inhaltliche Zitate. Im Mittelpunkt stehen die Erzählstrategien und narrativen Strukturen in beiden Werken, die aufs engste mit dem erzählten Geschehen und den thematischen Grundlinien verbunden sind. Basierend auf einer Analyse der Funktionsweise der Leitmotive als narrative Struktur im *Ring des Nibelungen* untersucht diese Arbeit Möglichkeiten und Differenzen einer analogen Übertragung ins Sprachwerk. Mit der Herausarbeitung der narratologischen Prämissen, die das Musikdrama für den *Joseph* bereitstellt, erschließt sich auch die Bedeutung der formalen Konstruktion für den konzeptionellen Gesamtentwurf. Ein wichtiges Stichwort ist hier die Dichotomie von Geist und Leben, die in zahlreichen Varianten das Gesamtwerk Th. Manns durchzieht. Nicht zuletzt die lebenslange Auseinandersetzung Manns mit Wagner gibt der ästhetischen und politisch-gesellschaftlichen Gegenüberstellungen von Dionysischem und Appollinischem, Epik und Drama, Künstlertum und Bürgertum, Politik und Kunst, um nur einige Spannungsfelder zu nennen, immer neuen Zündstoff. Sie personifizieren sich im Gegensatz Wagner – Goethe, die für Th. Mann unterschiedliche Mythenkonzepte vertreten. Dies sieht auch Heftrich:

> Die geistige, nicht mehr die von Wagner geleistete gemüthaft-musikalische Aneignung des Mythos ist zur Aufgabe der Kunst geworden. Darum gilt es nun, Wagners weihevolle Art, den Mythos unmittelbar zu behandeln, auf höchst unwagnerische Art, nämlich ironisch, abzuwandeln (*Taten*, S. 28).

Ist der Einschätzung „gemüthaft-musikalisch“ auch mit Vorsicht zu begegnen, so stellt sich für Th. Mann der große Unterschied zwischen Goethe und Wagner tatsächlich im Umgang mit dem Mythos dar, den er selbst wieder

---

7 Besonders hervorzuheben sind die Analyse der *Höllenfahrt*, die er als eine die Anfänge beschwörende Entsprechung zum Rheingoldvorspiel liest (*Taten* S. 29–43); außerdem Josephs erster „Grubensturz“, bei dem das Sich-Überlagern verschiedener Bewusstseinsschichten mit der vertikalen Schichtung musikalischer Linien verglichen wird.

8 Die Analyse zeigt zahlreiche das Verständnis bereichernde Beziehungen auf. Der Wagnermythos wird ebenso in den mythopoetischen Gesamtkatalog eingebaut und benutzt wie z. B.

auf eigene Weise behandelt. Trotzdem – oder gerade deshalb – sieht er sich verpflichtet, den Mythos Wagner'scher Prägung gegen die politische Vereinnahmung in der Entstehungszeit der Josephsromane, 1924–1943, zu verteidigen. Th. Mann verwahrt sich gegen den „Mißbrauch“, der mit der Kunst und dem Künstler Wagner im Dritten Reich getrieben wird:

> (...) unmöglich scheint es mir, heute von Wagner zu sprechen und sich der Verwahrung gegen solchen Mißbrauch dabei zu entschlagen. Wagner als künstlerischer Prophet einer politischen Wirklichkeit, die sich in ihm spiegeln möchte. (...) Aber es verstieße gegen das Beste in uns, gegen die Bewunderung, zuzulassen, daß hier überhaupt von Verwirklichung, sei es selbst im Sinn des Zerrbildes, die Rede sein könne. Volk und Schwert und Mythos und nordische Heroik, das sind in gewissem Munde nur schnöde Entwendungen aus dem Vokabular von Wagners Künstleridiom. Der Schöpfer des ‚Ringes‘ ist mit seiner vergangenheits- und zukunftstrunkenen Kunst aus dem Zeitalter bürgerlicher Bildung nicht herausgetreten, um eine geistesmörderische Staatstotalität dagegen einzutauschen.[9]

Th. Mann verurteilt den „Mißbrauch“, der sich unkünstlerisch des Wagnerschen „Künstleridiom[s]“ bedient. Gleichzeitig aber sucht er selbst nach einem neuen Ansatz und einem „Vokabular“, das den Mythos für das 20. Jahrhundert tragfähig macht.

Bei Goethe sieht Th. Mann, das geht ebenfalls aus dem Ring-Essay hervor, die ironische Behandlung des Mythos verwirklicht. Ohne „pathetischen und tragischen Akzent“ zelebriere Goethe den Mythos nicht, sondern scherze mit ihm:

> Er behandelt ihn mit liebevoll-vertraulicher Neckerei, er beherrscht ihn bis ins Kleinste und Entlegenste und macht ihn im heiteren, witzigen Wort mit einer Genauigkeit sichtbar, die mehr von Komik, ja von zärtlicher Parodie als Erhabenheit hat.[10]

---

die biblische Überlieferung. Direkte Parallelisierungen bzw. Antithesen, so der Vorschlag, in Joseph einen Anti-Siegfried zu sehen, sind demgegenüber nicht gleichermaßen überzeugend.

[9] Th. Mann: *Richard Wagner und der ‚Ring des Nibelungen‘* (1937), in: Essays, hg. v. Hermann Kurzke, Frankfurt 1982, Bd. 3: Musik und Philosophie. S. 134f. Nachfolgend gilt das Sigel RWuR.

[10] RWuR, S. 115. Mann selbst kommentiert diese Passage in einem Brief vom 21. 12. 1937 an Kuno Fiedler: „Auch mit dem Mythos haben Sie recht. Eine gefährliche Sache und mißbraucht heute, daß einem übel wird. Aber schon mit dem >Joseph< habe ich sie ja den Mißbrauchern aus den schmutzigen Händen genommen. Haben Sie übrigens gemerkt, daß ich bei der Beschreibung von Goethes Art, den Mythos zu behandeln, meine eigene beschreibe?“ Ist bei der Selbstaussage eines Autors generell, und besonders bei Th. Mann, der seine Rezeption entscheidend mitgesteuert hat, auch Vorsicht geboten, so stimmt der hier geltend gemachte Anspruch auch mit der Gesamtanlage des Werks und der dahinter stehenden ästhetisch-philosophischen Konstruktion überein.

In Goethe und Wagner verkörpern sich für Th. Mann zwei gegensätzliche geistige Prinzipien: das gute und das böse Deutschland, Kosmopolitismus gegen Nationalismus, apollinische Klarheit gegen dionysischen Musikrausch. Während der Arbeit am Joseph jedoch eröffnet sich die Möglichkeit der Zusammenführung dieser Dichotomien, die ohnehin ein instabiles Konstrukt darstellen. So kommt er im Ring-Aufsatz von 1937 zu dem Schluss, dass Wagner, der sich vor dem Genius Goethes „neige", und eben Goethe, zwei „polarisch voneinander entfernten Sphären", sich doch berühren:

> Es beruhigt und beglückt, dies Erlebnis, zwei gewaltige und kontradiktorische Ausformungen des vielumfassenden Deutschtums, die nordisch-musikalische und die mittelländisch-plastische, die wolkenschwer-moralische und die erleuchtet-himmelsheitere, die volk- und sagenhaft urtümliche und die europäische, Deutschland als mächtiges Gemüt und Deutschland als Geist und vollendetste Gesittung, – auf einmal befreundet zusammentreten zu sehen. Denn dies beides sind ja wir, – Goethe und Wagner, beides ist Deutschland. (RWuR 118)

Das „befreundete Zusammentreten" gegensätzlicher Prinzipien ist der Hauptgedanke der Josephsromane, sowohl inhaltlich als auch formal. In der Erzähltechnik, dem Zusammenspiel von Erzähler und erzählenden Figuren, von reflektierendem Kommentar und einem unmittelbaren „Quellen" der Geschichte scheinen einerseits die großen Antinomien auf: Geist und Leben, Kunst und Politik, Wagner und Goethe und wie auch immer Th. Mann seine polaren Gegensatzfelder je benannt hat. Andererseits zeichnet sich ihre Auflösung im Sinne des Ausgleichs ab: Der *Joseph* ist ein Plädoyer für die ausgleichende Mitte, den gerechten Mittler, die wechselseitige Durchdringung der Gegensätze.

In diesem Sinn ist auch Thomas Manns berühmt gewordene Formel zu verstehen, den „Mythos dem Fascismus aus der Hand" zu nehmen und zu „humanisieren"[11]. Mythos und Humanismus sollen zusammengebracht wer-

[11] Im Vortrag *Joseph und seine Brüder* für die Library of Congress (1942) nennt Mann die Josephsromane ein „mythisches Romanwerk" im Zeichen eines „über das Menschlich-Individuelle hinausgehende[n] Interesse[s] am Menschheitlichen", eine „verschämte Menschheitsdichtung (...). Damit ist freilich gesagt, dass sich die Art dieses Buches, den Mythos zu traktieren, im tiefsten Wesen unterscheidet von einer gewissen zeitgenössischen Art, sich seiner zu bedienen: einer feindseligen und anti-humanen Art, deren politischen Namen wir alle kennen (...) Der Mythos wurde in diesem Buch dem Fascismus aus den Händen genommen und bis in den letzten Winkel der Sprache hinein humanisiert." in: *Deutschland und die Deutschen.* Essays Bd. 5, hg. v. Hermann Kurzke und Stephan Stachorski, Frankfurt 1996, S. 189.

den, ein Anspruch, der für Th. Mann auch eine gewisse Distanz zu Wagners Behandlung bzw. Schaffung des Mythos bedeutet. Wie dies gelingt, lässt sich über das Inhaltliche hinausgehend auch an den formalen Strukturen des reinen Sprachwerks festmachen, das dem „Gesamtkunstwerk" Musikdrama entgegengesetzt wird und sich doch analoger, aber auf Sprachebene „gehobener" Mittel bedient. Im Zentrum dieser Arbeit stehen folgende Aspekte:

Motivkunst

Dass eine ins Sprachliche gewendete Leitmotivik, die sich bei Th. Mann primär (trotz sprachlicher Vorläufer) von der Musikkunst Richard Wagners ableitet, schon in den frühen Werken findet, wurde nicht zuletzt vom Autor selbst aufgedeckt, erklärt und in allen Facetten beleuchtet. Das „Beziehungsgeflecht", die besondere Art, durch Wiederholungen formaler und inhaltlicher Art Bezüge herzustellen, nahezu jeder Aussage einen Bei- und Mehrwert einzuschreiben und beinahe bis zur Überdetermination keine „freie Note" mehr zu lassen, fußt zu einem großen Teil in dieser sprachlichen Motivtechnik.

Es gilt in einem ersten Schritt, die Funktionsweise der Leitmotive[12] in Musik und Sprache unter Berücksichtigung medienbedingter Gemeinsam-

[12] In der Anwendung auf das musikalische Drama möchte ich am Begriff „Leitmotiv", der sich in Rezeption und Forschung nun einmal fest etabliert hat, schon aus Gründen der Verständlichkeit festhalten. Die Tatsache, dass Wagner selbst seinen bedeutungstragenden Motiven keinen allgemeingültigen Namen gegeben hat – er spricht in *Oper und Drama* von „Gefühlswegweisern", dann wieder von „Grundmotiven" – ist letztlich kein Grund, dem Phänomen keinen Namen zu geben. Die in der Literatur immer wieder zu findenden Bedenken, der Begriff stamme nicht von Wagner selbst und sei daher nicht anzuwenden, will nicht ganz einleuchten. Ist es zwar durchaus erhellend, für die Interpretation des „praktischen" Werks, der Musikdramen, auch Wagners theoretisches Werk heranzuziehen (allein die schiere Ausführlichkeit des letzteren verführt dazu), so heißt dies doch nicht, dass die Selbstaussagen des Autors die hermeneutischen und terminologischen Grenzen bestimmen. Ein anderes ist es mit der ebenfalls nicht auf Wagner zurückgehenden, höchst problematischen „Etikettierung" der Motive, ihrer Festlegung auf eine Bedeutung durch das Herstellen einer eindeutigen Signifikant – Signifikatbeziehung, und der darauf aufbauenden Interpretation ganzer Szenen. Hier gilt es zu differenzieren. Schließlich rechtfertigt sich in dieser Arbeit der Gebrauch des Begriffs „Leitmotiv", bezogen auf Wagners Werk, da er zur Entstehungszeit der Josephsromane fest etabliert ist und auch von Th. Mann benutzt wird. Obwohl er sich als konstruktiv rezipierender Hörer bei seiner eigenen Arbeit mit Motivstrukturen auf die leitmotivische Technik Wagners beruft, ziehe ich für die Besprechung der Josephsromane, dies sei vorweggenommen, allerdings den weniger determinierten Begriff „Motiv" bzw. „wiederholende Motive" vor.

keiten und Unterschiede herauszuarbeiten, behauptet man auch und im besonderen Maße für die Josephsromane die Übernahme und Weiterentwicklung der Leitmotivik als Erzählstruktur, wie sie vor allem im *Ring des Nibelungen* ausgeprägt ist. Ihre Basisfunktion ist schnell formuliert: Leitmotive konstituieren sich durch das Wiederholungsprinzip. Darüber hinaus besitzen sie ein Verweisungspotential, dessen Funktionsweise allerdings etwas komplizierter und mit Hilfe zeichentheoretischer Überlegungen aufzuschlüsseln ist.

Wiederholungen

Dem Wiederholungsprinzip begegnet man in einer anderen narrativen Besonderheit: Im *Joseph* gibt es zahlreiche Erzählungen, in denen meist der Erzähler, seltener eine Figur, bereits Bekanntes neu erzählt. Dies scheint direkt dem *Ring* abgelauscht, in dem die zahlreichen Passagen, in denen eine Figur als personaler Erzähler berichtet, ins Ohr springen. In den seltensten Fällen handelt es sich um den traditionellen Botenbericht, der Hintergrundinformationen und Ereignisse kommuniziert, die (bisher) nicht auf der Bühne verhandelt wurden. Es überwiegen die für unseren Zusammenhang interessanteren Erzählpassagen, in denen bereits auf der Bühne gezeigte und dem Zuschauer, in manchen Fällen sogar den zuhörenden Figuren, schon bekannte Ereignisse wiederaufgenommen werden. Wotans Rückblick auf das *Rheingold*-Geschehen im zweiten Akt der *Walküre*, die Wissenswette zwischen Mime und Wotan im *Siegfried* oder die „weltenklatschhaltige" Nornenszene zu Beginn der *Götterdämmerung* stellen Paradebeispiele solcher „wiederholenden Erzählungen" dar. Während nun im Roman die Erzählungen in Figuren- oder Erzählerrede liegen, sind sie im Musikdrama gattungsbedingt zunächst allein den Figuren überlassen, jedoch nur solange die musikalische Ebene unberücksichtigt bleibt. Dieser Umstand, mutet er auch noch so selbstverständlich an, ist grundlegender Ausgangspunkt bei einer Betrachtung der Erzählmomente im *Ring*.

Erzählen

Erzählungen schließen das Vorhandensein einer Erzählinstanz mit ein. Dass von einem Erzähler im Musikdrama, eben einer dramatischen Form, ausgegangen wird, mag im ersten Moment befremden. Es lassen sich jedoch epische Darstellungsformen ausmachen, die es erlauben, sich der Tetralogie mit erzähltheoretischem Werkzeug anzunähern. Der Versuch scheint aussichtsreich, bei der Beschäftigung mit dem eigenartigen Mischgebilde *Ring*, das in einem Grenzland zwischen dem Dramatischen und dem Epischen anzusiedeln ist, mit Begriffen der Erzähltheorie zu operieren. Grundsätzlich zu unterscheiden ist zwischen Personenrede und Erzählerbericht, an deren Stelle, abgestimmt auf die Gattung Drama, die Begriffe Figuren- und Erzählerrede gesetzt werden können. Mittelbarkeit und Unmittelbarkeit, Kommentar, Reflexion und Erzählbericht sind weitere nützliche Begriffe, geht man der dem Musik*drama* auf den ersten Blick nicht ganz opportunen Frage „Wer spricht", genauer „Wie erzählt wer was warum", auf den Grund. Diese Frage lenkt den Blick auf die musikalischen, Sinnbezüge stiftenden Mittel (zu denen neben den leitmotivischen auch die Wahl der Tonart, Instrumentalfarben, Variationen gehören). Stellt man sie mit Hinblick auf die handelnden Figuren, so führt sie zu einem zentralen Aspekt des Götter- und Menschheitsmythos *Ring*: der Entwicklung von Bewusstsein und Reflexionsvermögen. Damit verbunden ist das Phänomen des reflektierenden Kommentars durch vornehmlich musikalische Mittel, insbesondere mit Hilfe der Leitmotive, die größtenteils nicht in der gesungenen Figurenrede, sondern im Orchester liegen.

Das Zusammenspiel von Vokalstimme und Orchester, der inhaltliche und formale Einsatz der leitmotivischen Strukturen in Bezug auf ihre epische Qualität und somit als Medium einer Erzählinstanz, stehen im Zentrum der Betrachtung des *Ring des Nibelungen*. Darauf baut eine Gesamtinterpretation auf, die den *Ring* als Menschheitsmythos liest und hört, in dem die beiden großen Handlungsstränge, Göttermythos und Heldenepos, auf Erkenntnis und Bewusstseinsbildung zusteuern.

Ziel ist es, nach den Prämissen zu suchen, derer sich der Autor der Josephsromane bedient, um seinen eigenen Götter- und Menschheitsmythos zu schaffen. Die auffälligsten Übereinstimmungen stellen die Verwendung leitmotivischer Strukturen und die Einschaltungen der wiederholenden Erzählungen dar, was durch die Untersuchung der im *Joseph* eingesetzten Erzählstrukturen erläutert werden soll. Darin erschöpfen sich die Anknüpfungspunkte allerdings noch nicht.

Inzestuöse Strukturen und politische Implikationen

Als in die Handlung eingebetteter Akt, als Träger abstrakten Gehalts und als strukturell zu deutende, formal wirksame Gedankenfigur kommt dem Inzest in beiden Werken entscheidende Bedeutung zu. Dem Inzest immanent sind die

Prinzipien von Wiederholung und Variation, der Verwandtschaft und der Auserwähltheit. Die damit einhergehenden inhaltlichen Implikationen erfahren in *Joseph* und *Ring* zwar unterschiedliche Ausprägungen, trotzdem kann die Bedeutung, die dem Inzest im *Joseph* zukommt, aus der des *Ring* abgeleitet werden. Unter Berücksichtigung der natürlich ebenfalls bestehenden Differenzen ist dies zusammenzudenken mit der Erzähltechnik und einer Gesamtaussage, die den utopischen Charakter der Josephsromane als wünschenswertes Gesellschafts- und Menschheitsideal vor dem Hintergrund der Zeitgeschichte hervorhebt.

Ihren formalen Niederschlag finden die der Gedankenfigur des Inzests innewohnenden Implikationen vor allem in den narrativen Wiederholungsstrukturen. Inhaltlich wiederum ist die Inzestproblematik im *Ring* auf das engste mit der politisch-gesellschaftlichen Dimension des Werkes verbunden. Das Werk ist vor dem Hintergrund der Revolution von 1848 und eingedenk Wagners Positionen zu nahezu allen philosophischen, politischen und religiösen Strömungen der Zeit, die in seine Schriften Eingang gefunden haben, zu lesen und zu hören. Die dem Kunstwerk eingezogenen Ideenlinien erfahren eine Bestätigung, wagt man – wieder eingedenk des Postulats, den Selbstaussagen und Theorien eines Autors nur bedingt Vertrauen zu schenken – einen Blick in Wagners große Theorieschrift *Oper und Drama* von 1851. Die dort vor allem in seiner Interpretation des Ödipusmythos hergestellten Bezüge zwischen Inzest und individueller Freiheit, Liebe und Natürlichkeit in Opposition zu gesellschaftlichen Zwängen, Staat und Künstlichkeit scheinen im *Ring* künstlerisch verwirklicht wieder auf.[13] In den Kunstschriften ist ein Denken in Analogien erkennbar, das es Wagner ermöglicht, sich zwischen den verschiedenen Gedankenfeldern hin- und her zu bewegen. Er sieht dieselben zersetzenden Prinzipien in Sprache, Musik, Kunst allgemein, Religion, Gesellschaft und Politik am Werk; das ‚Kunst-

[13] Die theoretischen Schriften wurden schon in den 1850er Jahren, nach Erscheinen der großen Theoriewerke *Das Kunstwerk der Zukunft* und *Oper und Drama* zur Interpretation bzw. zum Verständnis des Werks herangezogen. In der zweiten Hälfte des 20. Jahrhunderts, vor allem in den Arbeiten Carl Dahlhaus' seit den 70er Jahren, rückte die Frage nach Wagners eigenen poetologischen Entwürfen und ihrer entsprechenden Umsetzung in der Praxis in den Blick der musikwissenschaftlichen Forschung. Es ging um eine „historisch und werkanalytisch kohärente Rekonstruktion der Kernbegriffe Wagnerschen Komponierens" (Thorau, *Semantisierte Sinnlichkeit*, S. 25), die mit der Kompositionspraxis harmonisiert werden sollte. Wenig erstaunlich entzieht sich letztlich aber das Werk der systematischen Bestimmung, neben Entsprechungen stehen Brüche, in Eigendynamik „überflügelt" die Komposition ihre theoretischen Vorgaben. Ein Grund mehr, Selbstaussagen des Autors nicht unkritisch zu übernehmen, jedoch kein Grund, sie zu übergehen.

werk der Zukunft' ist nichts Geringeres als das Resultat einer Verschmelzung von gesellschaftlicher, politischer und künstlerischer Revolution.

Versuchte Th. Mann auch, die politische Seite sowohl des Werks als auch Wagners selbst in letzter Konsequenz auf ein geistig-künstlerisches Fundament zu stellen, das weniger mit Staatlichkeit als mit einer Kunstpolitik zu tun hat, so ist dieser Versuch einer Abschwächung von Wagners politischem Engagement doch vor allem ein Fingerzeig auf die eigene politische Position. Diese war sicher weit weniger unpolitisch, als Th. Mann es selbst wahrhaben wollte – allein die Tatsache, dass er den Monumentalessay *Betrachtungen eines Unpolitischen* schrieb, entlarvt die Selbstinszenierung des ,Unpolitischen' als Chimäre. Tatsächlich findet eine Entwicklung in Th. Manns Haltung zur Politik und vor allem zu Republik und Demokratie statt, ein Umstand, der sich auch in einer veränderten Sicht auf die politische Seite der Künstlergestalt Wagner äußert. Wurde unpolitisches, romantisches Künstlertum noch in den *Betrachtungen* gegen den unkünstlerischen, unsensiblen „Zivilisationsliteraten" ausgespielt, so entfernt sich Th. Mann während der Weimarer Republik von seiner „unpolitischen" Position. Schließlich stellt er im Aufsatz *Leiden und Größe Richard Wagners* (1933) auch Wagners revolutionäre Motivationen heraus, womit besonders die Wahrnehmung seines Nationalismus einhergeht.[14]

Allerdings lässt Th. Mann nie ganz von seinen alten Vorstellungen: Sowohl in *Leiden und Größe* als auch im späteren Aufsatz *Richard Wagner und der ,Ring des Nibelungen'* konstruiert Thomas Mann ein im Künstlertum, im Geistigen fußendes politisches Engagement:

> Ich will nicht darauf bestehen, daß er [R. Wagner] ein Revolutionär von 48, ein Mittelklassekämpfer und also ein politischer Bürger war; denn er war es auf seine besonderer Weise, als Künstler und im Interesse seiner Kunst, die revolutionär war und für die er sich ideelle Vorteile, verbesserte Wirkungsbedingungen vom Umsturz des Bestehenden versprach.[15]

---

[14] Dazu auch Reinke, *Schicksal*, S. 241f. In seiner grundlegenden Studie über Th. Manns zwiespältige Auseinandersetzung mit der Person und dem Werk Wagners unterzieht Reinke auch die großen Wagneressays einer genauen Analyse. „Wagnerferne und Wagnernähe" sind die zwei Pole, zwischen denen Th. Manns Wagnerrezeption hin- und herpendelt, immer neu angestoßen von Sympathie oder Antipathie gegenüber der Person (dem Künstler oder Menschen Wagner, dem politischen Revolutionär) und dem Werk (der in ihrer Wirkung gefährlichen und doch geliebten Musik).

[15] Th. Mann: *Leiden und Größe Richard Wagners*, in: *Achtung Europa*, Essays Bd. 4, hg. v. Hermann Kurzke und Stephan Stachorski, Frankfurt 1995, S. 101. Nachfolgend das Sigle LuGr.

Und im späteren Aufsatz:

> So wurde Wagner zum Revolutionär. Er wurde es als Künstler, weil er sich von der Veränderung aller Dinge glücklichere Bedingungen für die Kunst, für seine Kunst, das mythisch-musikalische Volksdrama versprach. Ein eigentlich politischer Mensch zu sein, hat er stets geleugnet und aus seinem Widerwillen gegen das Treiben der politischen Parteien nie ein Hehl gemacht. Wenn er die Revolution von 1848 bejahte und an ihr teilnahm, so geschah es aus allgemeiner Sympathie und kaum um ihrer konkreten Ziele willen, über die sein wahres Träumen und Wollen weit hinausging, *denn es ging über das bürgerliche Zeitalter selbst hinaus.* (RWuR 121, Herv. im Original)

Th. Mann glättet im Sinne seiner eigenen politischen Auffassungen – er lässt sich allerdings auch fehlleiten von distanzierenden Äußerungen Wagners selbst. Dieser relativierte, wenn auch widerstrebend, aus spekulativer Rücksicht auf seinen geldgebenden Gönner Ludwig II. unter anderem in *Mein Leben* seine politischen Aktivitäten und verurteilte sie im nachhinein.

Bemüht sich Th. Mann auch, das Politische als Politisches zu entkräften, Wagners Beweggründe seiner eigenen nie wirklich unpolitischen, aber als unpolitisch inszenierten Haltung anzugleichen, so erkennt er doch das Gesellschaftlich-Revolutionäre, mithin also das Politische des *Rings.* Er sieht, dass dieses Werk „im Grunde gegen die ganze bürgerliche Kultur und Bildung gerichtet und gedichtet ist (…) dass es sich (…) an eine inexistente Welt klassenloser Volklichkeit wendet.“ (RWuR 121)

In seiner Interpretation wird der *Ring* zum utopischen Gegenentwurf der bestehenden Gesellschaftsordnung. Gleichzeitig beschwört Th. Mann allerdings das Künstlerische, denn es sei ja die Kunst Wagners, die

> sozial-sittlich weit hinauszielt über alle kapitalistisch-bürgerliche Ordnung in eine von Machtwahn und Geldherrschaft befreite, auf Gerechtigkeit und Liebe gegründete, brüderliche Menschenwelt. (RWuR 122)

Die Darstellung politisch-gesellschaftlicher Verhältnisse und ihrer Entwicklung wäre demnach in der Kunst also doch möglich. Diese Beschreibung ließe sich auch lesen als Hinweis auf das eigene Werk: die immerhin schon vollständig konzipierten Josephsromane, deren gesellschaftspolitischer Anspruch, verschlungen mit anderen Großthemen, unter denen der Humanismusgedanke hervorsticht, nicht zu leugnen ist.

Verfasst in den Jahren 1924–1943, unterbrochen von anderen Arbeiten (als großes Romanprojekt sei hier nur *Lotte in Weimar* erwähnt), kann, in Entsprechung zum *Ring*, auch der *Joseph* vor seinem zeitlichen Hintergrund gelesen werden: Das Ende der Weimarer Republik, die menschenverachtende Herrschaft und die Verbrechen des Nationalsozialismus, der Zweite Weltkrieg, den Th. Mann aus der Entfernung als Exilant erlebte, sind die lebensweltliche Realität, gegen die er mit seinem „humanisierten Mythos" anschreibt.[16] Worauf das Ende der *Götterdämmerung* nur einen Ausblick geben konnte, die „auf Gerechtigkeit und Liebe gegründete, brüderliche Menschenwelt", wird in den Josephsromanen, im geschlossenen Kunstwerk, ausgeführt. Das Ideal des Zusammenspiels von Mythos und Humanismusgedanke wird künstlerisch verwirklicht, indem die das Gesamtwerk Th. Manns durchziehende Dichotomie von Geist und Leben im *Joseph* nicht nur inhaltlich, sondern auch formal, auf narrativer Ebene, im Sinne einer gegenseitigen Durchdringung der beiden Prinzipien in ihren komplexen Bedeutungen und Verzweigungen aufgehoben wird.

Um dies nachvollziehbar zu machen, sind die Bedingungen des Erzählens im *Ring* einer Analyse zu unterziehen und die Ergebnisse mit Wagners eigenen, künstlerisch-politisch-utopischen Theorien zusammenzuführen, mithin die im Musikdrama greifbaren narratologischen Prämissen für den *Joseph* herauszustellen und die formale Konstruktion in den konzeptionellen Gesamtentwurf einzubinden. Die werkimmanenten gesellschaftlichen, politischen und sozialen Aspekte sowie die Bezüge, die über das Werk hinaus auf die lebensweltliche Realität der 1930er und 40er Jahre verweisen, sind dabei zu berücksichtigen, stehen sie in dieser Arbeit auch nicht im Mittelpunkt.

Im werkimmanenten Zusammenhang und darüber hinausweisend kommt der Auseinandersetzung mit dem Menschen und Komponisten Richard Wagner und seinem Werk und dessen symbolischen Werten im gedanklichen Universum Th. Manns entscheidende Bedeutung zu. Th. Mann schreibt Wagners Werk, vor allem den *Ring*, mit seinem *Joseph* fort, indem er Wagner und die mit ihm und seiner Musik verbundene Geisteshaltung, zu deren Schlagworten das Romantische, Dionysische, Rauschhafte, die Verführung zum Tode, das humanitätsferne, böse Deutschland gehören, einerseits

[16] Zu Th. Manns politischer Weltsicht und zu den Josphsromanen als oppositioneller Auseinandersetzung mit der zeitgenössischen Wirklichkeit ist besonders die grundlegende Studie von Dierk Wolters: *Zwischen Metaphysik und Politik. Thomas Manns ‚Joseph und seine Brüder' in seiner Zeit*, Tübingen 1998, zu erwähnen. Wolters liest den *Joseph* als eine Hinwendung zur Zeitgeschichte, die gleichbedeutend mit einer Hinwendung zum Politischen gesehen werden kann. Dahinter steht die Aufarbeitung von Konflikten, die u. a. aus der Spannung zwischen Th. Manns romantisch-metaphysischem Weltbild und den gefühlten Forderungen des Tages resultiert.

hinter sich lässt, andererseits integriert im Zeichen eines weltfreundlichen Humanismus.

Der Roman schließt als Menschheitsdichtung an den optimistischen Ausblick in die mögliche Zukunft einer selbstverantwortlichen, in Wissen und Liebe verbundenen Menschheit an, mit dem Wagners *Ring* endet. Th. Mann setzt hier den Entwurf der „reinmenschlichen" Gesellschaft Wagners in ein eigenes Humanitätsideal um, womit allerdings auch Umwertungen einhergehen. Diese lassen sich anhand der „Arbeit am Inzest", die sich sowohl in den Kausalzusammenhängen des plots als auch in der narrativen Struktur abbildet, nachzeichnen.

Die direkte inhaltliche Rückbindung einzelner Motive im *Joseph* (mögen es Charakterzüge oder ganze Charakterbildungen, Situationen, Konstellationen oder einfache Anspielungen sein) an den *Ring* findet hauptsächlich in diesen Zusammenhängen Berücksichtigung. Eine theoretische Beschäftigung mit der Ver- und Bearbeitung Wagners bei Th. Mann kommt ohne Seitenblicke in das essayistische Werk nicht aus. Gleichzeitig aber ist es ein Ziel dieser Arbeit, eben nicht nur die theoretisch-gedankliche Darlegung anhand von Essays und Selbstaussagen[17], sondern auch die konkrete Umsetzung im Erzählwerk zu betrachten. Sie versteht sich als Beitrag zur Diskussion um die Auseinandersetzung des Schriftstellers Mann mit Person und Werk des Komponisten Wagner, in dem die Frage nach formalen und inhaltlichen Spuren des Musikdramas im Sprachwerk mit der eingehenden Analyse des *Rings* und seiner konzeptionellen Basis auch von musikwissenschaftlicher Seite aus angegangen wird.

---

[17] Nur ein Beispiel für die grundsätzliche Vorsicht, die gerade bei den Selbstaussagen auch in den so gerne zitierten Briefen Th. Manns geboten ist, sind zwei Briefe, in denen Th. Mann das Verhältnis der beiden Zwerge Dudu und Gottliebchen beschreibt: Am 16. 6. 1942 an Meno Spann wird die „Sexual-Satire" im Umkreis Potiphars ergänzt durch eine explizite Bezugnahme auf den *Ring*: „Übrigens erinnert ihr [der Zwerge] lexikalisch wohlbetreuter Zank am Vorhang [Ägy S. 503ff] auffallend an die Begegnung Alberich und Mime bei der Höhle im ‚Siegfried', was Sie auch noch hätten anmerken können". In einem Brief an Fritz Kaufmann vom 3. 2. 1943 hingegen lässt Th. Mann dies unter den Tisch fallen: „Mit den Zwergen hat es nicht viel mehr auf sich als den komischen Gegensatz von aufgeblasener, der ‚kleinen Art' untreuer Potenz und gütig-ängstlicher Ohnmacht". Ein offensichtlicher Widerspruch, der auch gar nicht als solcher kritisiert sein soll, aber noch einmal deutlich macht, dass den Selbstaussagen nicht uneingeschränkt zu vertrauen ist. Als Interpretationshilfen eignen sich dagegen wiederholte „Standards", die sich auch in verschiedenen Textformen (Essays, Romane, Briefe, Tagebuch) wiederfinden lassen. Außerdem kann es von Interesse sein festzustellen, dass sich der Autor überhaupt gewisser Tatsachen und Zusammenhänge bewusst ist, handelt es sich auch weniger um definitive Eigeninterpretationen.

DAS EPISCHE DRAMA

Wagner, der Epiker Thomas Manns

Die eigentlich leicht paradox anmutende Feststellung, dass Wagners *Ring des Nibelungen* ein episches Drama sei, ist beinahe schon zum Gemeinplatz avanciert. Nicht zuletzt Th. Mann hat mit seinen Schriften über Wagner und Wagnerwerk immensen Anteil an der Begründung und Verfestigung dieses Urteils.[1] Bereits in frühen Notizen und besonders in den Fragmenten zu seinem nie fertig gestellten Aufsatz *Versuch über das Theater* (1908), einem Ideenfundus für viele spätere Arbeiten, findet sich der für den erzählenden Autor so wichtige Begriff des „szenischen Epos“: „Was er [Wagner] schuf, war ein *szenisches Epos* – etwas Wundervolles, aber *kein* Drama, im modernen nicht und gewiß nicht im Sinne der Tragödie.“[2]

Dieser Gedanke ist auch später, zu Zeiten der Josephsromane, für Th. Mann nicht weniger aktuell, tatsächlich gehört diese Feststellung zum Wagnerwerk allgemein und zum *Ring* im besonderen zu den stets wiederholten Konstanten seiner changierenden, krisengeschüttelten Wagnerrezeption. Was aber ist gemeint mit diesem in sich paradoxen Terminus, was ist das Epische im *Ring?* Eine Antwort auf diese Frage kann klären, wie überhaupt eine Vorbildfunktion des Musikdramas für den Roman auf formaler wie inhaltlicher Ebene möglich ist. Vor dem literaturtheoretischen Blick auf gattungspoetische Abgrenzungen ist zunächst zu klären, was Th. Mann unter dem „Epischen“ versteht.

In den Notizen über das Theater, die auch den Versuch einer Gattungsbeschreibung und Abgrenzung zwischen Roman und Drama darstellen, ist weiter zu lesen:

> Ist er [Wagner] nicht eher ein theatralischer Epiker? Keins seiner Gebilde verleugnet im Untertone das Epos, und von den schildernden musikalischen Vorspielen zu schweigen so habe ich stets seine großen Erzählungen am meisten geliebt, eingerechnet die Nornenszene der ‚Götterdämmerung‘ und das unvergleichlich epische Frage- und Antwortspiel zwischen Mime und dem ‚Wanderer‘. (VT 57)

---

[1] Sind die Bemerkungen Th. Manns auch literatur- und musiktheoretisch nicht immer unanfechtbar, so finden sich sehr prägnante Beobachtungen gerade auch dann, wenn es um den ihn selbst betreffenden Aspekt des Epischen geht. In dieser Arbeit interessiert vornehmlich Th. Manns Rezeption des Wagnerschen Oeuvres. Die im folgenden zitierten Passagen dienen dazu, sein Verständnis des Epischen und die Gründe seiner Einschätzung herauszustellen, die oftmals auch Bestätigung in der Theorie finden.

[2] Herv. im Original, in: *Frühlingssturm*, Essays Bd. 1, hg. v. Hermann Kurzke und Stephan Stachorski, Frankfurt 1993, S. 78. Nachfolgend das Sigle VT.

Zentral für die Bestimmung des Epischen ist das Erzählen – auch dort, wo man es eher nicht vermutet: bei den Szenenbeispielen, die Th. Mann gibt, handelt es sich um Dialoge bzw. in der Nornenszene sogar um einen Trialog, also, so würde man denken, spezifisch dramatische Formen. Weiter entdeckt er das epische Moment keineswegs nur auf sprachlicher Ebene, sondern in der Musik selbst: Th. Mann führt auch rein instrumentale Passagen als Beispiele an. Mit gattungstheoretischer Schützenhilfe von Grillparzer (Mann bezieht sich auf die Ausführungen in dessen Selbstbiographie) geht er schließlich durch Erwähnung des Leitmotivs konkreter auf die Musik ein:

> Grillparzer verwarf das mehrteilige Drama als Form. Das Drama sei eine Gegenwart, es müsse alles, was zur Handlung gehöre, in sich enthalten. Die Beziehung eines Teils auf den anderen gebe dem Ganzen *etwas Episches, wodurch es freilich an Großartigkeit gewönne...* Aber das ist die Wirkung des ‚Ringes'! und ich begreife nicht, wie man im Leitmotiv ein wesentlich dramatisches Mittel erblicken kann. Es ist episch, es ist homerischen Ursprungs. (Herv. im Original, VT 57)

Th. Mann geht noch weiter: Er sieht den Grund für Wagners Schwierigkeiten, einen zufrieden stellenden Anfang des *Rings* zu finden, in seiner Liebe zum „rein Dramatischen". Sie habe Wagner zu den *Rheingold*-Anfängen geleitet, um eben keine Vorgeschichten erzählen zu müssen, sondern alle Ereignisse zur direkten sinnlichen Anschauung zu bringen. Dies aber habe ihn umgekehrt gerade zum Epiker gemacht, da eben „nur seine motivische Technik, eine *epische* Technik, wie gesagt, ihm diese Ausführlichkeit wünschenswert machte." (VT 78, Herv. im Original)

Zur Kategorie des Erzählens mit Worten kommt das Herstellen von Bezügen durch die musikalische Technik der leitmotivischen Strukturen, außerdem eine mit den schieren Ausmaßen des Werks zusammenhängende Großartigkeit. Das Epische sieht Th. Mann aber auch in der Stoffwahl begründet, wie das folgende Zitat aus der etwas späteren *Auseinandersetzung mit Wagner* (1911) hervorhebt:

> (...) in seiner Stoffwahl bekundete er [Wagner] einen merkwürdig epischen Geschmack, und für mich ist es in dem Grade das Epos, das eigentlich aus seinem Drama wirkt, daß ich fast Mühe habe, ihn als Dramatiker zu empfinden.[3]

[3] In: *Frühlingssturm*, S. 150.

Die „Sphäre" des Epischen bedingt den „Stoff", wie Th. Mann den Gedanken Jahrzehnte später, in seinem gedanklich und sogar in manchen Wendungen auf den *Versuch über das Theater* zurückgreifenden Aufsatz *Leiden und Größe Richard Wagners* formuliert.

An das erneut bemühte Grillparzer-Zitat schließt sich der leicht veränderte, schon bekannte Satz zur Wirkung des *Rings* an und wird fortgesetzt:

> Aber damit ist die Wirkung des ‚Ringes' bestimmt, der Charakter seiner Größe, und was wir feststellen, ist eben, daß Wagners Hauptwerk seine Großartigkeit ihrer Art nach dem epischen Kunstgeist verdankt, in dessen Sphäre der Stoff ja auch beheimatet war. Der ‚Ring' ist ein szenisches Epos, hervorgegangen aus der Abneigung zu Vorgeschichten, die hinter der Szene spuken (…).[4]

So unspezifisch die Vokabel „Großartigkeit" erscheinen mag, so ist sie doch nicht zu vernachlässigen: Länge und Ausführlichkeit, das schiere Ausmaß des *Rings* und dann des *Joseph*, zurückzuführen auf den „Stoff" bzw. die Vielstofflichkeit und ihre Ausgestaltung, tragen zur Charakteristik der beiden Werke bei. Die Szene nun wird beinahe zum Beiwerk des Epos, wie die Adjektiv-Substantiv-Relation verdeutlicht. Die Heimatsphäre des Stoffs ist – nach Th. Mann – das Epos. Die Art seiner Behandlung erst bringt die Szene ins Spiel, bzw. das Spiel auf die Szene.

Natürlich geht diese Logik nicht ganz auf, Wagner ist Theatraliker, sein Werk ist von vornherein für die Bühne bestimmt. Allerdings ist die „Abneigung zu den Vorgeschichten" im Hinblick auf die Werkgenese kaum zu leug-

---

4 LuGr, S. 23f. Th. Mann rührt hier an einen sensiblen Punkt von Wagners Selbstverständnis. Erklärter Gegner der traditionellen (Nummern-)Oper, wandelt Wagner dennoch sehr viel stärker in ihren Spuren, als er es selbst wahrhaben will. So ist es im klassischen Wortdrama, an das er mit seinem musikalischen Drama anschließen will, durchaus üblich, beispielsweise in Prologen, die Vorgeschichte erzählend einzubringen. Die Oper dagegen setzt auf Sichtbarkeit, gerade die so besonders befehdete Grand Opéra mit ihrer Dramaturgie von Tableau und Eclat, in der die Handlung streckenweise rein szenisch, regelrecht pantomimisch, nachvollzogen werden kann. Wagners Bestreben, den Rezipienten am Werden einer Situation (wie auch bei der Entstehung einer Melodie) teilnehmen zu lassen, da ein bereits Geschaffenes, Fertiges unverständlich bliebe (*Oper und Drama*, S. 351; im Folgenden gilt das Sigle OuD), kann als ein Grund gelten, weswegen er im Ring zwecks sichtbarer Darstellung der „Vorgeschichten" tatsächlich immer weiter zurückgeht. Mit diesem Beharren auf Nachvollzug durch Sichtbarkeit gehorcht er letztendlich den Gesetzen der traditionellen Oper, schaltet jedoch gleichzeitig eine Vielzahl von Erzählungen ein. Deren Funktion ist allerdings nicht auf bloße Wissensvermittlung zu reduzieren, wie diese Arbeit unter anderem zu zeigen hat.

nen. An dieser lässt sich unter anderem ablesen, wie wichtig die Kategorie des Sichtbaren für Wagner ist. Wagner schritt in Konzeption und Dichtung vom ursprünglich geplanten Drama *Siegfrieds Tod* immer weiter zurück in die Vergangenheit, um die Vorgeschichte plausibel zu machen. Dabei wäre es durchaus vorstellbar gewesen, zumindest einen Teil der „Vorgeschichten" in Erzählungen unterzubringen, an denen es insgesamt im *Ring* nicht mangelt. Stattdessen wuchs die Dichtung und es entstand die Tetralogie, *Siegfrieds Tod* wurde zur *Götterdämmerung*, der *Das Rheingold, Die Walküre* und *Siegfried* vorangestellt sind.

In *Wagners Verteidigung* von 1939 werden die bekannten Beschwörungsformeln des Epischen ergänzt durch eine weitere Ausdifferenzierung, in der die Gedanken zur Entstehung auf den Stoff übertragen werden:

> Das Ungeheure daran ist ein epischer Radikalismus, für den ich die Begeisterung nie verlernen werde: dieser Radikalismus des Anfangens, dieses Zurückgehen zum Ursprung und Erzbeginn aller Dinge, der Urzelle, dem ersten *Contra-Es* des Vorspieles vom Vorspiel, diese Besessenheit, eine musikalische Kosmogonie; ja einen musikalischen Kosmos selbst zu erbauen und mit tiefsinnig organisiertem *Bios* zu begaben, – das tönende Schaugedicht von der Welt Anfang und Ende.[5]

„Urelemente des Daseins", „mythische Grundtypen der Menschheit", „ein mit Musik und weissagender Natur verwachsenes Weltgedicht": Diese Begriffe umkreisen den einerseits mythischen, andererseits sagenhaften Kern des *Rings*, in dem sich, wie im homerischen „Ur-Epos", Heldensage und Göttermythos überlagern. Der „Radikalismus des Anfangens", den Th. Mann herausstellt und der für ihn selbst als Erzähler so wichtig wird, dass die Diskussion um das Anfangen und die Anfänge ganze Romanseiten füllt, meint einerseits die Werkgenese, andererseits die Radikalität, das Werk mit einer „Urzelle" beginnen zu lassen, die langsam, im *Rheingold*-Vorspiel, an Komplexität gewinnt und sich entwickelt. Der *Ring* wird zum Weltentstehungsmythos, an dessen Anfang das Chaos, das Nichts steht. Oder vielmehr ein einziger, rhythmisch und metrisch unstrukturierter Ton, aus dem sich allmählich komplexere musikalische Strukturen (harmonisch, melodisch, rhythmisch) entwickeln.

Dem Hervortreten des Epischen im Dramatischen, der Gattungsmischung, entspricht sozusagen auf medialer Ebene die Beobachtung, dass zumindest zwischen Sprache und Musik (Th. Mann vernachlässigt insgesamt

---

[5] In: *Deutschland und die Deutschen*, Essays Bd. 5, S. 79.

die Bühne, das Gestische) ein Funktionsaustausch stattfindet: Wie dem Dramatischen ein episches Moment innewohne, so sei die Musik

> so ganz und so gar nicht Musik, wie die dramatische Unterlage, die sie zur Dichtung vervollständigt, Literatur ist. Sie ist Psychologie, Symbol, Mythik, Emphatik – alles; aber nicht Musik (...). Die Texte, um die sie sich rankt, sind nicht Literatur, aber die Musik ist es. Sie (...) ist (...) so literarisch konzipiert, wie ihre Texte musikalisch konzipiert sind. (LuGr, 28)

Die skizzierten Grundgedanken Th. Manns zum inhaltlichen und formalen epischen Fundament des *Rings* offenbaren die Ideenlinie, auf der sich der Romanautor als Nachfolger des Musikdramatikers verstehen kann. Es hat also mit Hinblick auf die rezipierende und reflektierende Autorinstanz seine Berechtigung, die Vorbildfunktion des Musikdramas für den Roman zu behaupten – trotz der unterschiedlichen medialen Struktur. Der epische Romancier übernimmt Gestaltungsmittel vom dramatischen Epiker im Bewusstsein, einem letztlich epischen Großunternehmen sein eigenes zur Seite zu stellen – nicht imitierend, vielmehr in „Wagner-Konkurrenz“ (Heftrich).[6]

Ob, oder besser, dass Th. Mann eine gewisse epische Stilisierung vornimmt, ist dabei letztlich zweitrangig, da hier seine Rezeptionsweise, sein Urteil und seine Wahrnehmung des *Rings* als episches Werk interessieren. Trotzdem folgt nun ein literaturtheoretischer Blick auf die Unterscheidung von Epik und Dramatik und die besondere Ausprägung in der Mischform Musikdrama, um zu sehen, womit sich diese Wahrnehmung begründen lässt. Der Versuch einer theoretisch fundierten Herausarbeitung des spezifisch Epischen im *Ring* geht einher mit der Beschreibung von auch für die Josephsromane grundlegenden erzählerischen Gestaltungsmitteln.

[6] Wie eng Th. Mann die Verwandtschaft zwischen *Joseph* und *Ring* sieht, wird aus mancherlei Äußerungen zum Mythischen, zur Genese des Werks, zum Musikalischen deutlich, worauf ich im zweiten Teil der Arbeit näher eingehen möchte; an dieser Stelle galt die Konzentration den Ausführungen zum Epischen.

Die erzählende Dichtung

Die epische Dichtung ist die erzählende Dichtung. Möchte man soweit zurückgehen, so lässt sich diese zentrale Bestimmung schon herleiten aus Platons Aufzeichnungen über die Dichtungen (*Der Staat,* III. Buch) oder, daran anknüpfend, der Poetik des Aristoteles. In beiden taucht die Klassifizierung nach Redekriterien, also nach dem möglichen Darstellungsmodus auf. In Komödie und Tragödie gibt es nach Aristoteles einzig die Rede der dargestellten Personen, während im homerischen Epos zusätzlich die Rede des Dichters vertreten sei. Differenziert wird also zwischen einem dramatischen Modus, dem Dialog, und einem narrativen Modus, der Erzählung.[7]

Eine kategorische Trennung nach Gattungen wird dem modalen Facettenreichtum von Texten natürlich kaum gerecht – der *Ring* ist dafür bestes Beispiel. Hingegen ist es hilfreich, Momente des Dramatischen und des Narrativen auf einer sprachlogischen Basis zu bestimmen: Im dramatischen Modus herrscht die Figurenrede (Rede der dargestellten Personen), im narrativen Modus die Erzählerrede („Dichterrede") vor. Im Epischen existiert, nichts anderes besagt „Erzählerrede", eine Vermittlungsinstanz, entscheidend ist also das Moment des Vermittelns bzw. des Erzählens durch einen Erzähler.

Diese formale Abgrenzung zu anderen Formen der Dichtung ist letztlich auch die einzig mögliche, Inhalt oder Stoffwahl sind keine geeigneten Kriterien. Mit Genette: „Das einzige Spezifikum des Narrativen [liegt] in seinem Modus und nicht in seinem Inhalt, der ebensogut dramatisch, zeichnerisch oder sonstwie ‚dargestellt' werden kann".[8]

Episch sind also solche Textformen und/oder -passagen, in denen ein (nicht-gegenwärtiges) Geschehen durch einen Erzähler vermittelt wird.

---

[7] Herausgegriffen aus dem großen Feld der Erzähltheorie sei Gérard Genette, dessen *Diskurs der Erzählung* insgesamt eine entscheidende Grundlage für diese Arbeit darstellt: vgl. hier *Die Erzählung*, S. 221f; Genette geht an dieser Stelle in konzentrierter Form auf den Begriff der modalen Distanz im Zusammenhang mit den sich am Mimesis-Begriff der älteren Erzählforschung anschließenden „Gegensatzpaaren" ein. Kritisiert er hier auch in erster Linie das Verständnis von Mimesis als „Nachahmung", außerdem die Anwendung des Gegensatzpaars „showing/telling", so lässt sich seine Feststellung zu den unterschiedlichen Modi auch als Unterscheidung zwischen Dramatischem und Epischem nutzen: „(...) das einzig vorstellbare Äquivalent zu Diegesis/Mimesis ist Erzählung/Dialog (narrativer Modus/dramatischer Modus), was sich auf keinen Fall durch erzählen/zeigen wiedergeben lässt (...)."

[8] *Erzählung*, S. 201. Genette plädiert für einen Gebrauch der Begriffe ‚Narratologie', ‚narrativ' und ‚Erzählung', der „streng auf den Repräsentationsmodus bezogen" bleibt.

Aus der Kategorie der Mittelbarkeit lässt sich die der Zeitlichkeit ableiten: Erzählt wird immer ein Vergangenes, also Vorgänge, die ihren Abschluss in der Vergangenheit haben (traditionell wird auch die Gegenwart als Zeit des Dramatischen, die Vergangenheit als Zeit des Epischen angesehen). Diese Charakterisierung führt weiter zur Mittelbarkeit: Ein Vergangenes kann nur dann präsent sein, wenn es wieder vermittelt, im Medium der Sprache also durch einen Erzählakt vergegenwärtigt wird. Die Zeitbehandlung in epischen Formen ist dementsprechend kompliziert und zentraler Gegenstand von Theorie und Poetik, genauso wie die Art der Vermittlung, der Erzählakt (discours in Unterscheidung zu histoire) – und das nicht nur in der „genuin" epischen Großform des Romans, sondern immer dann, wenn, auch im Dramatischen, in diesem Sinne epische Momente auszumachen sind.

Nicht allein der Akt des Erzählens, sondern auch die Wahrnehmbarkeit eines Erzählers gehört zur Charakteristik des Narrativen. In einer Erzählung gibt es immer jemanden, der erzählt, wenn das auch in unterschiedlichsten Darstellungsmodi geschieht. Mit Genette:

> Noch in der nüchternsten Erzählung spricht jemand zu mir, erzählt mir eine Geschichte, fordert mich auf, sie so zu verstehen, wie er sie erzählt, und diese Aufforderung – ob still vertraulich oder drängend – ist das untrügliche Zeichen dafür, daß es Narration und folglich einen Erzähler gibt.(…) Die Erzählung ohne Erzähler, die Aussage ohne Aussageakt scheinen mir nichts weiter als Hirngespinste zu sein, die als solche nie zu falsifizieren sind. (*Erzählung,* S. 260)

Der „Mythos einer Erzählung ohne Erzähler" (*Erzählung,* S. 258) hat natürlich Gründe, die nicht zuletzt in den unterschiedlichsten Inszenierungen eines Erzählers und in den Darstellungsmodi begründet sind. Der Erzähler ist in unterschiedlichen Graden präsent, je nachdem, wie stark er in das erzählte Geschehen eingreift, ob er als Figur in der Geschichte auftaucht, also homodiegetisch ist, oder – heterodiegetisch – außerhalb der Geschichte steht, und sich dann aber doch durch „Wir" und „Ich" als Person bemerkbar macht. Immer aber spricht jemand, streng genommen stünde jede Erzählung in der ersten Person.

In Abgrenzung zum Dramatischen ist das alles entscheidende Kriterium das Erzählen überhaupt. Immer noch kann mit Käte Hamburger, die sprachlogisch von der mimetisch-fiktionalen Gleichstellung von Dramatik und Epik ausgeht, festgestellt werden, dass der Unterschied des Dramatischen zum Epischen im „Fehlen der Erzählfunktion" liegt. Hamburger beschreibt die sich aus dem einen großen Unterschied, eben dem Fehlen der Erzählfunktion, ergebenden Differenzen[9]:

> Unter dem Gesichtspunkt der Ordnung der Dichtungsgattungen kommt es weder auf den jeweiligen Stil noch auf die prinzipielle Mächtigkeit der Erzählfunktion an, das äußere und innere Dasein der Gestalten in anderer, umfassenderer Weise zur Darstellung bringen zu können als das Drama, sondern primär nur auf die spezifisch fiktionale Funktion der Erzählfunktion als solcher. Denn der sprachlogische Ort des Dramas im System der Dichtung ergibt sich allein aus dem Fehlen der Erzählfunktion, der strukturellen Tatsache, daß die Gestalten dialogisch gebildet sind. Die ästhetischen, die spezifisch dramatischen Eigenschaften des Dramas ergeben sich aus dieser Tatsache in derselben Weise, wie diejenigen der epischen Dichtung aus der Erzählfunktion. (*Logik,* S. 174f)

Hamburger stellt heraus, dass vor allem die prominente Bestimmung der Vergangenheit als Zeit des Epischen und der Gegenwart als Zeit des Dramatischen weniger aus dem Medium Sprache als aus der Darstellungsform und der Rezeptionshaltung resultiert. Dem Theaterbesuch wohnt eine Wirklichkeitserfahrung inne, die sich der Gegenwart der Handlung in der Aufführung verdankt. Sprachlogisch aber seien die „sinnlich wahrnehmbare Wirklichkeit ebenso funktionslos als Wirklichkeit wie der grammatische Vergangenheitswert des erzählenden Präteritums als Vergangenheit" und „die scheinbare Gegenwart, das Präsens der Bühne als temporaler Modus eben so ungültig wie das fiktionale Präteritum"[10] (*Logik,* S. 190). Dem Theaterbesucher ist dabei, wie dem Leser, bewusst, dass er sich in einer spezifischen Rezeptionshaltung befindet. Die Trennung zwischen sprachlogischem und wirkungsästhetischem Moment ist entscheidend:

---

[9] Kann man auch nicht alle Thesen Hamburgers, gerade in Bezug auf Erzähler und Erzählfunktion, bedingungslos akzeptieren, so lohnt sich trotzdem der Blick in die Logik der Dichtung, die in einiger Konzentration auch den Versuch einer gattungspoetischen Abgrenzung darstellt. Die Kontroverse über Erzähler und Erzählfunktion sei dabei hintangestellt.

[10] Dass dem „epischen Präteritum" jegliche zeitliche Qualität fehle, gehört zu den eher anfechtbaren Thesen Hamburgers. Ihre Feststellung der besonderen Qualität, also der Bezeichnung des Fiktiven der Fiktion, schaltet die Temporalität nicht aus, ist eher eine zusätzliche Eigenschaft. So gesehen scheint auch die Übertragung dieser Funktion auf die Theaterbühne eine statthafte Analogie. Im aufgeführten Drama, und die Aufführung ist bei der Beschäftigung mit dramatischen Formen immer mitzudenken, entspricht „die Theaterbühne nichts anderem als dem Präteritum der Erzählung" (*Logik*, S. 189).

> Analysieren wir unser Erlebnis im Theater genauer, so bemerken wir, dass wir uns dort ebensogut wie in einer Lesesituation bewusst sind, daß das reale Hier und Jetzt der Bühne, und damit unser Hier und Jetzt im Zuschauerraum, nicht identisch mit dem fiktiven Hier und Jetzt der Dramenhandlung ist. Lebend in der sich abspielenden Handlung, vergessen wir die Bühne als Bühne ebenso, wie wir die Vergangenheitsform der erzählenden Verben, ja radikal gesprochen des Erzählens selbst vergessen. (ebenda)

Das Fehlen einer Erzählinstanz bedingt auch die Dialogisierung im Drama. Die direkte Rede ist ein möglicher Darstellungsmodus der epischen Erzählung, im Drama (sprachlich) der einzige. Daraus resultiert, dass Figuren nicht, wie in der erzählenden Dichtung und in ihrer Großform Roman, „in ihrem inneren Leben, in ihrem wortlosen Denken und Fühlen dargestellt werden können." (*Logik*, S. 202). Im Drama wird der Stoff in den Repliken präsentiert, ist also aufgeteilt in die direkte Rede der handelnden Figuren, außerdem in äußerlich sichtbaren Handlungen. Wie im „Raum der physischen Wirklichkeit" ist der Rezipient zurückgeworfen auf ein fragmentarisches Erleben der Welt (vgl. *Logik*, S. 178), da der Blick ins Innere fehlt. Und ebenso fehlt die Möglichkeit des erläuternden, interpretierenden Kommentars: „die epische Erzählfunktion erzeugt (...) die fiktive Welt interpretierend" (*Logik*, S. 204).

An diese Beobachtungen anschließend also noch einmal die Frage: Worin besteht der Eindruck des Epischen im *Ring des Nibelungen*? Wo sind diese epischen Momente im musikalischen Drama verankert, die solch einen in sich paradoxen Begriff wie „szenisches Epos" herausfordern?

Epische, also narrative Momente sind bei weitem nicht nur auf rein literarische Werke beschränkt. Werner Wolf, der die Narrativität bzw. das narrative Potential der Musik und der bildenden Künste in den Blick nimmt, fasst das

> Narrative (und damit auch den Akt seiner Realisierung, das Erzählen) als kulturell erworbenes und mental gespeichertes kognitives Schema, im Sinne der frame theory auf, d. h. also als stereotypisches verstehens-, kommunikations- und erwartungssteuerndes Konzeptensemble, das als solches medienunabhängig ist und gerade deshalb in verschieden Medien und Einzelwerken realisiert, aber auf lebensweltliche Erfahrung angewandt werden kann.[11]

---

[11] Werner Wolf: *Das Problem der Narrativität in Literatur, bildender Kunst und Musik: ein Beitrag zu einer intermedialen Erzähltheorie*, in: Vera und Ansgar Nünning (Hg.): *Erzähltheorie transgenerisch, intermedial, interdisziplinär*, Trier 2002, S. 23–104, S. 47. In diesem Band ist es vor allem der Beitrag von Werner Wolf, der versucht, Grundlagen einer inter-

Diese Definition gestattet es natürlich, nahezu alles und sicherlich auch nicht-literarische Texte unter den Begriff des Narrativen zu subsumieren. Neben den werkinternen werden auch werkexterne Faktoren[12] berücksichtigt, weiter wird die „Minimalfunktion" des Erzählens beschrieben als

> [d]ie Darstellung von wenigstens Rudimenten einer vorstell- und miterlebbaren Welt, in der mindestens zwei verschiedene Handlungen oder Zustände auf dieselben anthropomorphen Gestalten zentriert sind und durch mehr als bloße Chronologie miteinander in einem potentiell sinnvollen, aber nicht notwendigen Zusammenhang stehen. (*Narrativität*, S. 51)

Auf den *Ring* trifft dies sicherlich zu, interessanter wird es jedoch an dem Punkt, an dem etwas über die besondere Qualität des Narrativen ausgesagt werden kann. Stellt das Narrative den „‚Rahmen' [dar], in dem Erzählen vollzogen wird" (*Narrativität*, S. 23), so ist die Narrativität demgegenüber die spezifische Qualität des Narrativen. Sie zeigt gewissermaßen den Grad des Narrativen eines Textes an, der wiederum von der Präsenz der Narreme, d. h. „Faktoren von Narrativität; Kennzeichen, inhaltliche „Hohlformen" und ‚Syntaxregeln' des Narrativen[13]" abhängig ist. Diese Differenzierung gestattet es, Erzählsysteme in verschiedenen Gattungen und Medien einen stärkeren oder schwächeren Grad an Narrativität zuzusprechen.

Ein hoher Grad an Narrativität stellt sich ein, wenn ein nicht-gegenwärtiges Geschehen, in epischer Tradition, durch einen Erzähler vermittelt wird. Die der Mittelbarkeit eng verbundene Kategorie der Zeitlichkeit kann die Narrativität ebenfalls verstärken, gerade wenn abgeschlossene Vorgänge[14] im Erzählakt wieder vergegenwärtigt werden. Mit dem Vorhandensein einer

---

medialen Erzähltheorie zu schaffen. Trotz der Entwicklung eines nützlichen Begriff-Instrumentariums bleibt allerdings der Eindruck, dass auch die traditionelle Erzähltheorie der Problematik jedenfalls in weiten Teilen gewachsen wäre. Sein Modell sollte v. a. als Ergänzung verstanden werden. Ein Hauptverdienst besteht darin, die Diskussion um das Narrative nicht nur in literarischen Texten, sondern auch in anderen Medien wie Musik, bildender Kunst, Film etc. ernsthaft (wieder) anzustoßen und dafür auch gewissermaßen das Rüstzeug zu stellen.

[12] Dazu gehören das Zusammenwirken der verschiedenen Instanzen Produzent der Geschichte, Werke, Rezipient und kultureller Kontext. Gerade die letztgenannten Instanzen sind z. B. interessant bei der Betrachtung der Leitmotivexegese.

[13] *Narrativität*, S. 42. Die Narreme werden weitergehend eingeteilt in qualitative (allg. Kennzeichen des Narrativen), inhaltliche und syntaktische Narreme (S. 44).

[14] Natürlich gibt es auch Ausnahmen und Erzählungen, die zur Gänze im Präsens stehen, bleibt auch das Erzähltempus par excellence das (epische) Präteritum.

Erzählinstanz hängen wiederum die Möglichkeit zum interpretierenden und erläuternden Kommentar und zur Innensicht zusammen.

Die Figurenrede, an sich der einzig mögliche Darstellungsmodus im Musikdrama, kann ebenfalls narrative Momente aufweisen. Allgemein sind narrative Passagen im klassischen Drama durchaus nicht die Ausnahme – ein Beispiel wäre der traditionelle Botenbericht, und auch in der Beschreibung ihrer Gefühlslage wird die Figur zu einem berichtenden Erzähler. Was fehlt, ist eine ‚eigentliche', übergeordnete Erzählinstanz. Ihr kommt man näher über die musikalische Ebene, die entscheidend zum hohen Grad der Narrativität im *Ring* beiträgt.

Für die Musik gilt, dass trotz einer grundsätzlichen Unmöglichkeit eindeutiger Referenz – wenigstens in der reinen Instrumentalmusik – einige Strukturmerkmale (zeitliche Abfolge von Ereignissen, Lautmalerei, Dramatik durch Kontraste etc.) immerhin einen ‚Ansporn' zur Narrativierung geben, d. h. in den Worten Jean-Jaques Nattiez's: „music is not a narrative, but an incitement to make a narrative".[15] Man kann von einem narrativen Potential der Musik sprechen, wobei dem Rezipienten die wichtige Funktion zukommt, die musikalischen Phänomene selbst in einen Sinnzusammenhang zu bringen. Man muss sich dabei bewusst halten, dass sich in unserem kulturellen Kontext für unsere (abendländische) Musiksprache über die Jahrhunderte hinweg Codes ausgebildet haben, in denen bestimmten rein musikalischen Phänomenen ein bestimmter Ausdruckswert zugeschrieben werden. In unserer Hörgewohnheit wird ein Dur-Klang eher mit Freude als mit Trauer verbunden, sogar einzelne Akkorde oder Instrumentalfarben können inhaltliche Bedeutung gewinnen.

Das narrative Potential wird verstärkt, je enger die Musik mit anderen Medien, vor allem mit der Sprache verbunden wird, z. B. durch Paratexte (Titel oder, in der Programm-Musik, ganze Stimmungs- und Szenenbeschreibungen) oder die Vertonung von sprachlichen Texten in Lied, Oratorium oder Oper. Zum einen stellt sich im Zusammenspiel von Musik und Sprache Referenz ein, zum anderen wird ein Rahmen gesetzt, innerhalb dessen die formalen Elemente der Musik eine eigene Bedeutung erlangen. So erhält, um ein simples Beispiel zu nennen, basierend auf den in westlicher

[15] J. J. Nattiez: *Can one speak of Narrativity in Music?* in: Journal of the Royal Musical Association, 115.2, S. 257. Vgl. für die Musik wieder Wolf, Narrativität, S. 76ff; für das Drama Nünning/Sommer: *Drama und Narratologie: die Entwicklung erzähltheoretischer Modelle und Kategorien für die Dramenanalyse*, in: Nünning 2002, S. 105–128.

abendländischer Musik sich herausgebildeten Hörgewohnheiten, in einem Stück mit dem Titel Tod die Schlusskadenz zur Molltonika eine relativ stabile referentielle Bedeutung, da zwischen Überschrift und „Schlussaussage" (der Kadenz) ein Bezug hergestellt wird.

Nach diesen Überlegungen wird es kaum Wunder nehmen, für das Musikdrama *Ring* ein besonders großes narratives Potential festzustellen: Ist es doch erstens ein Werk, in dem Musik und Sprache verbunden sind, die Möglichkeit der Referenz also verstärkt gegeben ist, und das zweitens in besonderem Maße durch das leitmotivische Verfahren, bei dem ein musikalisches Element nicht nur syntaktische Eigenschaften hat, sondern auch in referentiellem Bezug zu einem außermusikalischen Inhalt steht. Und drittens wird in diesem Drama geradezu permanent von den Figuren erzählt.

Als Gründe für die hohe Narrativität des Musikdramas *Ring* und damit für seine Charakterisierung als ein Werk des Epischen lassen sich ausmachen: erstens die Form der Mittelbarkeit, also das Erzählen überhaupt, ein Umstand, der gleichzeitig einen Erzähler impliziert; zweitens die damit verbundene Möglichkeit von Interpretation und Kommentar, die wiederum mit der Möglichkeit der Innensicht zusammenhängt; schließlich das Verhältnis zur Zeit. Nicht zu vernachlässigen ist auch das Zusammenspiel der Medien (Wort-)Sprache, Musik und Szene, wodurch die narrative Struktur wesentlich bestimmt wird.

DOPPELSTRUKTUR DES ERZÄHLENS I:

DAS MUSIKDRAMA

Wortsprache, Tonsprache, Szene

Das Geschehen im Musikdrama vollzieht sich simultan auf den übereinander gelagerten Ebenen der (Wort-)Sprache, der Musik und der performativen Darstellung. Das heißt konkret in den Repliken der handelnden Personen, in der äußerlich sichtbaren Handlung bzw. den Regieanweisungen, die der Ebene der Darstellung zuzuordnen sind, und in der musikalischen Struktur.

Auf Sprachebene fällt der dialogische Aufbau des *Rings* auf: Wagner sah eine Möglichkeit, dem Erbe in erster Linie der Grand Opéra[1] zu entkommen, darin, die kontemplativen Großformen aus seinem Musikdrama zu verbannen und es dem neuzeitlichen klassischen Dialogdrama nachzubilden. Epilog und Prolog, auch der Monolog sind weitestgehend ausgeschaltet zugunsten einer Kommunikation, die auf ein Ziel, eine Entscheidung oder Handlung, gerichtet ist. Der Dialog hat damit eine eigene Qualität, wie besonders in der Abgrenzung zur traditionellen Opernszene offenbar wird. Diese stellt, nach Dahlhaus,

> weniger eine Entwicklung dar, die aus Rede und Gegenrede hervorgeht, als daß sie einen Zustand, der von Beginn der Szene an feststeht, beschreibt. (*Konzeption*, S. 41)

Hingegen hat der Dialog eine teleologische Ausrichtung: In ihm werden der Entscheidungsprozess und seine Gründe entwickelt und auch für den Rezipienten durchsichtig gemacht.

Das narrative Element sollte in dieser Art der Kommunikation eher schwach sein, doch das Gegenteil ist der Fall, da in den Dialogen grundsätzlich die Vergegenwärtigung vergangener Ereignisse integriert ist. Es wird also erzählt, wenn auch gleichsam verdeckt. So ist beispielsweise die „Wissenswette" zwischen Mime und Wotan im *Siegfried* über weite Strecken Erzählung, wenn auch als Frage-Antwort-Spiel, also als Dialog, teleologisch ausgerichtet: Mime muss wissen, dass nur Siegfried das Schwert schmieden kann, soll alles seinen Gang gehen. Umgekehrt weist eine der bekanntesten Erzählpartien, der „Weltenklatsch" der Nornen zu Beginn der *Götterdämmerung*, eine Dialogstruktur auf.

Versucht Wagner auch, dem Opernerbe zu entkommen, indem er die kontemplativen Großformen, vor allem Chor und Arie, aus seinem musikalischen

[1] Die Dialogisierung ist formal v. a. als Gegenentwurf Wagners zu der von ihm v. a. befehdeten französischen Nummernoper zu sehen, deren Struktur wesentlich der Kontemplation und dem Gefühlsausdruck verpflichtet ist.

Drama verbannt, so erschöpft sich dessen Struktur doch nicht in einer am klassischen Drama ausgerichteten Dialogisierung. Die Passagen, in denen der „wortdramatische" (Dahlhaus) Anteil überwiegt, also der sprachliche Dialog als zielgerichtete Kommunikation auf musikalischer Ebene wenig Entsprechung findet, sind allerdings zahlreich. Während die Konzentration auf der dialektisch-teleologischen Struktur der Repliken und damit der Sprache liegt, kommt die musikalische Gestaltung sowohl von „Orchestermelodie" (also rein instrumentaler Orchestermusik) als auch „Versmelodie" (Gesangsstrukturen, der vertonte Wortvers[2]) als Ergänzung des sprachlichen Dialogs beinahe zu kurz. In einem Dialog mit Rede und Gegenrede, Antithese und Ziel, wie beispielsweise in den Streitszenen zwischen Fricka und Wotan (in *Rheingold* wie *Walküre*), hat die sparsame Orchesterbegleitung, die sich auf wenige Stützakkorde und einige überwiegend tautologisch eingesetzte Motive beschränkt, rezitativischen Charakter. Umgekehrt aber, wie z. B. im „Wotanmonlolog", der zweiten Szene zwischen Wotan und Brünnhilde im II. Aufzug der *Walküre*, kann die Sprache durch musikalische Strukturen ergänzt werden. Hier füllt die Musik eine Leerstelle des Dramas und übernimmt die sonst einem Erzähler vorbehaltene kommentierende Rolle, damit aber eine genuin epische Funktion. Neben anderen musikalischen Stilmitteln (Instrumentalfarben, Rhythmus, Harmonik) kommt den leitmotivischen Strukturen entscheidende Bedeutung zu. Sie erwecken den Eindruck eines spezifischen Kommentars bzw. werden als solcher wahrgenommen und fordern zur Interpretation heraus.[3]

---

[2] Die Begriffe ‚Versmelodie' und ‚Orchestermelodie', außerdem der die sprachliche Dichtung betreffende ‚Wortvers' sind aus Wagners eigener Terminologie übernommen, wie sie v. a. in *Oper und Drama* entwickelt wird. Sicherlich sollte man sich den Blick auf die Wagnersche Praxis nicht zu sehr durch die Wagnersche Theorie verstellen lassen. Die Durcharbeitung der Wagnerschen Kunstschriften fördert jedoch einige Anhaltspunkte zu Tage, die Licht auf den Gehalt des Werks und auf den Aussagewillen des Autors werfen. Sie können bei einer Interpretation berücksichtigt werden, sind aber im Werk selbst nachzuprüfen. Das gilt noch mehr für die formalen, musik- und sprachtheoretischen Aussagen, deren Umsetzung in die Praxis nicht immer ganz dem theoretischen Entwurf entsprechen. Die hier übernommenen Begriffe verdeutlichen hingegen nicht nur, was Wagner erdacht hat, sondern zeigen tatsächliche Besonderheiten im Zusammenspiel von Musik und Sprache und im Verhältnis des Orchesters zur Gesangsstimme im musikalischen Drama an.

[3] Zur Leitmotivexegese vor allem Thorau. Zu den ersten Exegeten gehörte Liszt, der schon 1850/51 mit seiner Lohengrin-Schrift nicht nur allgemein eine „publikumsorientierte Erläuterungschrift" (*Sinnlichkeit*, S. 15) verfasste, sondern auch hier schon, wenngleich sehr viel vorsichtiger als z. B. die späteren Leitfäden zum Ring, einige musikalische Themen und ihre Bedeutung bespricht. Diese Schrift gehört damit zu den Vorläufern der späteren Werkführer mit ihren Motivtabellen und den vergleichsweise rigiden Interpretationen.

Ein vergleichender Blick auf die traditionelle Opéra und das Musikdrama Wagnerscher Prägung trägt dazu bei, einige Besonderheiten des letzteren herauszustellen. Er offenbart dramaturgisch bedingte Unterschiede, die sich direkt auf die Form auswirken: Der auf Wechsel beruhenden Dramaturgie von Tableau und Eclat der Grand Opéra, die die Nummerneinteilung in Chöre, Solo- und Ensemblestücke mit sich bringt, steht eine eher lineare, dabei dialektisch geprägte Entwicklung im musikalischen Drama gegenüber. Hier soll einerseits der Rezipient an der Entwicklung von Situationen teilhaben, wird also weniger vor vollendete Tatsachen gestellt als in der Opéra, andererseits sollen die Motivationen für die gegenwärtige Handlung permanent gegenwärtig sein. Während in der Opéra der gegenwärtige Augenblick und das Sichtbare im Vordergrund stehen[4], haben die Figuren im Musikdrama stets mit Vorbedingungen und Vorgeschichten zu tun, die irgendwie vergegenwärtigt werden müssen. Hinzu kommt die ganz grundsätzliche Doppelstruktur des *Rings*: die Überlagerung der zwei großen Handlungsstränge Heldensage und Göttermythos, die aufs innigste miteinander verwoben sind. Das „Nebeneinander" dieser verschiedenen Handlungslinien, die „zwar ineinander verschlungen und miteinander verklammert sind, aber zur Autonomie (...) relativ selbständiger Teile tendieren" ist für Dahlhaus der wesentlich epische Zug des *Rings*.[5] Dem drohenden Auseinanderfallen des Dramas steuern nur die musikalische Gestaltung, genauer: die Motivzusammenhänge entgegen.

Die Vergegenwärtigung der die Gegenwart bedingenden Ereignisse, ob nun primär aus dem Handlungsstrang Göttermythos oder dem davon überschatteten Heldenepos, geschieht verbal durch breit angelegte Erzählungen oder auch kürzere Kommentare und musikalisch durch den Einsatz verschiedener Klangfarben, Tonarten, Rhythmen, denen sowohl ein allgemeines als auch ein spezifisches, werkimmanent codiertes Ausdrucksvermögen zu eigen ist, besonders aber durch die Leitmotive. Mehr als jedes andere Mittel zeichnen sie als Erzählstruktur, die Kommentar und Vergegenwärtigung möglich macht, für das Epische im *Ring* verantwortlich.

---

[4] Vgl. dazu auch S. Döhring: *Die Oper Meyerbeers als Theater der redenden Bilder* (1998).

[5] In Anlehnung an die aristotelische Bestimmung des Epischen führt er dazu aus: „Es ist unverkennbar, daß der ‚Ring' durch ‚epische' Züge – durch die Verflechtung verschiedener und sogar heterogener Handlungen und durch die Ausbreitung ins räumlich Weite – gegen das Formgesetz des Dramas, wie es in der klassischen und klassizistischen Gattungstheorie formuliert worden war, verstößt." (*Konzeption*, S. 29).

Das ‚epische' Leitmotiv

Die Zeit des Dramas ist die Gegenwart, die des Epischen (des Romans) die Vergangenheit – es ist nicht zu leugnen, dass die Zeiterfahrung durch den Darstellungsmodus und die Bühnenpräsentation rezeptionsästhetisch bei einem (Musik-)Theatererlebnis eine andere ist, als beim (einsamen) Lesen eines Romans. Bei beidem aber greift die Unterscheidung von Erzählzeit und erzählter Zeit, und doppelt im Musikdrama, in dem die Zeitstrukturen durch die musikalische Form ganz entscheidend bedingt und ihr bis zu einem gewissen Grad sogar unterworfen sind.

Das „eigentliche dramatische Geschehen" ist „in der Regel den gleichen zeitlichen Bedingungen unterworfen wie Vorgänge in der Wirklichkeit", wie Peter Pütz das grundsätzliche Zeitverhältnis beschreibt.[6] Er macht dabei eine wichtige Unterscheidung zwischen der Mitteilung und dem Mitgeteilten: Die sichtbare Handlung auf der Bühne, ein Gestus, ist tatsächlich den gleichen zeitlichen Bedingungen unterworfen. Was der Schauspieler tut und was der Zuschauer sieht, findet im gleichen Moment und in der gleichen Zeitspanne statt. Ein Bericht wiederum findet ebenfalls in der Zeit statt, in der der Bote spricht, der Akt des Erzählens, die Erzählzeit, entspricht der Zeit auf der Bühne. Anders aber ist es mit dem Mitgeteilten: Der Inhalt der Botschaft kann gerafft oder gedehnt sein, ein Phänomen, das aus der epischen Dichtung hinlänglich bekannt ist.

Diese Beobachtungen sind auf das musikalische Drama übertragbar, dort sogar noch verschärft: Durch das strengere zeitliche Gerüst in der Mitteilung, das auch bei Temposchwankungen ein Verhältnis zwischen Zeit der Darstellung, sich manifestierend in der Aufführungszeit, und Dargestelltem festlegt. Gattungsästhetisch ist das musikalische Drama damit tatsächlich in der Nähe der epischen Dichtung mit der wichtigen Unterscheidung von Erzählzeit und erzählter Zeit anzusiedeln. Nun ist gerade der *Ring*, im Unterschied zur traditionellen Oper, eher dem sprachlichen Drama verwandt, da die per se gedehnten Momente der Oper, die kontemplativen Arien, fehlen.[7] Abge-

[6] Peter Pütz: *Die Zeit im Drama. Zur Technik dramatischer Spannungen*, Göttingen 1970, S. 52.

[7] Die Zeitstrukturen im *Ring* sind ein geradezu unerschöpfliches Thema, das alle Bereiche, Form, Inhalt, mediale Struktur, berührt. Diese Arbeit widmet sich der Zeit jedoch hauptsächlich im Blick auf das Epische und auf erzähltheoretische Aspekte, beispielsweise im Zusammenhang mit dem so wichtigen Begriff der Vergegenwärtigung, der jedoch nicht nur eine zeitliche, sondern auch eine räumliche, an die sichtbare Erscheinung gebundene Bedeutung hat.

sehen davon, dass im Vergleich mit dem gesprochenen Wort das gesungene immer gedehnt erscheint, wird dies in den Dialogen jedoch wieder ausgeglichen durch die fortwährende Anspielung auf Vergangenes (und, wenn auch seltener, Zukünftiges). Die gegenwärtige Szene ist permanent überschattet von anderen Ereignissen.[8] Das Erzählen hat Vergangenes oder auch Zukünftiges, mit anderen Worten Nicht-Gegenwärtiges zum Gegenstand, sein Wesen ist somit das der Vergegenwärtigung. Damit haben wir den Funktionskern der leitmotivischen Erzählstruktur erreicht.

Die Tatsache, dass bei Th. Manns Rezeption der Wagnerwerke, und besonders des *Rings*, die Leitmotive im Zentrum von Verständnis und Exegese stehen, rechtfertigt es, den Fokus auf diese Gebilde zu richten, die als entscheidendes Mittel der Erzählung fungieren. In seinen Gedanken zum Epischen stellt Th. Mann den Schlagworten von Erzählen und Erzähler, Vergegenwärtigung und „Stoff" das „epische" Leitmotiv an die Seite. Er beschreibt nicht nur seine Kommentarfunktion, sondern nimmt auch die formale Funktion und Funktionsweisen wahr; das zeigt u. a. die Feststellung, dass allein schon das „epische" Mittel Leitmotiv Wagner gezwungen habe, immer weiter zurückzugehen.[9]

Ein „musikalisches Erzählen" ist nur möglich, wenn die Motive im Zusammenspiel mit Wortsprache und Szene codiert werden. Musikalische Elemente können in Verbindung mit einem außermusikalischen Gehalt und

8 Dazu Dahlhaus: *Dramaturgie der italienischen Oper*, in: *Geschichte der italienischen Oper*, hg. v. Lorenzo Bianconi und Giorgio Pestelli, Band 6, Laaber 1992. Zwar steht hier das Verhältnis italienische Oper – Schauspiel im Vordergrund, die Resultate lassen sich jedoch übertragen auf das Verhältnis Musikdrama/gesprochenes Drama. Dahlhaus betont einen sprachdramatischen Aspekt, da das Vergangene jedoch der erzählenden Vermittlung bedarf, wohnt dem ebenso ein episches Moment inne.

9 In ihrer Publikation *Unsung Voices. Opera and musical narrative in the Nineteenth Century*, Princeton 1991, untersucht Carolyn Abbate die Bedingungen und Möglichkeiten musikalischen Erzählens, wobei sie einen besonderen Schwerpunkt auf die „discursive distance" als einem klanglichen Signal für musikalische (Erzähler-)Stimmen legt. Im Zusammenhang mit einer Analyse von Wotans Monolg im zweiten Walkürenakt beschäftigt sie sich auch mit den Äußerungen Th. Manns zum Epischen in Wagners Musikdramen. Sicherlich muss man Abbate recht geben, wenn sie das „epische Leitmotiv" nicht als alleinigen Grund für die besondere Genese des *Rings* gelten lassen kann. In ihrer Beurteilung, dass Th. Manns „Erklärungen für Wagners Aufgabe von Siegfrieds Tod instabil" seien (Ebd., S. 167), übersieht sie allerdings, dass Mann keineswegs den Anspruch erhebt, die Ringgenese vollends aufzuklären. Zudem trifft er mit seinen Überlegungen zu den Zusammenhängen von Leitmotivik und sichtbaren Bühnenereignissen ein wichtiges Phänomen, wenn er auch die sprachliche Seite und musikalische Formen jenseits der Leitmotive etwas vernachlässigt.

einer eigenen Art des Verweisens eine Kommentar- und Erzählfunktion übernehmen.[10] Im Musikdrama erfüllt das Vorhandensein einer Geschichte (histoire) zunächst in der sprachlichen und szenischen Darstellung die Bedingung für die Möglichkeit musikalischen Erzählens (discours). Der Rezipient, das ist die Grundbedingung für diese Art hermeneutischen Verstehens, muss diese Bedeutungszuweisung wiederum mitvollzogen haben, um den besonderen, werkeigenen Code entschlüsseln zu können.

Jedes Werk entwickelt seinen eigenen Code, der den vorher bestehenden Code (mit Eco das in Zeit und Raum permanent veränderbare wirksame System vorhandener Regeln einer Kultur) durch Regelverletzungen bzw. neue Regeln zerstört, d. h. verändert.[11] Der „Idiolekt" des Werkes (Eco) führt zur Mehrdeutigkeit, die das Besondere der ästhetischen Botschaft ausmacht. Sie ist „im Bezug auf das Erwartungssystem, das der Code darstellt, zweideutig strukturiert". Zudem erscheint sie autoreflexiv und lenkt dadurch die Aufmerksamkeit des Empfängers, der nach einem Decodierungssystem sucht, auf ihre eigene Form (vgl. *Semiotik*, S. 146f). Wichtige Stichworte für die Decodierung sind der Kontext (die Signifikanten bekommen die „passenden" Signifikate nur im werkeigenen Kontext) und die „Materie", d. h. das Material als Struktur bekommt Signifikanz. Wird der gewöhnliche Code ungebräuchlich genutzt, so führt dies beim Empfänger zu der Annahme, dass eine Verwandtschaft zwischen Referenten, Signifikanten und Signifikaten besteht. Die Botschaft bringt verschiedene Realitätsebenen zusammen: die Ebene der Substanz der Signifikanten und die ihres differentiellen Wesens und die Ebene der denotierten und die der verschiedenen konnotierten Signifikate. Sie alle sind strukturiert nach dem besonderen, werkeigenen Code.

Konnotation ist gerade auch bezogen auf die Leitmotivik ein wichtiges Stichwort. Sie wird als Ergänzung zur Denotation von Eco beschrieben als „Gesamtheit kultureller Einheiten, die der Signifikant dem Empfänger institutionell ins Gedächtnis rufen kann" (ebenda, 108ff). Ist die Denotation eher zu fassen als eine theoretische Definition des Signifikats eines Lexems (also des isolierten, nicht des kontextuellen Signifikanten), so beruht der ganze Prozess der Interpretanten auf der Konnotation. Abhängig ist die Konnotation allgemein von einer kulturellen Verfügbarkeit, die innerhalb eines Werks durch den Idiolekt Ausweitungen und Neufassungen erfährt. Konnotationen

[10] Zu diesem Schluss kommt auch Abbate: „I do not in the end see music as narrative… the fact, that music thus leads itself to description as such ‚narrative' does not acutally constitute immanent narrativity". Unsung voices, S. 28 (Herv. im Original).

[11] Hierzu Eco, *Semiotik*, bes. *Die Ästhetische Botschaft*, S. 145–167; zum Code vgl. S. 134f.

werden hier neu hergestellt.[12] Eco gibt verschiedene Konnotationsfelder an (Definitionen, Ideologie, Emotion etc.), unter denen für diese Ausführungen auf der werkinternen Ebene besonders die Konnotation durch rhetorische Kunstgriffe und rhetorisch-stilistische Konnotationen von Bedeutung sind. Aber die Konnotationen können auch über das Werk hinaus verweisen: beispielsweise in einer Lesart wie dieser, die den *Joseph* intertextuell und intermedial vor dem Hintergrund eines anderen Werks, des *Ring des Nibelungen* versteht. Oder auch, wenn der Roman auf die lebensweltliche Erfahrung bezogen und mit dem Zeitgeschehen (Drittes Reich, Barbarismus versus Humanität, Exilerfahrung etc.) in Verbindung gebracht wird.

Die ästhetische Botschaft, in Bezug auf den Code zweideutig strukturiert (vorhandener Code und Idiolekt), lässt die Denotation permanent in Konnotationen umschlagen, die Signifikate werden in Signifikanten anderer Signifikanten verwandelt (Prozess der Interpretanten). Den Signifikanten wachsen auf der Basis des Idiolekts und im Zusammenspiel mit den anderen Signifikanten neue, sowohl vagere als auch genauere Bedeutungen zu bzw. diese werden ihnen zugeschrieben, wobei aber die Bedeutungen des ursprünglichen, verletzten Codes nicht ausgeschaltet werden: Auch die etablierte Codierung musikalischer Elemente bleibt bestehen und damit eine Charakterisierung, die in den Ausdruckswert mit einfließt. Der Empfänger der Botschaft wird zur Decodierung, zur Entdeckung der Regeln des Idiolekts angeregt, wobei die Interpretationsleistung auch darin existiert, Konnotationen zu finden bzw. in die neue Form hineinzulegen.

Sind Ambiguität und Autoreflexivität zunächst auch allgemeine Kennzeichen der ästhetischen Botschaft und Resultat aller Arten von Zeichen, so gibt es auch Strukturen, die die Komplexität der ästhetischen Botschaft noch weiter steigern. Dies gilt im Besonderen für die Motivstrukturen, die als besondere Art des Zeichens sowohl im *Ring des Nibelungen* als auch in den Josephsromanen formale Bedeutung erlangen. Um ihre Funktionsweise über die medialen Strukturen hinweg aufzuzeigen ist es vonnöten, nach einem letzten Blick auf das Epische näher auf ihre besondere Zeichenstruktur einzugehen.

Als Mittel der Vergegenwärtigung, als Medium eines Vergangenen und Transportmittel von Ahnungen sind die Leitmotive zutiefst episch. Vor allem auf musikalischer Ebene werden Zeitbezüge hergestellt, doch episch in

[12] Dahinein spielt zudem die Logik der Signifikanten, durch die einerseits der offene Prozess der Interpretation, andererseits deren Kontrolle gewährleistet wird, so dass ein Gleichgewicht zwischen Freiheit der Interpretation und Gebundenheit durch den strukturierten Kontext der Botschaft aufrecht erhalten wird (*Semiotik*, S. 162f).

diesem Zeitsinne sind auch die eingestreuten Erzählungen im *Ring*. In ihnen wird das vergangene oder seltener (unter der Rubrik „Ahnung“) das zukünftige Geschehen vergegenwärtigt, gleichzeitig aber auch kommentiert und teilweise mit den gegenwärtigen Ereignissen in Beziehung gesetzt. Die Vergegenwärtigung der Vorgeschichte(n) richtet sich dabei sowohl an die Figuren als auch an den Rezipienten.

Die Figuren im *Ring* stoßen permanent auf bekannte und unbekannte Vorbedingungen, die immer neu vermittelt werden (müssen). Dies liegt nicht zuletzt an der grundsätzlichen Doppelstruktur *des Rings* durch die Überlagerung von Heldensage und Göttermythos.

Rezeptionsästhetisch soll die Vergegenwärtigung, dies gehört zu den wichtigsten Theoremen in Wagners Schrift Oper und Drama, zum direkten, unmittelbaren Mitvollzug der Entwicklung des Geschehens durch den Rezipienten beitragen. Wichtigster Träger der Unmittelbarkeit und der unmittelbaren Vergegenwärtigung ist für Wagner die Orchestermelodie, und dort sind es besonders die „melodischen Momente“ – eben die ‚Leitmotive‘.

Für die Zeitstruktur des Dramas heißt „Vergegenwärtigung“ nun gerade nicht, dass die gegenwärtigen Ereignisse immer im Vordergrund stünden. Im Gegenteil tritt die gegenwärtige Handlung, das Geschehen auf der Bühne, oftmals hinter das Erzählen zurück, besonders an Stellen, wo die motivischen Verweise sehr dicht sind. Die Motive heben weniger die Zeit auf, als dass sie die Zeit bewusst machen, das gegenwärtige Geschehen steht, um es, auf den *Joseph* vorgreifend, so zu formulieren, „nach hinten offen“. Dies ist aber gerade auch das Kennzeichen der epischen Dichtung. Die dramatische Handlung des *Rings* gründet auf vergangenen Ereignissen, die nicht mehr zu lösen sind. Der ständige Rückbezug auf das Vergangene ruft die im *Rheingold* unabänderlich gefügten Konstellationen permanent in Erinnerung, die gegenwärtigen Ereignisse werden von den vergegenwärtigten überschattet.

Vergegenwärtigung hat nicht nur eine zeitliche Qualität. Sie ist auch zu verstehen als Vergegenständlichung und Konkretisierung erstens zwar zeitlich gegenwärtiger, aber im Sinne der Unsichtbarkeit ungegenwärtiger Gehalte (also Gedanken, Gefühle der Figuren oder versteckte Objekte), zweitens – in Wagners Theorie fest verankert – des abstrakten Wortes durch Musik und Szene.

Wagner benennt seine „melodischen Momente“ auch mit dem Terminus „Gefühlswegweiser“, und betont ihre Funktion als „beziehungsvolle Ergänzungen des reinen Gefühlsausdrucks“ (OuD 360). Er sieht in ihnen eine sogar notwendige Ergänzung zur abstrakten Wortsprache, dem Medium des Verstandes und der Reflexion, indem er ihnen eine unmittelbare und unwillkürliche Wirkung auf das ‚Gefühl' zuweist.

In der Praxis geht die strikte Trennung nicht vollständig auf, da die Leitmotive durch ihre Kommentarfunktion auch zu einem Mittel der Reflexion werden.[13] Eine Art „Unmittelbarkeit" ist jedoch präsent, in der Konnotation und Assoziation das Verständnis stark stimulieren. Hier scheint ein rezeptionsästhetisches Problem auf, das direkt auf die ambivalente Struktur der Leitmotive als Zeichen hinführt. Die Ambivalenz, einerseits so „sprechend" zu wirken und andererseits doch eigentlich gar nicht festlegbar zu sein, hängt mit der Schwierigkeit der Bedeutungszuweisung zusammen. Die Motive werden selten eindeutig, in einem Verweisungsvorgang, der den Bezug zu Wortsprache oder Szene herstellt, codiert. Aber selbst wenn der Verweisungszusammenhang einigermaßen klar ist, sind sie kaum auf eine Bedeutung festzulegen: In dem Maße, in dem die Handlung weiter fortschreitet und an Komplexität gewinnt, erhöht sich nicht nur die Anzahl der Motive, sondern wachsen ihnen auch weitere Bedeutungsnuancen zu.

Die wiederkehrenden Motive spielen nun nicht nur semantisch, sondern auch musikalisch-syntaktisch eine große Rolle. Ihre formale Aufgabe ist zweifach: Erstens tragen sie zu einem Zusammenhalt des Mammutwerks bei, wobei sie bei dieser Aufgabe natürlich auch auf der Sprachebene, eben durch die wiederholenden Erzählungen, unterstützt werden. Und zweitens verbürgen sie musikalischen Zusammenhalt, treten sie ein für die von Wagner teilweise aufgehobene klassische Periodenstruktur, die auch heute unser Musikhören noch radikal beeinflusst.[14]

Die symmetrische Anlage der musikalischen Periode, die sich im Vordersatz rhythmisch, harmonisch und melodisch öffnet und sich im Nachsatz wieder schließt, ergibt grundsätzlich geradzahlige Takteinheiten (klassisch: acht Takte, Erweiterungen sind möglich). Diese „Quadratur" der Musik wurde von Wagner als unerträgliche Einschränkung empfunden.

Nach seiner Auffassung ist erstens diese Periodisierung nur möglich, indem die musikalische Substanz, die Melodie, durch Floskeln, also „inhaltsleere" Musik, auf das gewünschte Normmaß gebracht wurde. Und zweitens

[13] Hierzu auch Thorau, der das „reflexionsaufhebende Gefühlsverständnis" ebenfalls als Utopie ansieht (*Sinnlichkeit*, S. 30).

[14] Dazu Dahlhaus, *Konzeption*, S. 62: „Das tragende Gerüst der Form bildet (...) im ‚Ring' dagegen der Konnex der Leitmotive, der an gedankliche und metaphorische Verklammerungen in der Dichtung anknüpft".

kann für ihn die musikalische Struktur nicht darin aufgehen, ein bestimmtes Formschema zu erfüllen: Musik hat in seiner (musikdramatisch geprägten) Überzeugung dann ihre Berechtigung, wenn sie motiviert ist, also einen außermusikalischen Gehalt zum Ausdruck bringt und gerade nicht ‚absolut' ist.[15] Dies führt weiter zu seiner Kritik an einer an formalen Kriterien ausgerichteten Musik, die eben nicht dem Gesetz des Ausdrucks und der Darstellung gehorcht, sondern, aus Wagners Sicht, im Selbstzweck „leerer" Formen, in reinen Floskeln aufgeht.

An die Stelle der (wenn auch weitgehend, so doch nicht völlig aufgegebenen) symmetrischen Periodenstruktur als sinn-, zusammenhang- und formstiftendes Mittel treten neben anderen Stilmitteln besonders die Leitmotive: Ihnen fällt die Aufgabe zu, Abschnitte zu gliedern, Sinn zu generieren und Zusammenhänge zu erstellen. Damit wären sie multifunktional – dem entspricht ihre Doppelstruktur, die sie als Bedeutungsträger zwischen Musik und Sprache positioniert. Um das Phänomen dieser Gebilde genauer zu fassen, lohnt ein zeichentheoretischer Blick auf ihre Struktur.

Zeichentheoretische Aspekte

Die Untersuchung der Bedingungen und Möglichkeiten eines musikalischen Erzählens, die das leitmotivische Verfahren ins Zentrum rückt, wirft auch die Frage auf, welche Verweisungs- und Ausdrucksfunktionen den Motiven inhärent möglich sind, und welche von außen an diese Gebilde herangetragen werden.

Vor dem Hintergrund der bis heute anhaltenden Rezeption der Leitmotive als Schlüssel zum Werkverständnis setzt sich Christian Thorau in seiner Monographie *Semantisierte Sinnlichkeit* zeichentheoretisch mit dem „mehrdimensionalen Referenzgebilde" Leitmotiv auseinander.[16] Er beschreibt, wie die Motive, eigentlich rein musikalische Einheiten, in einem

---

[15] Tatsächlich war es Wagner, der in *Oper und Drama* den Begriff der „absoluten Musik" in den musikalischen Diskurs eingeführt hat. Seine negativ-polemische Bedeutung wurde drei Jahre später von Eduard Hanslick in seiner Theorieschrift Vom Musikalisch Schönen (1854) positiv umgewertet – Ironie des Schicksals, dass im Streit zwischen „neudeutschen Inhaltsästhetikern" und „konservativen Formfanatikern" der eine Antipode noch für das begriffliche Instrumentarium der Kritik mitverantwortlich ist.

[16] Zur zeichentheoretischen Analyse der Motive vgl. vor allem das Kapitel *Struktur, Ausdruck, Verweis – zur Zeichenfunktion der Leitmotive.*

Symbolisierungsvorgang auf einen außermusikalischen Gehalt bezogen und damit zum „musikalischen Zeichen" werden, das sich auch mit zeichentheoretischen Kategorien bestimmen lässt.[17]

Basierend auf der Symboltheorie von Nelson Goodman geht Thorau von verschiedenen Bezugnahmeweisen der Leitmotive aus.[18] Zentral für die Bestimmung des Zeichencharakters der Leitmotive ist die von Goodman erkannte Dualität von „Denotation als Charakteristikum von Beschreiben, Abbilden, Darstellen, und Exemplifikation als Eigenart des Zeigens und Ausdrückens." (*Sinnlichkeit*, S. 84)

In der denotierenden Bezugnahme verweisen die Zeichen auf etwas, indem sie sich darauf beziehen, sie verkörpern nicht selbst Eigenschaften des Signifikats:

> Sie sind arbiträre Zeichen, ihre Referenz beruht nicht auf vom Zeichen verkörperten Merkmalen. (…) Die verbale, beschreibende Sprache insgesamt ist in ihrem Grundcharakter denotierend, ebenso wie viele alltägliche Zeichensysteme. (…) Kern der Denotation ist die Verweisfunktion. (*Sinnlichkeit*, S. 84f)

Dem steht die Exemplifikation gegenüber, mit der vor allem auch die Bezugnahmeweise in der Musik fassbar wird:

> Exemplifizierende Zeichen sind selbst-referentielle Gebilde. Sie besitzen gewisse Eigenschaften, auf die sie zugleich referieren, d. h. sie zeigen sie, stellen sie aus, führen sie vor, verkörpern sie. Zeichen im exemplifizierenden Modus lenken unsere Aufmerksamkeit auf ihre eigene sinnliche Gestalt. Um sie zu verstehen, müssen wir an der Zeichengestalt verweilen und uns nicht – wie bei der Denotation – weiter leiten lassen auf etwas, worauf verwiesen wird. Der Referenzmodus ist ein *Vor*weisen, kein *Ver*weisen. (*Sinnlichkeit*, S. 85, Herv. im Original)

Hier handelt es sich also um eine Verkörperungsfunktion von Zeichen, die letztlich für den Eindruck verantwortlich ist, Musik sei bedeutsam, ohne jedoch bedeutend zu sein.

---

[17] Tatsächlich lassen sich verschiedene Terminologien anwenden: Als Symbol nach Peirce ein willkürliches, durch Konventionen erzeugtes Zeichen, dessen Bedeutung im semiotischen Prozess durch die Kette der Interpretanten unendlich ausgeweitet wird; in der Terminologie Saussures handelt es sich um eine Signifikant-Signifikat-Beziehung; Ausdrucks- und Inhaltsebene stehen nebeneinander, so dass das Zusammenspiel von Denotation und Konnotation wiederum (v. a. Eco) die Ausbildung komplexer Codes ermöglicht. Vgl. auch *Sinnlichkeit*, S. 81.

[18] Goodmans „mode of references" von Zeichen; Nelson Goodman: *Sprachen der Kunst – Entwurf einer Symboltheorie* (1963), Frankfurt 1995. Im Mittelpunkt steht der Zeichencharakter der Künste, von dem aus Goodman zu einer allgemeinen Symboltheorie fortschreitet.

Thorau führt das Spezifische ästhetischer, exemplifizierender Zeichen im Gegensatz zu den alltäglichen, denotierenden weiter aus. Ästhetische Äußerungen und damit ästhetisches Verstehen zeichnen sich aus durch eine wesentlich höhere Dichte im Sinne eines Reichtums exemplifizierender Strukturmerkmale. Anstelle von Eindeutigkeit steht Vieldeutigkeit, wobei entscheidend ist, dass Bezüge auch untereinander hergestellt werden:

> Exemplifizierende Zeichen nehmen untereinander Bezug über Ähnlichkeit oder Kontrast, d. h. über die geteilten und nicht geteilten sinnlichen Eigenschaften, die sie besitzen und zeigen. Da es in Kunstwerken meist auf dieses Zeigen von Relationen, Proportionen und Korrespondenzen ankommt, kann man sagen: Kern der ästhetischen Exemplifikation ist die Zeigefunktion der Strukturen, kurz: die Strukturfunktion. (*Sinnlichkeit*, S. 85)

Der Zeichencharakter in Kunstwerken erschöpft sich nun nicht in der vornehmlich ästhetisch fundierten Strukturfunktion. Im Gegenteil wird die exemplifizierende Bezugnahme verschränkt mit einer metaphorischen. Streng genommen ist alles, was über die Bezüge auf die der Kunstform wesenhaft eigenen Strukturen hinausgeht, metaphorisch. Für die Musik gesprochen: Eine melodische Linie exemplifiziert ihren Verlauf, zu dessen Parametern die Bewegungsrichtung, Intervallschritte und Rhythmus gehören. Werden aufgrund dieser Parameter darüber hinausgehende Ausdrucksbedeutungen, beispielsweise traurig, freudig, farbig, assoziiert, stellt sich ein metaphorischer Bezug her:

> Ein Gegenstand drückt etwas aus, wenn er über seine buchstäblichen Eigenschaften hinaus metaphorische Eigenschaften exemplifiziert. Auch für diese Eigenschaften gilt: Das Zeichen besitzt sie und zeigt sie, nur eben nicht buchstäblich, sondern im übertragenen Sinne. Die für Kunstwerke besonders relevante Ausdrucksfunktion läßt sich also als metaphorische Exemplifikation rekonstruieren, d. h. sie ist an die gezeigten sinnlichen Eigenschaften des Zeichens gebunden und übersteigt sie gleichzeitig nach Art einer Metapher. (*Sinnlichkeit*, S. 87)

Schließlich kommt Thorau zur konkreten Übertragung der Bezugnahmeweisen auf das musikalische, Wagnersche Leitmotiv:

> Verweis (Denotation), Struktur (buchstäbliche Exemplifikation), Ausdruck: (metaphorische Exemplifikation) – Wagners wiederkehrende, ‚melodische Momente', für die die Rezeption den Begriff ‚Leitmotiv' prägte, stellen sich vor diesem Hintergrund als gleichsam mehrdimensionale Referenzgebilde dar, die drei Zeichenfunktionen auf komplexe Weise verschränken. Wie jedes musikalische Thema sind auch Leitmotive eigenständige Gebilde im non-verbalen Exemplifikationsmodus, die bestimmte

> Struktureigenschaften zeigen und die unbestimmt, aber eingrenzbar in einem Ausdrucksspektrum von metaphorischen Eigenschaften zu lokalisieren sind. Auf dieser Ebene beginnt bereits Wagners Charakterisierungskunst, indem seine Motive meist auf eingespielten, intuitiv verständlichen, musikalischen Charakteren basieren. Dieses Ausdruckspotential wird nun durch das denotative Referenzsystem von Wort, Szene und Handlung gefiltert, fixiert, präzisiert und verstärkt. (*Sinnlichkeit*, S. 90)

Mit der Verschränkung der verschiedenen Bezugnahmeweisen, der buchstäblichen und metaphorischen Exemplifikation und ihrem selbstreferentiellen Rekurrieren auf die eigene Struktur gegenüber der über die eigene Struktur hinaus verweisenden Denotation, gelingt eine adäquate Beschreibung der semiotischen Funktionsweise der Leitmotivtechnik. Damit wird auch die scheinbar widersprüchliche Wirkung von „Musik als einem semiotischen System ohne semantische Dichte" (Eco) erklärt.[19]

Greift man zurück auf die Definition des Codes als jegliches System von Symbolen, welches durch Übereinkunft dazu bestimmt ist, Informationen zu repräsentieren und zwischen Quelle und Bestimmungspunkt zu übertragen, so ist klar, dass auch die Musik zum semiotischen Feld gehört. Zudem lassen sich auch semantische Bezüge erklären: Gewöhnung und Übereinkunft haben in der Tradition der (abendländischen) Musik bestimmte Charakteristika der Musik mit Ausdrucksbedeutungen verbunden – in der Terminologie von Thorau/Goodman: metaphorische Exemplifikation ermöglicht.[20]

Die von Eco beschriebene semantische Dichte läßt sich in erster Linie auf diese metaphorische Exemplifikation zurückführen:

---

[19] Eco sieht das semiotische Problem musikalischer Zeichen darin, dass sie wohl in syntaktischem Bezug zueinander stünden, jedoch keinen semantischen Inhalt hätten, da Musik das System einer einzigen, nur syntaktischen Gliederung sei. Der Code hingegen ist eine sowohl syntaktische als auch semantische Gliederung. Andererseits ließe sich die Existenz musikalischer Syntagmata mit ausdrücklich denotativem Wert und der Fähigkeit zur Verfestigung konnotativer Werte nicht leugnen. Vgl. *Semiotik*, S. 19ff.

[20] Musik kann natürlich grundsätzlich, auch außerhalb dieses speziellen leitmotivischen Zusammenhangs, Kommentarfunktionen übernehmen: Der Code beruht auf vielen Faktoren, so dem Gebrauch der Tongeschlechter, bestimmter musik-rhetorischer Mittel, Rhythmen, einzelner Akkorde, teilweise basierend auf theoretischen, der sprachlichen Rhetorik verpflichteten Systemen. Dies führt dazu, dass auch Instrumentalmusik häufig auf Inhalt hin rezipiert wird, d. h. es wird nach konkreten Verweisungszusammenhängen und von der Musik „ausgedrückten" (Gefühls-)Inhalten gesucht. Davon sind die Leitmotive jedoch zu unterscheiden durch ihre besondere Qualität als abgeschlossene Gebilde und einen Vorgang der Bedeutungszuweisung, der einen noch stärkeren denotierenden Verweisungscharakter nach sich zieht als beispielsweise der eines Wechsels von Dur zu Moll.

> In dieser Verschränkung [von Metapher und Exemplifikation] werden zentrale Aspekte des ästhetischen Zeichengebildes verständlich: seine sinnliche Unmittelbarkeit in Verbindung mit seiner transzendierenden Kraft, seine interpretatorische Offenheit und sein kreatives Potential und schließlich seine kreative Offenheit: das Gezeigte ist letztlich nicht durch Gesagtes explizierbar oder gar übersetzbar. (*Sinnlichkeit*, S. 87)

Der eindeutige denotative Verweis bleibt in rein musikalischen Strukturen hingegen höchst problematisch, wenn nicht unmöglich. Trotzdem gelingt den Leitmotiven als über die eigene Struktur hinaus verweisende, bedeutungstragende Zeichen auch der denotative Verweis. Sie stehen durch ihre Bezugnahmeweise in symbolischem Verhältnis zu einem von ihnen bezeichneten Inhalt.

Das musikalische Leitmotiv im Musikdrama hat die Möglichkeit, im Zusammenspiel mit anderen Medien, denotative, der musikalischen Struktur nicht immanente Bezüge zu stiften. Auf musikalischer Ebene ist dabei verstärkt die Exemplifikation, auf Seiten von Sprache und Szene die Denotation wirksam. Doch auch aus diesem Zusammenspiel, das heißt aus der Möglichkeit direkten Verweisens auf Szene, Handlung und Sprache, resultiert nie Eindeutigkeit. Noch weit mehr als in der Sprache, deren Code auf kultureller Übereinkunft basiert und sich permanent wandelt, sind der in und für ein Kunstwerk erstellte Code, der Idiolekt, und auch der denotative Wert der Leitmotive erst recht veränderbar. Von Bedeutung ist hierbei, daß die Motive auch untereinander Bezüge herstellen. Daraus, und aus der Tatsache, dass die Motive in immer neuen Situationen und Kontexten erklingen, erwachsen permanent neue Konnotationen.

Im *Ring* generiert sich die Bedeutung beim ersten Erklingen aus dem Zusammenhang mit der Situation, der Szene, wobei die Verknüpfung über die Gleichzeitigkeit mit einer Geste[21], mit der Wortsprache oder mit dem allgemeinen Szenen- und Situationsgehalt entsteht. Auch der Gefühlsausdruck einer Figur kann von einem Motiv besetzt werden, sofern er irgendwie sichtbar ist. Zum Leitmotiv wird ein musikalisches Element durch die Wiederholung, die gleichzeitig wiederum zur Destabilisierung des zunächst bezeichneten denotativen Werts beiträgt. Das Auftauchen eines Leitmotivs in

[21] Bei dieser Bedeutungszuweisung gelten gewissermaßen als „Urtext" die Regieanweisungen Wagners in der Partitur, während in einer Aufführung gerade diese Bezüge durch einen Regisseur theoretisch veränderbar wären – bzw. häufig verändert werden. Umgekehrt aber haben die seit den Uraufführungen der *Ring*-Teile zusammengestellten Leitmotiv-Leitfäden dazu geführt, dass mit ihnen inszeniert wird. Verkehrte Welt.

neuen Zusammenhängen und Situationen lädt es mit neuen Bedeutungen, teilweise nur Bedeutungsnuancen, teilweise sogar Umwertungen auf, so dass es als Symbol für eine Vielzahl von Verweisungsmöglichkeiten stehen kann.

Als Beispiel für die Zuweisung des denotativen Werts zum einen und seiner Veränderung und Bereicherung zum anderen soll eines der tragenden Grundmotive im Ring näher betrachtet werden: Das im *Rheingold* eingeführte sogenannte ‚Schwertmotiv':

RHEINGOLD IV (Trompete)

Bei seinem ersten Auftreten in der letzten Szene des Vorabends wird es durch die auf Wotan bezogene Regieanweisung „Wie von einem großen Gedanken ergriffen" codiert.[22] Nun ist diese Anweisung dem Rezipienten während der Aufführung nicht bekannt – es ist auf die schauspielerische Leistung des Darstellers zu hoffen. Aber selbst dann bleibt der Verweis vage genug, da der konkrete Inhalt des Gedankens nicht formuliert wird. Bevor das Motiv auf seinem Bedeutungswerdegang weiter begleitet wird, ist seine Form, also die buchstäbliche und metaphorische Exemplifikation näher zu betrachten.

Das Motiv ist eine Trompetenfanfare und erklingt bei seinem ersten Auftreten in C-Dur, zu dem der Komponist bei Wiederaufnahme des Motivs meist zurückzukehren sucht, selbst aus größerer tonartlicher Entfernung. Die Klangfarbe ist ebenfalls von Bedeutung: Vorwiegend liegt das Motiv in der Trompete, oder wenigstens doch in den Blechbläsern. Charakteristisch ist der Quartauftakt von der Unterquarte zum Grundton **c**. Dem folgt ein Oktavsprung abwärts, worauf sich in Gegenbewegung der vollständige C-Durdreiklang aufbaut. Das Motiv endet allerdings auf der Terz, wodurch es nicht vollständig geschlossen wirkt, das heißt die Schlusswirkung durch die abschließende Halbe und die leichte Öffnung durch die Terz stehen gegeneinander.

Allein in dieser Beschreibung tauchen schon metaphorische Ausdrücke auf: schließen und öffnen. Hinzunehmen könnte man noch die Adjektive „strahlend, hell, aufstrebend, fest", in Berücksichtigung des prägnanten Rhythmus'

[22] Richard Wagner: *Das Rheingold*, in: Sämtliche Werke, hg. v. Carl Dahlhaus und Egon Voss, IV. Szene, T. 3778f. Nachfolgend gilt das Sigle RG. Im Anhang findet sich eine Aufstellung der in dieser Arbeit besprochenen Motive; auch Textstellen werden nach der Gesamtausgabe zitiert.

und der Aufwärtsbewegung sogar „heiter" oder „angriffslustig". Dies alles wären metaphorische Exemplifikationen, die der Struktur des Motivs charakteristisch innewohnen, die es selbst vorweist und deren Wahrnehmung mit unserer Hörtradition zu tun hat. Der denotative Wert, der sich langsam generiert, gründet unter anderem in diesen musikalischen Eigenschaften.

Im ersten Akt der *Walküre* taucht das Motiv erstmals wieder auf, wenn Sieglinde versucht, Siegmund mit Blicken (in Anwesenheit Hundings wagt sie nicht zu sprechen) auf die Waffe aufmerksam zu machen, die im Stamm der Esche steckt. Siegmund versteht nicht, der Zuschauer jedoch ebenso wenig: Jedenfalls laut Regieanweisung ist das Schwert nicht sichtbar.[23] Erreicht wird aber eine musikalische Rückbindung an das *Rheingold*-Geschehen. Endlich erfährt das Motiv, im Sinne der Denotation, eine konkretere Codierung durch Siegmund selbst: Nachdem Hunding ihn waffenlos alleine gelassen hat, sitzt der Wälsung sinnend im Saal. In der Basstrompete erklingt wieder das ‚Schwertmotiv', drei Takte später setzt Siegmund ein: „Ein Schwert verhieß mir der Vater" (W I, T. 811f). Die Versmelodie nimmt auf die ersten Worte, vor allem „Schwert" betonend, das Kopfmotiv auf, die Quarte mit dem anschließenden Oktavsprung. Langsam wird die Codierung also eindeutiger. Nach seinen fulminanten Wälserufen entdeckt Siegmund einen Lichtstrahl am Baumstamm:

„Welch ein Strahl bricht aus der Esche Stamm" (W I, T. 852ff): Die Trompete beantwortet es ihm mit dem Schwertmotiv, nun aber verändert sich der denotative Wert, da Siegmund selbst diesem Lichtschein und damit dem gleichzeitig erklingenden Motiv eine ganz andere Deutung gibt: Er erinnert sich an Sieglindes Blick („Ist es der Blick der blühenden Frau" (W I, T. 871)) und der denotative Wert des Fanfarenmotivs wird durch die Konnotationen /Blick/aufkeimende Liebe zu Sieglinde/ erweitert.

Den relativ eindeutigen denotativen Wert „Schwert" bekommt das Motiv schließlich durch Sieglindes Erzählung (W I, T. 955–1022): Bei ihrer Hochzeit erschien ein „Greis in grauem Gewand", der mit den Worten „Dem sollte der Stahl geziemen, der aus dem Stamm es zög" das Schwert in den Eschenstamm stieß. Sieglinde spürt eine besondere Verbindung zu dem Unbekannten: „Auf mich blickt' er und blitzte auf jene, als ein Schwert in Händen er schwang."

[23] Eine „Ahnung" stellt sich mit den Motivansätzen jedoch ein, sowohl beim Zuschauer als auch bei der Figur Siegmund, bevor seine Gedanken wieder zu Sieglinde wandern. Richard Wagner: *Die Walküre*, I. Aufzug, T. 804f. Nachfolgend gilt das Sigle W.

In den Trompeten wird die verbale Äußerung „Schwert" musikalisch durch das Motiv vorbereitet und dann tautologisch verstärkt (W I, T. 985–995). Die Liebe Siegmunds und Sieglindes steht, wie sich musikalisch-motivisch im weiteren Verlauf der Szene herausstellt, immer auch unter dem Zeichen des Schwertes: Nachdem Siegmund es aus dem Stamm gezogen hat, bringt er es Sieglinde „als Brautgabe" dar (W I, 1448). Das ‚Schwertmotiv' erklingt im Wechsel mit mehreren Motiven, die bis dahin die Annäherung, die Blicke und Handlungen, der Geschwister schon in der ersten Szene der Walküre begleitet haben. Sie gehören zu der im Ring permanent anwachsenden Gruppe von Liebesmotiven, zu deren wichtigsten eine hier präsente Cellokantilene zählt:

WALKÜRE I

Das Motiv begleitet primär den Blickaustausch zwischen Siegmund und Sieglinde (nachdem sie ihm in der ersten Szene den Trank gereicht hat), konnotiert als solches also auch indirekt die Liebe. Der Vorhang zum ersten Akt fällt nach Siegmunds Ausruf „So blühe denn, Wälsungenblut". In der Trompete bricht das ‚Schwertmotiv' hervor (W I, 1497), zusammen mit einer in Streichern und Holzbläsern liegenden Ableitung aus der Cellokantilene.

Im zweiten Akt steht der denotative Wert ‚Schwert' wieder im Vordergrund, der dann aber in der dritten Szene zwischen Brünnhilde und Wotan ausgeweitet bzw. gleichzeitig spezifiziert wird, da nun endlich die Erklärung des „großen Gedankens" kommt: Das ‚Schwertmotiv' erklingt hier in dem Moment, in dem Wotan seinen Plan offenlegt, mit Hilfe eines freien Helden den Ring zurückzuerobern und die Götterherrschaft zu retten (W II, 816). Das ‚Schwertmotiv' steht also symbolisch nicht nur für das Objekt Schwert, sondern überhaupt für den Heldengedanken und die Wälsungen als heldische Werkzeuge.

Schließlich sei noch darauf hingewiesen, dass musikalisch wie inhaltlich das Schwertmotiv den Gegenpol zu einer anderen Grundkonstituente, dem im *Rheingold* erstmals auftretenden ‚Fluchmotiv' darstellt: Situativ an den Moment nach der Enteignung Alberichs gebunden, gehört es zu den wenigen Motiven, die in der Vokalstimme eingeführt werden. Alberich verflucht seinen Ring (RG IV, 3126ff):

RHEINGOLD IV, instrumental (überw. Posaune) und vokal (Alberich)

Diese Einführung erlaubt die relativ eindeutige Festlegung einer Hauptbedeutung. Formal, musikalisch, sind ‚Schwert' und ‚Fluch' sowohl durch Kontrast als auch durch Ähnlichkeit aufeinander bezogen, ähnliche Elemente sind unterschiedlich eingebunden. So ist für beide der signalartige, aufwärtsgerichtete Anfang, beim ‚Fluch' eine Terz, beim ‚Schwert' die Quarte, charakteristisch, außerdem der Oktavsprung abwärts mit nachfolgender Gegenbewegung. Ein großer Unterschied ist natürlich das Tongeschlecht: Der ‚Fluch' steht in Moll, ist außerdem ein Septklang, also voller dissonanter Spannung, das ‚Schwert' steht in Dur und besteht auch nur aus den Tönen eines reinen Durdreiklangs. Metaphorisch gesprochen bilden die beiden ein Gegensatzpaar von hell und dunkel, spannungsvoll-eingetrübt und klar. Denotativ werden zwei Prinzipien gegeneinander gestellt: Fluch und Gegenfluch, das ‚Schwertmotiv' löst gewissermaßen das ‚Fluchmotiv' auf.

Die oben beschriebenen Bedeutungsnuancen wachsen im Laufe der Handlung einem Motiv zu, das eigentlich sogar als besonders fest denotierend wahrgenommen wird. Seine formale Gestalt, fanfarenartiger Durdreiklang, dazu der Rhythmus und die (immer genutzte) Instrumentalfarbe weisen exemplifikatorisch Merkmale auf, die in unserer Hörtradition methaphorische Bezeichnungen wie „strahlend" und „bestimmend" hervorrufen. Diese Eigenschaften unterstützen den denotativen Gehalt, der trotzdem nicht ganz eindeutig zu fassen ist: Das Motiv steht symbolisch für einen ganzen Bedeutungskomplex.

Der durch die Leitmotivstruktur erstellte Code ist nur innerhalb des einzelnen Kunstwerks, des jeweiligen Musikdramas, gültig. So wie einem Motiv in einem Akt der Verknüpfung ein bestimmter denotativer Wert zugeteilt wird, kann dieser Wert durch weitere Verknüpfungen, die in der Abfolge der

Ereignisse hergestellt werden, verändert werden. Eine einmal zugewiesene Bedeutung kann dabei nie völlig aufgehoben werden, sie wird immer mitgedacht und mitgehört, so dass es sich um einen dauernden Prozess dynamischer Bedeutungsanreicherung handelt.

Leitmotive erlangen also einerseits einen relativ festen denotativen Wert, andererseits zeichnen sie sich durch eine mögliche Vieldeutigkeit, jedenfalls Nicht-Eindeutigkeit aus.[24] Das Auftauchen eines Leitmotivs in neuen Zusammenhängen und Situationen lädt es mit neuen Bedeutungen, teilweise vielleicht sogar nur Bedeutungsnuancen, auf, wodurch es als Symbol für eine Vielzahl von Verweisungsmöglichkeiten stehen kann.

Wollte man die Fähigkeit zur Vieldeutigkeit und zur Andeutung als musikalisches (syntaktisch ohne semantisch zu sein) Moment gegenüber einem sprachlichen Moment, in dem die Verweisungszusammenhänge gefestigter sind, hervorheben, so könnte man die Leitmotive als Zwischenglied zwischen Wortsprache und Tonsprache bezeichnen. Das musikalische, musikdramatische Kunstwerk wird durch ein sprachliches Moment bereichert, das durch diese Art der Denotation größere Bestimmtheit und Begrifflichkeit ermöglicht. Daraus erwächst die Kommentarfunktion der Leitmotivstruktur, die damit zum Medium eines Kommentators, eines Erzählers avanciert. Der Einsatz leitmotivischer Strukturen in der Literatur bereichert umgekehrt die Sprache um ein musikalisches Moment, das durch denotative Unbestimmtheit und Vieldeutigkeit einen ausgeweiteten Assoziationsraum schafft.

Das Wechselspiel von Denotation und Exemplifikation ist dabei ebenso wichtig wie das von Denotation und Konnotation. Die Beziehungen der Motive untereinander führen weiter zu einer besonderen Dichte des Idiolekts: Die Motive verweisen durch Strukturmerkmale (exemplifikatorisch) aufeinander, während (konnotativ) im Prozess der Interpretanten ein Signifikat zum Signifikanten eines anderen Signifikanten wird, das Beziehungsgeflecht also noch enger geknüpft wird, womit auch die Autoreflexivität intensiviert wird.

Bis heute beherrscht die *Ver*weisungsfunktion der Leitmotive eine Rezeptionstradition, die in der Festlegung des denotativen Werts den Schlüssel zum Werkverständnis sieht. Thorau geht dieser Rezeptionshaltung auf den Grund, indem er Werkführer vor allem zum *Ring*, in denen diese Bedeutungszuweisungen massiv vorgenommen wurden, und ihre zeit- und rezeptionsbedingten Zwecke untersucht. Aus der zeitlichen Distanz, er konzentriert sich auf die

---

[24] Das ist auch das zentrale Argument gegen den geradezu sträflichen Hang zur „Etikettierung“ der Motive.

Leitfaden-Literatur zwischen 1876 und 1914, können die „Reduktion und Stimulation in der Erläuterung von Musik“[25] in den Leitfaden selbst und in den von den Leitfaden inspirierten, hermeneutischen Annäherungen an das Werk Wagners wahrgenommen werden. Durch die Festlegung der Motive auf einen denotativen Wert, schwarz auf weiß bis heute in Motivtafeln nachzuschlagen, wurden Werkerläuterungen möglich, die ihren Gegenstand zwar vereinfachten, für die Rezipienten aber höchst funktional waren: einerseits, um die einzigartige „Neue Musik“ überhaupt fassen zu können. Andererseits entsprach diese Rezeptionshaltung einem Bildungsstreben, das den reflektierten und reflektierenden Zugang zum Werk suchte – und damit einen Zugang, der eigentlich genau das Gegenteil dessen war, was Wagner mit seiner „unmittelbaren“ und „unwillkürlichen“ Empfindung erreichen wollte.

Die heute „gültigen“ Motivbezeichnungen sind Folge des Versuchs, den Motiven einen festen denotativen Wert zuzuschreiben, so dass der musikalischen Ebene die Qualität einer zweiten sprachlichen Ebene zugeschrieben wird, mit der man das Werk, die zweite Schicht des „eigentlich“ Gemeinten, entschlüsseln kann. Mit dem erwünschten Resultat eines erleichterten Zugangs zum Werk geht von dieser Leitmotivexegese, die immer schon Interpretation und keineswegs „echter Wagner“ ist, jedoch auch die Gefahr der Vereinfachung einher. Nicht genug damit, dass den Motiven ein fester, eindeutiger Wert zugeschrieben wurde und wird, der häufig, auf der Suche nach schlagender Begrifflichkeit, erzwungen erscheint. Gleichzeitig wird das aufgrund der Eigenschaften der Motive tatsächlich vorhandene Entwicklungs- und Veränderungspotential des denotativen Werts übergangen. Entgegen polemisch-satirischer Charakterisierungen, die allerdings bezogen auf die Etikettierungswut der Rezeption manche Berechtigung besitzen, sind die leitmotivischen Beziehungen gerade nicht starr und etwa die formale Ausprägung reinen Stillstands und ewig gleicher Wiederholung. Vielmehr ist ein Spannungsverhältnis zwischen Wiederkehr und Variation zu beobachten, dem an späterer Stelle weiter nachzugehen ist.[26]

Bezüglich der Namensgebung ist zu differenzieren: Bei einigen Motiven ist die im Werk vollzogene Zuweisung so eindeutig, dass die Benennung, zumindest bezogen auf eine Hauptbedeutung bzw. einen vorherrschenden

---

[25] *Sinnlichkeit*, S. 282. Dabei stellt Thorau die Suche nach einem Schlüssel zum Werkverständnis in Zusammenhang mit dem Wunsch, Wagners Musik, seine Kompositionsweise v. a. im *Ring*, als Inbegriff „Neuer Musik“ dem Verstehen überhaupt erst zugänglich zu machen.

[26] Siehe dazu den späteren Abschnitt *Von Kreis und Strecke*: Die Inzestfigur und ihre Umwertung.

Verweis, kaum Probleme darstellt. Die in erster Linie auf die Werte /Ring, /Entsagung/ oder /Fluch/ verweisenden Motive werden beispielsweise in der Vokalstimme präsentiert. Der (erste) arbiträre Bezug auf den gesungenen Text stellt sich dadurch relativ eindeutig her. Doch auch diese Motive erschöpfen sich nicht in einem einfachen Verweis, sondern stehen symbolisch immer mehr für einen ganzen Motivkomplex: So wird das ‚Ringmotiv' zum Gegenpart der Göttermacht ‚Walhall', zeigt die Versuchung durch die Macht an sich an, erinnert immer auch an die Bedingung, den Liebesverzicht, außerdem an die konkrete Handlung Alberichs etc. Das ‚Fluchmotiv' konnotiert nicht mehr nur Alberichs Verfluchung des Rings, sondern das Verderben schlechthin, inklusive Wotans Fehlverhalten gegenüber Alberich.

Anderen Motiven hingegen fehlt oftmals dieser wenigstens halbwegs sichere, im Sprachlichen (der Vokalstimme) befestigte denotative Bezug, was sich meist in den schönsten Phantasienamen kundgibt. Diese Motive sind einer noch willkürlicheren Benennung unterworfen, die Exegese wollte Eindeutigkeit, so dass auch kaum genau zu beziehenden Motiven konkrete Bedeutung zugewiesen wurde.[27]

Letztlich ist auch Th. Mann in diese Rezeptionstradition der semantisch hörenden Leitmotivexegese einzuordnen. Das zeigt schon seine Konzentration auf das Erklärende und Kommentierende, mithin auf die epische Leitmotivfunktion, das Epische überhaupt in der Musik. Er hört damit auf das, was „hinter" allem steckt, auf das Eigentliche hinter (oder über) dem Uneigentlichen,[28]

[27] Als Beispiel sei auf die differenzierte Benennung der zahlreichen Liebesmotive verwiesen, der eine gewisse Berechtigung vielleicht nicht abgesprochen werden kann, der aber stets mit Vorsicht zu begegnen ist.

[28] Mit dem Begriffspaar eigentlich-uneigentlich nehme ich eine Anregung aus der Dissertation von Markus Lorenz auf: *‚Motivische Textur als ästhetische Selbstreferenz. Zur Komposition von Thomas Manns Roman ‚Der Zauberberg'*, Bonn 2006. Allerdings sieht Lorenz „die Differentialität des semantisch ‚nicht Eigentlichen' im Sinne künstlerisch produzierter Polysemie (...) vor dem Hintergrund des Konzepts eines Zeitromans" (ebenda, S. 10), setzt also andere Akzente. Lorenz beschreibt mit diesem Begriffspaar weiter die besondere Rolle der Musik im *Zauberberg*: „Sie ist zweideutig und ‚uneigentlich', weil sie ‚eigentlich' nur autoreflexiv sich selbst bedeutet, nicht – wie die aufklärerisch definitorische Sprache – ein ihr Fremdes zu ‚literarisieren' und zu klassifizieren bemüht ist. Die Musik ist in ihrer hermeneutischen Selbstbezüglichkeit vollkommen ‚eigentlich', jedoch im differentiell-binären System sprachlicher Paradigmen der Weltorientierung zutiefst ‚uneigentlich' und träumerisch-vieldeutig" (ebenda, S. 14). Diese Feststellung wäre auch für den *Joseph* zu machen, spielt die Musik auch oberflächlich, im Plot, eine geringere Rolle. Wie gezeigt, kennzeichnen Selbstbezüglichkeit und Autoreflexivität neben dem Potential zu semantischer Bedeutung auch musikalisch-leitmotivische Strukturen, im Musikdrama ebenso wie im Roman.

und wendet diese Konstruktion in seinem Erzählwerk ins Sprachliche. Sie steht damit neben den rhetorischen Formen wie Symbol, Metapher, Ironie etc. und ihren Fähigkeiten der Doppeldeutung. Mit den aus dem Musikdrama hergeleiteten und in sein Medium übersetzten Strukturen bedient sich Th. Mann erzähltechnischer Mittel, die das uneigentliche Sprechen bzw. die Doppelstruktur von Gesagtem und Gemeintem noch weiter ausbauen. Diese Doppelstruktur, abgebildet im Wechselspiel von Denotation und Exemplifikation, lässt sich auch rückkoppeln an die Dualismen, die nicht nur Th. Manns Denken und Werk, sondern auch schon das Wagners bestimmen. Wagner setzt in den theoretischen Schriften die (romantischen) Antipoden Verstand und Gefühl gegeneinander, im *Ring* prallen die gegensätzlichen Kräfte Macht und Liebe aufeinander. Im *Joseph* ist die „rollende Sphäre" das Prinzip, das die dichotomische Spannung zwischen Geist und Seele sowohl ausstellt als auch aushält.

Sprachlich-musikalisches Erzählen

Musikalisch-motivischer Kommentar

Um dem narrativen Potential des Musikalischen im Zusammenhang mit Sprache und Szene weiter nachzugehen, sei hier ein Exkurs in Wagners eigene Theoriewelt eingeschaltet.[29] Dabei wird nicht nur deutlich, wie sehr der sein Denken beherrschende Dualismus Verstand – Gefühl den Entwurf vom Zusammenspiel der Medien prägt, sondern auch, in welch hohem Maße rezeptionsorientiert er ist.

Wagners Konzeption des, das heißt seines, musikalischen Dramas fußt auf einem Ausgangspunkt, den er in seiner monumentalen Theorieschrift *Oper und Drama* so formuliert:

> *(...) Der Irrtum im Kunstgenre der Oper bestand darin, daß ein Mittel des Ausdrucks (die Musik) zum Zwecke, der Zweck des Ausdrucks (das Drama) aber zum Mittel gemacht war.* (OuD 19, Herv. im Original)

Dies bedeutet nun keineswegs im Umkehrschluss, dass Wagner damit die Vorrangstellung der Musik über die Sprache postuliert, ein ‚Irrtum' wiederum, dem bis heute zu begegnen ist. Vielmehr geht es ihm um das Zusammenwirken von Wort- und Tonsprache und der „Gebärde" zur vollständigen Darstellung aller „Motive", das heißt Motivationen und Handlungslinien eines Dramas. „Absolute" Musik, Musik als Selbstzweck, lehnt er ab, sie ist in seinen Augen inhaltsleer und abstrakt. Als Ausdrucksträger eines außermusikalischen Gehalts jedoch bleibt es nach Wagner gerade der Musik vorbehalten, den ebenfalls abstrakten, sinnlich ungegenwärtigen, da nur in der Wortsprache ausgedrückten Gedanken in ein Gegenwärtiges zu überführen, um eine unwillkürliche Empfindung auszulösen.[30]

Während nach Wagner der „Wortsprachdichter" in seinem Medium beschränkt bleibt und nie die „vollständige Erregung des Gefühls" erreichen kann, sei es wiederum dem „absoluten Musiker" höchstens gegeben, Werke ohne dichterische Absicht, voll unbestimmten Gefühls zu schreiben (OuD 358). Vom

---

[29] Dieser Ausflug in Wagners theoretische Schriften wird relativ kurz gehalten und konzentriert sich auf seine Konzeption des musikalischen Dramas, wie sie in *Oper und Drama* formuliert wird und auch konzeptionelle Anhaltspunkte gerade für den Ring bereitstellt.

[30] Vgl. zu dieser entscheidenden Aufgabe der Musik bzw. des Orchesters *Oper und Drama*, S. 338f.

„Kunstwerk der Zukunft" verlangt der dichtende Komponist beides. Das „Tonsprachorgan" Orchester soll ein Gleichgewicht zwischen dem „angeregten Gefühl" und der „Verstandestätigkeit" aufrechterhalten (OuD 359): Mit seinem „Vermögen der musikalischen Kundgebung der Erinnerung und der Ahnung" ergänzt es die „Worttonsprache" (ebenda). Das ist denn auch die vorzügliche Aufgabe der „ahnungs- und erinnerungsvollen melodischen Momente", die, und das ist rezeptionsästhetisch höchst interessant, wir (also der Rezipient)

> nicht anders vernehmen, als daß sie uns eine von uns empfundene Ergänzung der Kundgebung der Person, die jetzt vor unseren Augen ihre volle Empfindung noch nicht äußern will oder kann. (OuD 360)

„Nicht äußern will oder kann" – die Musik agiert gewissermaßen hinter dem Rücken der Figuren, auf einer zweiten Ebene zeigt sie das eigentlich Gemeinte, unter Umständen sogar das bewusst Verschwiegene an. Oder sie weist über die Köpfe der Figuren auf Sachverhalte hin, die von ihnen ungewusst sind, wobei die Grenze zum ‚unbewusst' nicht immer scharf zu ziehen ist.

Die Musik kommentiert so nach Art eines heterodiegetischen Erzählers, und zwar vornehmlich durch bestimmte und bestimmende „melodische Momente". Diese „Momente der beziehungsvollen Ergänzungen des Gefühlsausdrucks" seien nach Wagner nun zu vernachlässigen, wenn die dramatischen Personen selbst „zum vollsten Ausdruck der Versmelodie schreiten" (OuD 360). Dies ist ein Punkt, der in der Praxis tatsächlich nicht immer nachzuvollziehen ist, ein ideales Ablösen von Ausdruck in der Versmelodie, also Singstimme, und Ausdruck im Orchester findet so nicht statt. Im Gegenteil hat zwar die Versmelodie Ausdrucksmacht, Wagner sucht in der Stimmführung ein enges Wort-Tonverhältnis, das dem Gefühlsgehalt und dem Inhalt der Sprache musikalischen Ausdruck verleiht. Gerade die motivischen Anklänge und Hinweise liegen jedoch hauptsächlich in der Orchestermelodie.[31] Nur wenige Motive werden überhaupt in der Vokalstimme eingeführt, diese gehören allerdings überwiegend zu den Motiven, die auf die Grundkon-

[31] Charakteristisch dafür ist die Tatsache, dass von den vielen wiederholenden Motiven im *Ring* nur relativ wenige bei ihrem ersten Auftreten in der Gesangstimme liegen. Nach eigener Zählung kann man von insgesamt 119 Leitmotiven (eine mögliche Definition: solche Motive, die inhaltlich und formal über eine einzige Szene hinaus wirksam sind) im *Ring* ausgehen; davon werden nur 31 in der Gesangsstimme eingeführt. Interessant dabei ist es, dass die vokale Motiveinführung abnimmt, je weiter es gen Ende geht: sind es im *Rheingold* noch zwölf, so in der *Walküre* sieben, im *Siegfried* acht, in der *Götterdämmerung* fünf. Dies

stituenten im *Ring* verweisen. Diese Vokalmotive werden auch häufiger in der Gesangsstimme wiederaufgenommen, als die durch das Orchester eingeführten. Den Stellen, in denen Motive in der Gesangsstimme liegen, ist besondere Bedeutung beizumessen.

Das Orchester unterstützt und verdeutlicht dort, wo die Versmelodie, die Mischung aus Wort- und Tonsprache, einer Ergänzung bedarf. Die Tonsprache und vor allem die „Momente beziehungsvoller Ergänzung" in der Musik übernehmen im Extrem (und wenn sie nicht rein tautologisch eingesetzt sind) die Vermittlung eines „Unaussprechlichen", eine weitere wichtige Wagner-Vokabel. Sie werden also dort eingesetzt, wo die Wortsprache an ihre Grenzen kommt.

Ein Beispiel, in dem die Musik sich des „Unaussprechlichen" annimmt, ist der Beginn des Wotan-„Monologs", Wotans Szene mit Brünnhilde im zweiten Akt der *Walküre*, nach dem Streit mit Gattin Fricka (W II, T. 688–998). Eine Schlüsselstelle in jeder Hinsicht, auf die in dieser Arbeit häufiger zurückzukommen sein wird. Die Ohnmacht des Göttervaters Wotan drückt sich besonders darin aus, dass er unfähig ist, seinem Zorn und seinem Schmerz Worte zu verleihen, da die „Sprache versagt, zu Andeutungen schrumpft oder ins Stammeln gerät." (Dahlhaus).

Das bezieht sich sowohl auf den Gefühlsausbruch, der dem Reflexions- und Erklärungsteil Wotans vorausgeht, als auch auf den Zornesausbruch, der im darauf folgenden „Monolog" im „Willen zum Ende" gipfelt. An dieser Stelle sei der erste Ausbruch, gewissermaßen die Einleitung, näher betrachtet.

Nach dem Streit mit Fricka, in dem diese Wotan den Konstruktionsfehler seines „Großen Gedankens", des Plans zur Rettung der Götterherrschaft, aufgezeigt und Siegmunds Tod im Zweikampf erwirkt hat, ist Wotan mit seiner Lieblingstochter Brünnhilde allein. Auf deren Fragen nach dem Ge-

kann praktisch begründet werden: Im *Rheingold* und auch noch in der *Walküre* werden die dramaturgischen wie musikalischen Grundbedingungen aufgestellt, was natürlich auch dazu führt, dass die Zahl der auf wichtige Ereignisse verweisenden Motive höher ist bzw. die Zahl neu eingeführter Motive bis zur Götterdämmerung abnimmt. Dass zentrale Motive (z. B., bedient man sich ihrer Motivnamen, das ‚Entsagungsmotiv', ‚Ringmotiv', ‚Fluchmotiv', Siegfriedmotiv', ‚Erlösungsmotiv') in der Versmelodie vorkommen, mag zudem damit begründet sein, dass die enge Verbindung mit dem Wort eine größere begriffliche Konkretisierung ermöglicht, die für die Bildung der Grundkonflikte wünschenswert ist. Darin lässt sich die besondere Gewichtung der Versmelodie wiederfinden: Die wichtigen Grundkonstellationen werden möglichst eindeutig musikalisch codiert. Die Tatsache, dass insgesamt (und d. h. partiell im Widerspruch zur Theorie) die Orchestermotive überwiegen, zeigt einmal mehr, dass Theorie und Praxis nicht immer deckungsgleich sein müssen.

genstand des Streits antwortet Wotan mit einem Verzweiflungsausbruch, der zu weiteren, drängenden Nachfragen Brünnhildes führt. Wotan beschließt endlich, sich ihr völlig anzuvertrauen. Die Bedenken, er legte die Macht aus den Händen, wenn er seine innersten Gedanken vor jemandem bloßlegte, werden mit der Begründung beseitigt, dass Brünnhilde ohnehin sein eigenstes Geschöpf, sein Wille sei, er im Prinzip also trotz ihrer Anwesenheit ein Selbstgespräch führe. Daher die Bezeichnung „Monolog", ist Wotans Argumentation auch, wie so oft bei diesem Gott, etwas zweifelhaft und zieht ihre Konsequenzen nach sich. Brünnhildes drängender Nachfrage begegnet Wotan mit einem dem „Monolog" vorgeschalteten Ausbruch:

> O heilige Schmach!
> O schmählicher Harm!
> Götternoth!
> Götternoth!
> Endloser Grimm!
> Ewiger Gram!
> Der Traurigste bin ich von allen! (W II, T. 614ff)

Die Exklamationen entspringen einem teils resignativ, teils aufbäumend wirkenden Gefühlsausbruch, dessen Gründe in diesem Moment von Wotan selbst in der Wortsprache nicht dargelegt werden. Dies ist zunächst der Situation geschuldet, d. h. dem Affekt, Wotans angespannte Gefühlslage lässt keine verbale Erklärung zu. Und dem Zuschauer wiederum sind die Gründe ohnehin bekannt, da er den Streit miterlebt hat und weiß, dass Fricka Wotan dazu gebracht hat, das Todesurteil über Siegmund zu fällen.

Die Musik gibt Wotans Erregung wieder: Prägnantes Motiv ist das sogenannte ‚Unmutmotiv'[32], dessen Hauptcharakteristik der Vorschlag zur

[32] Spätestens an dieser Stelle holt uns das entscheidende Problem jeder Interpretation ein, in der die Leitmotive mit einbezogen werden: das Problem ihrer Etikettierung bzw. Benennung. Wie bereits angesprochen, ist es durchaus möglich, ihnen Namen zuzuweisen, muss man auch eingedenk bleiben, dass die ‚Bedeutung' eines Motivs erstens nie ganz eindeutig ist, zweitens sich im Laufe der Handlung ändert bzw. Bedeutungsanreicherung erfährt. Besonders prekär steht es mit solchen Motiven, die auf komplexe Situationen, eine ganze Szene verweisen, was sich erst recht nicht in einen Namen pressen lässt. Nun haben sich in der Leitmotivexegese und auch in der Forschung Benennungen etabliert, die als Sprachregelung eine Vereinfachung der Verständigung über die einzelnen Motive darstellen. Im Folgenden wird also doch auf die gängigen Bezeichnungen zurückgegriffen, wobei aber auch die „Ursprungsstelle" des Motivs erläutert wird, um mögliche und unmögliche denotative Werte und Konnotationen deutlich zu machen.

ersten Hauptnote darstellt, wodurch der Umfang der dann folgenden diatonisch absteigenden Linie von einer Quinte zu einer kleinen Sexte (g-h) erweitert wird.[33]

WALKÜRE II

Aus dieser Abwärtsbewegung entwickelt sich ein aufsteigendes Motiv mit drängendem Unterton, das dem ‚Unmutmotiv' konträr gegenübersteht:

WALKÜRE II, 2. Szene, T. 610–615

Der punktierte Rhythmus und die diatonisch aufsteigende Linie aber lassen als Umkehrung die Assoziation zu einem Motiv zu, das in erster Potenz auf Wotans Machtsymbol des Speeres, wiederum konnotierend seine Vertragsherrschaft, verweist:

RHEINGOLD II

[33] Das Motiv erklingt zum ersten Mal im Streitgespräch mit Fricka vor Wotans Satz „Siegmund gewann es sich selbst in der Not" (W II, T. 415ff), die Regieanweisung, die zum Etikett geführt hat, lautet: „Wotan drückt in seiner ganzen Haltung von hier an einen immer wachsenden unheimlichen, tiefen Unmut aus".

Diese Umkehrung mündet in das ‚Fluchmotiv'. Die Konstellation der beiden Motive erklingt zweimal, dann folgt auf dem ersten „Götternot" ein in diesem Akt der *Walküre* eingeführtes Motiv, das durchaus zutreffend mit „Zorn" charakterisiert wurde; es begleitet bei seinem ersten Auftreten den Gang der wütenden Fricka zu Wotan (W II, T. 157ff).

WALKÜRE II, 2. Szene, T. 625f

Die Motive sind unterlegt mit aufgeregten Streichertremoli. Die ersten Exklamationen Wotans bestehen aus großen Intervallen: Oktave/große Sept/ Oktave/übermäßige Quinte, wobei die Singstimme bei jedem Einsatz höher ansetzt; die Spitzentöne sind as/b/h/c. Auf „Endloser Grimm" nimmt die Vokalstimme schließlich ein Motiv auf, das aus dem Vorspiel bekannt, und durch Punktierung und Intervallrichtung durchaus mit dem ‚Zornesmotiv', aber auch, nur als stark rhythmische Variante, mit einem der vielen Liebesmotive aus dem ersten Akt verwandt ist – hier werden strukturelle Referenzen deutlich, die sich auf die Bedeutung auswirken.

Wotans Ausbruch mündet schließlich in einem Trauermotiv, das aus dem ‚Entsagungsmotiv' (RG I, T. 617ff) abgeleitet werden kann.

RHEINGOLD I (Woglinde)

In dieser Form aber erklingt es das erste Mal in der Singstimme, ausgesungen von Alberich im *Rheingold* (RG IV, T. 3096f) nach seiner Zwangsenteignung auf die Worte „Der Traurigen traurigster Knecht“:

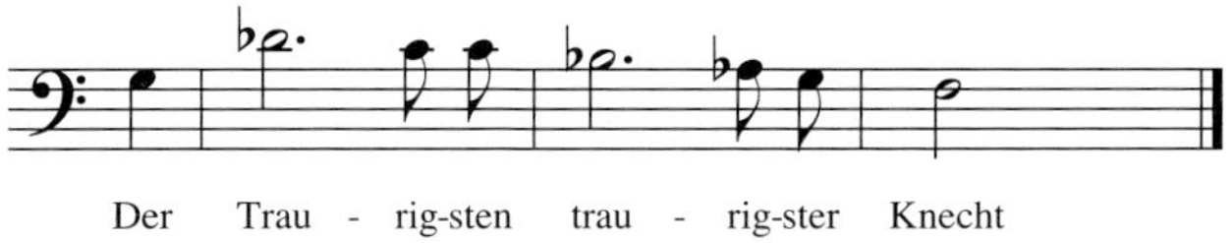

RHEINGOLD IV (Alberich)

Jetzt ist es an Wotan, zu verzweifeln: Mit seiner auch sprachlich an die erste Stelle erinnernden Linie „Der Traurigste bin ich von Allen“ (W II, T. 638ff) deckt er selbst die Parallelen zu Alberich auf.

WALKÜRE II, 2. Szene, T. 638ff

Neben den Motiven sind es weitere musikalische Mittel, Rhythmus, Harmonie, tremolierende (Streicher-)Figuren, die dem Gefühlsausdruck die erregte Färbung verleihen. Semantisch entscheidend sind aber zwei Motive, die ahnen lassen, was den Grad der Verzweiflung wirklich begründet: Das ‚Fluchmotiv‘ und eben der resignative Abspann „Der Traurigste bin ich von Allen“. Sie verweisen auf all das, was mit dem Todesurteil über Siegmund verbunden ist, außerdem auf die Verflechtung des Heldenschicksals mit dem Göttermythos: Alberichs Fluch ist wirksam, Wotan steht, wie Alberich, machtlos einer höheren Gewalt gegenüber. Und die Entsagung bzw. die Verfluchung der Liebe, die Voraussetzung für die Ringschmiede, verweist einerseits auf den sichtbaren Grund allen Übels, also das Machtsymbol Ring, andererseits birgt sie neue Entsagung in sich: Der Gott, Siegmunds Vater, entsagt nun selbst der „Minne", er opfert den Sohn. Sein Liebesverzicht steht allerdings unter anderen Vorzeichen als der Alberichs. Wotan erhofft sich davon (im Moment noch) die Aufrechterhaltung der nun einmal bestehenden Ordnung, die Alberich zerstören wollte.

Diese Zusammenhänge, von Wotan im folgenden „Monolog" teilweise artikuliert, werden musikalisch vorweg genommen und verweisen auf das „Eigentliche" hinter der Sprachebene, auf der allein Wotan weder seine Trauer noch deren Gründe Ausdruck verleihen kann. Die Musik übernimmt Kommentarfunktion mit Hilfe der Motive, aber auch durch weitere musikalische Stilmittel, die weniger denotativ als exemplifikatorisch seine inneren Gefühlsregungen vermitteln.

Machen hier der Gefühlsüberschwang und vorerst auch die – selbst auferlegte – Sperre, einem anderen Wesen die innersten Gedanken zu offenbaren, eine Verbalisierung unmöglich, so kann solche Unmöglichkeit prinzipiell auch aus Unwissen resultieren oder aus bewusster Vermeidung der Wahrheit zum Zwecke der Täuschung. In all diesen Momenten greift eine kommentierende Instanz durch das Medium Orchester ein: allgemein durch den Einsatz bestimmter musikalischer Momente, besonders durch die Leitmotive.

Erzählungen und Erzähler

Ein erneuter Blick in die dramentheoretische Werkstatt Wagners kann das Verhältnis zwischen Sprache, Musik und dem „Unaussprechlichen", das dennoch ausgesprochen wird, weiter erhellen. Die theoretische Aufgabenverteilung von Versmelodie und Orchestermelodie ist klar gegliedert: Sobald die Versmelodie eher Sprechcharakter hat, also rezitativisch ist, springt die Orchestermelodie zur Ergänzung des Gefühlsausdrucks bei, in erster Linie mit Hilfe der Motive als „ahnungsvolle Erinnerungen". Wird die Versmelodie komplexer, tritt die Orchestermelodie zurück – die verschiedenen Ausdrucksformen stehen gleichberechtigt nebeneinander. Dieses von Wagner beschriebene Zusammenspiel von Musik und Sprache bleibt allerdings größtenteils idealer Entwurf. Entscheidender für unseren Kontext ist es denn auch, dass der Musik konkrete, kommentierende Ausdrucksmacht zugeschrieben und sie dementsprechend eingesetzt wird. In der vielleicht zentralen, bestimmt aber meistzitierten Textstelle zu den ‚Leitmotiven' steht der Begriff der dichterischen Absicht, die direkt an den Rezipienten vermittelt werden soll.

> Diese melodischen Momente, an sich dazu geeignet, das Gefühl immer auf gleicher Höhe zu halten, werden uns durch das Orchester gewissermaßen zu Gefühlswegweisern durch den ganzen, vielgewundenen Bau des Dramas. An ihnen werden wir zu steten Mitwissern der dichterischen Absicht, zu unmittelbaren Teilnehmern an dessen Verwirklichung. (OuD 360) [34]

Die „Gefühlswegweiser“ im Orchester, die den Rezipienten zum „Mitwisser“ einer „Absicht“ machen, erfüllen die Funktion eines Erzählers, der eben nicht im Seinsbereich der Figurenwelt anwesend ist und eine über den Figurenhorizont hinausragende Übersicht über die Geschichte hat. In der Terminologie Genettes wäre das ein heterodiegetischer Erzähler, der aus einer Perspektive der Nullfokalisierung kommentiert.[35] Hiermit kann nicht der Autor gemeint sein, steht der natürlich auch hinter dem narrativen Akt, hinter der ganzen Erzählung: Es gibt immer einen Erzähler, der eben gerade nicht mit der realen Person des Autors zusammenfällt. Bringt Wagner hier selbst auch die „dichterische Absicht“ (an anderer Stelle sogar „die Absicht des Dichters“) ins Spiel, so ist es doch nicht der Autor „Wagner“, der hier spricht. Es handelt sich um eine Fiktionserzählung, in der auch der Erzähler

> eine fiktive Rolle ist, selbst, wenn diese unmittelbar vom Autor übernommen werden sollte, und in der die zugrunde liegende Erzählsituation eine ganz andere sein kann als die des realen Aktes des Schreibens (*Erzählung*, S. 152).

Nimmt man überhaupt eine kommentierende Instanz an, die damit auch eine Erzählinstanz ist, die sich mal vehementer, mal dezenter bemerkbar macht –

---

[34] Eine der vielen Stellen, die deutlich macht, wie stark Wagners Theorie, und dann auch die Praxis, auf wirkungsästhetischen Säulen ruht.

[35] Mit Fokalisierung beschreibt Genette die „Einschränkung des [Blick-] ‚Feldes‘, d. h. eine Selektion der Information gegenüber dem, was die Tradition Allwissenheit nannte“ (*Erzählung*, S. 242). Genette verwirft die Vokabel „Allwissenheit“, da diese wörtlich genommen in der Fiktion absurd sei: der Autor erfinde, bräuchte daher nichts zu wissen, was auf den Erzähler übertragen wird. Als Möglichkeiten der Fokalisierung durch den Erzähler unterscheidet er intern (eingeschränkt; Mitsicht, durchaus kompatibel mit Stanzels Begriff ‚personal‘), extern (objektiv/Außensicht) und Nullfokalisierung (vollständig informiert/Übersicht). Der hier angesprochene kommentierende, heterodiegetische Erzähler mit Nullfokalisierung könnte auch mit Stanzel ‚auktorialer Erzähler‘ genannt werden, ein eindeutig definierter Begriff, der zudem die Kommentarfunktion des Erzählers berücksichtigt, und seit Jahrzehnten fest etabliert ist. Ich werde ihn in dieser Arbeit ebenfalls verwenden, werde aber überwiegend mit der Terminologie Genettes arbeiten, die den Vorteil der Differenzierung, die eindeutige Trennung der Erzählkategorien mit sich bringt.

also im epischen, romanhaften Sinne erzählt – so ist es auch ein Erzähler, der hier seine Stimme erhebt, nicht der Autor.[36] Das gilt selbst dann, wenn es nicht einfach zu bestimmen ist, wem diese Stimme gehört. Wer erzählt?

Der *Ring* ist, wie bereits ausgeführt, auf Textebene überwiegend dialogisch aufgebaut. Das gilt selbst für die Chorszenen zwischen Hagen und den Mannen in der *Götterdämmerung*, die nach dem Prinzip von Frage und Antwort konstruiert sind. Ausnahmen sind einige monologisierende Erzählungen, z. B. Siegmunds in der *Walküre* nach Hundings Duellansage, Mimes zu Beginn und nach der Wissenswette mit Wotan im *Siegfried*, Alberichs im *Siegfried* vor der Neidhöhle. An diesen Stellen ist allerdings immer eine teleologische Ausrichtung zu beobachten bzw. diese monologischen Szenen sind nicht im Sinne kontemplativer Solostücke der traditionellen Nummernoper zu verstehen, sondern lassen in der Reflexion die Spiegelung des eigenen Gemütszustandes hinter eine Rekapitulation, also Erzählung der Ereignisse zurücktreten und führen außerdem in den meisten Fällen – teleologisch – zu einer Handlung. Auch die Dialoge sind im überwiegenden Fall keine reinen Dialoge, sondern Erzählungen, die ein vergangenes, oft sogar schon als Bühnengeschehen sichtbar gewesenes Ereignis vergegenwärtigen oder auch Hinweise auf Zukünftiges enthalten. In seinem „Monolog“ nun legt Wotan nicht nur reflektierend seine Gefühle und Gedanken dar, sondern erzählt auch von vergangenen Ereignissen. Rein informativ gesehen existiert im *Ring* also Einiges an überflüssig erscheinender epischer Rekapitulation – und es wird einigermaßen häufig und ausführlich erzählt.

Die Unterscheidung in hetero- und homodiegetischen Erzähler hilft auch im Musikdrama, Ordnung in die Erzähllage zu bringen. In der Figurenrede wird im Medium Sprache von der Figur als homodiegetischer Erzähler mit interner Fokalisierung erzählt. Zu klären bleibt, wie die musikalischen Kom-

[36] Ich kann dabei Abbate nicht folgen, die konstatiert: „The narratives in the finished tetralogy are his [Wagners] way of insinuating his authorial self into the Ring text.“ (Unsung Voices, S. 161). Ihre poetologische Deutung der zahlreichen Erzählungen im *Ring*, sie sieht in ihnen eine Umkehrung der Werkgenese, in der Wagner von einer Erzählung zur sichtbaren Handlung (zurück)schritt, während nun die sichtbare Handlung wieder in ihre eigene Erzählung mündet, ist zwar durchaus bestechend. Allerdings kommen sowohl die narrativen (Mittel des Polyperspektivismus und der Innensicht) als auch die dramaturgischen Funktionen der Erzählungen (Einbettung neuer Informationen und Grundlage der Reflexionen, s.u.) zu kurz. Unbestritten ist ein Werk das Werk eines Autors, der allein durch seine Urheberschaft dieses Werk bestimmt und prägt, dessen Biographie sich in das Werk einschreibt. Doch die Stimme des Erzählers ist nicht die des Autors, der in seinem Text nicht vorkommt, es sei denn, es handelt sich um einen autobiographischen Text.

mentare einzuordnen sind, die ja häufig über die Figurenrede hinausgehen. Die Gleichzeitigkeit der Medien macht gleichzeitiges Erzählen auf zwei Ebenen möglich. Man könnte auf die Idee kommen, dass, fußend auf dieser Besonderheit, ein und dieselbe Erzählinstanz zu unterschiedlichen Fokalisierungen fähig wäre bzw. eine Sache sagt und eine andere denkt, wobei sie selbst diese Gedanken auf der zweiten Ebene der reinen Instrumentalmusik ebenfalls vermittelt.

Diese Schlussfolgerung aber bleibt unbefriedigend. Allein die Dreifachstruktur des Musikdramas und vor allem die Überlagerung von Orchester und Gesangsstimme weisen schon auf die Überlagerung verschiedener Erzählebenen und -instanzen hin, wobei Innensicht und Kommentar eine große Rolle spielen. In den unterschiedlichen Medien wirkt eine je eigene Erzählinstanz.[37]

Die Unterscheidung der Ebenen ist nicht rein medial aufzufassen, sondern entspricht auch einer Differenzierung im narrativen Diskurs, die Genettes Beschreibung der Ebenenstrukturen entspricht. Genette unterscheidet die „Ebenenqualitäten" extradiegetisch und intradiegetisch, die nicht mit der Qualität der „Person" bzw. der „Stimme", heterodiegetisch und homodiegetisch, zu verwechseln sind. Die Adjektive der Ebenenqualität besagen, ob eine Figur als Erzähler vorkommt, als Erzähler kenntlich ist, oder nicht. Die aus solchen verschachtelten Erzählungen resultierenden Ebenen haben als Hauptbezugspunkt die Basiserzählung, die nicht unbedingt, sogar selten, die thematisch wichtigste Erzählung ist. Sie ist einfach nur, strukturell gesehen, die Erzählung erster Ordnung, von der die übrigen Erzählebenen abhängen, beispielsweise eine Rahmenerzählung. Die von einem intradiegetischen Erzähler, also von einem Erzähler, der selbst auf Ebene der Basiserzählung eine Figur ist, produzierte Erzählung belegt Genette mit dem Begriff „metadiegetisch" (zu den Ebenen siehe *Erzählung,* S. 151ff bzw. 249ff*)*.

Das Erzählen im Drama kann nie über ein intradiegetisches hinausgehen – es ist immer eine Figur, die erzählt, und es wird immer deutlich, dass sie erzählt. Die eingeschachtelten Erzählungen sind zudem meist homodiegetisch, seltener heterodiegetisch, und schließlich noch intern fokalisiert.[38] Im

---

[37] Wagner selbst macht eine fundamentale Unterscheidung zwischen Orchestermelodie und Versmelodie, der „Vokaltonmasse". Beide sollen sich jedoch letztlich ergänzen und wiederum ergänzt werden durch die Gebärde.

[38] Stanzels Begriff des „personalen Erzählers" wäre ebenfalls anzuwenden, doch wieder macht sich der Vorteil von Genettes Terminologie darin bemerkbar, die verschiedenen Kategorien deutlich auszustellen: Der Erzähler befindet sich in der Geschichte und er fokalisiert intern, wozu als dritte Charakteristik noch hinzukommt, dass die Erzählung innerhalb der Basisgeschichte metadiegetisch ist, also eine Einschachtelung darstellt.

Drama also kann es keinen extradiegetischen Erzähler geben – jedenfalls nicht in den sprachlichen Äußerungen. Die musikalischen Strukturen hingegen, dies wird weiter zu zeigen sein, können diese Einschränkung aufheben.

Die metadiegetische Erzählung ist insofern interessant, als der narrative Akt ja immer eine besondere Bedeutung, eine Begründung hat. Das Erzählen ist nicht reiner Selbstzweck, selbst an den Stellen, wo es – gerade auch im *Ring* – so scheint. Genette differenziert verschiedene Typen: explikativ, prädiktiv, thematisch, persuasiv, distraktiv und als letztes obstruktiv (Erzählen um des Erzählens willen). Im *Ring* überwiegt das explikative Erzählen.

Um an die betrachtete Wotanstelle anzuschließen: Die tieferen Gründe für Wotans Ausbruch liegen in der Orchestermelodie, es ist nicht nur seine „Stimme“, die etwas vermittelt. Fast ist man geneigt, in Wotan selbst eine übergeordnete Erzählinstanz zu sehen, was damit zusammenhängt, dass er überhaupt Einsicht in die Zusammenhänge gewinnt: Im Anschluss an den musikalisch kommentierten Gefühlsausbruch spricht er die verschlungenen Gedankengänge und Handlungen offen aus. Aber er ist es nicht, der das Orchester sprechen lässt, vielmehr handelt es sich um einen Moment der Innensicht, ermöglicht durch die musikalischen Strukturen. An den wenigen Stellen, wo die Motive in der Gesangsstimme liegen, die Kommentarfunktion und das Erzählen so in eins fallen, bestätigen sie auch nur diese Einsicht, lassen Wotan aber auch auf dieser Ebene nicht in die Rolle des Erzählers schlüpfen. Das Orchester übernimmt die Rolle des Erzählers, der Innensicht gewährt – ein heterodiegetischer Erzähler mit Nullfokalisierung überlagert den homodiegetischen Erzähler mit interner Fokalisierung. Vorerst sei an dieser Stelle haltgemacht, auf den wichtigen Punkt des „Wer spricht“ wird aber zurückzukommen sein.

Alle Erzählungen, auch die wiederholenden, enthalten mindestens auf Figurenebene Neuinformationen und häufig auch Details, die sogar dem Rezipienten bis dahin unbekannt sind. So gehört in der „Wissenswette“ zwischen Mime und Wanderer-Wotan[39] ein Großteil der ins Frage-Antwort-Spiel eingebetteten Rekapitulationen zum allgemeinen, von den Beteiligten und dem Rezipienten geteilten Wissensschatz. Dramaturgisch gibt es, auf der Sprachebene, mehrere Rechfertigungsgründe für das Aufgreifen der bekannten Ereignisse: Teleologisch führt die Szene zur Lösung des Mime umtreibenden Problems, von wem das zerbrochene Schwert neu zu schmieden sei.

[39] Richard Wagner: *Siegfried*, in: Sämtliche Werke, I. Aufzug, T. 1372–1859. Nachfolgend gilt das Sigle S.

Nebenbei wird klar, wie sehr Mime Siegfried hintergeht, da er wesentlich mehr über dessen Herkunft weiß, als er dem „Knaben" sagen will; die eigennützigen Pläne des Zwergs werden vollends offenbar.[40] Und schließlich wird deutlich, dass der „Wanderer" sich keineswegs aufs beobachtende Altenteil zurückgezogen hat, sondern immer noch die Fäden in der Hand hat. Allerdings betreibt er nun aktiv seinen Untergang, während in der *Walküre* ja zunächst noch der Erhalt der Götterherrschaft anstand.

Weiter lässt die Art von sowohl Mimes als auch Wotans Darstellung der Ereignisse Rückschlüsse auf die je eigene Sichtweise der Dinge und Zusammenhänge zu. Bei Wotan fällt beispielsweise auf, dass er seine eigene Rolle bei Alberichs Enteignung geflissentlich übergeht. Vordergründig aber beherrscht Rekapitulation die Szene.

Der Gehalt dieses Dialoges ist nicht allein im Sprachlichen, also im Gesungenen zu suchen. Auch nicht, wenn man die wiederholenden Passagen als notwendigen Rahmen für die Neuinformationen sieht. Nach dem Ausflug in Wagners Theoriewelt können auch die rekapitulierenden Erzählungen bestimmt werden als Mittel, alle „Motive der Handlung", zumindest die für den Moment entscheidenden, gegenwärtig zu machen. Dies geschieht in der Wortsprache genauso wie in der Tonsprache, dort in erster Linie in der Orchestermelodie durch die Motive.[41] Diese werden häufig unterstützend, tautologisch eingesetzt, um Wort und Gebärde größeren Nachdruck zu verleihen und zu verdeutlichen. Die Übereinstimmung ist aber nicht zwangsweise gegeben. Interessant wird es dort, wo die Motive mehr als tautologische Stützen sind und auf zweiter Ebene Informationen preisgeben, die anzeigen, was „eigentlich" gemeint ist.

In der „Wissenswette" ist es letztlich nur eine einzige, dafür umso entscheidendere Stelle, die erstens einen Hinweis enthält, der nicht direkt durch die Sprache gegeben ist, zweitens auch das Wissensgefälle zwischen Wotan

---

[40] Schon zu Beginn des *Siegfried*, in der einleitenden monologischen Szene Mimes (S I, T. 141–250), bekommt der Zuschauer einen Einblick in Mimes Seelenleben: Dessen Gedanken kreisen nur um Ring, Hort und Weltherrschaft und das Problem, wie das Schwert neu zu schmieden sei. Außerdem rekapituliert er schon an dieser Stelle wichtige Informationen, die zeigen, wie viel er vom Göttermythos und eben von Siegfrieds genealogischer Abstammung weiß – mehr, als er dem zum Werkzeug degradierten Siegfried je sagen will.

[41] Etwas überspitzt könnte man sagen, dass die ganze Form des Musikdramas und seine theoretische Konstruktion von Erinnerung und Ahnung und dem Verweisen auf Nicht-Gegenwärtiges dem *Ring* tatsächlich etwas zutiefst Episches verleihen, das sich herleitet aus dem einzigen Wunsch Wagners, immer alles gleichzeitig zu sagen, zu vergegenwärtigen, um ja verstanden zu werden.

und Mime verdeutlicht. Die alles entscheidende Frage, wer einzig das Schwert neu zu schmieden in der Lage sei, wird im Orchester mit dem Siegfried-Motiv kommentiert (S I, 1802). Das ist aber nur für den Rezipienten bestimmt, Mime versteht (oder hört) das wissende Orchester nicht und bleibt die Antwort schuldig. Ihm fehlt es an der tieferen Einsicht, die Wotan besitzt.

Das Zusammenwirken von Motivik, Sprache und Handlung ermöglicht Rückschlüsse darauf, wie bewusst den einzelnen Figuren die Zusammenhänge sind. Die Art des motivischen Kommentars spielt dabei die herausragende Rolle. Sind die Motive tautologische Bestätigung von Sprache oder Geste, so machen sie tendenziell deutlich, dass die Figur sich der Motivation ihrer Handlung und des Gehalts ihrer eigenen Sprachaussage voll bewusst ist. Dieses Bewusstsein für die Zusammenhänge würde dann fehlen, wenn die Motive ergänzende oder widersprechende Funktion haben. Das Mitreden der Musik durch „ahnungs- und erinnerungsvolle melodische Momente", mit denen sie die „Kundgebung der Personen", die sich selbst nicht voll äußern wollen oder können, kommentiert, bildet auf musikalischer Ebene einen zweiten discours mit eigener histoire: Die musikalische Erzählung über der sprachlichen zeigt an, worum es „eigentlich" noch geht.

Die verschiedenen Medien übernehmen also wechselseitige Kommentarfunktionen, wobei ich auf das Wechselspiel zwischen Sprache und Musik fokussieren möchte. Eine Doppelstruktur von eigentlichem und uneigentlichem Sprechen, wie es in der Wortsprache natürlich auch möglich ist (beispielsweise durch das rhetorische Mittel der Ironie) erscheint aufgeteilt in Sprache, Musik und Szene.

Ungewusst und Unbewusst – der ergänzende Kommentar

Am Beispiel der zweiten Szene im ersten Akt der *Walküre* (W I, T. 981–789) soll demonstriert werden, wie der Kommentar in der Orchestermelodie als Indikator für den Wissenshorizont der Figuren gelten kann, den er selbst übersteigt. Die Konzentration liegt in erster Linie auf der Motivstruktur. Die Motive erscheinen wieder als tautologische Stützen, die aber ebenso über den Kopf der Figuren hinweg als die sprachliche Aussage ergänzende Verweise fungieren. Eine Erzählinstanz meldet sich aus der Übersicht heraus zu „Worte". Anders als im „Wotanmonolog" bezieht sich der Kommentar jedoch nicht auf das Wissen, sondern auf das Unwissen der Figuren und übernimmt es, dem Rezipienten das Eigentliche zu vermitteln und den

Zusammenhang zum Göttermythos zu stiften, der außerhalb des Wissenshorizontes der Figuren liegt.[42] Weiter ermöglichen die Motive die Innensicht und verweisen auf die unausgesprochenen Gedanken und Absichten hinter den verbalisierten Mitteilungen.

Nachdem der von Gewittern und Feinden gejagte Siegmund in das Haus Hundings geraten ist, dort von dessen Frau Sieglinde vorerst versorgt wurde und sich beide während langer erster Blicke ineinander verliebt haben, kehrt der Hausherr zurück. Dass die Verhältnisse nicht glücklich sind, hat Sieglinde schon verraten: Unheil wohne im Haus, sie selbst sei ihrem Mann von Schächern zur Frau geschenkt. Nicht verraten allerdings hat sie dem Gast ihren Namen, wie auch umgekehrt. Siegmund weicht auch dem Fragen Hundings, wem dieser Unterkunft gewähre, aus. Auf die von Hunding lancierte Bitte Sieglindes aber ringt sich Siegmund endlich dazu durch, seine Lebensgeschichte zu erzählen und auch die Gründe zu nennen, die ihn waffenlos und verwundet ins Haus geführt haben. Seinen wahren Name nennt er jedoch weiter nicht – weder den Geschlechtsnamen „Wälsung“ noch den Eigennamen „Siegmund“.

Siegmunds Geschichte gehört zum Handlungsstrang des Heldenepos. Sie entbehrt auf der Sprachebene jeglicher Einordnung in den Göttermythos, auf den in der ersten Szene der *Walküre* (Siegmund und Sieglinde allein) musikalisch-motivisch auch kein Bezug genommen wird. Erst in der zweiten Szene tauchen an markanten Stellen musikalische Rückbezüge zum *Rheingold* auf, ohne dass den Figuren dabei bewusst wäre, worum es ‚eigentlich‘ ginge. Die Motive richten sich als ergänzender Kommentar über die Figuren hinweg an den Rezipienten, zuerst das sogenannte ‚Vertragsmotiv‘.[43]

---

[42] Siegmunds und Sieglindes Ahnungslosigkeit wiederholt sich bei Siegfried, der einfach nichts weiß bzw. der das ihm vermittelte Wissen nicht aufnehmen und nutzen kann; und schließlich bei Brünnhilde, die ihr Wissen nicht mehr anwenden kann, nichts mehr weiß und nichts versteht, wenn Waltraute ihr in der Götterdämmerung die Lage der Götter schildert.

[43] S. o. In diminuierter Form wird dieses Motiv bei Wotans Erwachen in der zweiten Szene des *Rheingolds* eingeführt (RG II, T. 191). Im weiteren Verlauf dieser Szene erklingt es mehrmals, immer in den Celli, zuerst zu Frickas Worten „Die Burg ist fertig“ (RG I, T. 831), dann zu Wotans Hinweis darauf, dass ihm die Riesen „durch Vertrag gezähmt“ untertan seien (RG I, T. 837). Es besteht aus einer absteigenden (e-)Moll-Skala, beginnend auf der Terz und über die Oktave hinweg zum Grundton führend. In der gleichmäßigen, zielgerichten und gewissermaßen „geerdeten“ Linie könnte man (metaphorisch) den Ausdruck fester Ordnung sehen, unterstützt durch die metrische Klarheit: Nach dem innehaltenden punktierten Anfangsrhythmus reihen sich die Viertel aneinander, End- und Ruhepunkt bildet eine Halbe.

Der denotative Wert kann zunächst mit der Macht Wotans bestimmt werden, wodurch es dem im Zwischenspiel aus dem Ringmotiv entwickelten Walhallmotiv zur Seite steht.[44] Die häufige Verknüpfung mit sprachlichen Hinweisen auf die Verträge erlaubt dann die Erweiterung zur Benennung ‚Vertragsmotiv', woran sich, nach dem Prinzip der Interpretanten, weitere Bedeutungen anschließen: Es symbolisiert als Signifikant Wotans Speer, der wiederum Signifikant für die Vertragsherrschaft und damit überhaupt für die Götterherrschaft Wotans, am Ende der Kette auch für den Gott selbst steht.

Das Motiv erklingt nach Hundings Bemerkung über die Ähnlichkeit zwischen Siegmund und Sieglinde (W I, T. 428f):

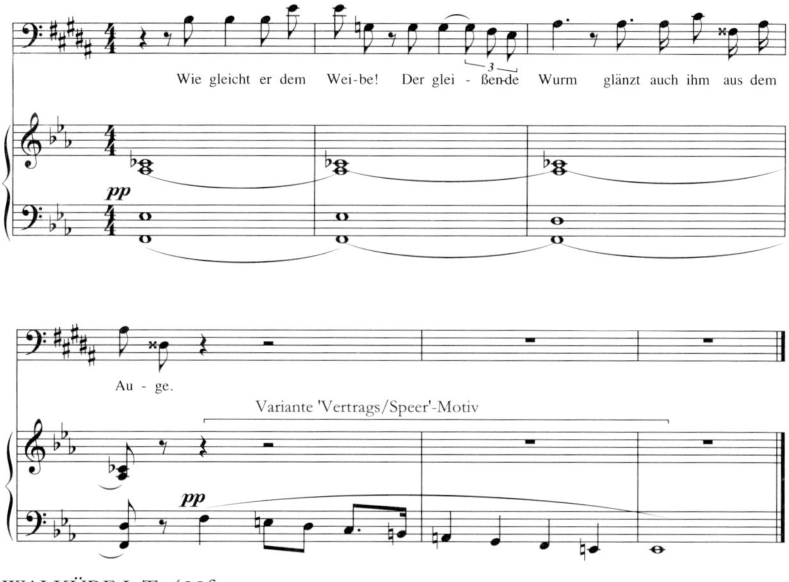

WALKÜRE I, T. 428f

[44] Das ‚Walhallmotiv' ist eine im Rheingold auskomponierte Ableitung aus dem ‚Ringmotiv', der entscheidende Unterschied liegt melodisch-harmonisch in einer Aufklarung: Das ‚Ringmotiv' ist gebildet aus einem von der Sept absteigenden verminderten Molldreiklang (fis7) mit Gegenbewegung, es endet (melodisch) auf der Terz.

Es ist ein Verweis auf den Göttermythos und auf den höchsten Gott, wird der tiefere Sinn auch erst in der nächsten Motivstelle deutlich: Siegmund erzählt, wie er im Kampf den Vater verlor, dessen Leiche er nie fand (W I, T. 545f). In der charakteristischen Hornbesetzung, dabei in höchstem Pianissimo wie versteckt, setzt das ‚Walhallmotiv' ein.

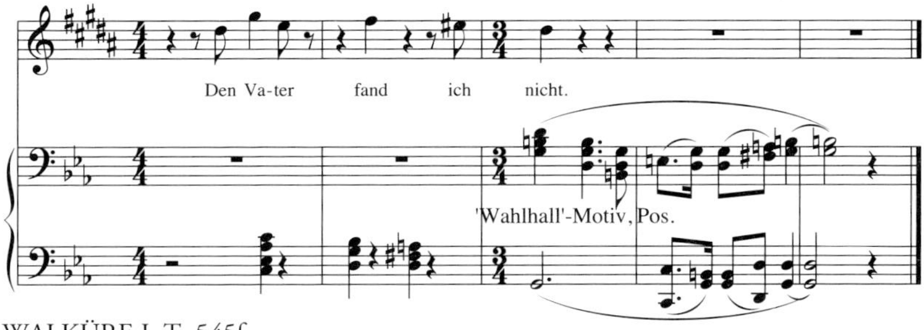

WALKÜRE I, T. 545f

Dieser Verweis ist schon deutlicher: Das ‚Walhallmotiv', das auch für die Person Wotan und nicht nur für seine Macht steht, entschlüsselt, wer der „Vater" ist. Und der Hörer ahnt langsam, wie die Beziehungen zum Göttermythos stehen.[45]

In einer dritten Stelle, Hunding kommentiert das Schicksal Siegmunds mit den Worten „nicht liebte dich die Norn" (W I, T. 579), erklingt in Hörnern und Fagott ein Motivkopf, der sich auf das ‚Fluchmotiv' (statt Molldreiklang mit kleiner Sept noch in verschärfter Spannung durch verminderten Dreiklang mit Sept) zurückführen lässt.

RHEINGOLD IV

Das ‚Walhallmotiv' durchläuft die gleiche Bewegung, ist jedoch ein Dur-Septakkord (B7). Rhythmisch verschleiert das ‚Ringmotiv' synkopisch und/oder triolisch das Metrum, wirkt schwebend, während das ‚Wahlhallmotiv' mit seinem punktierten Rhythmus das Metrum eher unterstützt und Festigkeit verheißt. Der exemplifizierenden Bezugnahme aufeinander entsprechend denotieren die Motive unterschiedliche Varianten von Macht. Der erste Auftritt Wotans zeigt ihn, von Fricka geweckt, langsam aus seinen Machtträumen aufwachend: „Mannes Ehre, ewige Macht, ragen zu endlosem Ruhm!", so singt er in der zweiten *Rheingold*szene zu einem motivischen Ineinander von ‚Ring' und ‚Walhall'.

[45] Siegmund und Sieglinde wissen tatsächlich nichts von der Göttlichkeit ihres Vaters Wälse; das wird eindeutig, wenn Siegmund im zweiten Aufzug bei der Todesverkündigung der *Wal-*

Diese Bezugnahme, etwas subtiler vielleicht als der Einsatz des ‚Walhallmotivs' in seiner Grundgestalt, lässt eine Ahnung von der Art des Fluches aufsteigen, der über Siegmund schwebt. Sein Schicksal wird bestimmt vom Göttermythos, genauer: von der Ringgeschichte.

Schließlich wird die Verbindung zum Göttermythos noch durch den Einsatz des ‚Schwertmotivs' spezifiziert, das nun (W I, T. 770f) bei Sieglindes Versuchen ertönt, Siegmund mit Blicken auf die im Raum stehende Esche hinzuweisen. Während das Motiv allmählich codiert wird und der Hörer diese Codierung mit vollzieht, ist hier zunächst überhaupt der Rückbezug zum *Rheingold* und damit zum Göttermythos entscheidend. Während der Rezipient in der Lage ist, den Kommentar auf den Göttermythos rückzubeziehen, ist den Figuren dies alles unbekannt.

Die Wälsungen dürfen auch nichts wissen. Siegmund wurde von Vater Wälse in Unkenntnis erzogen, Unwissenheit über die eigene, man könnte sagen, öffentlich-staatliche Genealogie ist die Voraussetzung für ein selbstverantwortliches und „freies" Handeln Siegmunds und damit für das Gelingen von Wotans Plänen. Auf Wortebene kann die Erzählsituation folgendermaßen beschrieben werden: Siegmund erzählt als intradiegetische Figur homodiegetisch und hat eine entsprechend eingeschränkte Sicht der Dinge, ein fragmentarisches Bild seiner selbst und der Welt. Die Perspektive ist die der internen Fokalisierung. Die Musik jedoch weiß mehr, das Orchester ist der Figur als heterodiegetischer Erzähler mit Nullfokalisierung, als auktorialer Erzähler übergeordnet und klärt über die Zusammenhänge auf.

Dramaturgisch wichtig ist nun, neben der Festigung der Personenkonstellation, die sich während Siegmunds Erzählung herausbildet, die Klarstellung dessen, wer Siegmund denn ‚eigentlich' ist – das sagen die musikalischen Bezüge zum Göttermythos – und wer er zu sein meint – das liegt in seiner (wortsprachlichen) Erzählung. Dem Rezipienten wird durch die Doppelstruktur vermittelt, inwieweit eine Figur sich der Großzusammenhänge, also des Göttermythos, bewusst ist – Siegmund sind sie völlig unbewusst.[46] Dem Spiel von Eigentlichem und Uneigentlichem liegt die

küre aufträgt, Wotan und Wälse zu grüßen (W II, 1604–1613). Und auch vorher schon macht er die Unterscheidung zwischen Walvater und dem eigenen Vater. Auch Sieglinde erkennt zwar in dem Greis, der das Schwert in der Esche Stamm gestoßen, den Vater, nicht aber Wotan in ihm. Das im Orchester erklingende ‚Walhallmotiv' bleibt Kommentar.

[46] Ein anderes Beispiel, das Gespräch zwischen Siegfried und Mime im zweiten Akt des *Siegfried* (S II, T. 1450–1635), ist in seiner humoristischen Verkehrung von vermeintlich Gesagtem und tatsächlich Gemeinten eine weitere Variante der Uneigentlichkeit, die viel-

den gesamten *Ring* konstituierende Doppelstruktur der Handlungslinien zugrunde: Auch dort, wo der Göttermythos scheinbar völlig hinter das Heldenepos tritt, ist er permanent präsent – im episch-musikalischen Kommentar. Das gilt sogar und noch verstärkt für die *Götterdämmerung*, in der der eigentliche Protagonist des Göttermythos, Wotan, als Person von der Bühne abgetreten ist.

Der Kommentar richtet sich in den meisten Fällen direkt an den Rezipienten, wodurch ein Verhältnis entsteht, das dem zwischen Erzähler und Leser in der rein literarischen Erzählung vergleichbar ist. Mit Wagners Worten: Der Rezipient wird zum „Mitwisser der dichterischen Absicht". Sieglindes Ahnung von der wahren Abstammung des Fremden wird angeregt durch seine Worte, sie ist nicht Reaktion auf die musikalische Struktur. Die Verweise auf den Göttermythos sind nicht als Moment der Innensicht, als Darstellung ihrer Gedanken zu werten. Das Gleiche gilt für Hunding, dessen Informationsquelle ebenfalls nur das von Siegmund erzählte Geschehen ist. Der Wissenshorizont der Figuren ist auf die Ebene des Heldenepos und der Menschengeschichte beschränkt. Der Göttermythos ist in der musikalischen Struktur allein für den Rezipienten eine Bezugsgröße.

Ein Wechselverhältnis zwischen Kommentar und Figur besteht extrem selten – die raren Stellen sind umso bedeutsamer und wiederum Gradmesser für die Bewusstseinsstufe der Figuren, wie eine detaillierte Untersuchung des Zusammenhangs zwischen den „melodischen Momenten" und den Äußerungen und Handlungen der Figur anhand des „Wotanmonologs" zu zeigen hat.

---

leicht schon wieder eine Spur zu eindeutig uneindeutig ist, aber deswegen einer besonderen Anschaulichkeit nicht entbehrt. Das sonst übliche Verfahren, in dem das eigentlich Gemeinte verdeckt, unterschwellig musikalisch aber doch „zur Sprache" kommt, ist hier auf den Kopf gestellt mit einer Konstruktion, in der das von Mime Gesagte schon direkt in das Gemeinte „übersetzt" ist. Siegfried (und mit ihm der Hörer) ist durch Drachenblut und Waldvogelhinweis dazu befähigt, das zu hören, was Mime wirklich meint. Eine musikalische Präzisierung bzw. Richtigstellung wird unnötig, die erklingenden Motive sind überwiegend tautologisch, sie werden ergänzt mit einigen generellen Situationsmotiven. Die Notwendigkeit der zweiten „Sprachebene" fällt weg, denn was sonst ungesagt bliebe, wird offen ausgesprochen. Mimes Verwirrung, ihm ist nicht bewusst, dass er das Gemeinte sagt bzw. dass er zwar etwas anderes sagt, aber das Gemeinte verstanden wird, ist mehr als ein humoristisches Einsprengsel. Indem der Hörer mit Siegfrieds Ohren hört, wird dessen kurzzeitige Bewusstseinserweiterung unmittelbar erfahrbar. Die für Mime resultierende Verwirrung ist einerseits logische Folge, da er Siegfrieds Antworten nicht einordnen kann. Andererseits drückt sich in ihr auch die Verwunderung darüber aus, dass der „dumme Knabe" plötzlich hellsichtig wurde.

Gewusst und Bewusst – der bestätigende Kommentar

Die musikalische Gestaltung, der Einsatz musikalischer Motive, kann interpretiert werden als tautologisch unterstützendes Mittel, das Wotans Gedanken hörbar macht. Dies wäre die Einlösung von Wagners Forderung nach einem unmittelbaren Verstehen durch den Rezipienten, das über ein rein verstandesmäßiges hinausgeht. Gleichzeitig nimmt der Zuschauer an der Entstehung des Entschlusses teil, er wird Zeuge, wie durch die Erinnerung an die vergangenen Ereignisse und ihre Reflexion in der Gegenwart auch eine Ahnung von der Zukunft in Wotan aufsteigt. Durch die reflektierende Rekapitulation wird der Umschlag bewirkt, Wotan entscheidet zuletzt, den Versuch, die Götterherrschaft aufrecht zu erhalten, aufzugeben: „Nur eins will ich noch – das Ende" (W II, T. 938ff).

Dieser Entschluss reift in ihm in dem Maße, wie er sich die gegenwärtige Situation unter Einbeziehung der vergangenen Ereignisse bewusst macht. Wotan rekapituliert die Vergangenheit und geht weit zurück bis zu den Anfängen seiner vertraglich geregelten Götterherrschaft, die noch vor dem Rheingoldgeschehen liegen. Dabei betont er, dass er auch in den Tagen seiner Herrschaft nie auf Liebe verzichten konnte – dies macht ihn und Alberich im Streben nach Macht doch zu Antipoden. Der Erzählung der Ereignisse [Ringschmiede, Zwangsenteignung Alberichs, Fluch, Erdas Warnung] aus der Perspektive Wotans folgt die Erzählung und Erklärung seines Handelns auch nach seiner Begegnung mit Erda. Dies bestand darin, Vorkehrungen gegen das Ende und gegen die von Alberich möglicherweise oder tatsächlich gesammelten „nächtlichen Scharen" zu treffen. Doch nicht Alberichs Heer stelle die eigentliche Gefahr dar. Zur nicht nur götter-, sondern weltbedrohenden Situatiuon käme es, wenn der Schwarzalbe seinen Ring wiedererlangen würde, der ihn unbesiegbar machte. Hierin liegt das Kernproblem. Wotan ist vertraglich an den Riesen Fafner gebunden, dem als Lohn für den Bau der Burg Wahlhall der Nibelungen-Hort mitsamt dem (vorher Alberich gewaltsam entrissenen) Ring übergeben wurde. Wotan ist „Knecht" der eigenen Verträge, da er dem Vertragspartner, auch in einer Notlage, den Ring nicht selbst abnehmen und auch nicht abnehmen lassen kann. Das sind die konkreten „Bande", die Wotan „binden" und eben den „freiesten Helden" nötig machen, der unabhängig vom Gott agierte. Siegmund kann dieser Held auf keinen Fall sein.[47] Die Passage, die auch die entscheidende Schwachstelle in Wotans Gedankengebäude bloßlegt, sei hier vollständig zitiert:

[47] Ohnehin ist diese Idee vom freien Helden, der sich über alle Ordnungen hinwegsetzen darf, moralisch und rechtlich nicht einwandfrei.

Nur einer könnte, was ich nicht darf:
ein Held, dem helfend nie ich mich neigte;
der fremd dem Gotte, frei seiner Gunst,
unbewußt, ohne Geheiß,
aus eigner Not, mit der eignen Wehr
schüfe die Tat, die ich scheuen muß,
die nie mein Rat ihm riet,
wünscht sie auch einzig mein Wunsch!
Der, entgegen dem Gott, für mich föchte,
den freundlichen Feind, wie fände ich ihn?
Wie schüf' ich den Freien, den nie ich schirmte,
der im eignen Trotze der Trauteste mir?
Wie macht' ich den andren, der nicht mehr ich,
und aus sich wirkte, was ich nur will?
O göttliche Not! Grässliche Schmach!
Zum Ekel find' ich ewig nur mich
in allem, was ich erwirke!
Das andre, das ich ersehne,
das andre erseh' ich nie:
denn selbst muß der Freie sich schaffen:
Knechte erknet' ich mir nur![48]

Der Kern liegt in dem Satz „Wie schüf' ich den Freien“, ein Paradox in sich, da das eigene Geschöpf nicht frei sein kann. Wotan erkennt dies: „selbst muß der Freie sich schaffen“. Siegmund hingegen ist durch und durch Wotans Geschöpf: als sein Sohn erstens genealogisch mit ihm verbunden, wenn auch in Unkenntnis dieser Genealogie, zweitens von ihm erzogen, wenn auch „gegen der Götter Rat“. Das aber ist ja nur eine Beeinflussung mit negativen Vorzeichen, Siegmund ist genealogisch und geistig-kulturell an Wotan gebunden und hat dabei noch nicht einmal die Möglichkeit, sich irgendwie bewusst von diesem Vater abzusetzen, zu trennen, sich gegen ihn zu stellen. Wotan steht und stünde hinter all seinen Handlungen, auch der von ihm so erhofften Rückeroberung des Rings, durch die er indirekt Vertragsbruch beginge. Dies erkennt der Gott in dieser Szene, ebenso wie die Tatsache, dass auf der „Lichtalbenseite“ nichts existiert, das unabhängig von ihm wäre: „Zum Ekel find ich ewig nur mich in allem, was ich erwirke“.

Der Textabschnitt endet mit der verzweifelten Einsicht in die ihm schon durch Fricka vor Augen geführte Ausweglosigkeit der Situation. Daraus zieht

---

48 W II, T. 818–868. Der vollständige Text der Szene findet sich im Anhang.

Wotan die letzte Konsequenz: Er akzeptiert nicht nur den Untergang, er will das Ende. Präsentiert sich Wotan auch im *Siegfried* nur mehr als „schauender“ Wanderer, so ist dem doch mit Vorsicht zu begegnen. Den Eigenaussagen der Figur (so zu Alberich vor der Neidhöhle im II. Aufzug *Siegfried* (S II, T. 191ff): „Zu schauen kam ich, nicht zu schaffen“) ist nicht zu trauen. Wotan wirkt als Wanderer noch sehr aktiv seinem eigenen Untergang entgegen und überlässt keineswegs kampflos der Alberichseite das Feld.

Aus dem „Willen zum Ende“ erhebt sich Wotan schließlich zum Segen für den „Niblungen-Sohn“, den Sprössling, den Alberich sich gegen Bezahlung (Geld statt Liebe) gezeugt hat. Wotan scheint in aller Form sein Reich abzutreten – an einen „Anderen“, an jemanden, „der nicht mehr er“ ist.[49] Als Konsequenz befiehlt Wotan Brünnhilde, für Fricka zu streiten und Siegmund fallen zu lassen, worauf sich ein erster Streit zwischen Gott und Geschöpf, Vater und Tochter anbahnt.

Folgend den wichtigsten Gedankenlinien, kann der „Monolog“ in vier Hauptabschnitte unterteilt werden:

Der erste Abschnitt (1–89)[50] behandelt die Vorgeschichte zum *Rheingold*, das Rheingoldgeschehen und die ersten Reaktionen Wotans, also sein Intermezzo mit Erda und die Aufrüstung Walhalls. Neben einigen Neuinformationen auch für den Rezipienten über die Vor-Rheingoldzeit und die zeitliche Lücke zwischen *Rheingold* und *Walküre* bietet er vornehmlich eine Rekapitulation der Ereignisse und leitet über zu Erdas Warnungen.

Erda warnte vor dem „Anderen“, das Wotan im zweiten Abschnitt (90–129) erklärt. Er legt die tiefer liegenden Gründe für sein Handeln dar und benennt erstens die eigentliche Hauptgefahr, nämlich die Möglichkeit, dass Alberich den Ring wiedererlangen könnte, und zweitens die eigene Ohnmacht, an den Ring zu kommen, da er selbst durch Verträge gebunden ist. Er kann den Ring dem aktuellen Besitzer Fafner nicht abnehmen, ihn also nicht „sichern“.

Dies führt dann zum dritten Abschnitt (130–229), dem Kernstück, in dem Wotan endlich den innersten Gedanken bloßlegt, seinen „Großen Gedanken“ vom freien Helden. Das Werkzeug dieses Plans, Siegmund, ist

---

[49] Ob Hagen nicht sogar wirkt, was Wotan ‚eigentlich‘ will, gewissermaßen zu seinem Helden wird, wäre zu überlegen. Natürlich darf Brünnhildes Rolle nicht außer acht gelassen werden, letztlich aber ist sie mit Hagen gemeinsam für Siegfrieds Tod verantwortlich, zusammen also vollstrecken sie Wotans Willen zum Ende

[50] Die Taktzählung beginnt mit dem Einsatz des Orchestermotivs, 5 Takte vor Einsatz der Singstimme mit „Als junger Liebe Lust mir verblich (...)“.

aber alles andere als unabhängig von Wotan. Der Abschnitt endet mit der verzweifelten Einsicht in die Ausweglosigkeit der Situation.

Der vierte Abschnitt (230–302) bringt dann den Umschwung, die Akzeptanz des Endes, das Wotan endlich als sein Schicksal annimmt. Es geht nicht mehr nur um den Ring, sondern um die Einsicht, dass er am Ende der Götter nichts ändern kann.

Innerhalb dieser Großeinteilung sind wiederum Zäsuren auszumachen, durch die sowohl die musikalischen als auch die inhaltlichen Grundgedanken organisiert werden. Es sind dies die „dichterisch-musikalischen“ Perioden, die Wagner selbst in *Oper und Drama* beschreibt, und die nicht nur nach rein musikalischen Kriterien, analog der klassischen Periodenstruktur bestimmt werden können. Diese „rhethorisch-musikalischen Formen“[51] haben unterschiedliche Längen, die aber von der überschaubaren Ausdehnung der klassischen Periode nicht allzuweit abrücken. Die Zäsuren sind musikalisch und dichterisch, das heißt gedanklich motiviert.

Die Perioden werden jeweils eingeleitet durch ein Hauptmotiv, das musikalisch und inhaltlich in ihnen bestimmend ist und dann jeweils ergänzt wird. Es erklingen weitere Motive, die teilweise in direkter Reaktion auf den Text als Stichwortmotive funktionieren, teilweise aber auch die Gedankenlinie weiter führen. Damit sind die musikalischen Mittel der Formbildung nicht erschöpft, ich möchte mich jedoch auf die Motivstruktur konzentrieren, die nicht nur inhaltlich motiviert ist, sondern auch musikalischen Formgesetzen folgt und musikalischen Zusammenhang verbürgt. Es sei darauf hingewiesen, dass die sprachlichen Zäsuren, die gedankliche Gliederung der Textstruktur, nicht eins zu eins in die musikalische Struktur übertragen werden. Gerade die Differenzen enthalten formale, syntaktische Spannungsmomente, die wiederum semantische Qualität bekommen, z. B. an solchen Stellen, wo scheinbare gedankliche Gegensätze durch einen musikalisch-motivischen Zusammenhang miteinander verbunden werden.

Es ergibt sich folgende Einteilung, wobei das musikalische Hauptmotiv kursiv gedruckt mit seiner gängigen Bezeichnung angegeben wird, außerdem die wichtigsten Grundgedanken der einzelnen Perioden aufgeführt sind.

---

[51] Zum Begriff der dichterisch-musikalischen Periode siehe wieder Dahlhaus (*Konzeption*, S. 95ff), der am Beispiel der Hagen-Alberich-Szene dieses Formprinzip erläutert; sein Analyse-Instrumentarium kann auf die hier behandelte Szene übertragen werden.

Abschnitt	Periode	Takt	Motive	Inhalt
1	I	1–23	Unmut	Vorgeschichte, Beginn Rheingold
	II	23–30	Ring/Walhall	Konkrete Macht
	III	31– 39	Erda	Warnung
	IV	39–54	Unmut/ Brünnhilde-Linie	Wotan und Erda
	V	54–82	Walküren	Befestigung und Aufrüstung Walhalls
Einwurf Brünnhildes Takt 83–89				
2	VI	90–100	Erda	Gefahr durch Alberichs Heer
	VII	100–110	Ring	Mögliche Gefahr durch Alberichs Rückgewinnung des Rings
	VIII	110–129	Ring/Vertrag	Vertragsbande
3	IX	129–150	Götternot/Unmut/ Schwert	Heldengedanke
	X	150–184	Unmut/Götternot	Schwachstelle des Heldengedankens
Einwurf Brünnhildes Takt 184–186				
	XI	186–203	Siegmund/Unmut	Frickas Argumente
Einwurf Brünnhildes Takt 204–205				
	XII	203–230	Ring/Fluch	Traurige Resignation
4	XIII	230–257	Fluch/Schwert	Abdankung, Wille zum Ende
	XIV	257–291	Erda/Nibelung/ Alberich	Nibelungensohn
	XV	291–302	Walhall/Ring/ Goldglanz (Moll)	Segnung und Erbanweisung an den Niblungensohn

Die Analyse stellt das Zusammenwirken von Musik und Sprache anhand der Beziehungen zwischen Motivstruktur und Text heraus, das Spiel zwischen der musikalischen Darstellung der Gedanken und ihrer Verbalisierung durch Wotan.

Abschnitt I und die erste Periode werden vom sogenannten ‚Unmutmotiv' eingeleitet, nach dessen einmaligem Erklingen zunächst keine weiteren Motive auftreten.

WALKÜRE II, Wotans „Monolog", T. 1–10

Thema sind die Anfänge von Wotans Herrschaft, die noch vor dem Rheingoldgeschehen liegen, also gewissermaßen in einer vormotivischen Zeit. Diese frühen Ereignisse können motivisch nicht beschrieben werden, da sie nie sichtbar waren und ihnen kein Motiv zugewiesen werden kann.[52] Dass Wotan hier von frühesten Anfängen erzählt, lässt sich in der musikalischen Struktur jedoch festmachen. Im Bass, in den Posaunen und Tuben, liegt als Orgelpunkt das Kontra-**E,** (mit Oktave), worüber die Celli mit einer Variante des ‚Unmutmotivs' einsetzen. Mit dem ersten melodischen Tonwechsel, einem Halbton abwärts, wechselt auch der Bass durch chromatische Rückung zum **Es,** dominantisch zur neuen Tonika **as**-Moll. Bis zum Einsatz der Singstimme bleibt die dominantische Spannung durch den Orgelpunkt **Es** im Bass erhalten. Mit Einsatz der Singstimme ist die Tonika als neuer Orgelpunkt erreicht. Es erklingt kein voller Akkord: Die Passage wirkt wie ein Anklang an das Rheingoldvorspiel, in dem die Musik das Werden, das Anfangen und den Ursprung aus einem Ton abbildet.

Das Orchester hat der rezitativisch geführten Singstimme (in Wagners Terminologie wäre die „Wortmelodie" dem „Sprachvers" angenähert) außer Liegetönen wenig entgegenzusetzen. Motivische Belebung erfährt der Abschnitt erst wieder an seinem Ende durch das wieder aufgenommene ‚Unmutsmotiv'. Wotan versichert, dass er selbst in der Macht der Liebe nie entsagt habe – im Gegensatz zum Antipoden Alberich. Die Bewegung im Orchester wird zu Ausführungen von Wotans Liebesauffassung etwas lebhafter vor allem durch eine Ableitung aus der punktierten Achtellinie des ‚Unmutsmotivs', die dann abreißt und Wotans Aussage „In der Macht verlangt ich nach Minne" gleichsam in der Luft schweben lässt. Nach dieser Belebung scheint die Orchestermelodie wieder zu erstarren: Das gleiche Stilmittel wie zu Beginn des Monologs, eine chromatische Rückung, jedoch in umgekehrter Richtung (Halbton aufwärts von **Ges**-Dur zur neuen Dominante **G**-Dur) unterstreicht das Abreißen und bereitet die Antithese, Alberichs Entsagung der Liebe, vor. Mit der Belebung des Geschehens wächst die Komplexität.

---

[52] Dies entspräche auch Th. Manns Lesart hinsichtlich der Beziehung zwischen der epischen Leitmotivtechnik und dem Sichtbaren, der Abneigung gegen Vorgeschichten: Der Konnex zwischen Motiv und Ereignis/Objekt wäre nicht gegeben.

WALKÜRE II, Wotans „Monolog“, T. 18–25

Wotan kommt auf Alberich zu sprechen, dessen Beschreibung als „der bange Nibelung“ einen spannungsreichen Sekundakkord (genauer: einen verkürzten D7, das **g** im Bass wird zur Sept) motiviert. Auch die Namensnennung „Alberich“ wird mit harmonischer Spannung kommentiert: einem unaufgelösten Sept-Non-Akkord (auf **fis**).

Mit den Worten „Des Rheines glänzendes Gold“ erhöht sich die Ereignisfrequenz im Orchester wieder. Die Akkordfolge stellt eine musikalische Anbindung an die Rheingoldrufe im *Rheingold* dar: Terz und Sept eines

Dominantseptakkords (**G7**) lösen sich „korrekt" auf, aber der Grundton **g** bleibt stehen. Man könnte dies eine trügerische Auflösung nennen. Der unschuldige Naturzustand und das nur ästhetische Dasein des Goldes ohne Zweckbindung dauern nicht an, es droht die Zerstörung mit Erschaffung des Ringes, dem Symbol der Macht.

Auf den Ausdruck „maßlose Macht" folgt, gewissermaßen aufs Stichwort, das ‚Ringmotiv', das gleichzeitig Zäsur zu Periode II ist. Die „maßlose", jedoch noch nicht näher definierte Macht wird zuerst musikalisch konkretisiert und dann von der zuvor pausierenden Singstimme benannt: „Den Ring, den er schuf...". Der entscheidende Gedanke tritt also gewissermaßen musikalisch an die Oberfläche und wird dann erst sprachlich bezeichnet.

Der musikalische Gedanke, das Leitmotiv, bringt die Gedanken der Figur Wotan an die Oberfläche und ermöglicht die Innensicht; sogar so stark, dass man beinahe Gefahr läuft, doch an die Herrschaft der Figur über das Orchester zu glauben. Aber Wotan wird nicht zum Schöpfer der Ereignisse, er wird nicht zum Gestalter und tritt als heterodiegetischer Erzähler aus dem Geschehen, sondern er bleibt als intradiegetische Figur auch bei diesen Erzählungen homodiegetisch, womit auf Sprachebene die interne Fokalisierung einhergeht – das wird z. B. an seiner Sicht auf die Rheingoldereignisse deutlich. Die Tatsache, dass sein Gedankengang mit den motivischen Kommentaren übereinstimmt, er quasi auf die Einflüsterungen „hört", ist dennoch von Bedeutung: Sie macht deutlich, wie bewusst er sich der Zusammenhänge ist bzw. endlich wird. Diese Bewusstwerdung bedingt den entscheidenden Umschwung, die Peripetie.[53]

[53] In ihrer eingehenden und in vielen Details äußerst überzeugenden Analyse des Wotanmonologs kommt Abbate dagegen zu dem Schluss: „There is no untained or external narrator, and all we hear assumes shape as a projection of the world that Wotan has constitued." (*Unsung Voices*, S. 201). Abbate begründet dies in erster Linie mit dem überwiegend tautologischen Einsatz der Leitmotive, der auch zu einem von der übrigen Musik des *Rings* völlig abgehobenen Klangeindruck beitrüge: „Thus the tautologies in the monologue are significant [darin stimme ich mit ihr überein], for they tell us that the music comes from the singer of the tale, who cannot step outside the circle of narrative – the music comes from Wotan." (ebenda). Natürlich kann der Sänger nicht aus dem Kreis der Erzählung ausbrechen, ein wichtiger Gedanke, auf den ich an späterer Stelle näher eingehen werde. Aber er wird nicht selbst auf orchestraler Ebene zum homodiegetischen Erzähler. Es ist zu trennen zwischen den verschiedenen Medien, Ebenen und Fokalisierungen, eine Unterscheidung, die Abbate (die sich mit dem Begriff der „Stimme" durchaus auf Genette bezieht) nicht trifft. Im Monolog überlagern sich, s. o., die durch eine heterodiegetische Erzählinstanz im Medium Musik (v. a. durch die Leitmotivik) ermöglichte Innensicht mit der internen Fokalisierung der Figur.

Das einmal eingeführte Schema wird auch an den folgenden Zäsuren erfüllt, trotzdem sei das musikalisch unterstützte, inhaltliche Fortschreiten der Szene weiterverfolgt; handelt es sich doch um die Schlüsselstelle des Ring, bestimmend für den weiteren Verlauf der Handlung.

Die zweite Periode also steht im Zeichen des Rings bzw. – nachdem vorher nur eher abstrakt von einer Machtsicherung durch Verträge die Rede war – der konkreten Machtinstrumente Ring und Walhall. Diese an sich eher kurze Periode von nur acht Takten ist motivisch sehr dicht: Nach dem ‚Ringmotiv' hält die Orchestermelodie zunächst bei Wotans Einsatz auf einem Akkord. Während die Singstimme sich zu „Wahlhalls Zinnen" aufmacht, mündet eine chromatisch ansteigende Viertelkette, die in ihrer Struktur und durch die Instrumentalfarbe an die das Zusammentragen des Horts in Nibelheim und später, als Lösegeld, in Wahlhall begleitende Motivik aus dem Rheingold erinnert, in das ‚Walhallmotiv' ein: Der andere Machtpol ist erreicht, wie der erste aber auf Unrecht gebaut; die Hortanklänge lassen sich interpretieren als Ergänzung zu den Worten „bezahlte Walhalls Zinnen", die ja nicht nur mit dem Ring, sondern mit dem ganzen von den Nibelungen unter Alberichs Herrschaft angehäuften Hort bezahlt wurden. Zudem stellt es eine Verbindung her zwischen den musikalisch-inhaltlichen Verwandten Ring und Walhall.

In Wotans letzte Silbe und die Ausläufer des ‚Walhallmotivs' eingefügt beginnt nun eine aufsteigende Linie in cis-Moll, die ebenfalls aus dem *Rheingold* bekannt ist. Dort begleitet es den Auftritt Erdas (RG IV, T. 3458f); die Bezeichnung ‚Erdamotiv'[54] erscheint gerechtfertigt.

RHEINGOLD IV

Es wird von Wotan auch dahingehend entschlüsselt. „Die alles weiß, was einstens war, Erda (…)". Auch diese III. Periode steht im Zeichen eines einzigen, eben des einmal zu Beginn erklingenden ‚Erdamotivs'. Eine chromatische Verschärfung betont die Warnung vor dem Ring, zu „der Ewigen

[54] Formal gehört das Motiv zu einer Gruppe von Dreiklangsmotiven, die tatsächlich aus dem Anfangsdreiklang des Rheingoldvorspiels abgeleitet werden können. In Kürze kann man es als melodisch gefüllten, aufsteigenden Moll-Dreiklang beschreiben.

Ende" setzt das Orchester bedeutsam aus, ansonsten zieht es sich mit den tiefen Blechblasinstrumenten auf Liegetöne zurück.

Die IV. Periode schließt unmittelbar an. In der Singstimme gibt es nur eine minimale Zäsur durch eine Achtelpause, der erneute Einsatz (wie vordem in den Celli) des ‚Unmutmotivs' und ein Tempowechsel, dazu die veränderte Führung der Singstimme (kurze, abwärts führende Linien, den einzelnen Satzteilen folgend) leiten jedoch kontrastreich die neue Periode ein. Der drängende Ausdruck der Singstimme äußert sich in kurzen Teilsätzen, denen die gedrängte Folge der sich überlappenden Motive entspricht: Der Neueinsatz erfolgt noch auf die letzte Note, schließlich bleibt überhaupt nur die punktierte Achtelfigur übrig, und der End- und Ruhepunkt durch die abschließende Halbe fällt fort. Das Drängen weicht endlich einer Beruhigung: Aus der Achtelfigur abgeleitet erscheint eine rhythmisch augmentierte Figur in den Celli.

Mit dem Motiv der Walküren in der Gesangslinie, eingeführt in der ersten Szene dieses Aufzugs, beginnt die V. Periode. Indem das Motiv in der Vokalstimme erklingt, wird das enge Verhältnis Wotans zu seinen Geschöpfen deutlich: Sie sind von ihm gezeugt, um das Ende abzuwehren. Auf ihre Aufgabe, den Machterhalt, verweist die rhythmische Begleitfigur in den Posaunen, die auch Bestandteil des ‚Walhallmotivs' ist. Bis zu Brünnhildes Einwurf in Takt 83 gibt es kaum weitere motivische Ereignisse, und auch Brünnhildes Part gehört im Prinzip noch zu dieser Periode, die weiter von den Motiven ‚Walküren' und ‚Walhall' charakterisiert ist.

WALKÜRE II, Wotans „Monolog", T. 91–96

Der Neuansatz zu Periode VI (und in der Großgliederung zum zweiten Abschnitt) gestaltet sich mit dem ‚Erdamotiv'. Wieder pausiert die Gesangslinie. Erdas Motiv mündet in eine absteigende Achtelfigur, die rhythmisch an das bis jetzt ja sehr präsente ‚Unmutmotiv' gemahnt, in der Konstellation aber auch eine Assoziation mit der Götterdämmerung zulässt: Im *Rheingold* mündet das in cis-moll aufsteigende ‚Erdamotiv' bei der entscheidenden Warnung „ein düsterer Tag dämmert den Göttern" in eine absteigende Linie ein (RG IV, T. 3502f). Durch die Gegenbewegung gewissermaßen den Kreis schließend, löst sie auch das cis-Moll Erdas nach D-Dur auf.[55]

Die Warnung, Wotan führt das weiter aus, betrifft nicht nur Alberichs Heer; die Gefahr ist der Ring, wie musikalisch auch direkt deutlich gemacht wird durch das Erklingen des ‚Ringmotivs'. Eher als Nebenmotiv, wenn auch in den Momenten musikalisch-formal bedeutsam, folgen die Viertel mit Vorschlag, die seit der ersten Rheingoldszene mit Alberich assoziiert werden, und die chromatisch aufsteigenden Vierer-Achtelketten, die den Hort konnotieren. Dazu erklärt Wotan, dass seine Walhall-Helden diesem

[55] Vgl. a. die Ausführungen im Kapitel „Struktureller Inzest".

dunklen Alberich-Heer sicher standhalten würden, die eigentliche Gefahr woanders läge.

Das ‚Ringmotiv' leitet die nächste Periode (VII) ein, in der Wotan die Gefahr tatsächlich benennt, und das ‚Ringmotiv' sogar in der Singstimme vorkommt: „Nur wenn je den Ring zurück er gewänne [absteigend von c als Sept über einem verm. Dreiklang auf d], dann wäre Walhall verloren."

Die Erregung überträgt sich aufs Orchester: Tremoli statt ordnender Motivstruktur. Die Wiederaufnahme des ‚Ringmotivs' schließt die Periode wiederum ab und leitet zur nächsten über. Abgesehen von der zäsurbildenden Wirkung könnte man dieses Zurückgehen auf das ‚Ringmotiv' auch als ein Moment dauernden Kreisens um diesen Gedanken, um den Ring und seine Bedeutungen fassen. Alle Überlegungen Wotans, alle Pläne führen immer zurück zum Ring.

Die folgende Periode (VIII) führt allerdings zunächst zum Problem Fafner. Tuben und Pauken bringen eine Form des ‚Riesenmotivs', prägnant durch seinen punktierten Rhythmus. Die unauflösbare Situation des Gottes, der an den eigenen Vertrag gebunden ist: Dies zeigt sich musikalisch (tautologisch) an durch ein Motiv, das erstmals im *Rheingold* erklingt, wenn Wotan durch die Riesen (Fasolt) gemahnt wird, Verträgen die Treue zu halten (dem Motiv brachte dies die Benennung „Vertragstreue" ein; RG II, T. 1049f):

RHEINGOLD II

Die Periode endet mit der von verzweifelter Erkenntnis getragenen Einsicht, dass der Gott selbst „den Verträgen nun Knecht" sei. Fast wie zum Hohn stellt sich dazu sein zweites Herrschaftsmotiv ein: das ‚Vertrags'- bzw. ‚Speermotiv'.

Es folgt eine größere Zäsur in der Singstimme, in der sich im Orchester verschiedene Motive überlagern: Ein unter ‚Götternot' bekanntes Motiv in den Celli, eine Linie aus punktierter Achtel und Sechzehntel, ansteigend bis zur None und wieder absteigend, erinnernd an das ‚Erda'- wie auch an das ‚Unmutmotiv' mit dem es häufig zusammen auftritt, führt zum ‚Unmut' in seiner Grundgestalt, ebenfalls in den Celli. Darüber, in der Basstrompete, tritt in dieser Szene erstmals das ‚Schwertmotiv' auf.

WALKÜRE II, Wotans „Monolog“, T. 128–135

Verweisend auf den Heldengedanken überhaupt wird es sprachlich eingelöst: „Nur einer könnte, was ich nicht darf; Ein Held, dem helfend nie ich mich neigte“. Interessant ist, dass diese Stelle mit Synkopen in den Streichern unterlegt ist, die bisher hauptsächlich in Verbindung mit Alberich und den Nibelungen auftauchten. Auch das ‚Ringmotiv‘, s. o., bezieht eine seiner Charakteristiken aus der schwebenden Uneindeutigkeit seines synkopisierten Rhythmus'. In den Celli und im Fagott liegt darunter noch das ‚Götternotmotiv‘, dazu die ‚Unmut‘ – alles Hinweise darauf, das der Heldengedanke nicht auf festem Grund steht. Die Orchestermelodie verliert sich in Tremoli, bevor das Wiedereinsetzen der Motive (‚Unmut‘ und ‚Götternot‘) die Weiterführung des Gedankens anzeigt. Dieses motivische Neuansetzen führt zur nächsten Periode (IX), in der eine beharrende rhythmische Figur in den hohen Streichern den Eindruck äußerster Dringlichkeit hervorruft.

Gedanklich („dichterisch“) folgt der Text der musikalischen Fortführung, da anstelle der bisherigen erzählenden Aussagesätze nun Fragesätze stehen:

Der, entgegen dem Gott,
für mich föchte,
den freundlichen Feind,
wie fände ich ihn?
Wie schüf' ich den Freien,
den nie ich schirmte,
der in eig'nem Trotze,
der trauteste mir?

WALKÜRE II, Wotans „Monolog", T. 156–165

Die Gedankenrichtung ändert sich mit Wiederaufnahme des ‚Unmutmotivs'. Ähnlich wie in der III. Periode unterstützen Überschneidungen das gedankliche und musikalische Vorwärtsdrängen: „Wie macht ich den Anderen, der nicht mehr ich, und aus sich nur wirkte, was ich will?"

Diese letzte Frage, in der die ganze Unmöglichkeit, die Schwachstelle des Gedankengebäudes beschlossen liegt, mündet musikalisch aus einer diatonisch absteigenden Weiterspinnung des ‚Unmutmotivs' in eine aufsteigende Dreiklangslinie, erinnernd an ‚Erda'; außerdem in die Weherufe aus dem *Rheingold*, eine chromatisch absteigende Seufzerfigur. In der Gesangsstimme, wie beim Ausbruch vor dem Monolog, äußern sich Erregtheit und Verzweiflung in großen Intervallsprüngen einzelner Ausrufe:

> O göttliche Not!
> Gräßliche Schmach!
> Zum Ekel find ich ewig nur mich
> In allem, was ich erwirke.
> Das Andere, das ich ersehne,
> Das Andere erseh ich nie
> Denn selbst muß der Freie sich schaffen;
> Knechte erknet ich mir nur.

Dies ist der Moment der vollen Erkenntnis. Orchestral unterfüttert bleibt die Stelle mit Elementen der schon vorher bestimmenden Motive, wobei die Wotans Erregung unterstützende Unruhe auch daher kommt, dass Orchester und Singstimme eigene Takteinheiten bilden, die gegeneinander verschoben sind.

Brünnhildes Einwurf bildet die nächste Zäsur zur X. Periode, wobei sie musikalisch im zwar zurückgenommenen, aber immer noch aufgewühlten Orchester eingebettet, also dieser Periode eigentlich noch zugehörig ist; sie bekommt als Wotans eigenstes Geschöpf, als sein Wille und Wunsch, keine eigene Sprache, geschweige denn eigene Motive – solange sie in direkter Abhängigkeit zu Wotan bleibt.

Ihre Frage allerdings motiviert das Erklingen des ‚Siegmundmotivs', während Wotan nur in tiefere Verzweifelung gestürzt wird; es scheint, als sei nicht mehr nur er, sondern sogar die Musik kaum fähig, das ganze Ausmaß der Ausweglosigkeit zu fassen: Die Gesangspausen werden nur von einigen Akkorden gefüllt, erst allmählich erfährt die Orchestermelodie wieder Belebung durch das ‚Unmutmotiv'.

Brünnhildes nächster Einwurf, die Nachfrage, ob Wotan tatsächlich von Siegmund den Sieg nähme, verhallt. Wotan reagiert nicht, er „rät" ja nur mit sich selbst, Einwürfe von außen werden ignoriert.[56] Was dann folgt, wirkt beinahe wie ein letztes Resümee und wie Warnung und vorweggenommene Entschuldigung in einem:

> Ich berührte Alberichs Ring,
> gierig hielt ich das Gold!
> Der Fluch, den ich floh,
> Nicht flieht er nun mich:
> Was ich liebe, muß ich verlassen,
> morden, wen je ich minne,
> trügend verraten,
> wer mir traut!

Eingeleitet wird diese XII. Periode durch eine Umkehrung des ‚Unmutmotivs', dem charakteristischen Vorschlag folgt eine aufsteigende chromatisch-diatonische Sekundfolge. Dieser aufstrebende Gestus, die Umkehrung des schon beim ersten Auftreten eher resigniert als unmutig klingenden Motivs (aber solche Aussagen über Gefühlsausdrücke in der Musik sind natürlich immer prekär) ist tatsächlich die Umkehr: ein Aufrichten Wotans, der sich nach dem letzten schmerzlichen Bewusstwerden darüber, was alles hinter ihm und was noch vor ihm liegt, dazu aufschwingt, das Ende zu wollen. Darin liegt im Übrigen auch das Tragische dieses Gottes, der zum Gott erst durch den Verzicht auf die göttliche Herrschaft wird.

Die Umkehrung des ‚Unmutmotivs' mündet zu den Worten „Ich berührte Alberichs Ring" in das ‚Ringmotiv', das im Blech hervortritt. In das zweitaktige Innehalten der Singstimme nach diesem Eingeständnis bzw. der wiederholten Betonung der eigenen Schuld erklingt in den Hörnern und in den Holzbläsern ein Motiv, das aus dem Vorspiel bekannt ist, in dem es schon isoliert vorkam. Das Tonmaterial ist aus dem Kopf der Cellokantilene genommen, die bei der ersten Begegnung zwischen Sieglinde und Siegmund vor allem immer wieder die ausgetauschten oder heimlich gesendeten Blicke begleiten. Wotan wird an seine Wälsungen gemahnt, an deren Schicksal er die Schuld trägt – er entsagt ihnen, wie die motivische Folge verdeutlicht: Das ‚Entsagungsmotiv', dem ‚Blickmotiv' ohnehin verwandt, übernimmt zu

[56] Man könnte hierin aber auch die Taktik sehen, Brünnhilde (und auch ihn) davon zu überzeugen, dass er tatsächlich alleine sei und bei der Offenlegung seiner Gedanken keine Hintergedanken hege.

den Worten „Was ich liebe (…)" die Führung. Es endet in der ebenfalls aus dem ‚Entsagungsmotiv' abgeleiteten absteigenden Linie, die Alberich und Wotan als die „Traurigsten" miteinander verbindet.

Die nächsten Takte bildet ein rein instrumentales Gegeneinander der Motive: Die Singstimme schweigt, in den Posaunen erklingt großartig das ‚Fluchmotiv', in dessen letzten Ton das ‚Schwertmotiv' einfällt; zwar in seiner Grundgestalt C-Dur, aber durch das **fis** im Bass trotzdem eigentümlich eingetrübt.

WALKÜRE II, Wotans „Monolog, T. 230–237

Darauf dann nichts mehr – kein Motiv, nur Material, das sich durch den Rhythmus aus dem ‚Zornmotiv' ableiten ließe, auch durch die Instrumentalfarbe. Jetzt, gewissermaßen bei der Abdankung Wotans, die man als Entgegnung auf Alberichs Fluch sehen kann, schweigt das Orchester motivisch.

Das letzte Wort hat also das ‚Schwertmotiv', das auch den Helden an sich konnotiert, trotz der Eintrübung ist es Träger des musikalischen Geschehens. Wotan lässt nicht ganz ab von seinem Heldengedanken, lenkt ihn aber in eine neue Richtung: Das eigene Ende und manch andere Opfer werden nun in Kauf genommen, statt verhindert zu werden.[57]

[57] Ohne dem **fis** nun zuviel Bedeutung aufzubürden, trägt es doch musikalisch entscheidend zur Trübung des Motivs bei; damit aber auch (denotativ) zu einer Infragestellung des Heldengedankens. Es greift Alberichs Fluch.

In Kürze:

1. Wotan akzeptiert das Ende, aber das heißt nicht, dass er Alberich den Ring überlassen darf und will.
2. Siegmund ist nicht der Freie, den Wotan erhofft hat. Es muss sich jemand anderes einerseits gegen den Gott stellen, andererseits aber trotzdem für das Gute, das heißt immer für die Liebe und gegen Alberich, streiten.
3. Kein Heldensohn – aber eine Heldentochter, die alles weiß? Wotan hat Brünnhilde in alles eingewiesen. Sie wird sich bewusst gegen Wotan stellen, stellen können, damit den verderblichen Teufelskreis erstmals durchbrechen.
4. Wotans Verzweiflung über das Unheil, das er denen bringt, die er liebt, und die er gleichwohl zu opfern bereit ist, bezieht sich keineswegs nur auf die Vergangenheit: „was ich liebe", „wen je ich minne", „trügend verraten". Dieses Präsens gilt für die Vergangenheit wie für die Gegenwart wie für die Zukunft.[58]

Wotan will das Ende, er muss aber sicherstellen, dass sein Erbe in die richtigen Hände kommt. Neuer „Heldensohn" ist Brünnhild, womit Wotan zwar wieder selbst hinter allem steht, gleichzeitig aber in einer großartigen Intrigenschleife dafür sorgt, dass sie der „Andere" ist, „der nicht *mehr*" er ist, der aber „aus sich" wirken wird, was er „nur will".

Der letzte Teil des Monologs verdient unter diesen Vorzeichen noch genauere Betrachtung. Auf den Ausruf „Ende"[59] folgt eine Generalpause – es kommt nichts mehr. Das Wort wird in c-Moll wiederholt, das zum ‚Erdamotiv' im Orchester überleitet. Erda und ihre Prophezeiungen steigen in Wotans Erinnerung auf. Im letzten Abschnitt besinnt Wotan sich auf die Prophezeiung erstens der Geburt des Niblungensohns und zweitens der zeitlichen Nähe von dessen Geburt und der Götter Ende.

Das Ineinander von Motiven und Gedanken folgt dem bekannten Schema. Die wichtigen Motive sind Alberichs Vorschlagfigur mit den ihn und den Fluch evozierenden Synkopen (auch ‚Nibelungenhass' genannt).

---

[58] Seine Verzweiflung ist alles andere als gespielt: sieht er doch, dass er zu allem Überfluss auch noch die geliebte Tochter verlieren wird. Wie sehr geliebt, mag die Regieanweisung in der Überleitung zum „Monolog" zeigen: „Sie legt traulich und ängstlich Haupt und Hände ihm auf Knie und Schoß. Wotan blickt ihr lange in das Auge; dann streichelt er ihr in unwillkürlicher Zärtlichkeit die Locken. (…)" (W 119). Dazu erklingt die Cellokantilene, die Wälsungen-Blicke des ersten Akts konnotierend. Die Bedeutung dieses Motivs an dieser Stelle erschöpft sich allerdings nicht darin, auf die innige Liebe zwischen Wotan und Brünnhilde hinzuweisen, sondern evoziert den gesamten Problemkomplex.

[59] Auf E – wie Ende? Wie Erlösung?

RHEINGOLD I

Außerdem drängt das ‚Walhallmotiv' in die Zäsur, wenn auch in einer rhythmischen, äußerst scharfen, abgehackt wirkenden Variante. Dazu erklingt in der Basstrompete ein Motiv, das im *Rheingold* den Sonnenstrahl begleitet, der das „reine Gold" zum glänzen bringt (RG 105).

RHEINGOLD I

Die ‚Rheingoldfanfare' wird zum Symbol für das Gold in seiner reinen Form: ein Hinweis erstens darauf, dass alles auf die Entsühnung des Goldes ankommt, und zweitens, dass Wotan dieses Ziel noch im Sinn hat.

Schließlich, in der letzten (XV.) Periode, eingeleitet vom rhythmisch überspitzten ‚Walhallmotiv', folgt die Segnung des Nibelungensohns mit bitterem Hohn, fast schwarzem Humor.

WALKÜRE II, Wotans „Monolog", T. 291–302

Der Segen wird bestätigt durch das Walhallmotiv, dem in Hörnern und Basstrompete die ‚Rheingoldfanfare', allerdings eingetrübt in Moll, folgt. Dagegen setzt die Singstimme bei „Nibelungensohn" die zweite Hälfte des ‚Ringmotivs', das dann zu den Worten „Was tief mich ekelt, dir geb ich's zum Erbe" vollständig erklingt: höchste Übereinstimmung zwischen Figur und Kommentar. Die letzten Worte werden wieder unterstrichen vom ‚Walhallmotiv' und von der ‚Rheingoldfanfare', beide aber in Moll: Den Ring nämlich gibt Wotan nicht zum Erbe, sondern „der Gottheit nichtigen Glanz; zernage ihn gierig dein Neid“. Der „nichtige Glanz“ der Götterherrschaft bildet sich musikalisch in der harmonisch-melodischen Molltrübung ab – kein schönes Erbe für Hagen.

Brünnhild weiß nun alles, zwischen den Spannungspolen Liebe und Wissen wird sie sich ihrem Gewissen nicht entziehen können. Es scheint, als habe es Wotan darauf angelegt. Nur sie kann sein Held werden, weil nur sie sich bewusst gegen ihn auflehnen, und doch das Gute schaffen kann.

Die detaillierte Analyse zeigt sowohl die Konstruktionsprinzipien als auch die Gedankenlinien auf, die zu Wotans Erkenntnis führen und die Peripetie in Gang setzen. Die in den einzelnen Perioden vor dem jeweiligen Einsatz der Singstimme einleitenden Motive lenken gleichsam den Gedankengang. Durch das Versetzt-Sein von Motiv und sprachlicher Bezugnahme entsteht der Eindruck, als würde der sonst nur in Wotans Bewusstsein vorhandene Gedanke zur Versprachlichung drängen. Die Motive sind sicherlich kein „Zuspiel“ eines Dritten, der Wotan auf die Zusammenhänge stieße – ein Dialog in diesem Sinne findet nicht statt, entsteht auch flüchtig der Eindruck, als stünde die Figur im Dialog mit dem Orchester. Die Möglichkeit, jemand würde Wotan die Gedanken eingeben, entbehrt einer stichhaltigen Begründung. Ihm sind die Zusammenhänge ja nicht unbekannt, es sind seine eigenen Gedanken, die in den Motiven Gestalt annehmen und dann von ihm ausgesprochen, sprachlich übersetzt und dadurch völlig bewusst werden. Indem die Motive beim Rezipienten Assoziationen erwecken und an die Situationen, in denen sie und die von ihnen bezeichneten Objekte maßgebliche (musikalische) Funktionen hatten, erinnern, bereichern sie die im Wort ausgesprochenen Erinnerungen. Wotan vergegenwärtigt sich die zurückliegenden Ereignisse, die unabänderlichen Konstellationen, die in der Vergangenheit begründet wurden, um sie dann zu erzählen und reflektierend abzuwägen.

Die Motivstruktur verweist also auf die vergangenen Ereignisse und stellt die gedankliche Verknüpfung wie auch die innersten Gedanken Wotans, die er bisher noch nie ausgesprochen hat, musikalisch dar. Damit mutiert er nicht selbst zum auktorialen bzw. zum heterodiegetischen Erzähler. Vielmehr unterstreicht die Motivstruktur lediglich die in der sprachlichen Offenbarung seiner Gedanken angelegte Innensicht. Auf Wortebene handelt es sich um einen homodiegetischen Erzähler mit interner Fokalisierung, dessen Blick allerdings so umfassend und so wenig fragmentarisch auf die Dinge gerichtet ist, wie es einer Figur nur möglich sein kann.

Die Suche danach, wer aus welcher Perspektive auf der zweiten Ebene spricht, sollte nicht dazu verführen, die gerade sprechende, meistens also erzählende, oder eine andere im Fokus stehende Figur gewissermaßen zum Denker der Motive zu machen. Vielmehr handelt es sich um eine zweite Erzählinstanz mit der Qualität eines anonymen, extradiegetischen, heterodiegetischen Erzählers mit Nullfokalisierung, der durch die Kommentare Innensicht gewährt[60].

Die Möglichkeit des Einblicks in das Innere der Figuren, in ihr Denken und Fühlen, ist eine Charakteristik des Epischen, die Vermittlung obliegt einer Erzählinstanz. Zwar wäre es möglich, durch die Erzählung einer Figur selbst Einblicke in die eigene oder sogar fremde Gefühlswelt vermittelt zu bekommen, doch das Vertrauen in den Wahrheitsgehalt dieser Mitteilungen kann nie an dasjenige reichen, das einem auktorialen Erzähler (gerechtfertigt oder nicht) entgegengebracht würde. Die erzählenden Figuren werden demgegenüber als personale Erzähler wahrgenommen, die selbst nur bedingten Einblick in die Vorgänge haben, deren Urteil also nicht unbedingt zu trauen ist. Sollte eine Figur tatsächlich aus der Diegese heraustreten und, nur so wäre Innensicht möglich, heterodiegetisch erzählen, so wäre sie in diesem Moment selbst heterodiegetischer Erzähler und nicht mehr gleichzeitig Figur. Auf der musikalischen Ebene und dort insbesondere durch die Leitmotivstruktur wird Innensicht jedoch möglich, womit einmal mehr der epische Charakter des Musikdramas, der hohe Grad des Narrativen bestätigt wird.

Vollbewusst – Kommentar in Vers- und Orchestermelodie

Der musikalische Kommentar kann als Gradmesser für das Bewusstsein der Figuren nur funktionieren, wenn es einen Anhaltspunkt zum Wissenshorizont einer einzelnen Figur gibt. Klar zu bestimmen ist er, wenn ein Motiv in der Gesangslinie liegt. Einige Beispiele dafür gab der Wotanmonolog, ein besonders deutliches findet sich beim größten Intriganten Hagen.

---

[60] Ähnlich auch Johannes Lüdecke, der in seinem Aufsatz *Ways of Understanding Leitmotive* ebenfalls mit Genettes Terminologie arbeitet: „Using the concept of Genette the Leitmoitve can be understood as signs representing points of view which are mythical insofar they are shared by characters of the Ring. (...) The Leitmotive interject a mediating narrative instance that is often regarded as missing from dramatic texts: the voice of an extradiegetic subject that subordinates music to its intentions and thus conceptualises music." (Ebenda, S. 383). Weniger zuzustimmen ist ihm darin, dass er die Stimme des Orchesters mit der Stimme des Komponisten, des Autors identifiziert.

Im ersten Aufzug der *Götterdämmerung* sendet er dem ankommenden Siegfried einen ambivalenten Willkommensgruß[61]. Musikalisch stellt dieser den Gipfelpunkt einer in der Motivstruktur angelegten Entwicklung dar, die dem Rezipienten deutlich macht, dass Hagen mehr weiß, als er sagt. In der „Halle der Gibichungen am Rhein" (G I, 1, T. 1) freut sich Gunther seines Besitzes, wird aber von Halbbruder Hagen gerügt: Weder Gunther noch dessen Schwester Gutrune haben bisher geheiratet, ein Versäumnis, dem abzuhelfen sei. Hagen schlägt beiden einen Ehepartner vor: für Gunther Brünnhilde, für Gutrune Siegfried. Dabei gibt er jeweils einen kurzen Lebensabriss des Partners in spe, die genaueren Umstände, Brünnhildes Dasein als Halbgöttin und Walküre und die Verbindung von Brünnhilde und Siegfried werden allerdings nicht erwähnt.[62] Es ist erstaunlich, wie gut informiert sich Hagen über die Genealogie und die eine große Tat Siegfrieds zeigt:

> Siegfried, der Wälsungensproß,
> der ist der stärkste Held.
> Ein Zwillingspaar,
> von Liebe bezwungen,
> Siegmund und Sieglinde,
> zeugten den echtesten Sohn.
> Der im Walde
> mächtig erwuchs,
> den wünsch' ich Gutrun' zum Mann (...)
> Vor Neidhöhle
> den Niblungenhort
> bewacht' ein riesiger Wurm
> Siegfried schloß ihm
> den freislichen Schlund,
> erschlug ihn mit siegendem Schwert. (G I, 1, T. 93–125)

Gunther interessiert die Tat selbst weniger, aber vom Hort hat er gehört und will darüber mehr wissen. Hagen weiß: „Wer wohl ihn zu nützen wüßt' dem neigte sich wahrlich die Welt" (G I, 1, T. 135ff).

---

[61] Richard Wagner: *Götterdämmerung*, in: Sämtliche Werke, I. Aufzug, 2. Szene, T. 331–339. Nachfolgend gilt das Sigle G.

[62] Das allerdings weiß Hagen in diesem Moment tatsächlich noch nicht, es wird ihm im Gegensatz zu Gunther und Gutrune jedoch klar, sobald Siegfried von seinen Taten erzählt, noch vor der Darreichung des „Vergessenheitstrankes". Hagen nutzt also diesen Glücksfall gezielt zu seiner Intrige.

GÖTTERDÄMMERUNG I, 1. Szene, T. 135ff

Sprachlich wird lediglich der Hort erwähnt, nicht der Ring, die orchestrale Erzählinstanz kommentiert jedoch: Trompeten und Basstrompete spielen das ‚Ringmotiv' aus, das zuvor schon zu Gunthers Frage in den Klarinetten anklang, dort noch rhythmisch und melodisch verfremdet. Hagens zweiter Teilsatz „Dem neigte sich..." nimmt in der Singstimme das ‚Entsagungsmotiv' auf. Das sprachlich angedeutete Wissen um das besondere Machtpotential des Schatzes wird so musikalisch in Orchester und Gesang ergänzt. Die Tatsache, dass das ‚Entsagungsmotiv' in der Vokalstimme liegt, ist ein Hinweis darauf, dass Hagen von der Entstehung und vom Schicksal des Rings, von den Opfern, die er fordert, weiß. Damit ist auch das ‚Ringmotiv' nicht nur ergänzender Kommentar über den Kopf der Figur hinweg, sondern wiederum Hinweis auf das Wissen der Figur. Hagen kennt das kostbarste Objekt des Hortes, doch er benennt es nicht.

Das Zusammenspiel der sprachlichen und musikalischen Informationen lässt erahnen, dass Hagen, über dessen Person der Rezipient bis hierhin noch nicht viel erfahren hat, sich in der Ringgeschichte, das heißt im Göttermythos, gut auskennt. Der sich anschließende Willkommensgruß an Siegfried, der beinahe aufs Stichwort nach Hagens verbaler Einführung im Hause Gibichung selbst erscheint, erhärtet diesen Verdacht: In den Posaunen wird das ‚Fluchmotiv' vollständig ausgespielt.

GÖTTERDÄMMERUNG I, 1. Szene, T. 331ff

Hagen stimmt nach dem ersten Halbtakt, auf der Terz vor dem abwärts gerichteten Oktavsprung des Motivs, mit ein: „Heil! Siegfried, teurer Held" (G I, 2, T. 331–339). Statt Heil wünscht er Tod, wie die musikalisch-motivische Struktur verrät, die die auf Sprachebene unausgesprochene, sogar verheimlichte Absicht in einem Moment der Innensicht bloßlegt.

Das Erklingen des Motivs im Orchester zeigt eine potentielle Gefahr für Siegfried an. Die Lage in der Singstimme aber macht deutlich, von wem diese Gefahr ganz bewusst ausgeht. Dass Hagen einiges über die Ringgeschichte weiß, zeigt er auch im Folgenden, da er weitere Informationen zu Ring und

Tarnhelm geben kann. Allein, nach dem Aufbruch Gunters und Siegfrieds zum Walkürenfelsen, deckt Hagen endlich seine wahren Motive auf: Siegfried soll ihm den Ring bringen. Die Szene gipfelt in der Selbstpreisgabe seiner Identität als „des Niblungen Sohn“ (G I, 2, T. 920).

Liegen die Kommentare, anders als in diesen Passagen, nicht direkt in der Singstimme, so erscheint die Sache etwas komplizierter: Handelt es sich um Aussagen über das Fühlen und Denken der Figuren, werden sie also intern fokalisiert, oder meldet sich die Erzählinstanz und richtet sich direkt an den Rezipienten?

Es lässt sich immerhin eine Tendenz ausmachen: Betrifft der Kommentar die übergreifenden Zusammenhänge des Göttermythos, so richtet sich meist eine übergeordnete Erzählinstanz an den Rezipienten. Es wird ergänzt, was der Figur nicht bewusst ist. Das betrifft in erster Linie die unwissenden Helden, also das Wälsungengeschlecht, partiell alle – am wenigsten Wotan, gefolgt von Alberich und Hagen, die beide ebenfalls die Zusammenhänge sehr klar durchschauen. Der tautologische Kommentar scheint ein Mittel zu sein, mit dem der Erzähler Innensicht gewährt, sowohl was den Großzusammenhang Göttermythos, vor allem aber, was die in einer Situation unmittelbar wirksamen Gedanken und Gefühle der Figuren anbelangt. Das Verhältnis zwischen Kommentar und Figurenbewusstsein changiert und muss im Einzelfall betrachtet werden, um zu erkennen, was und wieviel die Figuren von den Großzusammenhängen und dem Göttermythos wissen.

Wer spricht? Eine Rekapitulation

Der Akt des Erzählens als Darstellung einer fiktiven Wirklichkeit im Drama ist grundsätzlich verschieden vom Erzählen im Roman. Erzählen kann nur in der Figurenrede stattfinden, der Erzählende ist also immer Teil der Diegese, des „Universums, in der sie [die Geschichte] spielt“[63]. Dabei spielt die Ebenenstruktur, die im Zusammenhang mit dem Erzählen auf den unterschiedlichen medialen Ebenen gesehen werden muss, eine wichtige Rolle.

Insgesamt gehören im *Ring* erzählte Ereignisse, in welche die an sich intradiegetisch (als handelnde Figur der Basiserzählung) erzählende Figur nicht auch involviert war, zur Minderzahl. Handelt es sich um eine der „wiederholenden Erzählungen“, so erfährt sie eine funktionale Berechtigung (abgesehen

[63] Genette, Erzählung, S. 201.

von Wagners Bestreben, die wichtigen Motive und Momente gegenwärtig zu halten) dadurch, dass die interne Fokalisierung, somit also eine beschränkte Figurenperspektive, zu einer besonderen Deutung durch den Erzähler führt. Die Ereignisse gewinnen einerseits neue Facetten, andererseits können Rückschlüsse darauf gemacht werden, inwieweit die Figur selbst das Geschehen versteht. Die Art des Erzählens, die Kommentierung durch die zweite Ebene, sind demnach Gradmesser einer Bewusstseinsstufe. Dabei geht es in erster Linie um eine Einordnung des eigenen Lebens in den Gesamtzusammenhang, um das Verhältnis des Heldenepos zum Göttermythos. Siegmund und Siegfried können das nicht – Hagen kann es.

Aber auch bei Erzählungen von „Fremdereignissen", es handelt sich dann um einen intradiegetischen Erzähler, der heterodiegetisch erzählt, lässt der musikalische Kommentar zusammen mit der Art der Ereignisdarstellung Rückschlüsse auf den Wissenshorizont der die Figur zu. Ein Beispiel sind Hagens Berichte, ein weiteres wäre die Nornenszene zu Beginn der *Götterdämmerung.*

Für das Musikdrama erweist sich die sonst hauptsächlich für die erzählende Dichtung geltende erzähltechnische Unterteilung in Erzählerrede und Figurenrede als praktikabel, sind auch medienbedingte Differenzen zu berücksichtigen. Wird eine Figur zum Erzähler, so handelt es sich zwar im Verhältnis zur Basiserzählung (dem dramatischen Bühnengeschehen) um Figurenrede, im Verhältnis zur Metaerzählung (eines intradiegetischen Erzählers) aber um Erzählerrede. Die Stellung des Erzählenden zur Erzählung kann dabei sowohl homodiegetisch als auch heterodiegetisch sein. Sowohl die Musik als auch die Wortsprache sind dabei außerdem als Kommentar der sichtbaren Handlung, also des gestischen Bühnengeschehens zu verstehen.

Die Leitmotive sind für die Erzählstruktur im *Ring* von immenser Bedeutung. Dabei sind sie nicht nur ein Mittel des „unmittelbaren Gefühlsverständnisses", wie Wagner selbst es bestimmt hat,[64] sondern ebensosehr ein Mittel der Reflexion. Diese kommentierende, reflektierende Funktion bringt, liegt sie im Orchester, den Begriff der epischen Distanz ins Spiel, die das

[64] Hier kommt wieder Wagners (v. a. in *Oper und Drama* ausgeführte) Vorstellung zum Tragen, dass Musik allgemein und die „melodischen Momente" im Besonderen ein Gegenpol zur zum Verstande sprechenden Wortsprache darstellen. Bei einer Betrachtung der Motive kommt es letztlich auf die Perspektive an: Von der Sprache aus gesehen, sind die bedeutungstragenden oder konnotierenden Motive eher „Gefühlswegweiser", von der Musik her gesehen, da Träger eines außermusikalischen Gehalts, ein Gebilde, das durch die Art der Bedeutungsstiftung eher den Verstand anspricht.

auktoriale Erzählen (nach Stanzel) bzw. das Erzählen durch einen kommentierenden, heterodiegetischen Erzähler mit Nullfokalisierung (nach Genettes Aufschlüsselung in Modus und Perspektive) charakterisiert.

Im Unterschied zum rein sprachlichen Roman ist der Erzählstruktur im multimedialen Musikdrama durch die Gleichzeitigkeit der Medien und die Verlagerung des Kommentars in ein anderes Medium grundsätzlich eine Trennungslinie eingezogen. Die Distanz zwischen der kommentierenden Leitmotivstruktur (tautologisch, widersprechend, ergänzend) und der Handlung und/oder sprachlichen Aussage, in der sich eine übergeordnete Instanz bemerkbar macht, kann nie ganz aufgehoben werden. Die Gleichzeitigkeit ermöglicht nicht nur ein Nebeneinander verschiedener Erzählerstimmen, sondern auch verschiedener Perspektiven: Der (erzählenden) Figurenrede in der Vokalstimme kann eine Erzählerrede in der Instrumentalstimme, durch das Orchester, entgegengestellt oder auch übergeordnet werden. Man würde zu weit gehen, im Orchester selbst den auktorialen Erzähler zu sehen. Auch die Figur des Autors, also des Komponisten, hier einzusetzen, bleibt bedenklich: Der *Ring* ist kein autobiographisches Werk, bei dem einzig Erzähler und Autor identisch sein können. Es bleibt ein anonymer, extra- und heterodiegetischer Erzähler, der nach Art eines auktorialen Erzählers kommentiert und Innensicht gewährt. Sein Medium ist die Orchestermelodie.

Wer auf Sprachebene erzählt, ist eindeutig: immer derjenige, der spricht, bzw. singt. Auf musikalischer Ebene ist das komplizierter, eine gewisse Ambivalenz der musikalischen Strukturen bleibt bestehen. Daher rührt die Gefahr, in den motivischen Kommentaren nicht nur den Kommentar einer übergeordneten Erzählinstanz zu sehen, sondern der erzählenden Figur selbst die (momentane) Oberhoheit über die Orchestermotive zuzuschreiben. Die Figur würde dann als homodiegetischer Erzähler mit interner Fokalisierung durch das Medium der Leitmotive ihre eigenen Gedanken oder Gefühle bloßlegen. Dazu verführt vor allem auch das oben beschriebene Moment der Innensicht, das sich unter anderem der schieren Gleichzeitigkeit von sprachlicher, musikalischer und gestischer Ebene verdankt: Erst durch das Nebeneinander verschiedener Aussageebenen bzw. Aussageakte werden die Aussagen aufeinander bezogen. Es ist die Art, wie die motivisch-musikalischen Strukturen auf die Sprach- und Handlungsebene bezogen sind, die eine bestimmte Fokalisierung nahe legt und damit auch zur Stimmverwechslung beitragen kann. Zwischen Fokalisierung und Stimme aber ist zu unterscheiden. Erscheinen die orchestralen Motive als tautologischer, also bekräftigender Kommentar zu Sprache und/oder Handlung, so handelt es sich um ein Moment der Innensicht durch interne Fokalisierung, die Motive werden als Gedanken der Figur rezipiert. Doch diese Innensicht wird gewährt durch eine in der Übereinstimmung zwar zurückgenommene, nichtsdestotrotz übergeordnete Erzählinstanz.

Beim ergänzenden oder widersprechenden Kommentar scheint hingegen die Erzählinstanz mit Nullfokalisierung „richtigzustellen", sich ins Einvernehmen mit dem Rezipienten zu setzen und darauf hinzuweisen, was ‚eigentlich' gemeint ist. Dazu zählen auch Zusammenhänge, von denen die Figur unter Umständen keine Kenntnis hat. Diese Möglichkeiten des Kommentierens lassen dann Rückschlüsse auf Wissen und Bewusstsein der Figuren zu. Während im Falle der Tautologie die musikalische Erzählerrede und die sprachlich-musikalische Figurenrede in eins fallen und die Figur weiß, wovon sie singt, so fallen sie in den anderen Fällen auseinander. Die großen Zusammenhänge sind der Figur zumindest partiell verborgen.

Das Zusammenspiel von Vokalstimme und Orchester, von Figurenrede und Erzählerrede, wobei letztere sich fast gänzlich zurückziehen oder stärker bemerkbar machen kann, ermöglicht ein mehrschichtiges Erzählen: Der musikalische Kommentar dessen, was auf der Figurenebene verhandelt wird, weist auf eine ‚eigentliche' Bedeutung der Ereignisse, der Rede hin. Das Aufscheinen eines ‚Eigentlichen' über einem ‚Uneigentlichen' ist erstens auf die Figuren und ihre Rede und ihre Handlungen bezogen und gründet in Selbsttäuschung oder der Täuschung anderer oder auch in schlichter Unkenntnis irgendwelcher Sachverhalte.[65] Zweitens gewinnt das Eigentliche dann an Bedeutung, wenn es um die beiden großen Handlungslinien Göttermythos und Heldenepos geht: Die weittragende Bedeutung gewinnt das Heldenepos, das Menschenschicksal, erst durch die Einbettung in den auf die Götterdämmerung zusteuernden Göttermythos. Die Differenz zwischen ‚eigentlich' und ‚uneigentlich' kommt vor allem dann zum Tragen, wenn Helden- und Göttergeschichte aufeinander bezogen werden.

---

[65] In ihrer Interpretation des Wotanmonologs behandelt Abbate auch das Phänomen der Lüge in der Musik und stellt fest, dass traditionellerweise dem rein Musikalischen eine „moralische Autorität", also das Aussprechen der Wahrheit zugeordnet würde. Sie stellt dies in Frage und versucht zu zeigen, dass auch Musik selbst, die musikalischen Strukturen „zweifelhaft" sein können: „music can speak itself equally [bezogen auf einen nicht vertrauenswürdigen Erzähler, der auch häufig genug existiert] doubtfull" (*Voices*, S. 157). Zwar spricht im „Monolog" eine „Stimme falsch" (*Voices*, S. 204), jedoch nicht die orchestral-musikalische, sondern Wotan selbst. Figur und Orchester stehen gegeneinander. Dem Gedanken Abbates, dass Brünnhilde trotzdem das Richtige, das ‚Eigentliche' heraushört, kann sie es zunächst auch nicht voll begreifen, ist jedoch absolut zuzustimmen. Vgl. auch ihr Kapitel *Brünnhilde walks by night.*

Die Überlagerung von Göttermythos und Heldenepos lässt hinter dem (unausweichlichen) Einzelschicksal die tatsächlich wirkenden Kräfte durchschimmern, die die gegenwärtige dramatische Situation auch bei heldischer Unwissenheit musikalisch durchdringen.

Eine Doppelstruktur, dies sei vorweggenommen, die auch *Joseph und seine Brüder* auszeichnet: Das Nebeneinander- und Ineinanderverschlungensein von Gottesgeschichte und Menschenschicksal, das sich im romaneigenen Prinzip der „rollenden Sphäre“ ausdrückt und ebenfalls durch motivische Strukturen mitkonstruiert wird, führt wie im Musikdrama dazu, dass die vordergründigen Ereignisse stets auf einen Hintergrund bezogen werden, der sie zutiefst doppeldeutig macht.

Die aus der Wahrnehmung von Figuren- und (musikalischer) Erzählerrede resultierende Doppelstruktur bestimmt jedoch nicht nur das Wechselverhältnis der zwei großen Handlungslinien, sondern ist auch im Kleinteiligeren wirksam. An erster Stelle stehen die Intrigenmomente; Täuschungsmanöver und Verrat stehen ja an der Tagesordnung. Erwähnt seien nur Mimes Pläne mit Siegfried, Hagens Intrigen und schließlich auch Wotans doppeltes Spiel gegen und mit Brünnhilde.

Bis in die letzten Takte der *Götterdämmerung* steht hinter allen Handlungen Wotan, der abdankende Gott. Er stellt die Macht im Hintergrund dar, das Schicksal vor allem für „seine“ Helden, ist aber selbst auch wieder einem Schicksal unterworfen, dem er nicht entrinnen kann. Während seiner Heldensippe, das heißt den Wälsungen, die Einblicke in die Großzusammenhänge versagt bleiben, hat Wotan sein Schicksal erkannt und akzeptiert. Durch die Aufschlüsselung der Erzählstrukturen und -ebenen konnte sein Bewusstwerdungsprozess nachvollzogen werden.

Der Zweierkonstellation von Macht und Liebe, die den *Ring* ursächlich durchzieht, wird ein drittes Prinzip an die Seite gestellt: Wissen und Bewusstsein bzw. Reflexion. Die eingehende Analyse von Wotans „Monolog“ hat gezeigt, wie dieser Wesenszug, der sich im Göttervater nach der Erscheinung Erdas im *Rheingold* ausbildet, im Zusammenspiel von motivisch-musikalischem Impuls und sprachlich-musikalischer Ausführung der gedanklichen Zusammenhänge auch formal fassbar ist. Dabei wurde auch deutlich, wie Wotan sich gedanklich mit den unveränderlichen Gegebenheiten auseinandersetzt. Auf die vergangenen Ereignisse verweisen musikalisch-formal die Leitmotive, deren Anzahl im Fortschreiten der Handlung, im Laufe der Tetralogie, notwendigerweise zunimmt. Die wachsende Zahl der Ereignisse zieht auch eine Vermehrung der auf sie rekurrierenden Motive mit sich. Je weiter die Motivstruktur ausgebaut wird, je bestimmender sie die musikalische Form prägt, umso mehr beherrschen das Vergangene und die Reflexion das gegenwärtige Geschehen und die Handlung. Wotans Stellung zum Geschehen bleibt dabei singulär,[66] er erhebt sich aber nur als erkennende Figur über die Ereignisse und tritt nicht aus der Diegese hinaus.

Der Göttermythos ist in der *Götterdämmerung* dauerpräsent, ist ihr Protagonist auch zurückgetreten. Dafür kommt den Leitmotiven als Bezugnahme auf die Göttergeschichte, vor deren Hintergrund sich das Heldenepos abspielt, immer größere Bedeutung zu:

> Der *Ring* ist primär ein Göttermythos, die Tragödie Wotans, und zwar noch dort, wo ein Heroendrama die sichtbare Handlung bildet. (...) Es ist der über das Sichtbare hinausreichende Sinn, von dem die Musik in tönenden Metaphern redet. Je weiter aber die Handlung fortschreitet, umso mehr tritt der Göttermythos äußerlich zurück. Dennoch ist Wotans unsichtbare Gegenwart in der *Götterdämmerung* mächtiger als die sichtbare im *Rheingold*: Erst als jenseitiger Gott ist er überhaupt ein Gott. Und im selben Maße, in dem das ‚Gegenwärtige', die szenische Aktion, von ‚Ungegenwärtigem' überschattet wird, gewinnen die Orchestermotive, die an ‚Ungegenwärtiges' erinnern, gegenüber der Versmelodie, dem Ausdruck des Unmittelbaren, an Bedeutung. (*Konzeption*, S. 132)

Besonderes Augenmerk verdient der Gedanke von der Mächtigkeit des unsichtbaren Gottes, dessen Präsenz nur noch im Medium der vergegenwärtigenden Leitmotive liegt. Durch sie wird an die Geschehnisse des Göttermythos und auch an Wotan, seine Pläne und Anliegen, die immer noch lebendig sind, erinnert. In gewisser Weise also sind die Leitmotive, wie Dahlhaus formuliert, als „Gedanken Wotans interpretierbar"[67] (ebenda), jedoch nur in

---

[66] Dahlhaus hebt hervor: „Wotan ist – und das bestimmt den Charakter der Musik – Protagonist des Dramas und zugleich ein Betrachter, der sich neben die Ereignisse stellt oder über sie erhebt. Die Übermacht der Vergangenheit ist mit einem Vordringen der Reflexion verbunden: Einer Reflexion, deren musikalisches Medium die Leitmotivik ist." (*Konzeption*, S. 55)

[67] *Konzeption*, S. 53. Weniger zuzustimmen ist Dahlhaus' Charakterisierung Wotans als „grübelnder, resignierter, melancholischer" (ebenda) Gott: Sind Leitmotive auch „Zeichen einer Versenkung in Früheres, Gewesenes", so sind sie dadurch doch nicht per se Ausdruck des Melancholischen. Vor allem aber ist Wotan immer noch der aktive Gott, der nicht in passiver laissez-faire (bzw. laissez-perir) Stimmung versinkt, sondern im Verborgenen dem Untergang zu agiert. Auch zu widersprechen ist Dahlhaus in dem Punkt, dass Wotan in den entscheidenden Momenten – bei der ‚Umkehr' seines Willens in der Walküre und bei der Auseinandersetzung mit Siegfried am Fuße des Brünnhildefelsens, die Reflexion außen vor

dem Sinne, dass Wotan diese Gedanken gedacht hat (und immer noch denkt), nicht in dem Sinne, dass er nun, da er nicht mehr als Person in Erscheinung tritt, bis zum Ende die Rolle des kommentierenden Erzählers übernimmt.

Es ist weiterhin nicht Wotan, der in der Orchestermelodie spricht. Wie eine übergeordnete Erzählinstanz seine Gedanken in Momenten der Bühnenpräsenz im Medium der Leitmotive vorführt, damit Innensicht gewährt, so erinnert sie lediglich bei seiner Bühnenabsenz an ihn und alle Umstände des Göttermythos. Die Figur kann auch in der *Götterdämmerung* nicht zum auktorialen Erzähler stilisiert werden, wenngleich seine Urheberschaft der zum Ende führenden Ereignisse diesen Gedanken auch verführerisch macht.

Gestalter der Geschichte und doch nicht ihr Erzähler – dieses Changieren findet man in einer anderen Figur wieder: in Joseph, der ebenfalls nicht der Erzähler ist, aber ein großes Gespür für das Erzählen und für die Geschichte besitzt, in der er lebt und die er ausgestaltet.

---

lasse und sich von der Irrationalität leiten ließe: „Der Räsonneur erweist sich als Irrationalist" (*Konzeption*, S. 47). Im Gegenteil sind diese Handlungen alle Folge seiner Reflexion und der klaren Kalkulation der notwendigen Schritte zum Untergang.

DOPPELSTRUKTUR DES ERZÄHLENS II:

DER ROMAN

Nachdem die Bedingungen des Erzählens für den *Ring des Nibelungen* herausgearbeitet und die narrativen Strukturen einer Analyse unterzogen wurden, steht nun die Untersuchung der Erzählstrukturen in den Josephsromanen an. Grundlage dafür ist die umfassende Analyse der narrativen Konstruktion des Romans, die im Werk selbst nicht nur ausgestaltet, sondern deren Konzeption auch aus zahlreichen, narratologisch zu lesenden Hinweisen und Reflexionen herauszulösen ist. Die direkten Bezüge zum *Ring des Nibelungen* treten hier zunächst etwas in den Hintergrund, bevor sie bei der detaillierten Betrachtung der Motivstrukturen im *Joseph* wieder ins Zentrum rücken.

Destabilisierte Anfänge

Parallelen in der Werkgenese von *Ring* und *Joseph* wurden vom Autor selbst herausgestellt (und stilisiert) und auch in der Forschung wahrgenommen.[1] Th. Manns Beschreibungen der *Ring*-Genese, Wagners Ringen um das Anfangen, lassen nicht nur auf sein Verständnis des Epischen schließen, sondern sind auch als Kommentar zum eigenen Werk zu lesen. Dies wird spätestens deutlich, wenn er in seinem Vortrag über den *Joseph* in der Library of Congress darüber spricht, wie die

> Vor- und Urgeschichte, die Geschichte der Väter bis zurück zu Abraham und weiter zurück bis zu den Anfängen der Welt, wenigstens in der Perspektive, mit aufgenommen zu werden verlangte. (Ebenda, S. 190)

Dies ist eine direkte Allusion auf die z. B. im *Ring*-Vortrag von 1937 zusammengefasste Entstehungsgeschichte des Musikdramas, in der Th. Mann mit

[1] Hierzu Heftrich, *Taten*, S. 19ff, auch Reinke, *Schicksal*, S. 346f. Th. Mann schaltet der Josephsgeschichte die Geschichten Jaakobs vor, geht also, wie Wagner, zurück, um die Vorgeschichten und „Uranfänge" darzustellen. Weitere äußerliche Parallelen neben der Vierteiligkeit der Werke sind die lange Unterbrechung, bei Wagner im II. Akt des *Siegfried*, bei Th. Mann nach dem III. Band *Joseph in Ägypten*, und der Einschub, neben kleineren Arbeiten, eines anderen großen Musikdramas (*Die Meistersinger*) bzw. Romans (*Lotte in Weimar*). Schließlich werden, entsprechend der Parallelen in der Werkbiographie, noch Parallelen im Leben von Wagner und Mann aufgedeckt: Beide sind Opfer der Zeitumstände, Exilanten (Th. Mann für einige Jahre wie Wagner in der Schweiz), die Werkgenese ist überschattet von den Fluchtviten der beiden Künstler. Diese Äußerlichkeiten, auf die auch Th. Mann gerne hinweist, sind auffallende Anhaltspunkte, die für sich selbst genommen jedoch noch nicht die konzeptionelle und strukturelle Nachbarschaft der beiden Werke erklären.

der Formel vom „Eigenwillen des Werks“ diesem Werk eine aktive Eigendynamik, die auf seinen Schöpfer ausstrahlt, zuschreibt. Solch ein Verhältnis existiert nicht nur zwischen dem *Ring* und seinem Dichter und Komponisten, sondern auch zwischen dem *Joseph* und ihm selbst als Autor, der Begriff des „Nacherlebens“ deutet auf das eigene Erleben bei der Arbeit an den Josephsromanen. Das richtige Anfangen und die Suche nach Anfängen wird zu einem zentralen Thema, das ganze Reflexionsblöcke im Roman beschäftigt.

Der richtige Einstieg ist jedoch nicht nur ein produktionsästhetisches Problem, sondern auch eines der Rezeption. Der Anfang eines Textes prägt den Leseeindruck alles Folgenden. Und rezeptionsästhetisch ist der Beginn des *Joseph* nicht ohne Schwierigkeiten. Am *Vorspiel* zu den Josephsromanen, dem geistig-konzeptionellen Fahrplan des Romans in Gestalt der *Höllenfahrt,* scheitert so mancher Leser. Statt *in medias res* der Geschichte einzusteigen, entscheidet sich der Erzähler für ein *in medias reflectionis* und konstruiert das geistige Grundgerüst seines diegetischen Universums. Er führt ein in die Gedankenwelt des Werks (und seiner Protagonisten), indem er essayistisch, philosophisch, novellistisch, literaturwissenschaftlich, altphilologisch, historisch, religionswissenschaftlich, psychologisch und schließlich als Romancier selbst die Bedingungen und Probleme des Anfangens und des Erzählens diskutiert, von dort aus weiter schreitet zu Funktion und Bedeutung des Mythischen, des Festes, der Wiederholung und Nachahmung und der Zeitstrukturen.

Wer hier eigentlich spricht, ist eine Frage, die für den *Joseph* kaum einfacher zu beantworten ist als für den *Ring*. Nicht nur, dass Modus (Fokalisierung) und Ebenen (Verschachtelungen) changieren, auch die Stimme des Erzählers, seine Inszenierung als Person, seine fiktive Rolle sind dauernden Änderungen unterworfen. Die damit einhergehende Destabilisierung des Erzählsystems fordert eine besondere Rezeptionsleistung auf Seiten des Lesers, genauso wie die Tatsache, dass er sich nicht nur zahlreichen werkimmanenten, sondern auch intertextuellen Bezügen ausgeliefert sieht.

Der Leser wird auf den ersten Seiten mit einer Erzählerstimme konfrontiert, deren Standort, Perspektive und Identität zumindest Fragen offen lassen:

> Tief ist der Brunnen der Vergangenheit. Solle man ihn nicht unergründlich nennen? Dies nämlich dann sogar und eben dann, wenn nur und allein das Menschenwesen es ist, dessen Vergangenheit in Rede und Frage steht: dies Rätselwesen, das unser eigenes natürlich-lusthaftes und übernatürlich-elendes Dasein in sich schließt und dessen Geheimnis sehr begreiflicherweise das A und O all unseres Reden und Fragens bildet, allem Reden Bedrängtheit und Feuer, allem Fragen seine Inständigkeit verleiht. (Jak 7)

Diese ersten Sätze könnten ebensogut die Einleitung zu einer anthropologisch-philosophischen Abhandlung wie zu einem fiktionalen Text sein. Von einer Einführung ins Geschehen, der Situierung einer Handlung in Raum und Zeit, der Präsentation der Figuren oder auch der Erzählinstanz keine Spur. Der pluralis narrationis macht immerhin sofort deutlich, dass hier jemand das Wort ergreift und als Urheber der Reflexionen den Leser mit auf seine Fahrt in die Vergangenheit nehmen und ihn in seine Gedankenwelt einführen will. Dieser Erzählende, das immerhin scheint sicher, ist irgendwie mit dem Dasein des Wesens Mensch verbunden. Ob er selbst einer ist, bleibt im weiteren Verlauf des Romans nicht ganz eindeutig.[2] Dennoch erfährt der Erzähler in den darauf folgenden Sätzen eine deutlichere Konturierung:

> Da nun gerade geschieht es, daß, je tiefer man schürft, je weiter hinab in die Unterwelt des Vergangenen man dringt und tastet, die Anfangsgründe des Menschlichen,

---

[2] In seiner Studie *Gods, Angels and Narrators – A metaphysics of narratives*, einer der wenigen Publikationen zum *Joseph*, die das Erzählen und den Erzähler in den Mittelpunkt ihrer Betrachtungen stellen, vertritt A. Swensen die These, dass der Erzähler zu den Engeln, also der „strengen Umgebung" Gottes gehöre. Er begründet dies formal zunächst mit dem besonderen Gebrauch des pluralis narrationis vor allem im Vorspiel in oberen Rängen des letzten Bandes *Joseph der Ernährer*. Außerdem weist er darauf hin, dass der Erzähler keine vertrauenswürdige Instanz und außerdem noch einer höheren verpflichtet sei. Das Verhältnis Engel – Gott entspräche dem von Erzähler – Autor. Interessanter als diese Parallelisierung sind allerdings seine Ausführungen zur Autorität der Erzählstimme: „The angel draws the reader's attention to the problem of the representation or concealement of the authority of the voice". Der Engel-Erzähler, einer kritisierenden Gruppe angehörend, steuere die Rezeption dahingehend, dass der Leser selbst zum kritischen Leser werde und eigenständig nach dem „metaphysischen Grund" suche, ohne dem Erzähler oder der höheren Instanz zu sehr zu vertrauen. Die Bedeutung des bebilderten „Schleiertuchs", das Joseph von Jaakob erhält, und anderer Kleidungstücke der Verkleidung bzw. Verschleierung und ihre Rolle in den Täuschungen der Jaakobsgeschichten diskutierend bezieht Swensen die narrativen Konstruktionen über den Begriff der Täuschung und den „Schleier der Maya" auf Schopenhauer: „The narrative is a deceptive projection of the reader". (ebenda, S. 98). Letztlich zielt die Studie darauf ab, die Vertrauenswürdigkeit des Erzählers in Frage und die Rezeptionsleistung des Lesers, dessen Fähigkeit zum kritischen Lesen, herauszustellen. Der argumentative Weg über den erzählenden Engel ist dabei originell und in vieler Hinsicht stimmig, letztlich aber ist es zumindest fragwürdig, ob der Erzähler überhaupt als (wenn auch fiktive) „Person" zu fassen ist. Dies klingt auch bei Swensen selbst an: „It is finally unimportant whether one concludes that the narrator is „actually" an angel or not. Mann has replaced the metaphor of a god-like narrator with a metaphor more appropriate to the narrator's actual nature.(...) The fluctuation in the narrator's voice is important nevertheless since it is disturbance that first draws the reader's attention to the limits that angels and narrators share and to the machinations going on behind the story" (ebenda, S. 39).

> seiner Geschichte, seiner Gesittung, sich als gänzlich unauslotbar erweisen und vor unserem Senkblei, zu welcher abenteuerlichen Zeitenlänge wir seine Spur auch abspulen, immer wieder und weiter ins Bodenlose zurückweichen. Zutreffend aber heißt es hier ‚wieder und weiter'; denn mit unserer Forscherangelegentlichkeit treibt das Unerforschliche eine Art von foppendem Spiel. (Jak 7)

Der Erzähler präsentiert sich hier als skeptischer Denker, dabei als jemand, der es sehr ernst nimmt mit einer möglichst genauen Verortung seines „Forschungsgegenstandes". Offen bleibt weiterhin, ob man seine Person selbst ernst nehmen kann, ob es sich um einen ernstzunehmenden Wissenschaftler oder Hobbyforscher handelt, ob der Text eine Abhandlung oder ein fiktionaler Text ist und ob, im Falle des letzteren, dieser Forscher als Figur in den Seinsbereich des Romans gehört oder nicht, also hetero- oder homodiegetisch ist. Nachdem die einführenden Reflexionen über die Schwierigkeiten des Anfangens im Bild der „Dünenkulissen", die einen Wanderer zu immer neuen Scheinhalten verlockten, ihren vorläufigen Gipfel erreicht haben, ändert sich der Ton:

> Der junge Joseph zum Beispiel, Jaakobs Sohn und der lieblichen, zu früh gen Westen gegangenen Rahel, Joseph zu seiner Zeit, als Kurigalzu, der Kossäer, zu Babel saß, Herr der vier Gegenden, König von Schumir und Akkad, höchst wohltuend dem Herzen Bel-Mardugs, ein zugleich strenger und üppiger Gebieter, dessen Bartlöckchen so künstlich gereiht erschienen, daß sie einer Abteilung gut ausgerichteter Schildträger glichen; zu Theben aber, in dem Unterlande, das Joseph ‚Mizraim' oder auch ‚Keme, das Schwarze', zu nennen gewohnt war, seine Heiligkeit der gute Gott, genannt ‚Amun ist zufrieden' und dieses Namens der dritte, der Sonne leiblicher Sohn, zum geblendeten Entzücken der Staubgeborenen im Horizont seines Palastes strahlte; als Assur zunahm durch die Kraft seiner Götter und auf der großen Straße am Meer, von Gaza hinauf zu den Pässen des Zederngebirges, königliche Karawanen Höflichkeitstributionen in Lapislazuli und gestempeltem Golde zwischen den Höfen des Landes der Ströme und dem Pharaos hin und her führten; als man in den Städten der Armoriter zu Beth-San, Ajalon, Ta'anek, Urusalim der Aschtarti diente, zu Sichem und Beth-Lahama das siebentägige Klagen um den wahrhaften Sohn, den Zerrissenen, erscholl und zu Gebal, der Buchstadt, El angebetet ward, der keines Tempels und Kultus bedurfte: Joseph also, wohnhaft im Distrikte Kenana des Landes, das ägyptisch das obere Retenu hieß, in seines Vaters von Terebinthen und immergrünen Steineichen beschatteten Familienlager bei Hebron, ein berühmt angenehmer Jüngling, angenehm namentlich in erblicher Nachfolge seiner Mutter, die hübsch und schön gewesen war, wie der Mond, wenn er voll ist, und wie Ischtars Stern, wenn er milde im Reinen schwimmt, außerdem aber, vom Vater her, ausgestattet mit Geistesgaben, durch welche er diesen wohl gar in gewissem Sinne übertraf, – Joseph denn schließlich (zum fünften- und sechsten-

mal nennen wir seinen Namen und mit Befriedigung; denn um den Namen steht es geheimnisvoll, und uns ist, als gäbe sein Besitz uns Beschwörerkraft über des Knaben zeitversunkene, doch einst so gesprächig-lebensvolle Person) – Joseph für sein Teil erblickte in einer südbabylonischen Stadt namens Ur, die er in seiner Mundart ‚Ur Kaschdim', ‚Ur der Chaldäer' zu nennen pflegte, den Anfang aller, das heißt: seiner persönlichen Dinge. (Jak 8f)

Nach einem ersten Umreißen der Problematik des Anfangens und der Suggestion, dass es letztlich unmöglich sei, einen Anfang zu finden, verfällt der Erzähler doch ins Erzählen und liefert in geradezu überbordender Ausführlichkeit (und es ist kaum möglich, diesen Satz zu unterbrechen, ein Grund, ihn in Gänze zu zitieren) alle Information, die zur Situierung des Geschehens und zur Einführung des Protagonisten benötigt werden. Der Erzählerbericht beginnt mit dem Tempuswechsel ins Präteritum. Der Protagonist wird eingeführt mit familiärem Hintergrund und seinen hervorstechenden Eigenschaften: Schönheit, Geistesgaben, Redegewandtheit. Der Tod seiner Mutter Rahel, ein so wichtiger Faktor in der Beziehung zwischen ihm und seinem Vater, wird proleptisch erwähnt.[3] Nebenher wird das Problem des Anfangens zumindest kurzzeitig und für Joseph gelöst, indem der Anfang „seiner persönlichen Dinge", also seine Geburt als endlich abschließende „Düne" angenommen wird.

Der Gedankenbericht im folgenden Absatz zeigt, dass dem Erzähler auch die Möglichkeit der Innensicht zu Gebote steht:

Von dort nämlich war vor längeren Zeiten – Joseph war sich nicht immer ganz im klaren darüber, wie weit es zurücklag – ein sinnender und innerlich beunruhigter Mann nebst seinem Weibe, die er aus Zärtlichkeit wohl gerne seine Schwester nannte, und anderen Zugehörigen ausgezogen, um dem Monde, der Gottheit von Ur, gleichzutun und zu wandern (...). (Jak 9)

Damit scheint das Verhältnis zwischen Erzähler und Erzählung festgelegt: Ein heterodiegetischer, kommentierender Erzähler mit Nullfokalisierung meldet sich zu Wort, der trotz der Anfangsreflexionen den fiktionalen Rah-

[3] Bei der späteren Ausgestaltung wird es nur noch um das „wie", nicht mehr um das „daß" gehen: Die Unterscheidung zwischen „karger", nur die äußeren Fakten berücksichtigender „Berichterstattung", also dem „daß", und einer ausführlichen, um Verständnis bemühten Ausgestaltung des erörternden Erzählens, dem „wie", gehört zu den wiederkehrenden Diskussionspunkten in den Kommentaren des Erzählers (bes. im Kapitel *Das Wort der Verkennung* im 6. Hauptstück von *Joseph in Ägypten*).

men setzt und den Protagonisten erscheinen lässt, dauert es auch noch gute 50 Seiten, bevor wir „zur Stelle" sind auf der „schattenhafte[n] Mondnacht über friedlicher Hügellandschaft!" (Jak 53), und die Erzählung endlich ‚eigentlich' beginnt. Dem Leser wird also nicht sofort die Geschichte, ein Plot präsentiert, sondern er wird darauf eingestimmt und mit den gedanklichen Grundlinien des diegetischen Universums vertraut gemacht.

Diese ersten Seiten des Romans lassen zwei Tendenzen erkennen: Dem berichtenden Erzählen steht eine ins Essayistische spielende Betrachtungsweise gegenüber. In der *Höllenfahrt* überwiegt der Kommentar, sie ist Kommentar, und doch gibt es kameraartige Schwenks auf Joseph und seinen Vater Jaakob, so dass man sich beinahe unmerklich schon in die Geschichte versetzt sieht. Der Wechsel zwischen Erzählen, der Vermittlung einer Geschichte, und Reflexion gehört zu den erzähltechnischen Grundprinzipien des *Joseph*. Verbunden damit ist die Inszenierung unterschiedlicher Erzählinstanzen, zu denen auch die Figur Joseph selbst zu rechnen ist.

Zu den wichtigsten der in der *Höllenfahrt* eingeführten Gedankenkomplexe zählen die narratologischen Betrachtungen, die dann im weiteren Verlauf lediglich Ausweitungen und „Ausschmückungen" erfahren: über das „Fest der Erzählung", über die Zusammenhänge von Wiederholung, Vergegenwärtigung und Mythos, über die Unterscheidung von mündlicher und schriftlicher Überlieferung und über die gleichnishafte Einführung des Mondes als Attribut des Erzählers. Diese Gedanken werden hier zum ersten Mal formuliert und gehören zu den omipräsenten Ideenmotiven[4] des gesamten Werks, in dem sich in besonderem Maße Narration und Geschichte gegenseitig bedingen.

Verschiebungen

Im Hinblick auf die Wirkungen des Ineinanders von Narration und Reflexion, also narrativem und kommentierendem Diskurs, seien einige Bedingungen des fiktionalen Erzählens vergegenwärtigt. Wie Genette beschreibt, gilt für nichtfiktionale Texte die Abfolge von „*Geschichte* (die vergangenen Ereignisse) – *Narration* (der narrative Akt des Historikers) – *Erzählung:* das

---

4 Ein Begriff, der im Roman selbst erörtert wird und zusammen mit „Grundthema" und „Schema" die im Werk wiederkehrenden bzw. das Werk durchziehenden Grundlinien struktureller wie inhaltlicher Art bezeichnet.

Produkt dieses Aktes (...)" (*Erzählung*, S. 199). In fiktionalen Texten ändert sich dieses Verhältnis, wobei Genette, folgend dem Mimesis-Begriff im aristotelischen Sinne, die Simulation einer realen narrativen Situation, in der die Narration mit der Erzählung zeitgleich sei[5], als (narratologisches) Kennzeichen der Fiktion bestimmt:

> Auch in der Fiktion wird diese reale narrative Situation vorgetäuscht (und genau diese Vortäuschung oder *Simulation* – vielleicht die beste Übersetzung der griechischen *mimêsis* – definiert das Fiktionswerk), aber die wirkliche Reihenfolge dürfte eher etwas sein wie Narration „zuerst" und dann das simultane Erscheinen von (erfundener) Geschichte und Erzählung, die hier nicht voneinander zu trennen sind. (...) Innerhalb der Fiktion freilich (...) wird vorausgesetzt, daß er [der Erzähler] nicht erfindet, sondern berichtet: denn, noch einmal, die Fiktion besteht in jener Simulation, die Aristoteles *mimêsis* nannte. (*Erzählung*, S. 200)

Insbesondere der Hinweis auf die Simultaneität von Geschichte und Erzählung durch den narrativen Akt entwickelt sich bei einer Betrachtung der im *Joseph* explizit reflektierten und umgesetzten narratologischen Prämissen zu einer wichtigen Bezugsgröße. Die Tatsache der Simulation des realen narrativen Aktes in der Fiktion bedeutet, dass der Erzähler konventionellerweise den fiktionalen Rahmen nicht verletzt, der von ihm bzw. vom Erzählwerk selbst gesetzt wurde, sich mithin Reflexionen über das Erzählen und die Fiktion, betreffend die eigene Geschichte, enthält. Das Erzählsystem, das die Anerkennung der fiktionalen Grenzen durch den Leser mit einschließt, kann jedoch destabilisiert werden.[6] Der Erzähler der Josephsromane betont zwar

---

[5] Die Unterscheidung ist nicht länger eine zeitliche, sie wird zu einer Frage des Aspekts (ebenda, S. 200).

[6] Zum fiktionalen Rahmen und Stabilität bzw. Destabilisierung des Erzählsystems J. H. Petersen: *Erzählsysteme. Eine Poetik epischer Texte*, Stuttgart 1993, besonders S. 32–36. Petersen bezieht sich auf den Erwählten wie auf den *Joseph*, in dem durch den wiederholten Hinweis auf die Fiktion bzw. allein durch die Frage nach Wahrheit oder Falschheit der das Erzählte sichernde Rahmen der Fiktionalität stellenweise außer Kraft gesetzt würde. Die hermetische Trennung von empirischer und fiktionaler Welt würde durchbrochen. Für den *Erwählten* beschreibt er im weiteren immerhin eine Wirkung (der Autor Th. Mann gewänne einen Spielraum des Uneigentlichen, der Ironie, während der Leser in eine ästhetische, d. h. der Wirklichkeit enthobenen Sphäre versetzt würde), für den *Joseph* jedoch enthält sich Peterson einer Beurteilung. In der Destabilisierung die Öffnung zu einem Spielraum der Ironie zu sehen, erscheint auch für den *Joseph* plausibel, wenn auch nicht erschöpfend. Wichtig dagegen ist Petersens Hinweis auf eine neue Leserrolle: Der Rezipient sieht sich selbst (jedenfalls als „idealer Leser") zur Reflexion über einen Text, der selbst seine Bedingungen in Frage stellt, und über das Erzählen animiert (ebenda, S. 35f).

ganz konventionell den Wahrheitsgehalt seiner Erzählung und gehört so in die Riege der auktorialen, kommentierenden Erzähler. Gleichzeitig aber stellt er selbst die Bedingungen des Erzählens in Frage. Bei aller Beteuerung, dass die Geschichte nun endlich erzählt würde, wie sie sich „wirklich zugetragen habe", verspielt er seine Glaubwürdigkeit als allwissender bzw. vollständig informierter Erzähler (Nullfokalisierung) durch spekulative Reflexionen und Relativierungen, z. B. über zeitliche Abfolgen oder die mutmaßliche innere Befindlichkeit einer Figur, die aber an anderer Stelle wieder völlig selbstverständlich referiert werden. Das Spiel mit dem Informationsfeld ist widersprüchlich: Gibt der Erzähler einmal vor, die vollständigen Informationen zu besitzen, sie aber aus Spannungsgründen dem Leser vorzuenthalten, so wird diese Begründung ausgehebelt, wenn er an anderer Stelle feststellt, dass ja der Leser ohnehin um den Fortgang der so bekannten Geschichte wisse.

Schon hiermit wird der Leser angehalten, nicht nur die Bedingungen des Erzählens, sondern auch die Vertrauenswürdigkeit des Erzählers selbst kritisch zu betrachten. Die Unsicherheit steigert sich weiter dadurch, dass die üblicherweise sichere und sichernde Erzählinstanz nicht eindeutig zu fassen ist. Mal präsentiert sich ein heterodiegetischer Erzähler mir Nullfokalisierung, der über die vollständigen Informationen verfügt und für den Wahrheitsgehalt des Geschehens bürgt; dann ist er wieder selbst der Fokalisierung unterworfen und erwartet, wie die intradiegetischen, in ihrer Wahrnehmung eingeschränkten Romanfiguren, voll Spannung den Fortgang des Geschehens. Damit irritiert er den Leser, der nach den Gesetzen der Fiktion und nach den ersten Seiten erwartet, dass der Erzähler Herr seiner Erfindung ist. Dieses Spiel wird ganz offen betrieben, wie ein narratologisch besonders reichhaltiger Reflexionsblock im ersten Kapitel des vierten *Hauptstücks* von *Joseph in Ägypten* deutlich macht.

Der Erzähler diskutiert die Ungewissheit der „Überlieferung" darüber, „wie lange Joseph bei Potiphar blieb", und nimmt dies zum Anlass, das Verhältnis zwischen dem Erzähler und dem Erzählten zu beschreiben:

> Die befestigte Überlieferung läßt es im Ungewissen; wenig besagende Wendungen sind alles, was ihr zur Klärung der Zeitverhältnisse innerhalb unserer Geschichte abzugewinnen sind. Welche denn sollen wir ihr verleihen? Welche Anordnung der Jahresgruppen werden wir darin treffen? (Ägy 164)

Letztlich geht es weniger um eine korrekte, wissenschaftlich begründbare „Anordnung der Jahresgruppen", die später denn auch nur auf Basis höchst spekulativer, pseudowissenschaftlicher Herleitungen getroffen wird. Der

Erzähler präsentiert sich auch als Schöpfer mit Allmachtsanspruch, wie die Frage danach, welche Zeitverhältnisse der Geschichte zu verleihen wäre, preisgibt. Als solcher ist es ihm gegeben, völlig aus dem narrativen Diskurs herauszutreten und zu kommentieren:

> Die Frage scheint unschicklich. Kennen wir unsere Geschichte, oder kennen wir sie nicht? Ist es gehörig und dem Wesen der Erzählung gemäß, daß der Erzähler ihre Daten und Fakten nach irgendwelchen Überlegungen und Deduktionen öffentlich errechnet? Sollte der Erzähler anders vorhanden sein als anonyme Quelle der erzählten oder eigentlich sich selbst erzählenden Geschichte, in welcher alles durch sich selbst ist, so und nicht anders, zweifellos und sicher? Der Erzähler, so wird man finden, soll in der Geschichte sein, eins mit ihr und nicht außer ihr, sie errechnend und beweisend. – Wie aber ist es mit Gott, den Abram hervordachte und erkannte? Er ist im Feuer, aber ist nicht das Feuer. Er ist also zugleich in ihm und außer ihm. Es ist freilich zweierlei: ein Ding sein und es betrachten. Und doch gibt es Ebenen und Sphären, wo beides auf einmal statthat: Der Erzähler ist zwar in der Geschichte, aber er ist nicht die Geschichte; er ist ihr Raum, aber sie nicht der seine, sondern er ist außer ihr, und durch eine Wendung seines Wesens setzt er sich in die Lage, sie zu erörtern. Niemals sind wir darauf ausgegangen, die Täuschung zu erwecken, wir seien der Urquell der Geschichte Josephs. Bevor man sie erzählen konnte, geschah sie; sie quoll aus demselben Born, aus dem alles Geschehen quillt, und erzählte geschehend sich selbst. (...) Hundert mal ist sie erzählt worden und durch hundert Mittel der Erzählung gegangen. Hier nun und heute geht sie durch eines, worin sie gleichsam Selbstbesinnung gewinnt und sich erinnert, wie es denn eigentlich im Genauen und Wirklichen einst mit ihr gewesen, also, daß sie zugleich quillt und sich erörtert. (Ebenda)

Eine dichte Stelle, in der eigentlich die komplette narratologische Konstruktion der Josephsromane formuliert wird; einzig fehlt der Hinweis auf das „Fest der Erzählung“, dessen Konzept allerdings schon ganz zu Beginn, in der *Höllenfahrt*, ausführlich erläutert wurde. Auch die übrigen Kategorien sind an diesem Punkt bereits bekannt.

Hier nun werden die Zusammenhänge zwischen Erzähler und Erzähltem und der Art des Erzählens weiter ausgeführt. Einer „sich selbst erzählenden Geschichte“ wird die durch einen Vermittler weitergegebene Geschichte gegenübergestellt, weiter wird auf den „Urtext“, die ursprüngliche Überlieferung (i. e. den Bibeltext) verwiesen, und endlich schließt der Erzähler mit der Behauptung, dass nun zum ersten Mal der Wirklichkeit Gerechtigkeit widerführe. Verschiedene Erzählhaltungen des heterodiegetischen Erzählers, seine Möglichkeit, die Perspektive zu wechseln, finden ebenfalls Erwähnung: Er kann sich sowohl hinter das Geschehen zurückziehen und also in der „Geschichte“, damit sind hier sowohl die Erzählung als auch das erzählte Geschehen gemeint, aufgehen, als sie auch „durch eine Wendung seines Wesens" erörtern. Die Doppelzügigkeit seines „Wesens" lässt ihn auch mit dem Begriff der Autorschaft spielen: Stellt er sich zunächst als „Quelle" sowohl der „erzählten" als auch „der sich selbst erzählenden Geschichte" dar, so gleich darauf nur noch als „Mittel" der Erzählung, nicht mehr als „Urquell", also nicht als Schöpfer der „Geschichte", die sich zuallererst „geschehend selbst erzählte".

Diese Art, das vergangene Ursprungsgeschehen zu beschreiben, ist wesentlich für die innerwerkliche Narratologie und wird immer wieder aufgegriffen und mit dem Wirklichkeitsbegriff kombiniert. Bestimmt sich der Erzähler ganz konventionell einerseits als Berichterstatter, der eben nicht erfindet, sondern im Sinne der Simulation (mimêsis) erzählt, wodurch ein stabiler fiktionaler Rahmen konstruiert wird, so arbeitet er in seinen Reflexionen, den Überlegungen zum Hergang des Geschehens, den Spekulationen über die Zeit und der Betonung der Notwendigkeit des „Ausschmückens" dagegen. Auch die oftmals wiederholte Berufung auf bestimmte literarische Quellen, vor allem den „Urtext", ist ambivalent: Einerseits wird ein wissenschaftlicher Anspruch, der eher einer Pseudowissenschaft gleicht, angemeldet – der skeptische Historiker sucht nach der Wahrheit und deckt Irrtümer auf. Andererseits wirkt sich diese „Quellenkritik" auch auf die eigene Erzählung aus, der letztlich ebenso wenig zu trauen ist, wie der alten Überlieferungen.[7]

Zwei Grundgedanken sind zentral: Das Ursprungsgeschehen, verstanden als vergangene Ereignisse der lebensweltlichen Realität, wird selbst schon in den Stand einer Narration gehoben („sich-selbst-erzählend"). Das Leben selbst wird zur Erzählung, aber zu einer Erzählung ohne „Selbstbesinnung" (s. o.). Die vom Erzähler vermittelte Geschichte wird dagegen erörtert, wodurch sie zur „Selbstbesinnung" geführt wird bzw. diese erlangt. Doch dadurch, dass diese Geschichte sich nicht nur „selbst" erörtert, sondern auch „quillt", beansprucht sie gleichzeitig eine Qualität des Ursprungsgeschehens, also des Lebens.[8]

---

[7] Der zwischen dem „Ursprungsgeschehen" und der Erzählung liegende Bibeltext, werkimmanent als nur eine von zahlreichen Überlieferungen genannt, der relativ vage „Lied und Legende", Apokryphen und Pseudepigraphen", eine „morgendländische Überlieferung (Jak 62) und weitere „Poesien " (E 223) an die Seite gestellt werden, ist für die Handlung tatsächlich die wichtigste (allerdings nie als Bibel bezeichnete) Quelle. Sie tritt selbst letztlich für das „Urgeschehen" ein.

[8] Wie in der zitierten Passage deutlich wird, sind „quellen" und „Urquell" Begriffe, die auf das Geschehen als vergangenes Ereignis der lebenswirklichen Realität angewendet werden.

Zwei qualitativ abgesetzte narratologische Konstrukte sind also voneinander zu unterscheiden: Die sich selbst erzählende, sich ihrer selbst nicht bewusste „Geschichte" steht gleichzeitig für das Leben. Die sich selbst erörternde „Erzählung" vereint Leben und Reflexion miteinander.

Die Vermittlung des Geschehens durch den Erzähler (die Geschichte geht durch ein besonderes „Mittel", s. o.) ist eine Grundvoraussetzung für die Reflexion. Er steht jedoch nicht völlig außerhalb der Geschichte, wie die obige Textstelle ebenfalls deutlich macht, sondern ist auch in der Geschichte – also Teil des diegetischen Universums: „Der Erzähler ist zwar in der Geschichte, aber er ist nicht die Geschichte; er ist ihr Raum, aber sie nicht der seine." Eine Kernfrage der Erzähltheorie wird hier angedeutet, die auf die Grenzgänge zwischen homo- und heterodiegetisch verweist.[9] Der Erzähler der Josephsromane spielt mit seiner Anwesenheit in der Geschichte, tatsächlich gibt es Passagen, in denen suggeriert wird, er sei (mit dem Leser) am Ort des Geschehens, womit häufig auch ein Wechsel ins Präsens einhergeht.

Dies lässt sich schon in der *Höllenfahrt* beobachten, an deren Ende der Leser vom Erzähler zeitlich und räumlich in die „schattenscharfe Mondnacht" geführt wird: „Wir sind zur Stelle" (Jak 53). Besonders deutlich ist die Suggestion der Anwesenheit im Seinsbereich der Figuren im Kapitel *Die Verfolgung* aus den *Geschichten Jaakobs*. Zur Flucht Jaakobs aus den Diensten Labans ist zu lesen:

---

[9] Die vom Erzähler in Schwebe gehaltene Urheberschaft der Erzählung (s. o.) gewinnt vor dieser Raummetapher, mit der das diegetische Universum gemeint ist, eine neue Brisanz. Untersuchungen zur Erzählstruktur nutzen besonders diese Stelle, um Überlegungen zum Verhältnis nicht nur des Erzählers zu seiner Geschichte und der Narration, sondern des Erzählers und der Erzählung zum Autor anzustellen. Während Swensen das Verhältnis zwischen Gott und Engel mit dem von Autor und Erzähler gleichsetzt (s. o.), parallelisiert Katharina Vogelmann das Verhältnis Erzähler – Geschichte mit dem von Autor – Geschichte (wobei der Begriff „Geschichte" in seiner Abgrenzung zu Narration und Erzählung nicht ganz geklärt wird), bevor sie ebenfalls den Schritt in die Metaphysik macht und darin die Spiegelung des Verhältnisses Gott – Welt sieht (*Konstellationen von Mythos und Erzählen*, S. 43f). Den Hinweis auf den „Urquell" liest sie als Hinweis auf den Autor. Diese Parallelisierungen liegen nahe, nicht zuletzt, weil im Roman selbst die Außerweltlichkeit Gottes angesprochen und so mit der des Erzählers in Beziehung gesetzt wird, der Erzähler außerdem höheren Instanzen verpflichtet zu sein scheint. Als poetologischer Kommentar sind diese Analogien bestechend, die Gefahr, im Erzähler nach Zügen des Autors zu suchen oder ihn als höhere Instanz in das diegetische Universum einzubeziehen, ist allerdings groß. Um die teilweise paradoxen Selbstbestimmungen des Erzählers bzw. die Erzählhaltungen zu betrachten, ist der Hinweis auf den Autor, der Schritt aus der Diegese hinaus, unnötig.

> Hier war es, alles ist richtig, und stimmt, wir sind selbst hinabgefahren in die Tiefe und haben vom Abendstrande des scheußlich schmeckenden Lotmeeres alles mit Augen gesehen, daß es in Ordnung ist und übereinstimmt mit sich selber. (Jak 363)

Einige Zeilen später bemerkt der Erzähler, dass „immer unklar" bleiben wird, „wie Laban, dem Erdenkloß, eigentlich zu Mute war bei seiner schnaubenden Verfolgung" (Jak 364). Der Erzähler macht sich zu einem Teil des Seinsbereiches und hat nur einen eingeschränkten Wissenshorizont.

Die Inszenierung seiner Anwesenheit steht im Gegensatz zu seiner inszenierten Abwesenheit, wodurch der Eindruck der Unzuverlässigkeit des Erzählers vertieft wird. Er wechselt gewissermaßen die Fronten und Sphären und lässt sich nicht festlegen, wie auch das Verhältnis zwischen Erzähler und Erzähltem und Urtext bzw. Geschichte, Narration und Erzählung immer in Bewegung bleibt. Damit ist der Leser auf narrativer Ebene mit dem Phänomen der „rollenden Sphäre" konfrontiert.

Die „rollende Sphäre"

Die „rollende Sphäre" gehört zu den konzeptionellen Grundprinzipen des Romans und wird, nach einer eher beiläufigen Einführung in der *Höllenfahrt*, im Kapitel *Der Rote* im dritten *Hauptstück* der *Geschichten Jaakobs* detailliert vorgestellt.

Nachdem Jaakob seinen (betrogenen) Bruder Esau jahrelang vermieden hat, treffen die beiden anlässlich des Todes von Vater Isaac wieder zusammen.[10] Für Jaakob ein Anlass, seiner geistigen Lieblingsbeschäftigung nachzugehen und seine „Geschichten zu besinnen[11]". Er gedenkt der alten Geschichte

[10] *Die Geschichten Jaakobs* sind im Ganzen eine große Analepse in Bezug zum zeitlichen Ausgangspunkt, der Brunnenszene zwischen Jaakob und Joseph, mit der die Erzählung nach der präludierenden *Höllenfahrt* einsetzt. Der Tod Isaacs, Jaakobs Vater, liegt zeitlich vor der Brunnenszene. Auch innerhalb der Geschichten wird die Analapse zum wichtigen zeitlichen Ordnungsprinzip. So wird von Jaakobs „Haupterhebung" durch einen Verheißungstraum auf der Flucht (*Die Haupterhebung*, im zweiten *Hauptstück*) erzählt, bevor deren Vorgeschichte und Grund, der Segensbetrug (erst im dritten *Hauptstück*), berichtet wird. In der nachträglichen Berichterstattung vorgängiger Ereignisse, durch die Bedingungen und Erklärungen des späteren Geschehens erst bereitgestellt werden, nehmen die Reflexionen über die Scheinanfänge im Text selbst Gestalt an. Die Erzählung führt von einer Dünenkulisse zur nächsten.

[11] Das „Sinnen" gehört neben seiner Neigung zum „Schönen Gespräch" und zur Diskussion (auch mit Andersgläubigen) über Gott zu den wesentlichen Charakterzügen Jaakobs. Früh

des Segensbetruges, die nun dazu dient, am Beispiel der Urkonstellation der feindlichen Brüder, wobei Esau die Rolle des benachteiligten „Roten" zufällt, die wiederholende Vergegenwärtigung im mythischen Schema zu erläutern. Auch hierbei geht es unter anderem um eine Rückführung auf ein „Urbild" und die Suche nach einem Anfang, die doch immer nur zu Scheinanfängen führt.

Beim „Segensbetrug" täuscht Jaakob, der Zweitgeborene, vor, er sei der Erstgeborene Esau. Er wird von seiner Mutter Rebecca mit Fellstücken „gewickelt", um die starke Körperbehaarung des Bruders nachzuahmen, so dass der erblindete Isaac sich durch Ertasten von der (scheinbaren) Identität seines Sohnes überzeugen kann. Die Täuschung läuft dabei auf eine Selbsttäuschung hinaus: Isaac wird gewahr, dass der anwesende Sohn eher die Stimme Jaakobs hat, erklärt sich dies aber mit der Ähnlichkeit unter Zwillingsbrüdern. So wird Jaakob mit dem „Erbsegen" gesegnet, während Esau, dem der Segen angekündigt war und der sich noch in Hochstimmung den Vorbereitungen widmet, leer ausgeht. Jaakob muss darauf zwar fliehen, letztlich aber bleibt offen, ob Isaac ihn nicht doch willentlich gesegnet hat, der Erzähler geht so weit, darüber zu spekulieren, ob nicht Isaacs Blindheit sogar eigentlich nur dem Zwecke diene, die Täuschung möglich zu machen, da Esau zur „Rolle" des Segensträgers nicht geeignet wäre.[12] Das Kapitel beginnt:

> Sinnig und schwer gehoben also war Jaakobs Seele in den Tagen, da er mit dem Bruder den Vater begrub, denn alle Geschichten standen vor ihm auf und wurden Gegenwart in seinem Geist, wie sie einst wieder Gegenwart geworden waren im Fleisch nach geprägtem Urbild, und ihm war, als wandelte er auf durchsichtigem Grunde, der aus unendlich vielen, ins Unergründliche hinabführenden Kristallschichten bestand (...). Er aber wandelte oben in seines Fleisches Geschichten,

---

eingeführt in den *Geschichten Jaakobs*, bei Jaakobs erstem Auftreten am Brunnen, ist diese Eigentümlichkeit gleichzeitig Gegenstand ironischer Brechung: „Wirklich hörte Jaakob nicht zu, sondern ‚sann'. Es war ein gewaltig ausdrucksvolles Sinnen, das Sinnen selbst, sozusagen wie es im Buche steht, der höchste Grad pathetisch vertiefter Abwesenheit, – darunter tat er es nicht; wenn er sann, so mußte es auch ein rechtes und auf hundert Schritte anschauliches Sinnen sein (...)." (Jak, 90). Das „ausdrucksstarke Sinnen" wird auch von seiner Umgebung wahrgenommen und akzeptiert, zum stehenden Spruch wird „Seht, Israel besinnt seine Geschichten". Das Sinnen und die dem alltäglichen immer stärker abgewandte Art von Jaakobs „Gottessorge" entwickeln sich im Verlauf zu wichtigen Elementen der Motivstruktur.

[12] Diskutiert im Kapitel *Von Jizchaks Blindheit*, das sich dem Kapitel *Der Rote* unmittelbar anschließt. Dem folgen die Narration der Geschichte des Segensbetruges, Jaakobs Flucht und seine Ankunft bei Laban.

> Jaakob, der Gegenwärtige, und sah Esau an, den durch List Verfluchten, der gleichfalls wieder mit ihm wandelte nach seinem Gepräge und Edom, der Rote war. (Jak 186)

Esau fällt die Rolle des „Roten" zu, er ist die Gegenwartsform[13] eines Urbilds, die „zeitlose und überindividuelle Zusammenfassung eines Typus" (Jak 187).

Der Erzähler schlägt mit dem Bild der Dünenkulissen den Bogen zurück zu den Reflexionen über die Scheinanfänge und die Unmöglichkeit, irgendwelche Anfangsgründe zu bestimmen. In diesem Absatz wird das Phänomen der „rollenden Sphäre" unverstellt formuliert:

> Hier [bei der Suche nach dem „Ur-Edom"] mündet unsere Rede nun freilich ins Geheimnis ein, und unsere Hinweise verlieren sich in ihm: nämlich in der Unendlichkeit des Vergangenen, worin jeder Ursprung sich nur als Scheinhalt und unendgültiges Wegesziel erweist und deren Geheimnis-Natur auf der Tatsache beruht, daß ihr Wesen nicht das der Strecke, sondern das Wesen der Sphäre ist. Die Strecke hat kein Geheimnis. Das Geheimnis ist in der Sphäre. Diese aber besteht in Ergänzung und Entsprechung, sie ist ein doppelt Halbes, das sich zu Einem schließt, sie setzt sich zusammen aus einer oberen und einer unteren, einer himmlischen und einer irdischen Halbsphäre, welche einander auf eine Weise zum Ganzen entsprechen, daß, was oben ist, auch unten ist, was aber im Irdischen vorgehen mag, sich im Himmlischen wiederholt, dieses in jenem sich wiederfindet. Diese Wechselentsprechung nun zweier Hälften, die zusammen das Ganze bilden und sich zur Kugelrundheit schließen, kommt einem wirklichen Wechsel gleich, nämlich der Drehung. Die Sphäre rollt: das liegt in der Natur der Sphäre. Oben ist bald Unten und Unten Oben, wenn man von Oben und Unten bei solcher Sachlage überall sprechen mag. Nicht allein, daß Himmlisches und Irdisches sich ineinander wiedererkennen, sondern es wandelt sich auch, kraft der sphärischen Drehung, das Himmlische ins Irdische, das Irdische ins Himmlische, und daraus erhellt, daraus ergibt sich die Wahrheit, daß Götter Menschen, Menschen dagegen wieder Götter werden können. (Jak 187f)

Ein genealogisches Geschichtsmodell: Ursprünge gibt es nicht, man sollte sie auch gar nicht erst suchen, „denn einen Anfang gibt es nicht in der rollenden Sphäre" (Jak 188). Die auch vom Erzähler in seiner Rolle als ‚Forscher' immer wieder durchexerzierten ‚wissenschaftlichen' Bemühungen, den Mythen eine Grundbedeutung zuzuschreiben und sie aus menschlichen Handlungen und Projektionen abzuleiten, führen genauso zu Scheinerklärungen wie der Anspruch im Mythos selbst, an die Anfänge zurückzugehen. Mythos und

[13] Auch grammatisch, denn: „Er ist der Edom." (Jak. 187; meine Herv.)

Wissenschaft funktionieren nach dem gleichen Prinzip, dagegen hat nur der Erzähler Einblick in die Scheinhaftigkeit aller Anfänge.[14]

Treibt der Erzähler sein ironisches Spiel, so wirkt sich das natürlich auch auf die Rezeptionsleistung aus: Die Destabilisierung setzt sich fort. Dem Leser werden permanent Scheinwahrheiten zugemutet, die im nächsten Absatz wieder dekonstruiert oder zumindest relativiert werden. Er hat kaum die Möglichkeit, sich in beruhigender Gewissheit zu wiegen, sondern ist stattdessen zur eigenen intellektuellen Leistung, zumindest aber zum intellektuellen Nachvollzug herausgefordert. Es gilt, den Mythos als Muster zu erkennen, das Muster zu durchschauen, sich aber auch der Grenzen der Wissenschaftlichkeit bewusst zu sein. Wird also einerseits die Religionsgeschichte als „historische Anthropologie" (Neumann) gelesen, der sich über eine Menschen- wie Menschheitspsychologie angenähert werden kann und die damit einem naiven Mythosverständnis entgegengewirkt, so bleibt doch immer der Respekt vor einem unerklärlichen Rest und Zauber mythischer Modelle, die als Welterklärungsversuche[15] des Menschen fungieren.

Das doppelte Spiel erschöpft sich nicht in der Ursprungssuche, sondern bezieht sich, davon ausgehend, auf alle Bereiche. Die „rollende Sphäre" ist Chiffre für das doppelbödige Grundmuster von Eigentlichkeit und Uneigentlichkeit. Angewandt auf das Nachleben mythischer Rollen steht sie für Vereinigung von Individualität und Allgemeinheit in einer Person, die als eigenständiges Wesen auch eine „Charakterrolle" lebt. Die gegenwärtige Erscheinung „im Fleische" verweist dann immer auch darauf, was ‚eigentlich' typischerweise noch hinter ihr steht. Dabei kann selbst der Typus noch gedoppelt sein: Solange dem Sohn die Rolle eines Vatermörders[16] zufällt und

---

[14] Michael Neumann bezieht dieses Prinzip nicht nur auf die Begründungsstrukturen des Erzählers, sondern weist darüber hinaus auf die Haltung des Autors hin: „Mit geübter Ironie bringt er [der Erzähler] die Gegensätze von mythischer Gründung und wissenschaftlicher Begründung ins Wechselverhältnis der ‚rollenden Sphäre'. In deren Rollen gibt es keine religiöse Fundierung ohne kritische Relativierung, aber auch keine kritische Desillusionierung ohne die Anerkennung der Legitimationsleistung. Auf einer Kugel gibt es keinen „Anfang" (...), und so darf der Romancier keine Entscheidung treffen zwischen göttlicher Stiftung und menschlicher Projektion." (*Thomas Mann. Romane*, S. 101)

[15] Entsprechend ihrer Definition, nach Assmann, als „fundierende Geschichten". Sie geben der Welt „eine narrative Grundlage, die sie uns sinnvoll, bedeutend, perspektivenreich und kongenial erscheinen läßt, so daß wir in ihr leben und sterben, handeln und leiden können". (*Th. Mann und Ägypten. Mythos und Monotheismus in den Josephsromanen*, S. 38)

[16] Diese Rollenzuschreibungen verdanken sich v. a. Th. Manns Lektüre und Interpretation von Freuds *Totem und Tabu.* Siehe auch Dierks, der die Einflüsse Freuds auf Th. Mann und

er diese erfüllt, ist er Typhon. Hat er die Tat hinter sich gebracht und ist er selbst König, so wird er zu Kronos, der sich vor einem neuen Typhon schützen muss. Mit anderen Worten: Nichts ist gefestigt und gesichert in der „rollenden Sphäre"; was einzig festgelegt ist, sind die Eigenschaften und Inhalte der mythischen Rollen, die sich immer neu auf die Individuen übertragen.[17] Auf narratologischer Ebene ist das Prinzip sowohl in den Zusammenhängen zwischen Erzählung und Geschichte als auch in den vielfältigen Inszenierungen des Erzählers, dem Gegensatz von Reflexionseinschüben und Erzählerbericht wirksam.

Taucht der Erzähler in die Geschichte ein bzw. tritt er hinter das Geschehen zurück, wobei der Anschein entsteht, die vorangegangenen Reflexionen würden ignoriert, so scheint auch der fiktionale Rahmen wieder stabilisiert. Die Narration erreicht einen höheren Grad an Unmittelbarkeit, indem sich der Erzähler eines direkten Kommentars enthält und/oder den Figuren das Wort überlässt. Dieser äußerste Gegenpol zur reflektierenden Erzählerrede ist besonders in den emotionalen Höhepunkten zu beobachten. Es sind dies vornehmlich die Sterbeszenen: zuerst die Rachels, mit der der erste Band der Josephsromane und damit die Geschichte des großen Liebenden Jaakob endet, weiter, in *Joseph in Ägypten,* des Obermeiers Mont-kaw, einer Vaterfigur für Joseph, dessen Amt er gewissermaßen ererbt, und schließlich, im *Ernährer*, des biologischen Vaters Jaakob. Aber auch beim Wiedersehen von Jaakob und Joseph zieht sich der Erzähler zurück. Die Distanz wird aufgehoben, indem den Figuren selbst durch Rückblicke und die Beschreibung der Reaktionen ihres Gegenübers wie auch ihrer eigenen Gemütslage die Funktion zukommt, dem Leser die Situation unmittelbar vor Augen zu stellen.

Der durch die Reflexionen über das Erzählen und über den wahrheitsgetreuen Hergang der Geschichte einmal in Gang gesetzte Prozess der Sensibilisierung des Lesers wird dadurch jedoch nicht rückgängig gemacht. Auch bereitet der Erzähler diese Stellen meist mit einer Erörterung vor, beispiels-

---

die Josephsromane untersucht. Er stellt dabei heraus, dass in erster Linie Freuds religionshistorischer Aufsatz Totem und Tabu inhaltlich und chronologisch für den Joseph interessant sei. *Mythos und Psychologie*, bes. S. 138–160.

[17] Das Leben nach Mustern und die Übernahme festgelegter Rollen, die von manchen Individuen bewusst variiert, von anderen dagegen lediglich hingenommen werden, ist in der Forschung vor allem hinsichtlich der Menschen- und Menschheitsentwicklung und des Zusammenhangs von „Mythos und Psychologie" detailliert diskutiert, kommentiert und interpretiert worden. Für diese Arbeit besonders: Dierks (*Mythos und Psychologie*), Heftrich (*Taten*), Schulz (*Identitätsfindung*), Schneider (*Lebensfreundlichkeit*), Emig (*Arbeit am Inzest*).

weise über die Notwendigkeit der „Richtigstellung" älterer Darstellungen. Er schlüpft dann in die Rolle des kritischen Historikers, des Altphilologen, der durch pseudowissenschaftliche Argumentation Ungenauigkeiten und Verzerrungen in den jahrhundertealten Überlieferungen nachweist. Ist dem wissenschaftlichen Gewissen Genüge getan, kann er seine Version der Geschichte weitergeben und erzählen, „wie es wirklich geschehen ist". Dem Leser wird nur durch ihn, den Erzähler, die wahre Geschichte vermittelt, die „Geschichte, die sich hier in aller Richtigkeit, so, wie sie sich in Wirklichkeit zugetragen, wieder abspielt." (E 52)

Mittlertum

Die beiden Hälften der in sich geschlossenen „rollenden Sphäre" bedingen sich wechselseitig bzw. sie bedürfen in vielfacher Hinsicht der Vermittlung. Der aussagende Erzähler ist die Figur des Vermittlers schlechthin, sein Mittlertum aber erschöpft sich nicht im Erzählen einer Geschichte. In der gesamten Erzählung und in den eingebundenen intradiegetischen und extradiegetischen Geschichten wird das Vermitteln sowohl im Sinne des Erzählens als auch im Sinne des Ausgleichs immer neu verhandelt. Zu diesem besonderen Mittlertum stehen die Perspektivenwechsel des Erzählers in stimmigem Verhältnis: Hat man es auch überwiegend mit einem (auktorialen) Erzähler zu tun, der sich durch Übersicht und Nullfokalisierung auszeichnet, so steht dem auch der Wechsel zur internen Fokalisierung, seltener zur externen gegenüber.

Der Erzähler entpuppt sich als eine Hermesfigur – wie der Protagonist Joseph eine ist. Bevor diese Spur weiter verfolgt wird, soll zunächst geklärt werden, welche Prinzipien den Grund für die Bedürftigkeit nach Ausgleich legen.

Auf den ersten Seiten der *Höllenfahrt* wird erklärt, wem das Interesse des Erzählers und eigentlich allen Erzählens gilt: Es ist der Mensch, das

> Rätselwesen, das unser eigenes natürlich-lusthaftes und übernatürlich-elendes Dasein in sich schließt und dessen Geheimnis sehr begreiflicherweise das A und O all unseres Redens und Fragens bildet (...). (Jak 7)

Die Frage nach dem Geheimnis des Menschen, dem Lebensgeheimnis, wird gestellt vor dem Hintergrund der das Werk Th. Manns durchziehenden Dichotomie, an dieser Stelle vertreten durch die Prinzipien Geist und Leben, die in den Josephsromanen allerdings eine neue Stufe lebenstauglicher Vermittlung erreicht.[18] Diese ist bereits angelegt im „Roman der Seele", einer sagen- und legendenhaften Einlage in der *Höllenfahrt*, die Gott nicht nur als Schöpfer allen Lebens zeichnet, sondern als schelmischen Spekulanten. Gott und das Himmelreich werden dargestellt als höfisch strukturierte Gesellschaft, in der sich der Herrscher die leicht arrogante Kritik der ihn umgebenden Höflinge, der Engel, gefallen lassen muss, zeigt er sich letztlich davon auch ungerührt.[19]

Die Seele, der die Sympathie Gottes gilt, ist zur trägen, unbewussten Materie in Liebe entbrannt. Doch Gott muss die Materie erst zu „langlebigen Formen" bilden, damit die Seele „an diesen Formen körperliche Lüste erlange und Menschen erzeuge" (Jak 39). Es entsteht also nicht nur die körperliche, Lust empfindende Formenwelt, sondern auch das Menschenwesen, „welches unverkennbar und aus guten Gründen von Anfang an Gegenstand der Eifersucht der Engel war".[20] In einem weiteren Schritt nun sendet Gott der Seele den Geist auf die Erde nach, um ihren sündhaften Liebesausrutscher rückgängig zu machen. Jedenfalls offiziell, gegenüber der „strengen" Engelsgarde, soll der Geist die Seele zur Vernunft bringen und sie wieder aus der Formenwelt herauslösen, der Materie somit das Leben wieder entziehen.[21] Doch

---

[18] Vgl. a. Dierks, *Mythos und Psychologie*, besonders S. 107f. Die „kosmogenische Exposition" verheißt Versöhnung, die in der Selbstvollendung des Menschen liegt. Im irdischen Einzelfall Joseph sei diese Vollendung antizipiert. Die Interpretation des „Romans der Seele" steht, wie die gesamte, bis heute grundlegende Studie von Dierks, auf der Basis der Schopenhaurischen Willensmetaphysik.

[19] Das teilweise angespannte Verhältnis zwischen Gott und den Engeln wird mehrfach angesprochen. Besonders, außer im „Roman der Seele", in den Repliken von Josephs eigenartigem Führer (JJ/Ägy) und vor allem im Vorspiel in oberen Rängen des letzten Romans (E). Es sind besonders diese Stellen, von denen sich Swensen zu seiner Theorie der Engelsidentität des Erzählers inspirieren lässt. Die Beschreibung geradezu weltlicher Zustände im Himmelreich weist voraus auf das Phänomen der „rollenden Sphäre", in der sich Unten und Oben ineinander spiegeln.

[20] Jak 44. Das Verhältnis Gottes zu seiner Umgebung, dem „Reich der Strenge", entspricht tatsächlich nicht dem Bild einer allmächtigen Gottheit: Um den Plan vom Menschenwesen „durchzubringen", muss Gott verschweigen, dass von ihm nicht nur Gerechtes, sondern auch Böses kommen wird: „Solche Worte gewähren einen bedeutenden Einblick in die Verhältnisse. Sie lehren vor allem, daß >Strenge< nicht sowohl Gottes eigene Sache, als die seiner Umgebung ist, – von der er in einem gewissen, wenn auch natürlich nicht ausschlaggebenden Grade abhängig zu sein scheint (...)." (Jak 44) Auch diese Beschreibung der himmlischen Herrscherverhältnisses, in denen Gott geradezu als Realpolitiker auftaucht, gehört in den Komplex der „rollenden Sphäre".

[21] Dieser „Geist" hat ein Vorbild in Goethes Mephisto: Er ist die verneinende Kraft, gegen Leben, Erde und Menschen gerichtet, schafft aber doch Gutes.

Gottes Spekulation, so der Erzähler, habe darauf gezielt, dass auch der Geist Sympathie für Materie und Formenwelt, für das Leben empfinden und seinen Auftrag gar nicht vollenden werde. Stattdessen versteckt sich hinter der „Verschleierungstaktik" des Höchsten das Ziel und Geheimnis des Lebens: die Vereinigung von Geist und Seele in der Formenwelt:

> Die Vermutung ist möglich, daß dies [die Aufhebung der materiellen Welt] nicht Gottes Meinung ist und daß der Geist tatsächlich nicht, seinem Ruf gemäß, der Seele nachgesandt wurde, um den Totengräber der von ihr unter gütiger Beihilfe Gottes geschaffenen Formenwelt zu spielen. Das Geheimnis ist vielleicht ein anderes, und vielleicht beruht es in dem Sinn der Lehre, der zweite Gesandte sei der zuerst gegen das Böse entsandte Lichtmensch noch einmal gewesen. Wir wissen längst, daß das Geheimnis die Zeitfälle[22] frei behandelt und sehr wohl in der Vergangenheit sprechen mag, wenn es die Zukunft meint. Es ist möglich, daß die Aussage, Seele und Geist seien eins gewesen, eigentlich aussagen will, daß sie einmal eins werden sollen. (Jak 46)

Entscheidendes Kriterium für das Geheimnis ist seine Zeitenthobenheit, die man genauso gut Allgegenwärtigkeit nennen kann. Einige Zeilen später wird der Gegenstand des Geheimnisses noch einmal ausdrücklich gefasst als die Verbindung von Geist und Seele:

> Das Geheimnis aber und die stille Hoffnung Gottes liegt vielleicht in ihrer Vereinigung, nämlich in dem echten Eingehen des Geistes in die Welt der Seele, in der wechselseitigen Durchdringung der beiden Prinzipien und der Heiligung des einen durch das andere zu Gegenwart eines Menschentums, das gesegnet wäre mit Segen oben vom Himmel herab und mit Segen von der Tiefe, die unten liegt.[23]

Eine freie Behandlung der Zeit wirkt sich auf die zeitliche Verortung des Geschehens aus. Es wird uneindeutig, ob die erzählte Geschichte von Vergangenem oder von Zukünftigem handelt. Die Geschichte wird im narrativen Akt vergegenwärtigt, doch wann sie sich ereignet oder ereignet hat, bleibt in letzter Konsequenz offen. Das Zeitlose wendet sich in ein Überzeitliches. Ein rhetorischer Kniff, so könnte man sagen, mit dem der Erzähler den Gegenstand seiner Erzählung, das Lebensgeheimnis des Menschen, zeitlos-

---

[22] „Zeitfall" meint einmal die Zeitläufe, kann aber auch grammatisch verstanden werden als Tempus, also einen poetologischen Hinweis vorstellen.

[23] Jak 47. Dieses hier angedeutete Menschentum findet seine Ausgestaltung in der Figur Josephs.

aktuell macht. Die angestrebte Vereinigung der beiden Prinzipien Seele und Geist ist ein Prozess, es ist zunächst unerheblich, welchen Grad diese Vereinigung in einem beliebigen Moment erreicht hat oder ob sie überhaupt noch in weiter Ferne schwebt.

Zeit, Zeitlichkeit und Zeitlosigkeit sind thematische Konstanten des Romans und werden immer neu reflektiert, überwiegend eingebunden in die poetologisch-narratologischen Kommentare.[24] Besondere Bedeutung kommt der Vergegenwärtigung zu, die jedoch nicht nur für die poetologischen Zusammenhänge zwischen Erzähler, Erzählen und Erzähltem zentral ist, sondern auch ein konstituierendes Moment des Mythischen darstellt.

> Denn das Wesen des Lebens ist Gegenwart, und nur mythischer Weise stellt sein Geheimnis sich in den Zeitformen der Vergangenheit und der Zukunft dar. (Jak 51)

Während dem Leben Gegenwärtigkeit zugeschrieben wird, bringt die Darstellung des Geheimnisses auf „mythische Weise" die zeitlichen Kategorien Vergangenheit und Zukunft ins Spiel.[25] Das Mythische wird temporal vom (Gegenwart in sich schließenden) Leben abgegrenzt, damit aber wird es zu einer narrativen Kategorie, deren Eigenschaft und Funktion im weiteren Verlauf eingehend reflektiert wird.

Die Vereinigung, besser: Die gegenseitige Durchdringung zweier zunächst unvereinbar erscheinender Prinzipien, hier „Seele und Geist" genannt, ist das grundlegenden Schema der ganzen Konstruktion und wird auf allen Ebenen, inhaltlich, formal und vor allem auch in den narrativen Strukturen des Romans durchgespielt.

Die Gegensätze heben sich auf nicht im Sinne der Nivellierung, sondern im Sinne eines Aushaltens der Gegensätze, die nicht mehr länger starr nebeneinanderstehen, sondern nach dem Prinzip der „rollenden Sphäre" ständig

---

[24] Es gilt für den *Joseph*, was für den *Ring* angemerkt wurde: Die Beschäftigung mit den Zeitstrukturen wäre ein großes und lohnendes Unterfangen; allein die Anachronien des Romans – siehe die analeptische Anlage der *Geschichten Jaakobs* – verdienten genaueste Betrachtung. Auch hier aber werden die Zeitstrukturen nicht als solche betrachtet, sondern in ihrer Bedeutung für das „Fest der Erzählung".

[25] Mit Dierks kann die Abgrenzung des allgegenwärtigen Lebens (Geheimnis, Ewigkeit) vom nur in zeitlichen Kategorien denkbaren Mythos an Schopenhauers Unterscheidung in zeitlosen Willen und die den Kategorien von Zeit und Raum unterworfene Vorstellung rückgebunden werden. Metaphysische Wahrnehmung ist nur in den „Schranken unseres Intellekts" möglich. (*Mythos und Psychologie*, S. 91ff).

in Bewegung bleiben. Die Th. Mannsche „Begründungsstruktur des Einerseits – Andererseits", die ihre vielleicht stärkste Ausprägung im *Joseph* erfährt, gibt der „Verflüssigung"[26] den Vorzug, einem Ineinanderübergehen, das nicht nur dafür plädiert, zwei Seiten einer Sache zu sehen, sondern sich einengender und ausschließender Beurteilungen zu enthalten. Es wird der verständnisvolle Umgang mit allen Absonderlichkeiten des Lebens proklamiert, wie er im *Zauberberg* schon gefordert und auch in den späteren Romanen, im *Felix Krull* mit dem Schlagwort der „Allsympathie" belegt, zu den Hauptanliegen gehört.

[26] Pütz: *Wiederholung als ästhetisches Prinzip*, S. 84ff. Pütz bezieht sich auf Nietzsche, der im „Konstrukt von Gegensätzen" das Resultat wissenschaftlicher Logik erkannte und verurteilte. Wiederholung birgt in sich als ästhetisches Prinzip die Differenz, Wiederholungen sind immer Formen von Abweichung. Es besteht also kein Verlass mehr auf aufgestellte Gegensätze, da in der Wiederholung alles abweichen kann.

Mythische Erkenntnis und Fest der Erzählung

Die sich werkimmanent abzeichnenden narratologisch-poetologischen Grundlinien können intertextuell durch Blicke ins essayistische Werk des Autors ergänzt und mit dem philosophisch-anthropologischen Gedankengerüst der Josephsromane verknüpft werden. Zur Ergänzung und weitergehenden Erläuterung des Zusammenhangs zwischen dem Mythischen, dem Erzählen und dem Bewusstsein für die Rolle des Erzählers, das auch in der Figur Josephs ausgebildet ist, sei ein Blick in Th. Manns Aufsatz *Freud und die Zukunft*[27] eingeschaltet, in dem die im *Joseph* erörterten Bezüge unverschlüsselt dargelegt werden.

Th. Manns Arbeiten mit dem Mythischen zeigt dabei im Verhältnis zu früheren Werken einige Veränderung: Noch zu Zeiten der früheren Novelle *Der Tod in Venedig*, bei der das Mythologische zwar den Hintergrund des Geschehens bildet, aber vor allem als „Typenreservoir" genutzt wird, basiert Manns Mythosbegriff nur bedingt auf der Aneignung mythischer Stoffe oder der Beschäftigung mit Mythostheorien seiner Zeit.[28] Schon die Vorarbeiten und die begleitende Lektüre zu den Josephsromanen zeigen eine Veränderung: Bleiben Mythostheorien auch nach wie vor eher unbeachtet, so setzt er sich eingehend mit mythologischen Stoffen auseinander, die er zahlreichen, damals aktuellen Schriften entnimmt, unter ihnen vor allem: Edgar Dacqué: *Urwelt, Sage und Menschheit. Eine naturhistorisch-metaphysische Studie*, München 1924; Dmitri Mereschkowski: *Die Geheimnisse des Ostens*, Berlin 1924; Alfred Jeremias: *Das Alte Testament im Lichte des Alten Orients*, 3. (deutsche), völlig neu bearbeitete Auflage, Leipzig 1916; außerdem die wiederentdeckten Schriften Johann Jakob Bachofens, die 1926, mit einem langen Einleitungsaufsatz Alfred Baeumlers versehen, unter dem Titel *Der Mythus von Occident und Orient* erschienen.[29]

[27] Dieser Aufsatz von 1935, der somit zwei Jahre nach *Die Geschichten Jaakobs* und *Der junge Joseph* erscheint, kann in vielen Gedankengängen ebenso als Kommentar zum eigenen Werk und v. a. zum *Joseph* gelesen werden, wie der ein Jahr später verfasste Aufsatz *Richard Wagner und der ‚Ring des Nibelungen'*. Vor allem für die Kontexte Psychologie und Mythos und Humanisierung des Mythos war und ist er eine ergiebige Fundgrube der Forschung.

[28] vgl. Dierks, *Mythos und Psychologie*, S. 55. Dierks zeichnet die sich entwickelnde Bedeutung des Mythischen vom Frühwerk bis zu den Josephsromanen nach.

[29] Zu den Quellen vgl. a. Dierks, der sie zusammenfassend beschreibt und ihren Einfluss auf die Josephsromane darlegt; außerdem W. Berger: *Die mythologischen Motive in Thomas Manns Roman ‚Joseph und seine Brüder'*. Eine knappe Übersicht bietet Heftrich im Thomas-Mann Handbuch (S. 454), ausführlich in *Geträumte Taten*.

Diesen Quellen verdankt er nicht nur einen reichen stofflichen und thematischen Fundus, sondern auch Ideen zu seiner Grundkonzeption des Mythischen bzw. einer Form des Denkens und Lebens im Mythos, das den im Werk bis dahin herrschenden bürgerlich-individuellen Entwurf zugunsten des Typischen abschwächt.

Nach Th. Mann gründet der Mythos die Urnorm, Urform des Lebens, er ist „zeitloses Schema," als solches typisch[30]. Alles Besondere und Individuelle ist in diesem Typischen (im doppelten Sinne) aufgehoben, das Individuelle also nicht beseitigt. Im Gegenteil ist das Mythisch-Typische so formelhaft wie andererseits wieder individuell, was in dem Begriff „gelebte Vita," dem der des „gelebten Mythos" entspricht, zum Ausdruck kommt. Jeder Einzelne folgt in seinem individuellen Leben bestimmten Formen, dem Schema, in dem er sich einrichtet, und das mal mehr, mal minder durchschaut wird.[31] Wer in jedem Falle Einblick hat, ist der ironisch distanzierte Erzähler, dem die mythisch-typische Anschauungsweise zu eigen ist:

> Kein Zweifel, die Gewinnung der mythisch-typischen Anschauungsweise macht Epoche im Leben des Erzählers, sie bedeutet eine eigentümliche Erhöhung seiner künstlerischen Stimmung (...) Was damit gewonnen wird, ist der Blick für die höhere Wahrheit, die sich im Wirklichen darstellt, das lächelnde Wissen vom Ewigen (...) vom Schema, in dem und *nach* dem das vermeintlich ganz Individuelle lebt. (FZ 185, Herv. im Original)

Der Erzähler besitzt mythische Erkenntnis, das heisst er weiß um die höhere Wahrheit der ewigen Wiederkehr des Schemas und des Typischen. Die Erkenntnis wird durch den Erzähler und im Erzählen vermittelt, das Verhältnis von Anschauendem und Angeschautem bestimmt sich über Erkenntnis, Bewusstsein des Erzählenden auf der einen Seite und Nichterkenntnis, Unbewusstsein des Erzählten auf der anderen. Dieses Verhältnis kann jedoch

---

[30] *Freud und die Zukunft*, in: Essays, hg. v. Hermann Kurzke, Frankfurt 1982, Bd. 3: Musik und Philosophie (S. 173–192), S. 185; nachfolgend FZ.

[31] Dierks stellt überzeugend dar, dass Th. Manns Mythosbegriff auf einer Formel basiert, die den ganzen „frühmenschheitlichen Stoff- und Ideenbereich" Schopenhauers Metaphysik unterstellt: Die Metempsychose – Mythos; Allgegenwart des Willens – Mysterium (*Mythos und Psychologie*, S. 227f). „Th. Manns Mythosbegriff existiert also aus jener Doppelperspektive, in der Schopenhauer erkenntniskritischen Idealismus mit Mystik zusammengesehen hatte. Die transzendente Wahrheit der Allgegenwart des Willens (Seele) erscheint ‚irdisch' als Ewige Wiederkehr (Metempsychose): im Mythos" (ebenda, S. 92). Allerdings sollte das Mythische nicht allein vor dem Hintergrund Schopenhauers gelesen werden.

kippen, wie der nächste Gedankenschritt anzeigt, in dem angenommen wird, dass sich im Erzählten selbst mythische Erkenntnis regen könne:

> Es ist ein ironisch-überlegener Blick [des Erzählers]: denn die mythische Erkenntnis hat hier ihren Ort nur im Anschauenden, nicht auch im Angeschauten. Wie aber nur, wenn der mythische Aspekt sich subjektivierte, ins agierende Ich selber einginge und darin wach wäre, so daß es (...) seiner ‚Wiederkehr', seiner Typik bewußt wäre, seine Rolle auf Erden zelebrierte und seine Würde ausschließlich in dem Wissen fände, das Gegründete im Fleisch wieder vorzustellen, es wieder zu verkörpern? Erst das, kann man sagen, wäre ‚gelebter Mythos.' (FZ 186)

Die Beschreibung des „agierenden Ich" zielt auf Joseph ab, den Th. Mann in diesem Aufsatz auch explizit zur Illustration heranzieht und als Künstler bezeichnet, der „sein festliches Spiel treibt mit dem, was gemeinhin nur aus der Tiefe heimlich das Leben bestimmt und formt: dem Unbewußten".[32] Wie dem anschauenden Erzähler, dem eigentlichen Besitzer des ironisch-überlegenden, erkennenden Blicks, so wird auch dem angeschauten Subjekt, Joseph als Künstler, die Möglichkeit mythischer Erkenntnis zugestanden. Sein „gelebter Mythos" besteht nicht nur aus der Wiederverkörperung und Wiederholung früherer Ereignisse, sondern ebenso aus ihrer Abwandlung und Variation. Das Schema wird der gegenwärtigen Situation, dem individuellen Leben und seinen Forderungen angepasst.

Führt man den Gedankengang der Bewusstwerdung und der Ausbildung mythischer Erkenntnis auf Seiten des „Angeschauten" weiter, so befänden sich in solch einem Falle Erzähler und Erzähltes auf einer Erkenntnisstufe. Das Angeschaute ist dabei ein Doppeltes: einerseits die der Erzählung vorgängige Geschichte, die vergangenen Ereignisse und ihre Protagonisten, also (fiktive) Wirklichkeit, andererseits die durch die Narration hervorgebrachte Erzählung und simultan entstehende Geschichte, also die poetische Fiktion.[33]

Dies lässt sich anschließen an die Reflexionen im *Joseph* über die „Selbstbesinnung" der Geschichte. Bewusstsein regt sich nicht nur in einer Figur der Geschichte, sondern, als poetologisches Konstrukt, durch den Akt des Erzählens auch in der Geschichte an sich, die selbst erörtert, „wie es denn eigentlich

[32] FZ S. 189. Th. Mann verbindet weiter das Unbewusste mit dem (mythischen) Muster, das vor allem der „produktiven Lebensführung" des Künstlers zugrunde liegt, in dessen Person „das Unbewußte jeden Augenblick ins lächelnd Bewußte (...) hinüberspielt". (ebenda, S. 190)

[33] Hier griffe Genettes Modell Geschichte – Narration – Erzählung.

im Genauen und Wirklichen einst mit ihr gewesen" sei. Im Akt des Erzählens entstehen Geschichte und Erzählung zusammen mit der Reflexion ihrer selbst.

Personifiziert erscheinen diese Zusammenhänge in der Figur Josephs. Als homo- und intradiegetischer Erzähler steht er durch seine Gabe, Einblick in die Geschichte(n) zu haben, gleichzeitig für die „Selbstbesinnung der Geschichte".[34] Sein Gegenüber ist ein heterodiegetischer, kommentierender Erzähler, der selbst mit dem Phänomen der Selbstbesinnung spielt und sie in seinen Kommentaren reflektiert. Dieser Erzähler, der stellenweise auch hinter die Geschichte zurücktritt, stellt sich als ein Werkzeug der Geschichte dar, über der er doch steht – ein verwirrendes Spiel mit den Zuständigkeiten, der Verpflichtung gegenüber einer Obrigkeit, die die Frage nach dem „wer spricht" weiter verkompliziert. Joseph wiederum ist nicht nur Held, sondern als bewusster Gestalter seines Lebens auch Lenker, also Dichter (Autor) seiner Geschichte(n), die er zudem (intradiegetisch) immer neu erzählt.[35]

In der Erzählung werden Lebensgestaltung und Dichtung analogisiert. Das Verbindungsglied ist Gegenwärtigkeit, „denn das Wesen des Lebens ist Gegenwart (...)" (Jak 51), während im „gelebten Mythos" eine festliche Vergegenwärtigung stattfinde:

> Das zitatenhafte Leben, das Leben im Mythus, ist eine Art von Zelebration, insofern es Vergegenwärtigung ist, wird es zur feierlichen Handlung, zum Vollzuge eines Vorgeschriebenen durch einen Zelebranten, zum Begängnis, zum Feste. (FZ 188)

Vergegenwärtigung aber ist eine Kategorie des (epischen) Erzählens. Erzählen, vom Leben qualitativ-temporal zu unterscheiden, ist immer auch Wiederholung – jedenfalls in der Fiktion, in der suggeriert wird, dass die Geschichte der Narration vorausgeht. Es handelt sich um eine Wiederholung in der besonderen Form der feierlich zelebrierten Vergegenwärtigung, wie sie eben auch den „gelebten Mythos" auszeichnet.

---

[34] Ein besonders sprechendes Beispiel für Josephs Bewusstsein für die Geschichtenlastigkeit seines Lebens und den Verdacht, in einer Geschichte zu sein, ist ein Satz aus dem Gespräch mit Mai-Sachme im vierten Band, anlässlich des bevorstehenden Wiedersehens mit den Brüdern: „Diese ganze Geschichte steht überhaupt schon geschrieben, Mai, in Gottes Buch, und wir werden sie miteinander lesen unter Lachen und Tränen" (E 325).

[35] Swensens Analogie von Autor – Erzähler und Gott – Engel wäre unter Umständen die von Erzähler – Figur (genauer: Joseph) entgegenzusetzen. Allerdings bliebe dabei in der Schwebe, wem dabei die Ehre der höheren Instanz zukäme: dem mit dem Erzähler (wie mit Gott und seinen Mitmenschen) „umspringenden" Joseph oder dem „außerhalb" stehenden Erzähler, der ja eigentlich nur vermitteln, nicht lenken oder eingreifen kann.

Das obige Zitat aus dem späteren Freud-Aufsatz ist eine Ergänzung zu den Ideen, die in der *Höllenfahrt* eingeführt und im ganzen Roman durchgeführt werden. Das mythische Geschehen, also die Geschichte, erfährt nicht nur in der realen Wiederholung des gelebten Festes, des religösen Rituals, lebendige Vergegenwärtigung, sondern im „Fest der Erzählung"[36], also durch die Narration, gewissermaßen eine Vergegenwärtigung zweiter Stufe. Wie diese Vergegenwärtigung im Sinne des Festes stattfindet, ist besonders deutlich in den letzten Kapiteln von *Joseph in Ägypten*, in denen auch die Schwankungen zwischen Kommentar und Erzählbericht und damit zwischen den Fokalisierungen und der Inszenierung des Erzählers besonders stark sind. Betont der Erzähler einerseits, dass ja die ‚Geschichte' bekannt sei und nun lediglich in einer „Feststunde" erzählend wiederholt würde, so wird gerade diese Wiederholung, im Sinne der Vergegenwärtigung, zu einem Moment des Mit-Erlebens. Der Erzähler nutzt mehrere Mittel: Er spricht den Leser bzw. hier den ‚Hörer' an, eine Anrede, die das Erzählen als direkten, in der Gegenwart stattfindenden Sprechakt ausweist: „Die Ungeduld des Hörerkreises, zu erfahren, was jeder schon weiß (...)" (Ägy 575). Weiter redet er von der Feststunde, die nun da und seit jeher vorbestimmt sei, seit sie nämlich geschah:

> (...) eine Haupt-Feststunde und ein Wendepunkt der Geschichte, feststehend, seit sie in die Welt kam und zuerst sich erzählte: die Stunde und der Tag, wo Joseph (...) mit knapper Not den gröbsten Fehler vermied, den er hätte begehen können (...).[37]

Der Ausgang der Geschichte ist also eigentlich bekannt, aber die Zelebration des „Festes" ist auch nicht abhängig von einem Spannungsaufbau, der aus Unkenntnis der großen Handlungslinien resultiert. Im „Fest der Erzählung" ereignet sich die Vergegenwärtigung vergangenen Lebens. Der Wechsel ins Präsens, die Beschwörung einer mündlichen Überlieferung, die den Leser als „Hörer" anspricht, die Aufforderungen an den Leser, sich auch visuell, als Zuschauer, auf das Geschehen einzulassen, als wohne er ihm bei (als sei er also eher Theaterzuschauer mit physischer Präsenz, Beobachter am Ort des

[36] Zum Fest auch Assmann: Er bemerkt, dass Th. Mann v. a. die Vergegenwärtigung im und durch das Fest verwirklicht sieht, weniger aber das Moment des „Anderen des Alltags", das nach Assmann im Roman ebenso am Werke sei (*Th. Mann und Ägypten*, S. 32f).

[37] Ebenda. In der Erörterung der Schuldfrage wird klargestellt, dass Joseph, wie schon bei seinem ersten „Grubensturz", mitschuldig ist. Er hat sich durch sein Verhalten gegenüber Mut, der Frau des Potiphar, wie zuvor gegen die Brüder, auch selbst in die prekäre Lage gebracht.

Geschehens) sind Strategien einer Art angewandter Vergegenwärtigung, in der das „Fest der Erzählung" als Nach- und Mitvollzug in der Narration verwirklicht wird.[38]

Der höchste Grad der Vergegenwärtigung ereignet sich in der mündlichen Erzählung, nicht in der verschriftlichten, da sie die Anwesenheit von Sender und Empfänger in der unmittelbaren Gegenwart voraussetzt; daher die häufige Suggestion, es handle sich nicht um eine schriftlich festgehaltene Erzählung, sondern um eine „gegenwärtige", mündliche Narration mit einem sprechenden Erzähler und einer Zuhörerschaft, die an einem Ort selbst gegenwärtig seien.

Daneben stehen die zahlreichen intradiegetischen, von den Figuren mündlich vorgetragenen Erzählungen. Die mündliche Überlieferung bürgt für einen Wahrheits- und Wirklichkeitsgehalt, wie die Gegenüberstellung des Schriftlichen zeigt. Diesem wird mit Skepsis begegnet, obgleich Joseph selbst sogar (im Gegensatz zu seinem Vater und erst recht zu seinen Brüdern) des Schreibens mächtig ist. Er benutzt diese Fähigkeit allerdings nicht literarisch, sondern nur zu kaufmännischen und buchhalterischen Zwecken. Die wenigen fiktionalen Schriftstücke, die im Roman vorkommen, werden hingegen höchst kritisch beurteilt, und in ihrem Wahrheitsgehalt nicht nur angezweifelt, sondern sogar explizit als Lügenmärchen bezeichnet. Schon in der

---

[38] Die Ansprache an den Leser und sein Einbezug in das „reale" Geschehen vor Ort stehen also nicht nur im Dienste eines Wirklichkeitseffektes oder sind als Ausdruck der „Tendenz zur Anschaulichkeit, zur minutiösen Wirklichkeitsschilderung" zu verstehen, wie Jürgen Hohmeyer in seinen *Studien zu einer gemischten Erzählsituation*, S. 34f ausführt. In erster Linie sind sie eine Form der erzählerischen Umsetzung der Vergegenwärtigung. Wie an anderer Stelle, so nimmt Hohmeyer auch hier die werkinternen Reflexionen über das Erzählen, auf die er durchaus hinweist, nicht in ihrer ganzen Bedeutung als Grundbedingungen des Erzählens wahr, sondern stellt sie in den Dienst seines Beitrags zur Erzähltheorie. Die Josephsromane dienen als Anschauungsobjekt bei der Darlegung seiner Theorie zur gemischten Erzählsituation. Lassen sich viele Phänomene in der Erzählforschung heute auch besser, beispielsweise mit der Terminologie Genettes, beschreiben (Fokalisierung, Stimme, Diegese), so macht Hohmeyer doch interessante Beobachtungen. Er stellt die paradoxe Erzählstruktur des Romans, das „Gegen-, Neben- und Ineinander" von fiktionalem Text und Erzählereinmischungen (ebenda, S. 96ff), die sich in den theoretischen Äußerungen des Erzählers über das Erzählen spiegeln, heraus. Insgesamt findet er die Grundkonstellation des Roman, die „Antithese von Mythos und Individualtät (...) jedenfalls grundsätzlich in der gemischten Erzählsituation gespiegelt", in der einmal („Ich-Situation") der Geist der Erzählung, dann („Er-Situation") der Erzähler spricht. Der Roman sei durchsetzt von „Gegensatzpaaren", die dieser Entsprechung Genüge täten.

Höllenfahrt wird erwähnt, dass Joseph „schöne babylonische Verse auswendig wußte, die aus einem großen und schriftlich vorliegenden Zusammenhange voll lügenhafter Weisheit stammten" (Jak 17). Das Lügenhafte leitet sich sowohl aus dem Inhalt der „Tafeltexte" als auch aus der Art ihrer Überlieferung her: Es handelt sich ja nicht um das ursprüngliche Original, sondern um Abschriften noch älterer Tafeln, die wiederum Abschriften seien; ein weiteres Beispiel für Scheinanfänge und Dünenkulissen. Trotzdem lernt Joseph Lesen und Schreiben, und zwar sowohl

> die Landes- und Menschenschrift, die zur Befestigung seiner täglichen Redeweise und Mundart und in der sich Handelsbriefe und -aufstellungen nach phönizischem Muster am säuberlichsten aufs Blatt bringen ließen, – und auch wieder die Gottesschrift, die amtlich-heilige von Babel, die Schrift des Gesetzes, der Lehre und der Mären (...). (JJ 22)

Unter den Schriftstücken, die der Hauslehrer Eliezer besitzt, befinden sich „Bruchstücke großer Versfabeln der Urzeit, die erlogen waren, doch mit so kecker Feierlichkeit in Worte gebracht, daß sie dem Geiste wirklich wurden" (JJ 22).

In der Gottesschrift (des sündigen) Babels ist Fiktion möglich, der Wahrheitsgehalt wird gegen einen ästhetischen Wert eingetauscht. Die „Mären" und „Versfabeln", also fiktive Texte, werden in einer Gesellschaft verschriftlicht, die im Roman den schlechten Ruf der Dekadenz besitzt. Den hat Babel mit Ägypten gemein, der anderen großen Schreiber- und Schreibnation, die dem Schriftlichen eine ganz besondere Stellung einräumt, wobei (sogar bei amtlichen Papieren) besonderer Wert auf die Gestaltung gelegt wird. Die Konzentration auf die Form gilt aber vor allem wieder für die Fiktion: Im Hause Potiphars aufgestiegen, versieht Joseph Vorlesedienste. Sein Herr kennt die Geschichten alle schon genau:

> Wenn er lauschte, so war es, um das Bekannte wiederzuhören, wie man Musik wiederhört. Solches Verhalten zu dem Gebotenen lag um so näher als es bei der Mehrzahl dieser Schriftwerke aufs Sachliche und auf die Fabel fast gar nicht ankam, sondern alles Schwergewicht auf den Reizen des Stils, der Seltenheit und Eleganz der Redeformen lag. (Ägy 254)

Schriftstücke, die nicht Geschäftszwecken dienen, sind also ästhetische Erzeugnisse, deren Inhalt, selbst wenn sie den Anspruch erheben, als Geschichtswerke oder Verzeichnisse (z. B. „Königsverzeichnisse von den

Zeiten der Götter“, ebenda) einen Wahrheitsgehalt zu haben, nicht der Wirklichkeit entspricht.[39]

Dem steht das Erzählen im „Fest der Erzählung“ kategorial gegenüber, allerdings ist die Diskreditierung des Schriftlichen ein weiteres Moment der Destabilisierung des Erzählsystems. Der Rezipient wird angeregt, den Wahrheits- und Wirklichkeitsanspruch der Erzählung, die er liest, zu hinterfragen.

Das „Fest der Erzählung“ besteht auf einem Wahrheitsgehalt, der auf dem Postulat beruht, das Leben selbst, die „Wirklichkeit“ wiederholend in der Gegenwart zu zelebrieren. Das ‚Sich-Abspielen in genauer Gegenwart‘ ist nur möglich in einer (imaginären) Mündlichkeit, bei der Erzähler und „Zuhörer“ in der Geschichte als Beobachter anwesend sind. Das heißt auch, dass ihr Wissenshorizont eingeschränkt ist, wie das der homodiegetischen Figuren mit interner Fokalisierung: In der „gelebten“ Feststunde wird die Geschichte immer neu erlebt, ohne dass die Teilnehmer des Festes und der Feststunde ein Bewusstsein dafür haben, wie es weitergeht.

In den Unterhaltungen zwischen dem jungen Joseph und seinem jüngeren Bruder Benjamin im Adonishain,[40] genauer: in Josephs Erzählung des Ritus um Adonis werden die Zusammenhänge zwischen Geschehen und Geschichte, Fest und Mythos erzählerisch ausgestaltet, wobei Joseph als homo- und extradiegetischer Erzähler (mündlicher Überlieferung) in Erscheinung tritt.

Nachdem das zweite *Hauptstück* des *Jungen Joseph*, *Abraham*, mit der Erörterung des Göttlichen und einem Blick auf Josephs Verständnis des Göttlichen durch den Erzähler geendet hat, nimmt das dritte *Hauptstück Joseph und Benjamin* die Geschichte wieder auf. In der iterativen Erzählung eines Ausflugs der beiden Rahelssöhne in den Adonishain überwiegt die direkte Personenrede, allerdings bleibt die Passage nicht ohne Kommentar.

---

[39] Dazu stimmt, dass der im Leben verwurzelte, unerregbare, zum Erschrecken nicht neigende Mai-Sachme, Josephs Gefängnisaufseher und späterer Hausvogt, nicht fähig ist, seine „Geschichte von den drei Lieben“ aufzuschreiben. Einen Grund nennt er selbst: „Die Schwierigkeit besteht nur darin, daß ich (…) den Zeitpunkt meines Schreibens ins Zukünftige verlegen und mich dabei in ein höheres Alter versetzen müßte, was eine Anstrengung ist, die ich scheue.“ (E 48) Die Schwierigkeit des Tempus wird hier rein pragmatisch als eine zu große Anstrengung bezeichnet. Allerdings scheint das Problem ein anderes zu sein: Mai scheitert immer an dem Punkt, wo die reine Fiktion ansetzt, er die Geschichte erfinden müsste. Diesen Schritt kann er nicht leisten, er braucht das Muster, die im realen Leben stattgefundene Geschichte, d. h. die Wahrheit.

[40] Im dritten Hauptstück des *Jungen Joseph*, S. 55–74.

Der liegt jedoch nicht beim auktorialen Erzähler, sondern ist in die direkte stumme Rede Benjamins übertragen.

Benjamin, bei dessen Geburt Rahel starb, besitzt eine gewisse Hellsichtigkeit gerade in Bezug auf seinen Vollbruder Joseph.[41] Durch den Gedankenbericht Benjamins werden die Erzählung und die Handlungen Josephs mit Bedeutungen angereichert, die über das Ausgesprochene weit hinausgehen. Benjamin gibt Joseph Gelegenheit, sich ganz auszusprechen, seine Träume jemandem mitzuteilen. Immer wieder stößt er jedoch an Grenzen, Joseph gibt nicht alle seine Assoziationen und Gedanken über ihn und seine Überzeugung, vom „Höchsten" auserwählt zu sein, preis. Durch seine Fragen versucht Benjamin einerseits, hinter Josephs Geheimnis zu kommen, andererseits wird die Unterhaltung so zu einer Variante des „schönen Gesprächs", dem der Leser erstmals zwischen Jaakob und Joseph gelauscht hat.[42] Hier geht es nun weniger um den gegenseitigen Austausch oder um die Wiederholung altbekannter Geschichten, und so verteilen sich Frage und Antworten auch nicht ganz gleichmäßig. Der Fokus liegt auf den geradezu lehrhaften Antworten des erzählenden Joseph. Teils also aus Freude an Geschichten, teils aus dem Wunsch heraus, hinter Josephs Geheimnis zu kommen, animiert Benjamin seinen älteren Bruder dazu, ihm den Hergang des Adonis-Ritus zu erzählen. Sowohl reflektiert in der Metaerzählung Josephs als auch auf Ebene der Basiserzählung, im Erzählerbericht, wird der Ideenkomplex um Wiederholung, Vergegenwärtigung und Ursprungsgeschehen ausgebreitet. Auch die narratologisch so wichtige Abgrenzung zwischen Geschehen und Geschichte wird von den Figuren selbst diskutiert.

> Einmal fragte er [Benjamin] zum ersten Male so, und Joseph belehrte ihn. Später tat der Kleine öfters, als habe er die Belehrung vergessen, um sie aufs neue zu empfangen und Joseph über Adonai, den Schäfer und Herrn, den Gemordeten, um den Klage war in der Welt, reden zu hören. Denn er horchte dabei zwischen seine Worte

---

[41] Als Typ gehört Benjamin zu den beobachtenden Begleitern Josephs, die ihn in seiner Sonderrolle wahrnehmen. Der direkte Widergänger mit „warnendem Stimmchen" ist der Zwerg Gottlieb im Hause Potiphars.

[42] Der Zwiegesang des „schönen Gesprächs" dient weniger dem Austausch von Neuinformationen als einer Wiederholung vergangener, allen bekannter Ereignisse rein um des (mündlichen) Erzählens willen. Sie gehören zu Israels, also Jaakobs „Sinnen", dem Besinnen seiner Geschichten, und umfassen sowohl die Geschichten des Stammes als auch älterer Mythen. Das Hin und Her von Frage und Antwort, bei dem sich der auktoriale Erzähler meist zurückzieht, basiert auf einem formelhaften „Weißt Du es?" – „Ich weiß es genau" – eine Allusion auf die Frageformeln der Nornen in der *Götterdämmerung*.

hinein und auf den Ton und die Bewegung seiner Rede, und es war ihm unbestimmt so, als möchte der Bruder dabei auf sein Gedankengeheimnis kommen, das – so schien es ihm – in der Rede aufgelöst war wie das Salz im Meer. (JJ 62)

Das ist es in der Tat, und durch die Innensicht wird auch der Leser auf das ‚Eigentliche' in Josephs Rede aufmerksam gemacht, das gleichzeitig in der Rede durch mittlerweile bekannte Begriffe und Motive doppeldeutig genug ist. Joseph beschreibt das Fest, nachdem Benjamin fragt:

„Aber sie wissen doch (...), daß der Herr zerrissen ist und tot?"
„Noch nicht", erwiderte Joseph. „Das ist das Fest. Sie wissen es, weil es einst entdeckt wurde, und wissen es noch nicht, weil die Stunde, es wieder zu entdecken, noch nicht gekommen ist. Im Fest hat jede Stunde ihr Wissen, und jede der Frauen ist die suchende Göttin, ehe sie gefunden hat". (JJ 63)

Wissen und Nichtwissen laufen nebeneinander her, wie auch in der Fiktion einerseits deren Grenzen und Gesetze anerkannt werden, andererseits der Leser, der Teilnehmer am Fest der Erzählung, immer auch weiß, dass es sich nur um Fiktion handelt. Die Stunden des Festes werden in ihrer Bedeutung erlebt:

„Ist es denn nicht das Fest in seinen Stunden, von denen ich dir sage, und betrügen sich wohl auch die Leute, die es Stunde für Stunde begehen, indem sie die nächste kennen, aber die gegenwärtige heiligen?" (JJ 68)

Dies animiert Benjamin aber nur dazu, weiter in Joseph zu dringen und nach dem Ursprung zu fragen. Joseph verweist Benjamin, von einem „wieder", einer reinen Widerholung zu sprechen, denn es sei „immer das eine und erste Mal", worauf aber Benjamin fragt:

„Wie du meinst, lieber Bruder, so ist es. Es war unreif, wie ich mich ausdrückte, und eines Knirpses Sprache. Das eine und erste Mal immer, denn Er ist der Herr des Festes. Aber, wenn man es recht bedenkt, einmal, damit das Fest werde, muß es doch wohl das erste und eine Mal gewesen sein, daß Tammuz starb und der Schöne zerrissen ward, oder nicht?"
„Wenn Ischtar vom Himmel verschwindet und hinabsteigt, den Sohn zu erwecken, das ist das Geschehen."
„Ei ja, das ist oben. Wie aber ist es hinieden? Du nennst das Geschehen. Nenne mir aber doch die Geschichte!" (JJ 69f)

Darauf erzählt Joseph, nachdem er zuvor das Heilige und Göttliche „Geschehen" kündete, nun die „Geschichte" eines irdischen Herrschers, des Königs zu Gebal, dessen Geschichte möglicherweise die kongruente irdische Seite darstellt. Geschehen und Geschichte entpuppen sich so als Komponenten der rollenden Sphäre.

Die „Feststunden“ werden auch vom Erzähler reflektiert. Eine der herausragenden Stellen geht der zweiten Katastrophe voraus, dem fehlgeschlagenen Verführungsversuch der Frau des Potiphar:

> Kennte man nicht den Ausgang der Geschichte, weil sie sich in ihrer Zeit schon geschehend zu Ende erzählt hat und dieses hier nur ihre festliche Wiederholung und Nacherzählung, sozusagen Tempeltheater, ist, so könnten einem vor Besorgnis um ihn [Joseph] die Schweißtropfen auf der Stirne stehen! Was aber heißt ‚Wiederholung‘? die Wiederholung im Feste ist die Aufhebung des Unterschiedes von ‚war‘ und ‚ist‘; und so wenig man, als die Geschichte sich selber erzählte, zu dieser Geschehensstunde darüber beruhigt sein konnte, daß ihr Held mit einem blauen Auge davonkommen und nicht vielmehr alles verderben werde, indem er es mit Gott verdarb, so wenig ist jetzt und hier vorwitzige Sorglosigkeit am Platze. Die Klage der Frauen [Reminiszenz an den Adoniskult], die den schönen Gott in der Höhle begraben, tönt nicht minder schrill, weil die Stunde kommt, da er erstehen wird. Denn für jetzt einmal ist er tot und zerrissen, und einer jeden Feststunde des Geschehens gebührt die volle Ehre und Würde ihrer Gegenwart in Jammer und Jubel, in Jubel und Jammer. (Ägy 588f)

Die von den Brüdern im „Adonishain“ getroffene Unterscheidung von Geschehen und Geschichte im Sinne der Ereignisse und ihrer Narration wird ebenfalls von Joseph erneut ausgesprochen, wenn er versucht, Mut zu beruhigen und zur Besinnung zu bringen: „So bedenke doch, daß wir vielleicht, ja wahrscheinlich, in einer Geschichte sind, und nimm dich ein wenig zusammen.“ (Ägy 511)

In der Narration nun werden diese Feststunden besonders in den emotionalen Momenten und Höhepunkten „begangen“: in den „Grubenstürzen“, den Sterbeszenen, dem Wiedersehen mit den Brüdern und dem Sich-zuerkennen-Geben Josephs und endlich im Wiedersehen mit Jaakob. Es überwiegen Figurenrede, interne Fokalisierung und Innensicht. Kommentare und Erläuterungen sind ebenfalls in die Figurenrede übertragen. In diesen Feststunden wird das Erzählen zelebriert, die Vergegenwärtigung wird durch eine stärkere Unmittelbarkeit des Erzählens erreicht: „Die Geschichte kennen kann jeder. Dabei gewesen zu sein, das ist's!“ (E 420). Diese Passagen sind jedoch immer eingerahmt von ankündigenden, diskutierenden, kommentierenden Reflexionsblöcken.

Dem In- und Nebeneinander von Leben und „Fest der Erzählung“, von Geschichte und Narration, liegt wieder das Phänomen der „rollenden Sphäre“

zugrunde. Vergegenwärtigung ist eine entscheidende Kategorie, aus der sich die Suggestion, die Geschichte spiele sich durch die Narration erneut ab, herleitet. Damit gilt die Erzählung nicht länger nur als Produkt des narrativen Diskurses, sondern als das Leben selbst, dem der Beobachter beiwohnt. In der narrativen Ausformung des narratologischen Prinzips „Fest der Erzählung" wird der Mythos lebendig vergegenwärtigt, er wird Realität, wie folgendes Zitat über die Schönheit Josephs anschaulich macht: „Aber gewillt, uns nicht den Sinn von einem Nachruhm vernebeln zu lassen, den mit der Realität zu vergleichen wir in die Lage gesetzt sind (...)." (Jak 62f)

Der narrative Akt als Akt der Vergegenwärtigung gewinnt deshalb eine neue Qualität, weil er die entscheidende Kategorie des Lebens, Gegenwart, für sich beansprucht. Führt man eingedenk der Tatsache, dass in der Fiktion die Geschichte, die der Erzählung eigentlich vorausgehenden Ereignisse, gleichzeitig mit der Narration, also durch den Akt des Erzählens, entsteht, diesen Gedankengang weiter, so wird offenbar, dass das Leben vom Akt des Erzählens und der Erzählung abgelöst, geradezu ersetzt wird.

Leben und Erzählung werden aber auch nicht in eins gesetzt. In einer Reflexion über notwendige Raffungen des Geschehens, die dennoch die „Kargheit" des Bibeltextes kritisiert, erklärt der Erzähler:

> Wohlgemerkt, wir haben nichts gegen die Aussparung. Sie ist wohltätig und notwendig, denn es ist auf die Dauer völlig unmöglich, das Leben zu erzählen, so, wie es sich einstmals selber erzählte. (...) Beim schönen Fest der Erzählung und Wiedererweckung spielt die Aussparung eine wichtige und unentbehrliche Rolle. (E 212)

Ein ähnliches Verhältnis besteht zwischen dem wirklichen Leben und der Weissagung:

> (...) sie [die Weissagung] erfüllte sich in lebendiger Ungenauigkeit und nicht abgezählt-wörtlich. Leben und Wirklichkeit behaupten stets eine gewisse Selbständigkeit, manchmal so weitgehend, daß man diese kaum oder gerade eben noch in ihnen wiedererkennt. Selbstverständlich ist das Leben an die Weissagung gebunden; aber innerhalb der Gebundenheit bewegt es sich frei. (ebenda)

Das Leben ist also an bestimmte vorgegebene Muster gebunden, wird von ihnen aber nicht völlig bestimmt, es existieren Freiräume. Das gilt auch wieder für die Narration, die an die Geschichte (an das Geschehen in der Wirklichkeit) gebunden ist, innerhalb dieser Gebundenheit aber Freiheiten (durch die „Ausschmückung", das „wie" anstelle des „daß" setzend) nutzt.

Das Verhältnis zwischen Weissagung und Leben, hier auf die Träume Pharaos bezogen, entspricht dem zwischen Josephs eigenen Träumen und der Verheißung Gottes, und zuletzt auch dem zwischen Urtext und neuer Erzählung. In der Narration wird ausgeführt und ausgestaltet, was in der Bibel vorgezeichnet ist, sie steht anstelle des Lebens bzw. ersetzt das Leben. Da sie aber selbst schon narrativer Diskurs ist, ist die Neu-Erzählung, die Vergegenwärtigung, quasi eine Erzählung in zweiter Potenz. In Überspitzung könnte man sagen: Alles Leben ist Erzählung, Leben ist nur in der Erzählung.

Die Differenzierung zwischen „des Geheimnisses Feierkleid" der Erzählung und dem schlichten „Kleid des Geheimnisses", das den Mythos umgibt, hebt die Erzählung ausdrücklich auf eine höhere Stufe:

> Denn es ist, ist immer, möge des Volkes Redeweise auch lauten es war. So spricht der Mythos, der nur das Kleid des Geheimnisses ist; aber des Geheimnisses Feierkleid ist das Fest, das wiederkehrende, das die Zeitfälle überspannt und das Gewesene und Zukünftige seiend macht für die Sinne des Volks.(...) Fest der Erzählung, du bist des Lebensgeheimnisses Feierkleid, denn du stellst Zeitlosigkeit her für des Volkes Sinn und beschwörst den Mythus, daß er sich abspiele in genauer Gegenwart! (Jak 52)

Der Festcharakter nicht nur des gelebten Festes, sondern des Aktes der Erzählung gründet in der bewussten Wiederholung, die zur „feierlichen Handlung" wird. In der Geschichte ist es die Hauptfigur Joseph, die ganz bewusst diese Wiederholung lebt, in der Erzählung zeichnet in erster Linie der Erzähler dafür verantwortlich. In diesen Zusammenhang gehört das Zitat vom Wesen des Lebens, das fortfährt:

> Denn das Wesen des Lebens ist Gegenwart, und nur mythischer Weise stellt sein Geheimnis sich in den Zeitformen der Vergangenheit und der Zukunft dar. Dies ist gleichsam des Lebens volkstümliche Art, sich zu offenbaren, während das Geheimnis den Eingeweihten gehört. Das Volk sei belehrt, daß die Seele wandere. Dem Wissenden ist bekannt, daß die Lehre nur das Kleid des Geheimnisses ist von der Allgegenwart der Seele, und daß ihr das ganze Leben gehört, wenn der Tod ihr Einzelgefängnis brach. (Jak 51)

Wichtiger als die Anspielung auf Schopenhauer[43] ist die Unterscheidung in Eingeweihte und Volk. Zwei Lesarten ergeben sich: einerseits werkimmanent

---

[43] Hierzu v.a. Dierks: Der „Eingeweihte" ist gewissermaßen der Schopenhauerianer, während mit „Volk" diejenigen gemeint sind, die, in der „Welt als Vorstellung" gefangen, das Geheimnis nicht erkennen, da sie nur in den Kategorien von Raum und Zeit denken können. (*Mythos und Psychologie*, S. 90ff)

die Trennung der Figuren bzw. Menschen in solche, die wie Joseph das Muster erkennen und es in ihrem eigenen Leben abzuwandeln wissen, und in solche, die weiter „in Spuren gehen“, ohne sich dessen bewusst zu werden. Der Eingeweihte besitzt die mythische Erkenntnis, d. h., er kann die zahlreichen Anspielungen und Bezüge erkennen und die Menschengeschichte in die Menschheitsgeschichte überführen. Die doppelte Optik kann auch rezeptionsästhetisch verstanden werden, es gibt verschiedene Arten, den Roman zu lesen und die werkinternen wie intertextuellen Zusammenhänge zu entschlüsseln oder auch stehen zu lassen. Interessant ist in diesem Zusammenhang der pluralis narrationis: Der Erzähler spricht immer unterschiedliche Gruppen an, abhängig von seiner jeweils akuten Erzählerrolle, von Perspektive und Erzählsituation ist einmal ein der Volksgruppe zugehöriger Leser, dann wieder der erkennende Leser gemeint. Auch hier wirkt die Destabilisierung des Erzählsystems: Wo ist „unser“ Standpunkt und was wissen „wir“?[44]

Multiple Fokalisierungen, verschiedene Erzählebenen und, zusammenhängend damit, Stimmwechsel zum einen, zum anderen die mannigfaltigen Rollen des Erzählers sorgen für ein vielseitiges Erzählpanorama. Es überwiegen die Passagen des kommentierenden, heterodiegetischen Erzählers mit Nullfokalisierung. Stellenweise tritt er hinter das Geschehen zurück und versucht sich zumindest in externer Fokalisierung, jedenfalls enthält er sich des Kommentars zugunsten des Erzählerberichts.

Seine Betrachtungen weisen den auktorialen Erzähler als den Erzähler mit Einblick in die höhere Wahrheit der mythischen Erkenntnis aus. Doch nicht nur dem Erzähler, sondern allen Figuren des Romans ist bis zu einem gewissen Grad mythische Erkenntnis zu eigen. Die unterschiedlichen Grade dieser Erkenntnis spiegeln unterschiedliche Entwicklungsstufen des mythischen Bewusstseins und stehen außerdem für unterschiedliche Entwicklungsstufen der Menschheit, was auch im Rollendasein[45] der Figuren seine Entsprechung

[44] Das „Eingeweihtsein“ kann auch in Bezug zur zentralen Technik des Romans, der hohen Parodie, gesetzt werden. Hat der Leser genug Vorwissen, so ist er in der Lage, die Verknüpfungen und Anspielungen, die über die Romanwelt selbst hinausgehen, zu verfolgen – ganz oder zumindest teilweise. Aber der Roman eignet sich ebenso für eine Lektüre, die nur die innerwerklichen Bezüge erkennt, wenn in diesem Falle auch eine Dimension fehlen mag. Das sich aufbauende und stetig erweiternde motivische Bezugssystem funktioniert auch im rein werkimmanenten Zusammenhang.

[45] Die Forschung konzentriert sich bei der Diskussion des Lebens nach einem festen Muster meist auf die anthropologische Entwicklung der Figuren, eine Übertragung des gestaltenden

findet. Im Verhältnis zwischen Erzähler und Erzähltem, Anschauendem und Angeschautem und des auktorialen Kommentars zu den Reflexionen der Figuren schlagen sich diese Zusammenhänge ebenfalls nieder.

Wie groß die Sonderrolle ist, die Joseph zufällt, wird weiter ersichtlich, betrachtet man ihn nicht nur in seiner Eigenschaft als Erzähler, sondern auch als Gestalter seiner Geschichte, als Dichter.

Der Dichter

Im Adonishain wird Joseph präsentiert als homodiegetischer, metadiegetischer Erzähler, der als Erzählender einer fremden Geschichte innerhalb der Basiserzählung kenntlich ist. Es wird deutlich, dass er eine genaue Kenntnis des Adonis-Kults und des Mythos besitzt. Die Kenntnis lässt auf Erkenntnis schließen: Joseph gehört zum Kreis der Eingeweihten.

Wie Benjamin hat der Leser keinen Einblick in das Innere Josephs und kommt so auch nicht hinter sein Geheimnis. Erst mit fortschreitender Handlung wird mehr Innensicht gewährt, nicht nur durch den (teilweise vom Erzähler zusätzlich kommentierten) Gedankenbericht, sondern auch durch interne Fokalisierung und erlebte und gesprochene Rede, die einiges über den Protagonisten und seine Entwicklung verraten. Unter diesem Aspekt sind die Josephsromane eine Art Bildungsroman. Zweimal wird Joseph „in die Grube" gestürzt, zweimal steigt er wieder hinauf und bekommt die Gelegenheit, die Fehler des alten Lebens im neuen zu vermeiden. Die mythischen Vorbilder (Tammuz/Adonai/Osiris), nach denen er lebt, bleiben auch in beiden „neuen" Leben gültig, Joseph aber ist nicht mehr nur auf diese Fremdmuster angewiesen. Mit dem Moment, in dem er aus der ersten „Grube", dem Brunnen, in den die Brüder ihn geworfen haben, gezogen wird, geht er in den Spuren seines eigenen Lebens, das er jedoch ebenso variiert, ausschmückt und abwandelt wie die mythischen Schemata. Joseph, der die mythische Erkenntnis besitzt, ist nicht nur der Erzähler schlechthin, er wird auch immer stärker zum bewussten Gestalter seiner Geschichte, die ihm, trotz einiger mythischer Erkenntnis, in seinem ersten Leben eher passierte.

Nachlebens auf die poetologische oder gar narratologische Ebene bleibt aus. Eine Ausnahme stellt die frühe Arbeit Hohmeyers dar, der die „Antithese von Mythos und Individualität (...) jedenfalls grundsätzlich in der gemischten Erzählsituation gespiegelt" findet. (*Erzählsituation*, S. 123). Allerdings geht auch Hohmeyer nur oberflächlich auf die personalen Erzähler ein, Josephs Eigenschaft als Dichter, der die Geschichte ausschmückt, wird lediglich gestreift.

Thomas Mann beschreibt diese Ausnahmeerscheinung im Vortrag *Joseph und seine Brüder* so:

> Da ist Einer, der Gott nicht entdeckt hat, aber der ihn zu behandeln weiß; Einer, der nicht nur der Held seiner Geschichten, sondern ihr Regisseur, ja ihr Dichter ist, und sie „schmückt"; Einer, der zwar auch noch teilhat am Kollektiv-Mythischen, aber auf eine witzig-vergeistigte und verspielte, zweckhaft-bewußte Art. (S. 197)

Nicht also nur Held, sondern auch Regisseur und Dichter: Das heißt, wie weiter ausgeführt wird, dass es Joseph obliegt, die Geschichte auszuschmücken. Diese Tätigkeit schließt die Erfindung bis zu einem gewissen Grade aus. Die Grundstruktur ist vorhanden und wird nicht erschaffen, Josephs Aufgabe ist die Abwandlung des Musters. Auch ein Regisseur ist (in der Regel) nicht der Erfinder eines Stückes, sondern sein Verwirklicher in der Gegenwart[46]. Darstellungsmedium ist der Schauspieler, eine andere wichtige Vokabel der Theaterterminologie, die ebenfalls auf Joseph angewendet wird. Nicht erfinden, sondern vergegenwärtigend ausschmücken ist auch die Aufgabe des Erzählers im „Fest der Erzählung". Das setzt ein zeitlich vorgängiges Ereignis voraus – die Geschichte im nichtfiktionalen Sinne, die der Erzähler als Chronist aufzuschreiben hat, bzw. werkimmanent die „sich-selbst-erzählende Geschichte".

Der Joseph des Adonishains ist zwar von seiner Erhöhung durch Gott überzeugt, aber noch nicht wirklich der Gestalter seiner Geschichte. Dem Joseph im Hause Potiphars und schließlich dem *Ernährer* ist es gewiss, dass er in einer Geschichte steckt, die er eigenverantwortlich gestalten muss. Vor dem Wiedersehen mit seinen Brüdern bespricht Joseph die Situation mit seinem Hausvogt Mai-Sachme. Seine Position ist eine zwiefache: Einerseits weiß er, dass er in einer Geschichte ist, andererseits aber ist ihm deren Ausgang, gemäß der besonderen Art des Erlebens der zelebrierten und gegenwärtigen Feststunde, nicht bekannt.

> „Das weiß der Mensch nicht im voraus, wie er sich halten soll in seiner Geschichte, sondern wenn's da ist, so zeigt es sich, und er wird sich bekannt. (...) Weiß ich's denn? Ich will ja dich um Rat und Beistand fragen, da ich nicht weiß, wo ich hin soll vor ihnen, – dich, meinen Haushalter, den ich in diese Geschichte hineinnahm, damit du mir von deiner Ruhe leihst in meiner Aufgeregtheit." (E 322f)

---

[46] Zumindest idealiter ist die Inszenierung eine Auseinandersetzung mit einem gegebenen Werk, das natürlich durchaus angereichert und ausgeschmückt werden kann.

Dieses Gespräch wiederholt sich ähnlich vor dem zweiten Wiedersehen mit den Brüdern, die mit Benjamin zurückkommen. In der erneuten Lagebesprechung überlegt Joseph, wie die Geschichte auszuschmücken sei:

> „Ach Mai, als ob ich's nicht alles längst bedacht und verordnet hätte und hätte beim Dichten irgend Sorgfalt gespart! Das wird sich abspielen, als ob's schon geschrieben stände und spielte sich eben nur ab nach der Schrift. Überraschungen gibt es da nicht, sondern nur die Ergriffenheit davon, das Gegenwart gewinnt das Vertraute." (E 374)

Die Figur selbst beschäftigt sich mit Überlegungen, die an anderen Stellen vom kommentierenden, heterodiegetischen Erzähler durchgespielt werden. Das Zitat macht die besondere Zwischenstellung Josephs auch auf Ebene des Erzählens kenntlich: Einerseits befindet er sich als Figur völlig im Seinsbereich, im Raum der Geschichte. Andererseits ist er ihr Gestalter, der Dichter mit Bewusstsein dafür, dass er in einer Geschichte lebt, und wie sie verläuft, das eigentlich nur einem außerhalb der Geschichte stehenden Erzähler, nicht aber dem homo- und intradiegetischen Erzähler mit interner Fokalisierung zukommt. Vor allem fällt die bis dahin für die Feststunde beschworene Unsicherheit bezüglich des Ausgangs fort, es gibt keine „Überraschungen" mehr. Spricht Joseph auch davon, dass es sich „abspielen" werde, „*als ob's* schon geschrieben stände" (meine Herv.), so ist die Anspielung auf die Tätigkeit des Erzählers, der ja nur wiedergibt und ausschmückt, was schon geschehen und in der „Überlieferung" festgehalten wurde, deutlich. Dass es auch für Joseph das Muster gibt, das es rein chronologisch ja gar nicht geben kann, aber eben Grundbedingung des Erzählens ist, drückt sich in dem Umstand aus, dass den Plänen bei der Beratung darüber, auf welche Weise mit den zurückkehrenden Brüdern zu verfahren sei, der Anschein eines Zitats, des Resultats einer wiederkehrenden Erinnerung an die schon einmal stattgefundenen Ereignisse gegeben wird: „Den Becher, wohl, wohl, den Becher", sagte Mai-Sachme mit Augen, als ob er sich zu erinnern suchte." (E 376). Gleichzeitig erfüllt sich in Mai-Sachmes „Erinnern" die Forderung nach Selbstbesinnung der Geschichte: Als Figur, also als Teil der Geschichte „erinnert" er sich, wie dies auch von der Geschichte selbst in dem Diktum behauptet bzw. gefordert wurde, dass sie „gleichsam Selbstbesinnung gewinnt und sich erinnert" (Ägy 165, s. o.). Dieses abstrakte Konstrukt wird so im Akt des Erzählens umgesetzt.

Joseph, Schauspieler, Regisseur und Dichter in einem, bewegt sich auf den verschiedenen Erzählebenen. Gerade noch Gestalter der Geschichte, der keine „Überraschungen" erwartet, ist er in Erwartung der wiederkehrenden Brüder nach dem Spiel mit dem vermeintlich gestohlenen, „weissagenden" Becher ganz in der Geschichte, d. h., er kann nicht wissen, ob die Brüder Benjamin begleiten oder diesen im Stich lassen. Als Dichter aber hat er vorher alle Voraussetzungen geschaffen, damit die Geschichte weitergeht. Dass er nicht im Einzelnen weiß, wie die Geschichte sich nun, in einer möglichen Abwandlung, entwickeln wird, entspricht dem Charakter der „Feststunde", der er sich, wie auch in seinen Grab- und Grubenmomenten, aber völlig bewusst ist. Wie die Frauen im Adonis-Kult geht er im Jetzt, im gegenwärtigen Geschehen auf. Er steht in diesem Moment nicht mehr, wie der heterodiegetische Erzähler, außerhalb des Raums der Geschichte, wodurch auch sein Verhalten geprägt ist: „Sein Benehmen erinnert uns sehr an das Herumrennen fertig maskierter Komödianten, bevor es angeht." (E 405). Das wenige Zeilen später konstatierte Lampenfieber ist ebenfalls ein Hinweis auf das Komödiantenhafte dieses Welttheaters.[47] Die Beschreibungen gehören wieder nicht nur in die Kommentarwelt des Erzählers, die Figur Joseph spricht es selbst aus, wenn er seiner Frau Asnath antwortet:

> „Ich habe andere Züge im Kopf als solche des Brettes und kann nicht den Zuschauer machen beim Zofentanz, sondern muß selber gaukeln und mich im Spiele regen, Zuschauer aber sind Gott und die Welt. Zurück muß ich, näher zum Saal des Empfanges, denn das ist der Schauplatz." (E 405)

Was aber wird ausgeschmückt bzw. wer ist der Urheber der Geschichten, die ausgeschmückt werden können, ihr Erfinder? Der Erzähler gibt einige Seiten später auch dazu einen Kommentar:

> Der Verfasser dieser Geschichte, unter welchem wir den zu begreifen haben, der alles Geschehen verfaßt, hat ihr viele Höhepunkte verliehen und hat heraus, wie man einen überhöht durch den anderen. (E 420)

Der Verfasser der Josephsromane ist natürlich Th. Mann. Diesen werkimmanenten Verweis auf den Verfasser jedoch auf eine Person völlig außerhalb des diegetischen Universums zu beziehen, ist zumindest problematisch. Die Person des Verfassers bleibt letztlich in der Schwebe, bieten sich auch einige Antworten an: Ist der Verfasser des biblischen „Urtextes" gemeint, oder ist der Verfasser allen Geschehens, wie der letzte Satz des Romans (schelmenhaft?) nahe legt, doch Gott selbst?

---

[47] Indem der Erzähler einige Zeilen später auch noch auf die Notwendigkeit von Komparsen hinweist, bedient er sich eines weiteren Begriffs aus der Welt des Performativen.

> Und so endigt die schöne Geschichte und Gotteserfindung von Joseph und seinen Brüdern. (Herv. im Original)

Eine Gotteserfindung – wieder ein Begriff mit Doppelsinn, einerseits wird damit die Erfindung durch Gott, andererseits die Erfindung Gottes durch Joseph bzw. den ganzen Abrahamstamm bezeichnet. Dass dies letztlich unentscheidbar ist, verdanken wir dem Phänomen der rollenden Sphäre: Hätte der Abrahamstamm Gott nicht hervorgedacht, ge- bzw. erfunden, könnte dieser nicht die Geschichte des Stammes Israel weissagen, könnte der Stamm die Geschichte nicht ausschmücken. Der Satz schließt sich direkt an einen Passus direkter Rede von Joseph an und wird damit von der Figurenrede abgesetzt. Diese Tatsache bekräftigt auch, dass Joseph als Erzähler nicht mit der übergeordneten Erzählinstanz zu verwechseln ist.

Das *Vorspiel in oberen Rängen*, mit dem der *Ernährer* beginnt, spielt ebenfalls mit dem Verfasserbegriff, indem die Wesensart Gottes und die des Erzählers analogisiert werden:

> Ein dringlich sorgendes Bemühen um die Feststellung der Natur Gottes war ihm [dem Stamme Israel] eingeboren: Von Anbeginn in ihm lebendig war der Keim der Einsicht in des Schöpfers Außerweltlichkeit, Allheit und Geistigkeit, also, daß er der Raum der Welt war, aber die Welt nicht sein Raum (ganz ähnlich wie der Erzähler der Raum der Geschichte ist, die Geschichte aber nicht seiner, was für ihn die Möglichkeit bedeutet, sie zu erörtern). (E 18)

Diese Außerweltlichkeit trifft auf verschiedene Figuren im Roman zu, wenn auch mit unterschiedlichen Implikationen: Potiphar steht außerhalb durch sein Eunuchentum, das ihn zeugungsunfähig macht, ebenso wie Gott selbst, der wohl schaffen, nicht aber zeugen kann, und auch die ihn umgebenden Wesen, die Engel. Josephs Außerweltlichkeit besteht darin, fähig zu sein, als Erzähler aus seiner eigenen Metadiegese herauszutreten – und in letzter Instanz ist auch er unfruchtbar, wenn auch nicht zeugungsunfähig: Durch den Segen der „absprechenden Liebe", den er von Jaakob erhält. Joseph wird nicht zu einem der Stammesväter, da seine Söhne Manasse und Ephraim von Jaakob für den Stamm Israel akquiriert werden, er bleibt ohne Nachkommen.[48] Die Suche nach der realen oder fiktiven Person des Verfassers – und

[48] Josephs Segen, eigentlich ein doppelter, von oben und von unten, also geistlich und weltlich, wird zuletzt als „weltlicher Segen" bestimmt. Bei allem Gottesverstand ist Joseph nicht der Richtige auf dem religiös-geistigen Weg des Stammes Israel. Dies ist eigentlich ein Wider-

Joseph kann es nicht sein – hinter dem Erzähler führt am Ende ins Leere. Erneut ist festzuhalten, dass die Anspielungen auf eine höhere Instanz als die des Erzählers, der nicht voll vertrauenswürdig ist, in erster Linie der Sensibilisierung des Lesers für die Mechanismen des Erzählens dienen.

Das Changieren zwischen Innen und Außen der Geschichte beschreibt Joseph selbst in seiner Schlussansprache an die Brüder so:

> „(...) so scheint's, daß ihr die ganze Geschichte nicht recht verstanden habt, in der wir sind. Ich schelte euch nicht darum. Man kann sehr wohl in einer Geschichte sein, ohne sie zu verstehen. Vielleicht soll es so sein und es war sträflich, daß ich immer viel zu gut wußte, was da gespielt wurde. Habt ihr das nicht gehört aus des Vaters Munde, als er mir meinen Segen gab, daß es mit mir nur ein Spiel gewesen sei und Anklang?" (E 550)

Joseph ist klar, *was* gespielt wurde, was voraussetzt, *dass* gespielt wurde. Dessen ist er sich stärker bewusst als jede andere Figur. Außer ihm ist es allein Mai-Sachme, der im Dienst Josephs sein schon vorhandenes Gespür für die Zusammenhänge weiterentwickelt.

In Joseph ist das mythische Bewusstsein voll ausgebildet. Er ist die Personifikation des Erzählers, gleichzeitig aber auch Figur in der Diegese, im Raum der Erzählung, also Teil der Geschichte. Somit ist er narratologisch der Mittler zwischen den Sphären, wie er es als (Hermes-)Figur auch in seinen Handlungen und entsprechend dem doppelten Segen in der Geschichte ist. Sein Erzählertum wird sowohl vom heterodiegetischen Erzähler als auch von ihm selbst reflektiert und kommentiert. Joseph besitzt, was nach Th. Mann die Besonderheit des Erzählers ist: mythische Erkenntnis als Einsicht in die Schemata und Bewusstsein für Geschehen und Geschichte. Gleichzeitig aber ist er die lebendige, „quellende" Geschichte selbst.

Die sich-selbst-erzählende Geschichte

An dieser Stelle ist noch einmal zurückzukommen auf das Konstrukt der „sich-selbst-erzählenden Geschichte", die sich zudem selbst „erörtert". Wie die „rollende Sphäre" und das „Fest der Erzählung" gehört das „geschehende

---

spruch, werden mit der Außerweltlichkeit gerade auch die Motive der Vatergeistigkeit, des Bewusstseins und der Gottessorge verbunden, genau die Ideen also, die dem Heilsweg des Stammes Israel zugrunde liegen. An späterer Stelle wird darauf zurückzukommen sein.

Sich-selbst-Erzählen der Geschichte" (E 489) zu den festen Koordinaten im System der Josephsromane. Es steht für die „Urform" (ebenda) der Geschichte, zunächst also für ein mythisches Ursprungsgeschehen der (fiktiven) Wirklichkeit.

In seiner Eigenschaft als „fundierende Geschichte" (Assmann) ist der Mythos die Erzählung eines Ursprungsgeschehens, auf das nur noch in der Erzählung zugegriffen werden kann.[49] Für die Josephsgeschichte ist diese Erzählung in erster Potenz der Bibeltext, der „Urtext", auf den in zweiter Potenz die Folge-Erzählung *Joseph und seine Brüder* zugreift. Diese basiert nicht auf einem (entzogenen) Ereignis der lebenswirklichen Realität, sondern selbst schon auf Erzählung. Allerdings steht der „Urtext" ein für das Geschehen einer (fiktiven) Wirklichkeit: Durch das Rekurrieren auf einen früheren Text ist zumindest die Chronologie Geschichte – Narration – Erzählung, die nicht-fiktionale Texte ausmacht, eingelöst. Zudem verschwimmen die Grenzen zwischen „Urtext" und „Leben":

> Das Bild, das man sich danach von Josephs Herrin zu machen gezwungen (...) ist so irrtümlich, daß man sich, indem man es auf dem Wege der Treulichkeit richtig stellt, ein wahres Verdienst um den Urtext erwirbt – verstehe man unter diesem nun das Erstgeschriebene oder, richtiger, das sich selbst erzählende Leben. (Ägy 340)

Der „Urtext" kann gefasst werden als die erstgeschriebene Überlieferung sowie als das Leben selbst. Das Ursprungsgeschehen, ohnehin innerhalb des fiktionalen Rahmens immer eine Annahme[50], selbst dann, wenn es auf einem Ereignis der lebensweltlichen Realität gründet, wird zum Text. Wieder hat man es mit einer Ausformung der „rollenden Sphäre" zu tun. Einerseits verweist der Erzähler explizit auf ein tatsächliches Ereignis als Urgrund der Erzählung, andererseits auf die biblische Überlieferung dieses Ereignisses.

Und schließlich wird das reale Geschehen seiner Ereignishaftigkeit entkleidet. Durch das Konstrukt der „sich selbst erzählenden Geschichte" wird

---

[49] Vgl. Assmann: „Thomas Mann personifiziert seinen Zugriff [den fiktionalen Zugriff auf das Entzogene, also Bibelgeschehen/Mythos] in der Gestalt des auktorialen Erzählers, der durch seine unverkennbaren Ironiesignale die fiktional übersprungene Distanz andeutet." (*Ägypten*, S. 23)

[50] Auch die fiktive bzw. fiktionale Wirklichkeit kann nur auf der Folie lebensweltlicher Realität existieren, im Fiktionalen werden reale Elemente in neue Zusammenhänge gesetzt und so zu einer zweiten Wirklichkeit. Der Leser erkennt innerhalb einer Romanwelt deren Gesetze an, die dort präsentierte Wirklichkeit wird als solche nicht angezweifelt. Erst wenn diese Wirklichkeit innerhalb der Erzählwelt reflektiert und in Frage gestellt wird, stellt sich die Unsicherheit des instabilen Erzählsystems her, mit der der Leser umzugehen hat.

es in ein narratives Phänomen überführt und im Akt des Erzählens poetologisch-narratologisch aufgehoben. Die Urform der Geschichte ist bereits Erzählung, kein Ereignis, und statt eines lebensweltlichen Urgrundes gäbe es nur epische Realität bzw. poetisches Leben. Noch einmal möchte ich zurückkommen auf den Reflexionsblock aus *Joseph in Ägypten*:

> Bevor man sie [die Geschichte] erzählen konnte, geschah sie; sie quoll aus dem Born, aus dem alles Geschehen quillt, und erzählte geschehend sich selbst. (Ägy 164)

Der Ausdruck „erzählte geschehend sich selbst" ist doppeldeutig: Einerseits „geschieht" das Leben, andererseits ist dieses Sich-Ereignen ein Akt der Erzählung.

Die „Urform" ist die „sich selbst erzählende Geschichte" als Geschehen der lebenswirklichen Realität, mit anderen Worten: das Leben. Dies wird bekräftigt durch die Übertragung des „Wesens des Lebens", nämlich Gegenwart, auf die sich-selbst-erzählende Geschichte. Der strukturelle Unterschied zum wiederholenden, *ver*gegenwärtigenden Akt durch den Erzähler besteht darin, dass das Urgeschehen nicht ein Anderes vergegenwärtigt, sondern die Gegenwart selbst in sich trägt.

Das Leben hat mit der ersten Erzählung, dem Bibeltext, gemeinsam, dass es das Geschehen nicht erörtert. Der Bibeltext überliefert zudem nur die mehr oder minder harten Fakten, ohne Kommentar, womit noch unterstrichen wird, dass er, wie das Leben, nicht Medium des reflektierenden Bewusstseins ist. Zu Beginn des sechsten *Hauptstücks* von *Joseph in Ägypten,* eingebettet in die Psychologisierung der tragischen Liebe Muts zu Joseph, wird die „Kargheit" des Bibeltextes kritisiert, ebenso aber auf die Besonderheit des erörternden „Kommentars", wie die eigene Erzählung genannt wird, hingewiesen:

> Offen gestanden erschrecken wir vor der abkürzenden Kargheit einer Berichterstattung [durch den Bibeltext], welche der bitteren Minuziosität des Lebens so wenig gerecht wird wie die unserer Unterlage, und haben selten lebhafter das Unrecht empfunden, welches Abstutzung und Lakonismus der Wahrheit zufügen, als an dieser Stelle. (...) Seit wann aber, darf man fragen, nimmt ein Kommentar den Wettstreit mit seinem Texte auf? Und dann: kommt nicht der Erörterung des ‚Wie' soviel Lebenswürde und -wichtigkeit zu wie der Überlieferung des ‚Daß'? Ja, erfüllt sich das Leben nicht recht erst im ‚Wie'? Es ist daran zu erinnern, was schon früher bedacht wurde, daß, bevor die Geschichte erstmals erzählt wurde, sie sich selber erzählt hat – und zwar mit einer Genauigkeit, deren allein das Leben Meister ist und die zu erreichen für den Erzähler gar keine Hoffnung und Aussicht besteht. Nur ihr sich anzunähern vermag er, indem er dem Wie des Lebens treulicher dient, als der Lapidargeist des Daß zu tun sich herbeiließ. (Ägy 339f)

Wie bereits angedeutet fallen Leben und Erzählung nicht in eins, das gilt sowohl für die Erzählung erster Potenz, den Urtext, als auch die Neuerzählung. Leben und Urtext aber stehen beide auf einer vorbewussten Stufe. „Selbstbesinnung" findet nicht statt, die erst durch den Akt des Erzählens durch den Erzähler mit mythischer Erkenntnis gewonnen werden kann.

Wird dem (fiktiv-)realen Geschehen seine tatsächliche Ereignishaftigkeit (das Leben) entzogen, indem es zur sich-selbst-erzählenden Geschichte, also zu einer Erzählung wird, so gewinnt die von einem Erzähler erzählte Geschichte eine sie dem Leben gleichsetzende Qualität, da sie erstens das ‚Wie' berücksichtigt und zweitens das Geschehen wieder in die Gegenwart holt. Die Erzählung wird regelrecht zum Wirklichkeitssubstitut. Außerdem kommt sie im Akt des Erzählens zur Selbstbesinnung. Erzählen spielt sich also ab zwischen den beiden Polen „Erzähler erzählt Geschichte" und „Geschichte erzählt sich selbst."[51]

Erzähltheoretisch wäre man an der Unterscheidung zweier Erzählsituationen angelangt: auf der einen Seite die Beherrschung der Geschichte durch einen auktorialen Erzähler, auf der anderen sein Zurücktreten hinter die Geschichte und das Vorherrschen externer[52] oder auch interner Fokalisierung.

Die sich-selbst-erzählende Geschichte, im Unterschied zu der von einem Erzähler erzählten Geschichte, ist unreflektiert in sich befangen, es fehlt in diesem sozusagen „unbewussten Erzählstadium" der Blick von außen, aus der Distanz, die geistige Durchdringung ihrer Bedeutung, kurz die mythische Erkenntnis als Einblick in die höhere Wahrheit des Individuellen und dessen Bezug zum Typisch-Mythischen. Dies ist dem geistgezeugten Wort im Akt der Erzählung vorbehalten. Die Narration kommt einem Schöpfungsakt gleich, der eben nicht in der Selbstbezüglichkeit befangen bleibt. Fiktiv operiert der Erzähler mit einem vorgängigen Ereignis, er ist sich seiner selbst sowie der Geschichte und ihrer mythischen Bedeutung bewusst und leistet die Übertragung des Individuellen auf das Typische, auf das Schema des Mythos – eine Übertragungsleistung, zu der die sich-selbst-erzählende Geschichte

[51] Erneut sei darauf hingewiesen, dass diese Unterscheidung nur werkimmanent gilt und zwar einen wichtigen Eckpfeiler des geistig-konzeptionellen Grundgerüsts bildet, das narratologisch-poetologisch zu deuten ist. Erzähltheoretisch aber existiert die sich-selbst-erzählende Geschichte nicht, es gibt immer einen Erzähler, tritt er auch auf in den unterschiedlichsten Inszenierungen.

[52] Genette restituiert mit seiner externen Fokalisierung die von Stanzel ursprünglich eingeführte, dann wieder aufgegebene neutrale Erzählsituation (*Erzählung*, S. 136/242, zu Stanzel ausdrücklich das Kapitel Erzählsituationen, S. 269–278).

nicht fähig ist. „Selbstbesinnung" der Geschichte ereignet sich im Akt des Erzählens durch den kommentierenden Erzähler, und dies sowohl auf der Ebene des extra- und heterodiegetischen Erzählers der Basiserzählung als auch auf metadiegetischer Ebene, wenn Joseph der Erzähler ins Spiel kommt.

Erzähler und Geschichte sind zwei sich gegenüberstehende Prinzipien. Der Erzähler in all seinen Erzählsituationen wird inszeniert als ausführendes Organ, selbst abhängig von der Eigendynamik der Erzählung. Ein Paradox, da diese Eigendynamik nur in den Reflexionen des erörternden, also präsenten und starken Erzählers fassbar ist, wie in folgender Stelle:

> Mit Erstaunen bemerken wir, daß diese Geschichte sich gegen ihr Ende neigt, – wer hätte gedacht, daß sie je ausgeschöpft sein und ein Ende nehmen werde? Aber ein Ende nimmt sie im Grunde ja auch so wenig, wie sie eigentlich je einen Anfang nahm, so muß sie sich irgend einmal entschuldigen und die kündenden Lippen schließen. Einen Schluß, vernünftiger Weise, muß sie sich setzen, da sie kein Ende hat; denn zu schließen ist ein Vernunft-Akt angesichts des Unendlichen (...). (E 479)

Demnach hat also die Geschichte die Kraft, selbst ihren narrativen Diskurs zu führen, ein Konstrukt, das wieder zurückführt auf die sich-selbst-erzählende Geschichte. Dabei hat sie nun, gegen Ende, aber auch die Fähigkeit, einen „Vernunft-Akt" durchzuführen: Die Geschichte gewinnt scheinbar auch unabhängig vom reflektierenden Erzähler Selbstbesinnung.

In dieser narrativen Konstruktion sind die wiederkehrenden Motive in ihrer Eigenschaft als symbolisches Transportmittel denotierter und konnotierter Inhalte ein wichtiges Element. Die Motive prägen die formale Struktur und bilden *als* Struktur die narratologisch und mythenpoetisch zu lesende Konzeption um das „Fest der Erzählung", das mythische Bewusstsein und die sich-selbst-erzählende Geschichte ab.

Motivstrukturen im *Joseph*

Für die Analyse des motivischen Verfahrens in den Josephsromanen ist zu klären, was im Roman unter ‚Motiv' zu verstehen ist. Heftrich bedient sich des Begriffes „Leitmotiv" und spricht von einer „musikanalogen Leitmotivtechnik". Er beruft sich nicht nur auf die zahlreichen diesbezüglichen Äußerungen Th. Manns, sondern sieht auch, dass der „Versuch eines dem *Ring* entsprechenden Wort-Verfahrens (...) zu einem differenzierten System von Abwandlungen, Umkehrungen, Korrespondenzen, Resümees und Nachklängen" führe (*Taten,* S. 99). Zu diesem (leit)motivischen Verfahren zählt Heftrich vor allem wörtliche Wiederholungen, denen zunächst eine retardierende Funktion zukäme (ebenda). Dabei muss sich der Leser gewissermaßen eingelesen haben, eine Rezeptionsleistung, die nicht zu unterschätzen ist, sowohl was die Funktionsweise der Motive, als auch die inhaltlichen, werkimmanenten wie intertextuellen Bezüge anbelangt. Zur motivischen Arbeit führt Heftrich weiter aus:

> Die wörtliche Formelhaftigkeit kommt sowohl im Großzitat eines Grundthemas oder Leitmotivs vor – um mit den bekanntesten Ausdrücken der Wagner-Literatur zu sprechen, wie auch beim minimalen Element, dem charakteristischen Kleinmotiv (*Taten,* S. 100).

Ist dieser Einschätzung im Ganzen auch zuzustimmen, so erscheint die Anwendung des Begriffs ‚Leitmotiv' für das Romanwerk doch nicht völlig adäquat. Seine auf motivische Bezüge gestützte Erzählweise – das hat Th. Mann immer betont – hat zwar die leitmotivische Technik Wagners zum direkten Vorbild, ist aber gleichwohl – und auch das war ihm bewusst – ein Mittel der Literatur[53]. Nun ist der Begriff ‚Leitmotiv', hat er sich auch durchgesetzt, schon diskussionsbedürftig, wendet man ihn auf das Werk Wagners an (s. o.). Er ist es erst recht, wenn damit auch die musikanaloge Übertragung auf ein reines Sprachwerk bezeichnet wird: Basiert das „Beziehungsgeflecht" des Romans auch auf einer Motivstruktur, die der leitmotivischen Struktur in erster Linie des *Rings des Nibelungen* verpflichtet ist, so werden die Differenzen zwischen der Funktionsweise in Musikdrama und Roman durch den Gebrauch desselben Ausdrucks überdeckt. Um die Trennung klar beizubehalten, soll der Begriff ‚Leitmotiv' hier auf das Musikdrama beschränkt bleiben, während für die Literatur die Bezeichnung ‚Motiv' bzw. ‚Motivstruktur'

[53] Vgl. die in der Einleitung beispielhaft zitierte Bemerkung aus der *Einführung in den Zauberberg* von 1939.

gewählt wird. Damit ist in erster Linie das Motiv als eine feste formale Einheit gemeint, die sich durch Wiederholung konstituiert und die werkimmanent inhaltliche Beziehungen herstellt. Die Bedeutung im Sinne einer allgemeinen literarischen Motivgeschichte bleibt dabei ausgeklammert. Entscheidend ist nicht nur das Aufnehmen einzelner Inhalte und das Spiel mit einzelnen ‚Motiven', sondern die Strategie des eigentlichen und uneigentlichen Erzählens, das auch im *Ring* zu beobachtet ist,[54] und zwar nicht nur durch die Möglichkeiten des reflektierenden, kommentierenden Erzählers, sondern ebenso durch die motivischen Strukturen, die dem ‚eigentlichen' Wortsinn immer noch einen ‚uneigentlichen' unterlegen.

Mittelbare Unmittelbarkeit

Die Wiederholungsstruktur, die Grundbedingung ihrer Funktionsweise, macht die Motive zum geeigneten Instrument der Vergegenwärtigung, die für die Erzählstrategien im *Joseph* eine ebenso wichtige Kategorie wie für die des *Rings* darstellt. Als Mittel der Vergegenwärtigung sind die Motive auch das Mittel der Verlebendigung, denn: „das Wesen des Lebens ist Gegenwart". Durch die Motivstrukturen erlangt die Geschichte im Fest der Erzählung „lebendige Gegenwart".

Wie für den *Ring* gilt, dass durch die Vergegenwärtigung nicht nur Präsenz beschworen, sondern auch das Bewusstsein für das Vergangene und, in geringerem Maße, das Zukünftige verstärkt wird, sowohl in den Reflexionen des Erzählers als auch im Bewusstsein der Figuren[55]: Das mythische In-Spu-

---

[54] Børge Kristiansen weist in seiner Schopenhauerstudie überzeugend auf die Eigenschaft des motivischen Gewebes hin, eine andere Ebene mit ins Spiel zu bringen. Allerdings ist mit Wolfgang Schneider (*Lebensfreundlichkeit und Pessimismus*) festzustellen, dass die Werke Th. Manns, vor allem sein *Joseph*, nicht nur vor dem Hintergrund einer tief pessimistischen Schopenhauerrezeption zu lesen sind.

[55] Hierzu auch Vaget, der in *Seelenzauber* einen kurzen Überblick über die Funktionsweise der Leitmotive bei Wagner gibt und, gestützt auf Dahlhaus, ihre v. a. für den *Ring* geltende Funktion, „Zeit bewußt zu machen", herausstellt (107). Überzeugend führt er aus, dass bei Wagner und auch bei Th. Mann die Zeiterfahrung, die Prozesshaftigkeit des Geschehens, nicht nur innerwerklich von den Figuren (von denjenigen, die überhaupt „verstehen"), sondern auch vom Rezipienten gemacht wird und werden soll. Vaget konzentriert sich auf *Buddenbrooks*, an deren Beispiel er einige Strukturgemeinsamkeiten und inhaltliche Bezüge zwischen dem literarischen Werk Th. Manns und dem musikdramatischen Wagners herausarbeitet, um es in seine „Mentalitätsgeschichte" einzubetten.

ren-Gehen, das grundlegende Organisationsprinzip des Lebens, ist ein Leben mit dem Vergangenen, wird dieses Vergangene nun variiert und umgestaltet oder bleibt es unantastbares Schema. Dieses Lebensprinzip scheint durch die Motivstrukturen, denen Wiederholung und Differenz immanent sind, in der Erzählstruktur auf.[56]

Die für den *Ring* konstatierte dynamische Bedeutungsanreicherung gehört auch im *Joseph* zu den grundlegenden Funktionsweisen der Motive. In ihr spiegelt sich die Abwandlung der mythischen Muster und des wiederholten Schemas wider. Der Bedeutungszuwachs und die Variation sind außerdem als konkrete Ausformungen der Idee des Fortschritts, der gleichzeitig das Alte bewahrt, zu begreifen, eine wichtige Komponente des Humanitätsgedankens und Lieblingsidee auch der Figur Joseph.

Vom Erzähler werden Motive im Erzählerbericht wie in den Reflexionspassagen explizit eingesetzt und häufig noch erläutert als besondere Ausdrücke und Begriffe mit bestimmten Bedeutungen, die sie auch für die Figuren besitzen. Von der Erläuterung losgelöst, funktionieren sie aber auch als eigenständiger Kommentar zum Geschehen, analog zum direkten Kommentar des Erzählers.

Wie die Analyse von Wagners theoretischer Abhandlung und der musikalischen Praxis gezeigt hat, steht das Leitmotiv im Spannungsverhältnis von Mittelbarkeit und Unmittelbarkeit, mithin seiner Funktion als (reflektierender) Kommentar und als „Gefühlswegweiser". Dieses Verhältnis ist gleichermaßen für die motivischen Strukturen im *Joseph* konstitutiv, wobei hier auch auf die werkimmanenten Reflexionen zurückgegriffen werden kann. Die Doppelstruktur wird vom Erzähler wie von den Figuren an Gedanken zu Wahrheit und Wirklichkeit und, damit verbunden, den Unterschied zwi-

[56] Vgl. Pütz, *Ästhetische Wiederholung*: Wiederholung kann nie identisch sein; selbst, wenn sich ein Ereignis haarklein wiederholen könnte, so wäre da immer noch die neue raum-zeitliche Koordinate. Die Differenz bleibt immer, Wiederholung als ästhetisches Prinzip also besteht im Wechselspiel von Repetition und Variation (37): Wiederholung „ist nicht denkbar ohne Neuerung, von der geringfügigsten Verschiebung bis zum Gegenentwurf" (86). Dies sei nicht zu verstehen als ein dialektischer Entwurf im Sinne idealischer Aufhebung, sondern vielmehr als Verflüssigung: Im Roman seien alle Formen von Grenzüberschreitung, Gleiten und der Begründungsstrategie des „einerseits – andererseits" zu beobachten (ebenda). Diese Art der Argumentation, z. B. vom Erzähler vorgeführt, der ältere Ereignisse aufruft, diese mit den neuen vergleicht und weitschweifige Verbindungen herstellt, bildet die wechselseitige Durchdringung der beiden Hauptprinzipien „Geist" und „Seele" ab, personifiziert in der Hauptfigur Joseph.

schen Wort und ‚Zeichen' gekoppelt.[57] In *Der Junge Joseph* überlegen die zehn Brüder nach dem Verkauf Josephs an die Ismaeliter, ob Jaakob der „Tod" seines Lieblingssohnes besser mit Wort oder mit ‚Zeichen' zu überbringen sei. Der Erzähler bemerkt dazu:

> Ist Zeichen milder denn Wort? Das ist sehr strittig. (…) Das Wort kann er [der Empfänger einer Nachricht] aus aller Kraft seiner Unwissenheit in den Wind schlagen, es als Lüge und greuliche Faselei unter die Füße treten (…) ehe sein Recht aufs obere Licht dem Ärmsten dämmert. Das Wort dringt nur langsam ein; vor allem einmal ist es unverständlich, sein Sinn nicht zu fassen, nicht zu verwirklichen; (…) Einen solchen verzögernden Kampf gegen die Wahrheit gestattet das Wort. Aber nichts dergleichen ist möglich bei Einsetzung des Zeichens. Seine gesammelte Grausamkeit gestattet keinerlei aufschiebbare Fiktion. Es ist unmißverständlich und braucht nicht verwirklicht zu werden, da es wirklich ist. Es ist greifbar und verschmäht die schonende Eigenschaft, unbegreiflich zu sein. (…) Mittelbarkeit und Unmittelbarkeit verschränken sich im Wort und im Zeichen auf verschiedene Weise, und unentschieden möge es bleiben, welchem die brutalere Unmittelbarkeit zukommt. Das Zeichen ist stumm – aber nur aus dem unmilden Grunde, weil es die Sache selbst ist und nicht zu reden braucht, um ‚begriffen' zu werden. (JJ 245)

Für ‚Zeichen' und Wort gelten demnach verschiedene Arten der Bezugnahme: Das ‚Zeichen' sei „stumm" und brauche nicht zu „reden", weil es „die Sache selbst" sei. Weiter sei es kein Mittel der Fiktion, sondern, im Gegensatz zum Wort, unmissverständlich und „wirklich". Das (gesprochene) Wort hingegen, nicht stumm, sondern redend, muss erst entschlüsselt, sein „Sinn" begriffen, das heißt hier auch „verwirklicht" werden.

Das blutige, zerrissene Schleiergewand Josephs, das Jaakob überbracht werden soll, ist nicht wirklich die Sache selbst, besitzt aber immerhin Eigenschaften, die der Sachlage entsprechen (Blut, zerrissener Stoff) bzw. ist ein Teil des Ganzen. Wie das ‚Zeichen' zum Signifikanten wird, kann mit dem Begriff der Metonymie gefasst werden.[58] Und im Rückgriff auf die bereits besprochene Bezugnahmeweise der Exemplifikation: Das ‚Zeichen' weist bestimmte Eigenschaften vor, die es besitzt. Was in der obigen Passage nicht

---

[57] Der hier diskutierte Begriff des „Zeichens" ist werkimmanent und nicht im Sinne der Zeichentheorie zu verstehen, mit deren Hilfe er jedoch beschrieben werden kann. Zu Zwecken der Abgrenzung zum semiotischen Zeichenbegriff steht das ‚Zeichen', wie es im Roman diskutiert wird, in einfacher Anführung.

[58] Wie Eco sie beschreibt: „Ein Teil des Referens wird semiotisiert und willkürlich symbolisch gemacht für den ganzen Komplex, auf den er sich bezieht" (*Semiotik*, S. 83).

weiter reflektiert wird, ist die Tatsache, dass neben der Exemplifikation auch die Denotation eine Rolle spielt: Der Verweis auf eine Katastrophe, das „Zerreißen“ Josephs und seinen Tod. Der werkimmanente Hinweis auf das Vorweisen des Zeichens ist jedoch nicht unerheblich für die Untersuchung der Funktionsweise sowohl der Motivstrukturen insgesamt als auch der einzelnen Motive als Zeichen im zeichentheoretischen Sinn.

Die Unmissverständlichkeit, die dem ‚Zeichen‘ gegenüber dem Wort eingeräumt wird, ist allerdings eine Chimäre: Zwar entspricht der zerrissene Schleier auf gewisse Weise symbolisch dem Tathergang, doch es wurde ja nicht Joseph selbst zerrissen, wie auch das Blut nicht sein Blut ist, sondern das eines geschlachteten Lammes. An Josephs statt – er wird „lediglich“ übel zugerichtet – wird der Stoff zerrissen, und das „Blut des Tieres steht für das des Menschen ein.“[59] Josephs Tod ist reine Fiktion, und doch lügt das Zeichen selbst nicht: Seine Eigenschaften werden vom Empfänger nur in dem Sinne gedeutet, dass Joseph tot sein muss. Die Gegenüberstellung von Wort und ‚Zeichen‘ geht nicht völlig auf, wendet man die Kategorie von Missverständlichkeit und Unmissverständlichkeit an. Es läge nahe, wieder eine ironische Brechung durch den Erzähler zu vermuten. Der Widerspruch löst sich teilweise auf, wenn die Kategorien Mittelbarkeit und Unmittelbarkeit als Hauptunterscheidung herangezogen werden: Dem ‚Zeichen‘, das Teil der Sache selbst ist, kann eine größere Unmittelbarkeit zugeschrieben werden, das Wort ist mittelbar.

Ein Blick auf andere Diskussionen des Erzählers und der Figuren im Roman (v. a. Mai-Sachmes und Josephs) bezüglich der sprachlichen Ausdrucksweise und der Wirklichkeit mag weiterhelfen.

Im Ernährer fabuliert Mai-Sachme, noch Gefängnisvorsteher und später Hausvogt Josephs, über das Problem des Verständnisses einer metaphorischen Ausdrucksweise:

---

[59] Das „Urgeschehen“ hierfür ist das „verwehrte Opfer“ Isaac; statt zuzulassen, dass Abraham wirklich seinen Sohn tötet, sendet Gott den Widder, anstelle des Menschenopfers tritt das Tieropfer. Diese Geschichte ist ein Gegenstand der Gespräche zwischen Joseph und Jaakob, wobei Jaakob, dem träumte, Gott habe von ihm die Opferung Josephs verlangt, zugibt, dass er nicht in der Lage gewesen wäre, so weit wie Abraham zu gehen. Die Passage macht deutlich, dass Jaakob noch nicht so weit ist, die Kenntnis der Muster auszunutzen und mit ihnen zu spielen. Im Traum wusste er nicht, dass Gott den Widder schicken würde, er geht ganz in der Feststunde auf, während Joseph lachend darauf hinweist, seit dem „Urgeschehen“ gälte doch das Blut des Tieres für das des Menschen. Josephs erster Grubensturz ist also eine Variante des einmal gegründeten Musters.

> „Sie [die einfachen Leute im Gefängnis] nehmen alles wörtlich, das ist ihre Art, und halten sich an die Redensart, wie die Kinder. Heißt es von einem, daß man ihn ins Gefängnis legt, da des Königs Gefangenen innen liegen, so glauben sie fest, er plumpse wirklich in ein Loch (…).
> Solche Verwechslung von Ausdrucksweise und Wirklichkeit ist meiner Wahrnehmung nach ein Hauptmerkmal der Unbildung und des Tiefstandes. (…) Unleugbar ist eine gewisse Poesie bei diesem Wörtlich-Nehmen der Rede, die Poesie der Einfalt und des Märchens. Es gibt, soviel ich sehe, zwei Arten von Poesie: eine aus Volkseinfalt und eine aus dem Geist der Schreibkunst. Diese ist unzweifelhaft die höhere, aber es ist meine Meinung, daß sie nicht ohne freundlichen Zusammenhang mit jener bestehen kann und sie als Fruchtboden braucht (…).“ (E 39f)

Ist das ‚Zeichen', wie in der vorherigen Passage ausgeführt, relativ eindeutig, so wird dem die Uneindeutigkeit des Wortes gegenübergestellt: Das Wort kann, eben weil es nicht die Sache selbst, also der Bezug rein arbiträr ist, sowohl „wörtlich“, als auch metaphorisch verstanden werden. Dieser Unterschied wird jedoch nicht immer gemacht, besonders die einfachen Leute[60] sind empfänglich für die „buchstäbliche“, man kann sagen direkte denotative Bezugnahme eines Ausdrucks[61], auch wenn er metaphorisch gebraucht wird – die Quelle von Missverständnis und Täuschung.

Doch auch das ‚Zeichen' ist, wie oben gesehen, nicht eindeutig, die Festlegung metaphorischer und denotativer Bedeutung ist also zumindest problematisch. Die Destabilisierung des Erzählsystems wird übertragen und setzt sich fort in der Sensibilisierung des Lesers gegenüber der Bedeutung und dem Wahrheitsgehalt von Signifikanten. Er wird angehalten, nicht nur nach der Denotation, sondern auch nach der Konnotation zu fragen, eine Lesart, die bei der Decodierung der motivischen Strukturen von Bedeutung ist. Die Frage ist, wie die deutliche Skepsis gegenüber dem „missverständlichen“ Wort, das als Gegensatz zum ‚Zeichen' gesehen und dem die Fähigkeit zur Darstellung von Fiktion zugeschrieben wird, hinsichtlich der Motivstruktur im reinen Sprachwerk zu lesen ist. Die Substanz der Motive ist das Wort, gleichzeitig aber sind sie eine besondere Art von Zeichen, sowohl im Sinn der innerwerklichen Theorie als auch zeichentheoretischer Überlegungen.

---

[60] Dies führt zurück auf die Differenzierung von „Volk“ und „Eingeweihten“, die unterschiedlichen Zugang zum Mythischen haben. Ebenso ist es nur dem „Eingeweihten“ gegeben, Signifikanten und damit auch die motivischen Strukturen wirklich zu verstehen.

[61] Unter Denotation ist, wieder nach Eco, die „unmittelbare Bezugnahme (…), die der Code dem Ausdruck in einer bestimmten Kultur zuschreibt. (…) Das isolierte Lexem denotiert eine Position im semantischen Feld. (*Semiotik*, S. 102f, vgl. auch die Ausführungen zu Code und Idiolekt).

Die Arbitrarität des Wortes, die das Wort dazu zu prädestinieren scheint, auch Mittel der Lüge und Täuschung zu sein, verbindet sich in den Motiven mit der Eigenschaft des ‚Zeichens', unmittelbares Verstehen zu generieren und für den Wahrheits- und Wirklichkeitsgehalt zu bürgen. So kann das Motiv für das ‚Eigentliche' stehen, für eine Wahrheit, die im Metaphorisch-Konnotativen liegt und die nur von den „Eingeweihten", nicht vom „Volk" verstanden werden kann.

Dass sich in den Motiven das Unmittelbare mit dem Mittelbaren verschränkt, ließ sich bereits für die Leitmotive im *Ring* konstatieren. Auch im Sprachwerk generieren die Motive durch ihre Zeichenstruktur sowohl mittelbar als auch unmittelbar Bedeutung; der motivische Kommentar wirkt wesentlich unmittelbarer als der des vermittelnden Erzählers. In Passagen, in denen der auktoriale Erzähler präsent ist, erscheinen sie wie ein zusätzlich eingesetztes Mittel, das, ist es nicht gerade selbst Gegenstand der Erörterungen, auf weitere Zusammenhänge verweist und damit die Situation kommentiert, ohne dass die akute Bedeutung reflektiert oder erklärt werden müsste. In Situationen, in denen der Erzähler zurücktritt, wie in Momenten externer oder interner Fokalisierung, übernehmen die Motive alleinige Kommentarfunktion, die der zusätzlichen, erklärenden Vermittlung durch den Erzähler nicht bedarf. Ein Motiv ersetzt eine ganze Kommentareinheit, da es symbolisch für komplette Gedankenzusammenhänge stehen kann, die nicht mehr weiter ausgeführt werden müssen. Das ist möglich, wenn und weil der Leser den Code der Motive in diesem Roman lernt und beim Lesen des Zeichens die Bezüge herstellen kann.

Da die Motive, auch dies konnte für den *Ring* festgestellt werden, wiederum Transportmittel der Reflexionen sind und die Ideen, die im Hintergrund stehen, vergegenwärtigend immer neu kommentieren, sind sie, wie der Kommentar des Erzählers, eine Struktur der Mittelbarkeit, der das Moment des Bewussten inhärent ist. In ihrer vom Erzähler unabhängigen Kommentarfunktion lösen die Motive das Postulat vom Prozess der Bewusstwerdung der Geschichte ein: Die unbewusste „Geschichte, die sich selbst erzählt", geht über in die Geschichte, die sich ihrer selbst „bewußt wird und sich erörtert". Sie behält dabei durch die Funktion der Vergegenwärtigung, gegeben durch die Motive, die besondere Qualität des Lebens: Gegenwart. Ein einmal eingeführtes Motiv wird bezogen auf einen immer komplexer werdenden Verweisungszusammenhang, der vom Erzähler mehr oder minder umfassend reflektiert wird, bevor das Motiv dann im weiteren Verlauf wieder eigenständig als Kommentar fungiert. In diesem Prozess findet die Geschichte zu sich selbst, sie wird sich ihrer selbst bewusst.

Auf Figurenebene schlägt sich der Prozess der Bewusstwerdung im Gebrauch der Motive nieder: Nicht allen Figuren entfaltet sich der volle Bedeutungsreichtum einzelner Motive oder des motivischen Zusammenspiels, ein Problem der oben angesprochenen unterschiedlichen Decodierungsweisen. So sind sich manche Figuren, und in ihrer vollen Bedeutung letztlich nur Joseph, der Bezüge und Konnotationen bewusst, während andere die Motive nur in ihrer einfachen „buchstäblichen" Bedeutung verstehen und anwenden.

Geht es im *Ring* auch nicht um die Unterscheidung zwischen buchstäblichem und übertragenem Verstehen, so entspricht dem doch die von Wissen und Nichtwissen, wie an den Zusammenhängen zwischen dem Einsatz der Motive und dem Bewusstsein der Figuren für diese Ereignisse, besonders für die der Göttergeschichte, gezeigt wurde.

Bevor diese Symbolebene der Motive weiter herausgearbeitet wird, sind jedoch zunächst die wiederholenden Motive als narrative Elemente in ihrer Eigenschaft als Bedeutungsträger genauer unter die Lupe zu nehmen, wobei ihre Funktionsweise im Roman mit der im Musikdrama zwar analogisiert werden kann, aber auch von ihr abzugrenzen ist.

Motive und Motivkomplexe: Funktionsweisen im Sprachwerk

Die wiederholenden Motive verweisen als Signifikanten auf Situationen, Charaktere und Handlungen innerhalb der Geschichte, aber auch auf sich selbst und andere Motive, sowohl auf deren Substanz als auch auf deren Bedeutungen. Die Bezugnahmeweisen, die für die „melodischen Momente", also die Motive im *Ring* beschrieben wurden, können analog übertragen werden, gibt es auch bei den jetzt zu betrachtenden „sprachlichen Momenten" medial bedingte Verschiebungen.

Sprache ereignet sich, wie die Musik, in der Zeit, sie ist sukzessiv. Was im Roman fehlt, ist das Zusammenspiel mit den anderen Medien (Gebärde/Szene/Musik), das die Gleichzeitigkeit der Ereignisse im polymedialen Kunstwerk Musikdrama möglich macht. Trotz der musikalischen Anleihen – der Autor Th. Mann beruft sich für sein Werk auf die musikalische Herkunft der von ihm eingesetzten Motivstruktur – handelt es sich um sprachliche Zeichen in einem rein sprachlichen Umfeld. Sie verweisen also als Signifikant auf ein Signifikat, eine (Eco) kulturelle Einheit, die über den herrschenden Code dem Signifikanten entspricht. Außerdem verweisen die Motive, wie bereits ausgeführt, als Zeichen immer auch auf andere Zeichen, und zwar sowohl exemplifizierend über Ähnlichkeit oder Kontrast als auch denotativ im Prozess unendlicher Semiose.[62]

Denotation in der Musik existiert zunächst durch die Versprachlichung: Ein in der Notenschrift notiertes oder mündlich benanntes **c** bezeichnet als Signifikant die Position eines Signifikats im System. Außerdem ist dieses **c** von Interpretanten mitbestimmt. Innerhalb unseres abendländischen Musiksystems sind auch musikalische Signifikate als kulturelle Einheiten zu begreifen. Die Frage, der ja auch Goodman und Thorau weiter nachgegangen sind, ist die, wie über diese musikalische Denotation hinausgehende Denotationen und Konnotationen möglich sind. Sie wurde unter anderem für die Leitmotive durch die Gleichzeitigkeit von musikalischem Element und szenischen bzw. sprachlichen Ereignissen beantwortet.

Weiter wurde auf die wichtige Unterscheidung von Code und Idiolekt eingegangen: Die Exemplifikation der musikalischen Motive, das buchstäbliche und/oder metaphorische *Vor*weisen der eigenen Struktur (s. o.), generiert Ausdruck und daran anschließend Bedeutung, die zunächst auf einem allgemeinen musikalischen Code basieren. Durch dessen Abänderung im und für das Kunstwerk entsteht der Idiolekt. Die Motive denotieren und konnotieren nach einem eigenen Regelwerk, das sich durch Ambiguität (Bedeutungen sind weder eindeutig noch unveränderlich und außerdem auch auf den vorherigen Code bezogen) und Autoreflexivität im Sinne des Vorweisens der eigenen Struktur und des Verweisens auf andere Motive auszeichnet. Musikalisch gesprochen: Alle Motive können formal durch Kontrast oder Ähnlichkeit aufeinander bezogen werden. Das Vorweisen der eigenen Struktur ist die Voraussetzung eines Wiedererkennungseffekts, der die Wahrnehmung eines musikalischen Elements als Motiv und konkret als Leitmotiv überhaupt möglich macht.

Im rein sprachlichen Kunstwerk[63] wird das Zeichen zunächst auf Basis des allgemeinen Codes als Signifikant einer bestimmten kulturellen Einheit deco-

---

[62] Der Zeichenbegriff von C.S. Peirce, der durch die Einführung des Interpretans den unendlichen Prozess der Semiose verdeutlicht, ist auch die Grundlage des Verweisens der Leitmotive untereinander. Aufgrund der Wiederholungsstrukturen wurde den (Leit-)Motiven, besonders den einfach charakterisierenden, die Abbildung von Stillstand vorgeworfen. Dem widerspricht nicht nur die Erfahrung der Differenz, die jeder Wiederholung eignet, sondern auch die Prozesshaftigkeit, die zeichentheoretisch mit der unendlichen Semiose beschrieben wird.

[63] Das sprachliche Werk in seiner schriftlichen Form: Trotz aller Suggestionen der mündlichen Überlieferung ist der Roman dazu gedacht, still gelesen zu werden. Auch dies ist natürlich ein entscheidender Unterschied zum Musikdrama, das in der Aufführung seine Verwirklichung findet. Die Funktionsweise der Motive allerdings wird davon nicht angetastet.

diert. Die im Musikdrama zwingende Notwendigkeit einer allerersten (außermusikalischen) Bedeutungszuweisung, wodurch eine Grundbedeutung denotiert wird, kann gewissermaßen entfallen. Die Tatsache, dass eine (denotative) Grundbedeutung direkt feststeht, bedingt dabei auch das Sprechen über dieses motivische Verfahren: Es ist, im Vergleich zur Beschreibung musikalischer Strukturen, schon im Ansatz stärker auf semantische Beziehungen zurückgeworfen. Der nächste Schritt jedoch, die Entwicklung des Idiolekts, der die alltägliche Denotation und Konnotation verdrängt bzw. erweitert, ist für die sprachlichen Motive genauso festzustellen wie für die musikalischen. Die Sonderstellung der Motive im Gegensatz zu den übrigen eingesetzten sprachlichen Zeichen beruht darauf, dass sie als Zeichen herausgehoben werden und in besonderem Maße, durch explizite Erläuterungen und Wiederholung in neuen Zusammenhängen und Situationen, neue Konnotationen bilden.

Wie das musikalische Leitmotiv weisen sie außerdem in besonderem Maße die eigene Struktur vor und verweisen sowohl qua struktureller Verwandtschaft (Klangqualität, Wiederholungsstruktur) als auch denotativ (im Sinne des Interpretans) auf andere Motive, wodurch auch ganze Motivkomplexe entstehen.

Besteht die Besonderheit im Musikdrama darin, dass überhaupt ein musikalisches Element einen komplexen Zeichencharakter hat und ihm ein über das Musikalische hinausgehender denotativer und konnotativer Wert zugeordnet werden kann, so ist das Besondere bei der Übernahme dieses Stilmittels in Literatur, dass hier die Konnotation die Denotation geradezu überstrahlt: Die eigentlich ‚schwache' Koppelung durch Konnotation hält der ‚starken' durch Denotation mindestens die Waage. Die verbale Sprache wird durch den Einsatz der Motive musikalisiert, da die motivisch eingesetzten Begriffe, also Wörter, Ausdrücke, etc., verstärkt auch als Struktur wahrgenommen werden (Autoreflexivität), unabhängig von ihrem denotativen Wert.[64] Die Wiederholung hat dabei eine noch grundlegendere konstituierende Bedeutung als für das musikalische Werk, da sich die Motive überhaupt erst durch die Wiederholung als Motiv konstituieren können.

---

[64] Vaget ist zuzustimmen, wenn er anmerkt, dass es Th. Mann nicht darum zu tun war, die „Dichtkunst der Musik anzunähern" im Sinne einer romantisch-illusionären Vorstellung der Vermischung aller Künste (*Seelenzauber*, S. 117). Wie bereits ausgeführt, sieht Mann in Wagner den Epiker und in den leitmotivischen Bezügen v. a. ein Mittel des Epischen, das neben seiner „psychologischen Wirkung", die Th. Mann hervorhebt, eine besondere Zeitorganisation ermöglicht. Nichtsdestotrotz ist die Musikalisierung ein Teilaspekt der sprachlichen Übertragung.

Was im Musikdrama nicht stattfindet, ist eine explizite sprachliche Erörterung der poetologisch-narratologischen Form durch einen Erzähler. Für beide Formen aber spielen Kontext und Variationen eines Begriffs bzw. Ausdrucks eine gewichtige Rolle. Und schließlich besitzen die Motive auch im Sprachwerk, analog zur Musiksprache, eine spezifische Klangqualität.[65] Dies kann natürlich allgemein über alle sprachlichen Ausdrücke gesagt werden. Da die Motive jedoch durch ihre Funktionsweise, besonders die Wiederholung, einen besonderen Stellenwert erlangen und gegenüber anderen sprachlichen Begriffen und Zeichen eine besondere Gruppe bilden, sind die dort vertretenen Strukturmerkmale auch in besonderem Maße wirksam und entscheidend für die Ausbildung des Idiolekts.

Als dem musikalischen Leitmotiv entsprechendes Motiv im Sprachlichen werden solche Begriffe und Ausdrücke gefasst, die durch die Wiederholung herausgehoben und als Elemente mit besonderem Ausdruckswert wahrgenommen werden. Das Vorweisen ihrer eigenen Struktur betrifft die Materialität wie auch die Beziehungen der Motive untereinander, das Verweisen auf ein Siginifikat ist eingebunden in den semiotischen Prozess und im Sinne der ästhetischen Botschaft zweideutig strukturiert.

Motivarbeit

Nach dem Überblick über die Grundbedingungen der Funktions- und Bezugnahmeweise der Motive soll nun ihre konkrete Anwendung und Ausgestaltung in den Josephsromanen in den Blick genommen werden. Eine wichtige Gemeinsamkeit mit dem *Ring* besteht zunächst darin, dass auch hier ein Großteil der Motive im ersten Teil, also Band I: *Die Geschichten Jaakobs* eingeführt werden; im *Ring* gilt dies für den „Vorabend" *Das Rheingold.* Das Motiv-Repertoire wird zwar in den folgenden Bänden erweitert, die großen Motivkomplexe aber sind angelegt und erfahren wie die Einzelmotive in erster Linie eine Bedeutungsanreicherung.

---

[65] Der Sprachklang, der auch beim leisen Lesen vom Leser wahrgenommen wird, spielt für die Bezüge ebenfalls eine Rolle: Stilistische Mittel wie Anapher, Alliteration, das Spiel mit dunklen oder hellen Vokalen etc. sind wichtige Aspekte der Exemplifikation und, darauf basierend, beim Verweisen der Motive aufeinander, ein entscheidendes Element, was sich wieder auf die Denotation auswirkt.

Als zweite Gemeinsamkeit kann gelten, dass hier wie dort die Motive nicht in jedem Takt, sprich in jedem Satz vorkommen. In manchen Textpartien ist das Motivnetz im engeren Sinne sehr locker geknüpft. Dem stehen Passagen gegenüber, in denen geradezu eine Motiv-Akkumulation zu beobachten ist.[66] Dies sind besonders solche, in denen der Erzählbericht pausiert, und der Erzähler einen Reflexions- und Kommentarblock einschiebt. Aber auch in der Figurenrede oder generell in Momenten interner Fokalisierung und im Gedankenbericht zeigen sich die „Motivbündelungen" (Vaget). Häufig handelt es sich um die Zusammenführung der den Roman durchziehenden Leitideen, die eigene Motivkomplexe bilden. Ähnliches wurde auch im *Ring* beobachtet: Dort sind diese Akkumulationspunkte besonders die Vor- und Zwischenspiele, als prominentes Beispiel sei der „Trauermarsch" in der *Götterdämmerung* genannt[67], und die wiederholenden Erzählungen.

Neben diesen Leitideen, den „Ideenmotiven" (z. B. E 449), stehen charakterisierende Ausdrücke nach Art des Epithetons, die jedoch nicht auf die reine Charakterisierung beschränkt bleiben, sondern durch die Einbettung in ganze Motivkomplexe eine sehr viel reichere Konnotation aufweisen. So bezeichnet das auf Joseph angewandte Begriffspaar */hübsch und schön/* zunächst nur sein Aussehen. Von vornherein aber ist dieser Ausdruck weit reichenden Konnotationen ausgesetzt: Zu Beginn steht eine Reflexion über Josephs Schönheit und das ästhetische Empfinden in unserer gegenwärtigen und in der damaligen Kultur (Jak 63f), weiter wird das Begriffspaar auch auf Josephs Mutter Rahel angewendet, außerdem Josephs „stutzend machende" Wirkung auf Jaakob (und auf alle anderen Menschen, die ihm begegnen) beschrieben. Dem sich zum Motiv ausbildenden Ausdruck wachsen immer mehr Bedeutungen zu: Er verweist auf die Androgynität Josephs erstens deswegen, weil die beiden Adjektive dem herrschenden Code nach eher auf das Aussehen von Frauen als von Männern angewendet werden (auf die „weibliche Verfassung", Jak 78); zweitens weil sich für seinen Vater in Joseph die Identitäten von Mutter und Sohn vermischen, die Liebe des Vaters spielt ins Inzestuöse. Weiter bewahrt sich Joseph auch als älterer Mann eine Jünglings-

[66] Erliegt man nicht der „Beziehungswut" und sieht in einem Dreiklang per se schon ein Leitmotiv. Ein kurzer Hinweis dazu findet sich auch bei Heftrich, *Taten*, S. 46. Vaget macht die Beobachtung der „Motivbündelung", die Th. Mann an den „epischen Höhepunkten" des Rings beobachtet habe, vor allem bezüglich der Buddenbrooks (*Seelenzauber*, S. 113).

[67] Der „Trauermarsch" nach Siegfrieds Tod gilt Th. Mann als Inbegriff der „epischen" Musik. In seiner Beschreibung, v. a. im Aufsatz *Richard Wagner und Der Ring des Nibelungen*, konzentriert er sich auf die Entschlüsselung der dort erklingenden Leitmotive.

haftigkeit, die sich im Gebrauch des Begriffspaars niederschlägt. Und schließlich verstärkt sich die Konnotation der Eigenschaft Josephs, die Menschen in seiner Umgebung ob seiner ambivalenten Schönheit, die nicht nur Männliches und Weibliches, sondern (entsprechend) auch Körperliches und Geistiges und damit Menschliches und Göttliches verbindet, ‚stutzen' zu lassen.

Wurde ein Ausdruck (erörternd) eingeführt, wird dieser im wiedereinsetzenden Erzählerbericht bzw. in der Fortführung der Geschichte auch ohne Kommentar gebraucht, er spricht für sich selbst und kann vom Rezipienten decodiert werden. Wie und in welchem Sinn die Motive von den Figuren aufgenommen werden, verdient genauere Betrachtung. Vorgreifend sei angedeutet, dass hier ein Prozess der Bewusstwerdung ablesbar ist bzw. der Gebrauch der Motive das Bewusstsein für ihre Bedeutung und Bezüge erkennen lässt, wie sie ähnlich für den *Ring* konstatiert werden konnten.

Wie zu den anderen narrativen Strukturen so lassen sich auch zu den Motiven Hinweise im Text finden. Am Beispiel des Motivs der */Entblößung/* im Kapitel *Von Josephs Keuschheit* (in *Joseph in Ägypten)* wird beschrieben, durch welche Mechanismen ein Ausdruck, explizit „Motiv" genannt, mit Bedeutung aufgeladen und sein Grundwert verändert wird. Der Erzähler referiert die „sieben Gründe", deretwegen Joseph der Versuchung, d. h. den Verführungsversuchen Muts, nicht nachgeben kann, will – und darf. Es wird deutlich, wie sehr sich Joseph der Bedeutungen und Konnotationen bewusst ist, aber auch, wie sehr er unter dem Einfluss des herrschenden „israelitischen" Codes steht. Der letzte der „sieben Gründe" für Josephs Standhaftigkeit ist derjenige der

> ‚Entblößung': Das *Motiv* klang schon an, als Mut das Gespräch vom Feigenschurz sachlichen Vorwandes hatte entkleiden wollen (...).
> Seltsam ergeht es dem *Sinn eines Wortes*, seinem Begriff, wenn er verschiedentlich im Geiste sich bricht, wie die Einheit des Lichts von der Wolke zerlegt wird in die Farben des Bogens. Dann genügt es wahrhaftig, daß eine dieser Brechungen unglücklicherweise ins Gedenken des Übels gerät und zum Fluche wird, damit solch *ein Wort in allen seinen Bedeutungen* dem Verruf verfalle und ein *Greuel werde in jedem Sinn,* nur noch tauglich, ein Greuliches zu bezeichnen, und verurteilt, als *Name für alle möglichen Greuel* herzuhalten, – gerade als ob, weil Rot eine üble Farbe ist, die Farbe der Wüste, die Farbe des Nordsterns, es fluchhaft getan sei um die ganze heitere Unschuld des ganzen, unzersplitterten Himmelslichts. Dem Gedanken der Blöße und der Entblößung hatte ursprünglich an Unschuld und Heiterkeit nichts gemangelt; es war ihm von Röte und Fluch nichts anzumerken gewesen. Seit der verdammten Geschichte aber mit Noah im Zelt, mit Cham und Kenaan, seinem üblen Söhnchen, hatte er, sozusagen, einen Knacks abbekommen für immer; war rot und anrüchig geworden in dieser Brechung (...).

> Entblößung *im einfachen und wirklichen körperlichen Sinne* war zunächst einmal völlig bedenkenfrei und so neutral wie das Himmelslicht; erst *in übertragener Bedeutung*, als Baalsnarrheit und als das tödlich blutssündliche Anschauen eines Nahverwandten, errötete der Begriff. Nun aber war es so, daß aus der *Übertragenheit* die Röte *zurückschlug* aufs Unschuldig-Eigentliche (...) *so daß es zum Namen werden konnte für jederlei Blutssünde*, sowohl die vollzogene wie auch schon die nur in Blick und Wunsch verwirklichte, so *daß denn schließlich alles Verwehrte und Fluchbedachte auf dem Felde der Sinnenlust und Fleischesvermischung*, darunter aber besonders – und zwar wohl wiederum im Gedanken an Noahs Schändung – der Sohneseinbruch ins väterlich Vorbehaltene, *‚Entblößung' hieß*. Und nicht genug damit, ereignete sich hier eine neue *Gleichsetzung und namentliche Zusammenziehung*, indem der Ruben-Fehltritt, des väterlichen Bettes Verletzung durch den Sohn, anfing, *fürs Ganze zu stehen* und alles Unerlaubte in Blickesberührung, Wunsch und Tat nicht weit davon war, der Empfindung und *selbst dem Namen nach für Vaterschändung zu gelten.*
> So sah es aus in Josephs Kopf – man muß es hinnehmen. (Ägy 479f, meine Herv.)

Der Erzähler beschreibt nicht nur, wie es in Josephs Kopf aussieht, sondern auch, wie die Bedeutungsanreicherung eines Ausdrucks, der zum Motiv wird, funktioniert. Es werden alle Bezugnahmeweisen angesprochen: Denotation („der einfache und wirkliche körperliche Sinn"), Konnotation („in allen seinen Bedeutungen", „Brechung"), Prozess der Interpretanten („Zurückschlagen" der „Übertragenheit"), Metonymie („Name für alle möglichen Greuel").

Die /*Entblößung*/ steht metonymisch für einen ganzen Komplex von Bedeutungen, die mit der /*Rolle des Roten*/ in Beziehung stehen und sowohl weit in die Vergangenheit, als auch auf die eigenen Geschichten, z. B. von Jaakob und Joseph, verweisen. Ist /*Entblößung*/ zunächst ein neutraler Begriff, der eine körperliche Tatsache denotiert, so konnotiert er nach und nach immer zahlreichere kulturelle Einheiten (basierend auf Ereignissen und Taten der lebenswirklichen Realität), in denen Entblößung zunächst im ursprünglichen Sinn als Nacktheit, dann im übertragenen eine Rolle spielt. Zuletzt steht der Ausdruck metonymisch für sämtliche „Greuel", die von Jaakob und unter seinem Einfluss von Joseph nur im entferntesten mit „Vaterschändung", d. h. mit „unerlaubtem" Begehren und letztlich überhaupt der körperlichen Lust, in Berührung stehen.

Die Ereignisse, die Anlass zur Bedeutungsanreicherung sind, stellen Abwandlungen des „Urgeschehens" (Noah) dar, auf das sie jedoch bezogen werden, wie auch auf alle anderen variierten und irgendwie in Verbindung stehenden Ereignisse. Als Signifikant denotiert /*Entblößung*/ also zunächst die kulturelle Einheit „Nacktheit", im weiteren Verlauf wird die Gesamtheit der kulturellen Ereignisse, die das Signifikans aufrufen kann, konnotiert.

Blickt man aus einer anderen Richtung, so wird auch der unendliche Prozess der Semiose, beruhend auf der Konnotation, durch die Interpretanten sichtbar. Diese Prozesse werden im sprachlichen Kunstwerk *Joseph und seine Brüder* nicht nur ausgestaltet, sondern auch reflektiert.

/Entblößung/ mit all seinen Konnotationen und Bedeutungen innerhalb des Idiolekts ist ein wichtiges und sehr präsentes Motiv: Auf die Zusammenhänge zwischen Vaterschändung, Sünde, körperlicher Lust und Josephs „Aufgespartheit" wird zurückzukommen sein.

Beispielhaft soll der Bedeutungsweg eines weiteren Einzelmotivs verfolgt werden. Im Anschluss daran steht die Betrachtung der Motiveinheit */Entrückung/Erhöhung/Nachkommenlassen,* der drei „Traummotive" also, die im zweiten und vierten Hauptstück von Band III, *Joseph in Ägypten* vorgestellt und erörtert werden, und nach denen Joseph, sich ihrer bewusst, sein Leben strukturiert.

Einzelmotiv

„Tief ist der Brunnen der Vergangenheit", so beginnen die Josephsromane, und der Brunnen erlangt tiefreichende Bedeutung. */ Tief/* und */Brunnen/,* hier im Bunde mit der Vergangenheit, bilden einen Verweisungszusammenhang, der im weiteren Verlauf und Gebrauch ausgenutzt und erweitert wird.

Dem Leser wird der Protagonist Joseph das erste Mal „sitzend, am Rande des Brunnens, der (...) seine feuchte Tiefe eröffnete" (Jak 60), präsentiert: Halb bekleidet hält er eine Art Andachtsübung gegen den Mond. Er wird dabei vom besorgten Vater[68] überrascht, der ängstlich-vorwurfsvoll fragt: „Es sitzt das Kind an der Tiefe" (Jak 68). Der Erzähler weist darauf hin, dass die Frage klänge,

> als fände der Sprecher es ungehörig oder doch überraschend, daß man in so jungen Jahren an irgendwelcher Tiefe sitze; als paßten ‚Kind' und ‚Tiefe' nicht zusammen." (ebenda)

/ Tiefe/ denotiert nicht nur eine räumliche Tatsache sondern konnotiert etwas Bedrohliches. Es wird dann erklärt, dass „in Wirklichkeit" jedoch nur Jaakobs „ammenhafte Besorgnis" hinter dieser Frage stünde, denn „Joseph könne aus

[68] Der erste Auftritt Jaakobs ist bedeutsam genug: Er scheint „von majestätischer und fast übermenschlicher Größe, wie er dort zwischen Brunnen und Unterweisungsbaum stand, näher bei diesem (...)" (Jak 66). Jaakob steht also zwischen zwei Polen, dabei näher am Unterweisungsbaum, also näher an der vatergeistigen Lehre, aber doch nicht ganz entrückt dem Dunklen, Bedrohlichen der Tiefe, deren Konnotationen unten weiter ausgeführt werden.

Unvorsichtigkeit in den Brunnen fallen". In Kenntnis der biblischen Geschichte versteht der Leser die proleptische Anspielung auf Josephs Brunnenfall, der mehr ist als ein räumlicher Sturz in die Tiefe. Jaakob hat also Recht mit seiner Befürchtung, ihm selbst ist die konkrete Bedeutung jedoch verborgen, steht */Brunnen/* für ihn auch für ein ganzes Netz von Bedeutungszusammenhängen.

Jaakob kann „die Brunnen*tiefe*" nicht denken, „ohne daß die Idee der Unterwelt und des Totenreiches sich in den Gedanken, ihn ver*tiefend* und heiligend, einmengte." (Jak 91, meine Herv.). Entspricht diese Idee auch nicht mehr Jaakobs eigener religiöser Überzeugung, so wird sie doch als allgemeingültige, geradezu archetypische Gedankenverbindung dargestellt, die in den „*Tiefen* seiner Einbildungskraft" als „uralt mythisches Erbgut der Völker" eine wichtige Rolle spielte".[69] (ebenda, meine Herv.) Dieses „mythische Erbgut" wird weiter differenziert, */Brunnen/* und */Tiefe/* stehen für einen Gedankenkomplex, der alte Göttergeschichten (Osiris, Tammuz) ebenso einbezieht wie die Vorstellung einer Unterwelt, in die „die Gestirne hinabtauchen", in der das Schreckliche und Unflätige zu Hause sind:

> Es war der Ort des Kotes und der Exkremente, aber auch des Goldes und des Reichtums; der Schoß, in den man das Samenkorn bettete und aus dem es als nährendes Getreide emporschoß, das Land des Schwarzmondes, des Winters und verkohlten Sommers, wohin Tammuz, der liebliche Schäfer, gesunken war (...) (ebenda).

Für all das steht die */Brunnentiefe/*, das „mythische Erbgut" ist weitreichend und tief im Bewusstsein der Figuren, vor allem Jaakobs und Josephs, verankert. Das Unterweltliche spielt im Lebensweg beider eine große Rolle: Jaakobs Dienstzeit bei Laban ist seine persönliche „Unterwelt", aus der er reich zurückkehren wird, für Joseph ist es Ägypten. Bevor er dorthin kommt, muss er selbst allerdings in den Brunnen, also eingehen in die Unterwelt (wie der Gott), aus dem er „neu geboren" wird. Der Brunnen wird ein zweites „Mutterdunkel": Josephs „Sturz in die Grube", d. h. das Versenkt-Werden in den Brunnen durch die Brüder, nachdem sie ihn blutig geprügelt und sein Schleiergewand zerrissen haben[70], und seine Errettung durch die Ismaeliter

---

[69] Ebenda, meine Hervorhebung. Mit Assmann kann dieses „mythische Erbgut" als „kulturelles Gedächtnis" identifiziert werden, für das die Mythen „kollektive Erinnerungsfiguren" darstellen (*Ägypten*, bes. S. 68ff).

[70] Ausreichend, um darin das Zerreißen des Jünglings, des Gottes, d. h. ein Konglomerat von göttlichen und halbgöttlichen Gestalten, Adonai, Tammuz, Dionysos, Osiris, die für Joseph mythische Vorbildfunktion besitzen, zu sehen. Zu den mythischen Vorbildern vgl. v. a. Dierks, Berger und Schulz.

werden beschrieben als eine Neugeburt: „er kam nackt und besudelt aus der Tiefe wie aus Mutterleib und ist gleichsam zweimal geboren". Unfähig zu sprechen, bekommt er zu seiner Stärkung Milch, die er gierig trinkt und die ihm „ganz sanft wieder hervorlief, wie einem Säugling". (JJ 208f)

Die Konnotation Mutterdunkel bekommt außerdem noch Nahrung durch Ereignisse, die Josephs leibliche Mutter Rahel direkt betreffen: An einem Brunnen trafen sich Jaakob und Rahel; von diesem Brunnen wälzte Jaakob den Stein ab, damit die Tiere getränkt werden konnten; er schließt (proleptisch) den Mutterschoß auf. Dort sieht er das erste Mal in Rahels „schwarze Augen", die Joseph von ihr geerbt hat. Und wie es eigentlich nicht „eines Mannes Arbeit" war, den Stein von diesem Brunnen abzuwälzen, so ist es nicht „eines Mannes Arbeit", wenn die Brüder den Stein auf den Brunnen wälzen, in den sie Joseph geworfen haben (JJ 178), ihn wieder im mütterlichen Schoß verschließend.[71]

Die */Brunnentiefe/* wird auch beschrieben als „schwarzes" Loch oder „des Rundes Schwärze". */Schwarz/* hat zwei prominente Konnotationen: die Augen Josephs und Rahels, woran sich die Motivkette */Dunkelheit/Nacht/ Tod/Mond/Weiblichkeit/* etc. anschließt, und eben den Brunnen, Ausgangspunkt für die Motivkette */Tiefe/Vergangenheit/Tod/Unterwelt/Fruchtbarkeit/ Mutterdunkel/Wiederauferstehung/* etc.

Sowohl durch den erläuternden Kommentar des Erzählers als auch durch den Gebrauch im Erzählerbericht wird ein Ausdruck mit Bedeutung aufgeladen und in einen Verweisungszusammenhang nicht nur auf ein Signifikat, sondern auf andere Signifikanten, im Sinne des Interpretans, eingebettet. Ein Ausdruck, der primär durch Wiederholung zum Motiv wird, konnotiert zahlreiche Bedeutungen, die sowohl vom Leser als auch von den Figuren mitgedacht werden können. Es bilden sich untereinander verbundene Motivkomplexe heraus, auf die schließlich ein einziges Motiv metonymisch verweist.

So „bedeutet" der Brunnen als mütterlicher Schoß und in Verbindung mit dem Tammuz- und Adonis-Mythos nicht nur den Tod, sondern auch die

---

[71] Dieser Brunnen wird auch als Grube bezeichnet (ebenda), die Begriffe sind austauschbar. Als Gruppe werden die zehn Brüder als eine Person und damit als Wiedergänger des „Roten" gefasst. Zu Josephs erstem Brunnensturz, seiner schlagartigen Erkenntnis der eigenen Fehler, aber auch der Tröstung, die ihm durch seine „mythische Erkenntnis" zuteil wird (er weiß, dass der Brunnen nur Vorbedingung folgender Erhöhung ist); s.a. Heftrich, *Taten*, S. 360ff. Heftrich setzt Brunnentiefe, psychologisch zu verstehende Tiefe der Seele und die tiefere, als „noch eigentlichere" Bedeutung der Motive, in Analogie zueinander.

Auferstehung. Anders ausgedrückt ist der Brunnensturz die notwendige Voraussetzung für die „Wiedergeburt“ und, daran anschließend, für die motivische Dreiheit */Entrückung/Erhöhung/Nachkommenlassen/.*

Leitideen

Bei seiner Ankunft in Ägypten (seinem individuellen Einzug in die Unterwelt) zieht Joseph mit den Ismaelitern durch Gosem, ein Weideland, angesichts dessen er, so die ‚Vermutung‘ des Erzählers, abwägt, ob dies wohl einst ein geeigneter Siedlungsort für den Stamm Israel sein möge. Der Erzähler grenzt Josephs Denkungsart von der „unsrigen“ ab (epische Distanz) und lässt Josephs Gedanken

> (...) um ein paar Traummotive spielen, die gleichsam die musikalische Substanz seines geistigen Lebens bildeten. Eines davon klang hier an, das mit dem der ‚Entrückung‘ und der ‚Erhöhung‘ von Anfang an innig zusammengehangen hatte mit dem des ‚Nachkommenlassens‘. Ein weiteres setzte sich dagegen im Spiel seiner Gedanken: das Motiv von Jaakobs Abscheu gegen das Land der Entrückung; und er versöhnte sie zu Fug und Einklang, indem er sich sagte, daß dies friedlich ursprüngliche Weideland hier zwar schon Ägyptenland sei, aber noch nicht das rechte in voller Anstößigkeit (...). Lebhaft empfand er, wie sehr noch und wie vor allem das Entrückungsmotiv der Ergänzung bedürfe durch das der Erhöhung (...) ehe das ‚Nachkommenlassen‘ an der Reihe sein werde. (Ägy 64)

Im vierten *Hauptstück*, Joseph ist gerade an das Haus Potiphars verkauft worden, ist er in seiner Entrückung noch (oder schon) ein bisschen weiter, Anlass genug, die ‚Traummotive‘ erneut zu erörtern. Joseph ist durch Gottes Plan nach Ägypten versetzt worden, um Israel als Person (Jaakob) und als Stamm nachkommen zu lassen – die Parabel vom blökenden Kalb, das vom Mann auf den Acker gebracht wird, um die störrige Kuh anzulocken, deckt den Mechanismus auf:

> Es war ein Mann, der hatte eine störrige Kuh, die das Joch nicht ertragen wollte, da es den Acker zu pflügen galt, sondern es immer abwarf vom Nacken. Nahm der Mann ihr das Kalb weg und brachte es auf den Acker, der gepflügt werden sollte. Wie nun die Kuh das Blöken ihres Kindes au dem Acker vernahm, ließ sie sich treiben dorthin, wo das Kalb war, und trug das Joch. (Ägy 161)

Gleichnishaft wird hier die Umsiedelung des Stammes Israel nach Ägypten umschrieben; das „Kind“ auf dem Acker, Joseph, wird die „Kuh“ Jaakob dazu bewegen, ins unterweltliche Ägypten zu ziehen. Noch aber ist es nicht die Zeit, wie Joseph erkennt:

> Wie es [das ‚Kalb' Osarsiph] den Mann [Gott] kennt, mutmaßt es ohne weiteres und ist sich träumerisch im klaren darüber, daß seine Entrückung auf diesen Acker, gegen den man sich Zuhause so störrig verhält, kein zusammenhangloses Ungefähr bedeutet, sondern daß sie einem Plane angehört, worin das Eine das andere nach sich zieht. Das Thema des ‚Nachsichziehens' und des ‚Nachkommenlassens' ist eins von denen, die sich in einer intelligenten und träumerischen Seele, in welcher sozusagen, wie das vorkommt, Sonne und Mond zugleich am Himmel stehen, musikalisch gegeneinandersetzen, und der Leitgedanke vom Monde, der schimmernd den Weg der Sternengötter, seiner Brüder, bahnt, ist auch im Spiel. (...) Denn vieles muß sich erfüllen, ehe sie [die Gedanken] ebenfalls Erfüllbarkeit gewinnen, und mit der Entrückung allein ist es noch nicht getan; ein anderes noch muß hinzutreten, dem die stillste Gewärtigung und kindlich geheimste Zuversicht gilt (...). (Ebenda)

Was sich noch erfüllen muss, kann aus Kenntnis der ersten Stelle leicht ergänzt werden: die Erhöhung, an der Joseph nicht zweifelt.

In diesem Block stehen neben den expliziten ‚Traummotiven' weitere Ausdrücke, die bereits zahlreiche Konnotationen mit sich bringen und hier noch weiter angereichert werden. Der zuvor benutzte Begriff ‚Traummotiv' selbst wird konnotiert durch */träumerisch/*. Traum und Träumen spielen wiederum eine große Rolle schon in der biblischen Josephsgeschichte.[72]

Josephs eigene Träume kreisen um seine Erhöhung, bringen ihn jedoch, da er sie prahlerisch ausplappert, vorher zu Fall. Die Traumdeutung allerdings ist das Mittel seiner Erhöhung durch Pharao. */Traum/* und */träumerisch/* konnotieren diese alten Träume und das in ihnen geträumte Geschehen. In der zweiten Textstelle werden, konkretisierend, Elemente aus diesen Träumen benannt: */Mond/Sterne/* sind prominent in Josephs Himmelstraum, der seine Entrückung und „traumhafte" Erhöhung durch Gott zum Gegenstand hat. Gleichzeitig verweisen die Motive proleptisch auf die zukünftige Erhöhung. Das ‚Traummotiv' */Entrückung/* verbindet sich mit der Parabel vom Kalb, die unter anderem darauf verweist, dass Josephs Leben nach einem göttlichen Plan verläuft.

Die zweite Textstelle birgt auch Verweise auf die erste: Gosem wird erwähnt, wodurch im Rückbezug das „friedliche Weideland" als Acker und zukünftige Siedlung Israels kenntlich wird. Wird das Motiv der */Erhöhung/* selbst auch nicht genannt, so wird es durch die beiden anderen */Entrückung/* und */Nachkommenlassen/* dennoch konnotiert. Jaakobs „Abscheu gegen das Land der Entrückung" wird wieder aufgenommen im Gleichnis der störrigen

[72] Zum Themenkomplex Traum und Träumen, der hier nur ansatzweise Erwähnung finden kann, vgl. v. a. Gisela Bensch: *Träumerische Ungenauigkeiten*, Diss. Bonn 2004.

Kuh, die jedoch lernen wird, ihr Joch zu tragen. Ein weiteres Motiv, das schon in *Der Junge Joseph* auftaucht als das Prinzip des zukünftigen, von Abraham entdeckten Gottes, wird einige Zeilen später hinzugefügt: das der Erwartung.

Im Folgenden genügt nun das Auftauchen eines dieser Motive, um den ganzen Motivkomplex metonymisch heraufzubeschwören. Außerdem genügen Anspielungen über Ausdrücke, die durch Ähnlichkeit (beispielsweise adjektivische Ableitungen, Synonyme etc.) und/oder als Interpretanten die Motivkomplexe ins Gedächtnis rufen und auf die Traummotive als Grundlinie von Josephs Leben und Wirken verweisen. So charakterisiert der Erzähler Josephs Motivation, seine Karriere in Potiphars Haus vorwärts zu bringen, als getragen von der „die Richtung seines Lebens bestimmende[n] Überzeugung", einen „steilen Weg (...) auf ein hohes Ziel" hin zu beschreiten – also auf die */Erhöhung/*.

Ableitungen der */Entrückung/ wie /entrückt/der Entrückte/* oder Zusammensetzungen wie */Land seiner Entrückung/* evozieren ebenfalls immer den ganzen Komplex um die Traummotive und werden auch unkommentiert im Erzählerbericht eingesetzt. */Land der Entrückung/* taucht geradezu lapidar im Kapitel *Joseph wird zusehends zum Ägypter* auf, nachdem vorher über Joseph gesagt wurde, er müsse sich „auf die Höhe bringen" (Ägy 295). Durch diese Ableitung von */Erhöhung/* wird, vorwegnehmend, wieder die */Entrückung/* konnotiert. Im nächsten Absatz (Ägy 296) bestätigt sich diese Lesart durch die Wiederaufnahme des Gleichnisses vom Kalb auf dem Acker, das vom Motiv */Erwartung/*ergänzt wird. Einerseits ist hier eine Motivbündelung zu bemerken, andererseits aber bedürfen die Motive des Kommentars nicht mehr. Sie sind fester Bestandteil des decodierbaren Idiolekts.

Wieder aufgenommen werden die „Traummotive" im Kapitel *Joseph kennt seine Tränen* aus dem ersten *Hauptstück* von *Joseph der Ernährer.* Der Erzähler gewährt durch Gedankenbericht Einblick in Josephs Spekulationen über seinen „Grubensturz". In einer Barke wird er „hinab nach Unter-Ägypten" ins Gefängnis gebracht, „tiefer konnt' es nicht gehen" (E 23). Und */träumerisch/* legt er sich über seine gegenwärtige Situation Rechenschaft ab, indem er einerseits die Parallelen zu seinem eigenen ersten Fall „in die Grube" sieht, andererseits sich an den Parallelen zu göttlich-mythischem Geschehen (Tammuz/Adonai/Osiris) freut und sein Geschick mit besonderer Bedeutung unterlegt: „In den Brunnen des Abgrunds sank Attar-Tammuz als Abendstern; aber als Morgenstern, das war gewiß, würde er wieder daraus erstehen" (E 23). Trotz des „gewissesten Wissens" um seine erneute Erhöhung, eine dritte Geburt, lebt Joseph die Feststunde. Und „wie in der ersten

Grube" (E 25) wird ihm auch hier seine eigene Mitschuld bewusst. Diese wird ihm besonders bitter, da er

> sich im Land der Entrückung erneut in die Grube gebracht hatte. Welch schöne Erhöhung war aus der Entrückung bereits erwachsen, und wie war jene nun, mangelnder Weisheit halber, wieder zerstört und eingeebnet, sodaß das Dritte, nämlich das Nachkommenlassen, unabsehbar vertagt erschien! (E 26)

Die Brunnen- und Grubenmotivik ist in diesem Kapitel besonders prominent: *in die Grube fahren/Bestattung ins Finstere/Abgrund/Reich der Toten/Brunnengrube/Unterland/Todesstarre/ Brunnen des Abgrunds/Unterwelt/erste Grube.*

Mit dem Rückbezug auf die „erste Grube" wird das gegenwärtige Geschehen als (abgewandelte) Wiederholung nicht nur mythischer Schemata, sondern des eigenen Lebens gekennzeichnet – und das bedeutet: Der Tiefe wird die Erhöhung folgen.

Die Textstelle ist ein Beispiel für das Zusammenführen wichtiger Motive und sogar Motivkomplexe, die sowohl auf das Vergangene zurückverweisen, wodurch auch die Abwandlungen stärker hervortreten, als auch auf das Zukünftige vorausgreifen. Als Motive, die im weiteren Geschehen besondere Bedeutung erlangen, werden (anschließend an die Beschreibung der gerade stattfindenden neuen Einsaat) Ernte, Vorratshaltung, Vorsorge und, als eigener Komplex, das Träumerische ins Blickfeld gerückt.

Weniger als Element des Erzählerkommentars und/oder des reflektierenden Gedankenberichts einer Figur und dafür stärker eingebettet in den Erzählerbericht stehen */Entrückung/* und */Erhöhung/* anlässlich Josephs Erhöhung durch Pharao nach der Deutung der Träume. Die Rede ist vom „bedeutend schönen Tag voll weltlichen Segens für den Entrückten" (E 218); als „der Erhöhte" liest Joseph ein Schreiben Pharaos. Dass all dies nur veranstaltet wird, um das dritte Motiv */Nachkommenlassen/* endlich zu verwirklichen, schwingt als Konnotation mit und wird offenbar darin, dass Joseph Jaakobs und des Stammes Israel gedenkt.

Die „Ideenmotive", die Josephs Leben wie auch den Roman organisieren, erscheinen eingebettet in einen Reflexionsblock, dann wieder eingebaut in den Erzählerbericht. Ihre Funktionsweise ist beispielhaft für den Gebrauch der wiederholenden Motive, wobei gezeigt wurde, in welch hohem Grad Joseph, der selbst sein Leben danach strukturiert, sich der Verweise und Konnotationen bewusst ist, die er selbst in seine Rede einflicht.

Durch ihre Verweisungsstruktur übernehmen die Motive Kommentarfunktion, die sonst dem Erzähler vorbehalten ist – auch dies ist eine Parallele zu ihrer Funktion im *Ring*. Auf explizite Erörterung von Zusammenhängen und Bedeutungen kann verzichtet werden, da durch Denotation und Konnotation Anspielungen, Allusionen, Assoziationen und das Rekurrieren auf dahinter stehende Bedeutungen möglich werden. Gleichzeitig resultiert aus der Zurücknahme des Erzählers und dem Verzicht auf explizite Erörterungen eine höhere Unmittelbarkeit des Erzählens. Es bildet sich als Gegenpart zum offenen Kommentar des auktorialen Erzählers ein gewissermaßen verdeckter Kommentar heraus, durch den die „Selbstbesinnung der Geschichte" an keiner Stelle zum Erliegen kommt.[73]

Die hier vorgestellten Motive und Motivketten sind Beispiele für die konkrete Arbeit mit den motivischen Strukturen, die auf Basis der semiotischen Prozesse von Denotation und Konnotation funktionieren. Ebenso wichtig wie die Wiederholung einzelner Motive ist das Verweisen der Motive untereinander, ihre Funktion als Interpretans, wodurch ein engmaschiges Beziehungsnetz geknüpft wird. Dies ist den Verweisungszusammenhängen der leitmotivischen Strukturen im Ring vergleichbar, bei denen das Vorweisen der eigenen Struktur, die Exemplifikation, allerdings eine noch größere Rolle spielt. Der semiotische Prozess im Sprachkunstwerk ist stärker an die Denotation (in der Konstellation Denotation – Exemplifikation) gebunden. In beiden Medien erfahren die Motive einen Bedeutungszuwachs, in der Wiederholung ereignen sich Variation und Abwandlung.

Motivisch-mythische Erkenntnis

Der Basisgedanke des dem Josephsroman impliziten Mythologiebegriffs ist das „Leben im Mythos" zwischen den Polen des Typischen und des Individuellen. Die Figuren orientieren sich in ihrem Leben am mythischen Schema, an der „Rolle", die dem Einzelnen zufällt und ein Lebensmuster vorgibt, das auszufül-

[73] Rezeptionsästhetisch hat dies primär zwei Folgen: zum einen, daher die Unmittelbarkeit, die direkte Ansprache des Lesers durch die Geschichte, ohne Einmischung des Erzählers, wodurch Distanz aufgehoben wird. Zum anderen eine ganz neue Anforderung an den Rezipienten, dem letztlich die Interpretation der Verweise in Eigenverantwortung zugemutet wird, wodurch die Gefahr besteht, dass er über sie hinweg liest oder sie aber miss- oder überinterpretiert – wenn Überinterpretation hier möglich ist. Der Erzähler verliert partiell die Kontrolle – hat aber zuvor natürlich schon soviel an Rezeptionssteuerung geleistet, dass er eigentlich schon wieder davon ausgehen kann, dass die Motive wie auch er selbst schon „richtig" verstanden werden.

len ist. Von diesem Schema, vom „Mythisch-Typischen", wird die eigene Individualität in unterschiedlichen Graden abgegrenzt und überhaupt wahrgenommen, wie auch das mythische Schema, die Rolle, nicht von allen in gleichem Maße verstanden und erfüllt wird[74]. Entscheidend ist, inwieweit das Muster der eigenen Individualität angepasst wird, inwieweit sich die Figur also auch der eigenen, gegenwärtigen Individualität bewusst ist und das überzeitliche Muster abwandelnd weiterentwickelt. Es geht auch hier um mythische Erkenntnis und darum, diese Erkenntnis in das eigene Leben zu integrieren.

Die Spanne reicht vom völligen Aufgehen der Individualität in der Rolle bis hin zu ihrer selbstbewussten Aus- und Neugestaltung. Für die „urtümlichste Stufe der Identitätsfindung" (Neumann, *Romane,* S. 108) steht Jaakobs „ältester Knecht" Eliezer. Er identifiziert sich so weit mit dem Muster „ältester Knecht", zurückreichend bis auf den „ursprünglichen" ältesten Knecht im Dienste Abrahams, dass er die alten Familien- und Stammesgeschichten immer in der ersten Person erzählt (JJ 36). Joseph nimmt ihn wahr als eine Person, die auf ihre vorgängigen Rollenträger hin durchsichtig ist, er sieht durch die gegenwärtige Verkörperlichung des Eliezer „hindurch in eine unendliche Perspektive von Eliezer-Gestalten" (JJ 37). Seine Persönlichkeit ist nicht „fest umzirkt", sondern steht „nach hinten offen" (Jak 120)[75]. Zur Erfüllung der Rolle gehört auch die Erfüllung bestimmter Handlungen und Aufgaben, die im Falle Eliezers unter anderem in der Brautwerbung und im Unterricht der Söhne besteht. Aber nicht nur der älteste Knecht, auch seine Herren unterscheiden nicht immer ganz scharf zwischen ihrem gegenwärtigen Ich und seinen Ahnen.

---

[74] Das „In-Spuren-Gehen" der Figuren, ihr Aufgehen in einer Rolle und die individuelle Ausgestaltung des vorgegebenen Musters, gehört zu den prominentesten Forschungsgegenständen und wird, seiner Bedeutung gemäß, in geradezu jeder Studie über die Josephsromane angesprochen. Heftrich, Dierks, Kurzke, kurz zusammenfassend Neumann (um nur einige zu nennen) beschäftigen sich im Rahmen ihres Ansatzes mit dem Leben im Mythos. In einer umfassenden Einzelstudie untersucht Kerstin Schulz den Umgang der einzelnen Figuren mit dem mythischen Schema, wobei sie, mit einem Überblick über die Quellen, auch die mythischen Vorbilder und ihre Bedeutung analysiert: *Identitätsfindung und Rollenspiel in Th. Manns Romanen „Joseph und seine Brüder" und „Bekenntnisse des Hochstaplers Felix Krull",* Frankfurt 2000.

[75] Eine Formulierung, die Th. Mann in Essays, Briefen etc. immer wieder aufnimmt. Vgl. auch Neumann, *Romane,* S. 108ff. Zusammenfassend beschreibt er die verschiedenen Stufen über Esau und Jaakob bis zu Joseph und schließt daran die besondere Eigenschaft Josephs als Vermittler an.

> Ebenso hatte so mancher Abraham, Isaac und Jaakob die Geburt des Tages aus der Nacht geschaut, ohne daß der einzelne (...) seine Gegenwart von ehemaliger Gegenwart sonnenklar unterschieden und die Grenzen seiner ‚Individualität' gegen die der Individualitäten früherer Abrahams, Isaacs und Jaakobs sehr deutlich abgesetzt hätte. (Jak 127)

Über verschiedene Stufen schreitet die Individualisierung fort, bis sie in Joseph ihren Gipfelpunkt erreicht. Er hat durch die mythische Erkenntnis nicht nur Einsicht in die Funktionsweise der Muster, sondern versteht auch, dass das überzeitliche Muster den gegenwärtigen Gegebenheiten, dem Individuum und der Situation, angepasst werden muss. Dies geht einher mit dem Bewusstsein, in einer „Geschichte" zu leben, die zwar wieder ein Muster vorgibt, jedoch nicht als erstarrt zu verstehen ist, sondern Raum für die Ausgestaltung lässt: Wieder geht es um das „Wie", nicht nur um das „Daß". Diese Art des Bewusstseins ist die Voraussetzung für Josephs Potential als Erzähler.

Das gegenwärtige Geschehen wird von Joseph sowohl vor dem Hintergrund von Mythen und Sagen im Sinne von Fremdereignissen als auch der Geschichten und Ereignisse des eigenen Erlebens gesehen und verstanden. Er erkennt jedoch nicht nur das zugrunde liegende Muster, sondern kann es auch deuten und auf die gegenwärtigen Ereignisse übertragen.[76] Ihm wird klar, dass es Freiräume gibt, die Variation und eigene Ausgestaltung nicht nur ermöglichen, sondern verlangen – der Mensch darf sich nicht hinter seine Rolle zurückziehen, er trägt selbst die Verantwortung dafür, wie er sie füllt und ausgestaltet. Das praktische Umsetzen seiner „hermeneutischen" Gabe in Handlungen und Taten ist die direkte Folge von Josephs mythischer Erkenntnis, braucht es auch eine Weile, bis er selbst sein „allzu gutes" Verständnis nutzen kann. Seine Art und Grad des Verstehens drückt sich unter anderem in der Art der Einflechtung und des Verstehens von Motiven in Figurenrede und Gedankenbericht aus.

Die unterschiedlichen Stufen im Prozess der Individualisierung und damit des Bewusstseins um die Muster und Großzusammenhänge schlagen sich auch im Motivgebrauch und -verständnis der anderen Figuren nieder. Jaakob beherrscht ein ganzes Ausdrucks- und Anspielungsarsenal,

---

[76] Vgl. auch Neumann, *Romane*, S. 111. Nach Assmann macht Th. Mann in seinem Roman insgesamt aufmerksam auf „die vielfältige Rolle der Vergangenheit" im Sinne des „kulturellen Gedächtnisses", sei es nun „mündlich oder schriftlich, narrativ oder normativ verfaßt", für unseren „Aufbau von Identität, Selbstbild und Persönlichkeit" (*Thomas Mann und Ägypten*, S. 53).

das aber einen engeren Blickwinkel verrät. Sein „Sinnen" ist immer verbunden mit der „Gottessorge" und richtet sich in erster Linie auf die eigenen Geschichten und die des Stammes Israel. Das Besinnen, d. h. Erinnern der Ereignisse anlässlich Isaacs Begräbnisses (s. o.), bei dem ihm das Rollendasein seines Bruders und seiner selbst deutlich vor Augen tritt, besitzt für ihn Eigenwert. Jaakob leitet keine Anleitung zum Handeln im gegenwärtigen Leben ab. Das „schöne Gespräch" mit Joseph am Brunnen (Jak 113ff) ist vollkommenster Ausdruck dieser Folgelosigkeit für das praktische Leben:

> (...) ein schönes Gespräch, das hieß: ein solches, das nicht mehr dem nützlichen Austausch diente und der Verständigung über praktische und geistliche Fragen, sondern der bloßen Aufführung und Aussagung des beiderseits Bekannten, der Erinnerung, Bestätigung und Erbauung, und ein redender Wechselgesang war (...). (Ebenda 114).

Und so widmet sich das „schöne Gespräch" auch nur den eigenen bzw. den Familiengeschichten und weist nicht über sie hinaus. In beschränkterer Weise als Joseph, z. B. in Diskussionen über Gott, das Göttliche und Fremdgötter, ist allerdings auch Jaakob fähig, Muster in fremden Göttergeschichten zu entdecken. Die Verarbeitung erschöpft sich aber in geistiger Auseinandersetzung und Kontemplation.

Dass auch er Teil hat an einem allgemeinen „mythischen Erbgut" (s. o.), machen seine Assoziationen zum */Brunnen/* und zur */Tiefe/* deutlich. Bestimmte Symbolwerte sind ihm vertraut. Er begreift sie und bezieht sie auf die gegenwärtige Situation, wieder aber erschöpft sich sein Verständnis in der Betrachtung. Er kann im Gegensatz zu Joseph nicht frei mit dem Muster umgehen, ein neues Muster gründen oder selbständig eine Variante einbringen. Ihm fehlt aber auch das Vertrauen in die alten Muster, das z. B. Eliezer noch zu eigen ist. Jaakobs Traum, in dem er das Muster Abraham-Isaac, die Ersetzung des Menschenopfers durch das Tieropfer, selbst neu erlebt, indem er von Gott aufgefordert wird, seinen Sohn zu opfern, ist ein besonders klares Beispiel. Trotz eigentlicher Kenntnis des Musters fehlen Jaakob das Vertrauen und der Mut, sich auf den guten Ausgang, auf das Auftauchen des Widders, zu verlassen. Er geht in der Feststunde auf und verliert die Übersicht. Joseph hingegen, dem er den Traum erzählt, macht ihn lachend darauf aufmerksam, dass ihm ja nichts hätte geschehen können; der Widder wäre ja gekommen.

Insgesamt zeigt Jaakob wenig Gespür für weltlich-reales Geschehen, er tritt kaum aus seiner geistlichen Gedankenwelt hinaus.[77] In seinem „Sinnen" werden ihm zahlreiche Konnotationen und Verbindungen bewusst, die aber kaum praktisch genutzt werden. Nach Josephs Verschwinden und dem Ende seiner ungehemmten Gefühlsherrlichkeit füllt ihn die „Gottessorge" vollständig aus.

Auch den Brüdern, aufgewachsen im Schatten des Jaakobschen Sinnens, fallen die Konnotation gewisser Wendungen und Ausdrücke ganz selbstverständlich zu. Sie teilen ein gemeinsames mythisches Wissen, das ihnen erlaubt, Anspielungen zu verstehen und Verbindungen zu ziehen. Außerdem bilden sie als Gruppe einen ganz eigenen Code aus durch die Erinnerung an die gemeinsam ausgeführte Tat: die „Zerreißung" und den „Grubensturz" Josephs. In ihren Gesprächen, noch vor ihrer Tat im Jungen Joseph, und später, wenn sie ihn in Ägypten (zunächst als fremden Statthalter) wiedersehen, finden sich einige motivische Sentenzen, die Aufschluss über den Grad ihrer Einsicht geben. Zum Racheakt an Joseph reizen sie sich auf, indem sie alte Mord- und Rachegeschichten (Lamech, Kain) heraufbeschwören. Nach der Tat sehen sie aber auch die Abwandlung, da sie es ja nicht über sich bringen, wirklich mordend das Blut Josephs zu vergießen. Juda bringt es auf den Punkt:

> Denn es ist läppisch gar bis zum Ekel, daß wir ihn in die Grube warfen und redeten uns ein, damit sei seines Blutes geschont, daß wir essen mochten am Brunnen, denn es zu vergießen waren wir allzu schüchtern. (...) Wir wollten's dem Lamech gleichtun im Liede und den Jüngling erschlagen für unsere Beule; doch siehe da, wie es geht, wenn man's machen will wie im Liede der Urzeit, nach Heldenvorbild: wir mußten etwas nachgeben den Läuften, die nicht mehr die alten sind, und statt den Jüngling zu töten, lassen wir ihn nur sterben. (JJ 214)

Er schlägt den Verkauf vor, der eine weitere Variation des Musters darstellt: Der Bruder wird nicht umgebracht, sondern in die Wüste geschickt. Dies ist wiederum auch eine Variante eines alten Ereignisses: die Verschickung Ismaels und seiner Mutter in die (rote) Wüste durch Abraham. Der Verkauf Josephs ist also eine Neugründung, die doch an alte Muster gebunden ist:

---

[77] Jaakobs Hemmung im freien Umgang mit den Mustern zeigt sich auch beim Segensbetrug, den letztlich seine Mutter Rebecca organisiert, er ist nur passiver Nutznießer. Seine praktischen Fähigkeiten, z. B. in der Schafzucht oder auf seiner Flucht, beruhen nicht auf dem Wissen um mythische Muster.

> Mit Ismaels Söhnen [den Ismaelitern] sollte Joseph abgeschoben sein in die Wüste – nicht wurzellos war der Vorgang, es gab ihn, er kehrte wieder. Neu, wenn man will, und eigenursprüngliche Zutat war der Verkaufsgedanke. (JJ 215)

In welchem Maße den Brüdern diese Bezüge bewusst sind, ist allerdings nicht ganz eindeutig: Es ist kaum festzulegen, ob in dieser Stelle noch personal, Innensicht Judas, d. h. der gesamten Brüderschar, oder wieder auktorial erzählt wird. Es liegt nahe, den Kommentar des Erzählers als Verständigung mit dem Leser über den Kopf der Figuren hinweg zu verstehen: Der weitere Verlauf des Romans zeigt, dass sie doch immer nur die alte Seite der Muster erkennen, eine aktive Übertragungsleistung auf das gegenwärtige Geschehen ihnen jedoch schwer fällt.

Im *Ernährer* klagt Joseph als Statthalter die um Korn bittenden Brüder der Spionage an, um eine Geisel zurückbehalten zu können und sie dazu zu bringen, mit Benjamin wiederzukommen. Die Brüder beraten sich über die missliche Lage und verbinden unwillkürlich die jetzigen Kalamitäten mit dem zurückliegenden Geschehen, ohne dass ihnen irgendeine Verbindung zu Joseph ersichtlich wäre. Es werden gebraucht: */in eine Grube/ägyptisches Diensthaus/sein Blut/Haupterhebung/* (E 347), Motive, die einerseits die allgemeinen Vorstellungen des Stammes Israel bezeichnen, andererseits aber für die Brüder noch eine weitere, auf die Ereignisse um Joseph zurückgehende Konnotation haben. Allerdings ist es ihnen unmöglich, die Puzzleteilchen richtig zu deuten und aneinander zu setzen.

Nachdem sich Joseph zu erkennen gegeben hat, fällt es ihnen schwer, im Statthalter den Bruder zu sehen bzw. beide Personen zusammen zu denken: „Dann war's also ein Scherz und hast nur so getan wie ein Fürst (…) und bist also eigentlich bloß unser Bruder Joseph?“ (E 416). Langsam stellen dann zwar die Brüder die Verbindung her, aber in ihrer Vorstellung stehen in Joseph zwei Identitäten vor ihnen. Man kann nicht sagen, „du bist nur das eine und nicht das andere, sondern bist beides in einem“ (E 416). Die Brüder legen eine gewisse geistige Unflexibilität, Altes und Neues zusammen zu denken, an den Tag – Gewohntes nur können sie verstehen.

Noch auf der letzten Seite des Romans ist ihnen die tiefere Einsicht in die Großzusammenhänge verwehrt: Nach Jaakobs Beisetzung fürchten sie, Joseph habe nur zu Lebzeiten des Vaters eigene Rachegedanken zurückgehalten. So fallen sie vor ihm nieder und bitten um Verzeihung, worauf Joseph erwidert: „Geht ihr mich um Vergebung an, so scheint's, daß ihr die ganze Geschichte nicht recht verstanden habt“ (E 550). Dieser Vorwurf deckt sich auch mit dem Motivgebrauch in der Figurenrede, der bei den Brüdern eher sporadisch, auf ein relativ enges Feld um Rache und Schuld und um die ihnen bekannten Geschichten Israels beschränkt ist.

Der *Bericht von Mont-kaws bescheidenem Sterben* führt eine andere Form des Motivgebrauchs vor. Er stellt einen extrem dichten motivischen Kulminationspunkt dar und ist ein Beispiel dafür, wie eine Figur zwar selbst ein breites Spektrum von Motiven in der wörtlichen Rede gebraucht, ihre Bedeutung jedoch nicht ganz erfasst. Das letzte Kapitel im fünften *Hauptstück* von *Joseph in Ägypten* führt durch einen Kunstgriff zahlreiche Motive der Vergangenheit zusammen:[78] Der sterbende Meier, Josephs Vorgänger, Lehrer und Vaterfigur in Potiphars Haus, segnet Joseph, als Handlung schon ein Zitat, wobei er selbst die Rede auf die Heimat- und Familiengeschichten Josephs bringt, die dieser ihm erzählt hat.

Im Erzählerbericht wird nachgereicht, welche Geschichten Joseph Mont-kaw erzählt hat: Es sind die entscheidenden Ereignisse aus Josephs eigenem Leben, aber auch Jaakobs Geschichten und, noch weiter zurückgehend, wichtige Stationen aus Abrahams Leben und seiner Suche nach dem Höchsten. Die Geschichten und Ereignisse werden durch Einzelmotive und kürzere Motivketten angedeutet. Beispielsweise ranken sich um die rücksichtslos zur Schau gestellte Liebe Jaakobs zu Rahel, die in die sträfliche Liebe zu Joseph und den Verkauf Josephs durch die Brüder mündet, die Motive */Käufling/liebliche Mutter/am Wege gestorben/Feierkleid der Liebe/Neid der Brüder/sträflich Vertrauen und blinde Zumutung/Zerreißung/Brunnen/* (Ägy 327f).

Aus den Geschichten Jakobs wird besonders der Segensbetrug evoziert durch */vom Rauhen und Glatten/Fest des Segensbetrugs/Unterwelt/Vertauschung/Täuschung/* (ebenda).

Das Motiv der Täuschung beeindruckt Mont-kaw in besonders hohem Maße:

> Vertauschung der Erstgeburt und des Segens, der Bräute und der Besitztümer. Vertauschung des Sohnes auf dem Schlachtopfertisch mit dem Tiere, des Tieres mit dem ähnelnden Sohn, da er blökend verschied. So viel Vertauschung und Täuschung tat es dem Hörer mit reizender Unterhaltung an und fesselte ihn, denn was ist reizender als die Täuschung? (Ägy 328)

[78] Diese Motivbündelung im Kontext des Todes lässt an die Trauermusik für Siegfried in der *Götterdämmerung* denken.

Mont-kaw lässt sich in seinen letzten Lebenswochen, durch Josephs sprachliche und erzählerische Begabung verführt, auf die Geschichten und die geistige Welt Israels so weit ein, dass er selbst sich geradezu eine neue Identität bzw. Rolle zulegt. Er stellt sich in die Tradition der segnenden Väter, explizit in Anlehnung an Isaac segnet er Joseph.[79] Täuschung und Segensbetrug erfahren eine neue Variante: Mont-kaw „täuscht" eine Vater- und Herrenrolle nach Vorbild der Geschichten Israels an, er setzt sich selbst in ihre Spur. Nicht der Gesegnete, sondern der Segnende wird in dieser Abwandlung zum Täuschenden: Mont-kaw, folgend dem Muster des Erbsegens, vermacht Joseph Haus und Hof, ist er auch nicht Herr und Besitzer. Tatsächlich übergibt er Joseph lediglich seine Stelle als oberster Vorsteher, als Meier im Hause des Potiphar, wobei er selbst die Wendung „Abdanken zu deinen Gunsten" gebraucht, die der Erzähler und auch Joseph vorher schon eingeführt haben. Die Geschichten Israels erscheinen in neuem Zusammenhang, gewissermaßen ins ägyptische Leben gewendet: Mont-kaw vergleicht sich und sein Leben mit dem des Stammes Israel, von dem er sich grundlegend dadurch unterscheidet, dass er, im Gegensatz zum „auserwählten Volk", immer „entschieden das Höhere mied" (Ägy 332).

Wie bereits angedeutet, ist die Sterbeszene Mont-kaws ein emotionaler Höhepunkt, bei dem sich der auktoriale Erzähler immer stärker zugunsten der Figurenrede zurückzieht: Es sprechen erst Mont-kaw und dann Joseph, der seinem Vorsteher den letzten, langen Gute-Nacht-Gruß sagt, der Tod selbst wird berichtet, jedoch nicht kommentiert. Mont-kaw übernimmt in seiner Rede zahlreiche Motive, die er allerdings hauptsächlich in ihrer denotativen „buchstäblichen" Bedeutung versteht. Die Mehrzahl der mythischen Bedeutungen und die Musterhaftigkeit der Geschichten bleiben ihm letztlich jedoch verborgen, nimmt er sich selbst auch den Erbsegen als Vorbild zu seiner Segnung Josephs.

Ähnlich steht es auch mit Mai-Sachme, Josephs eigenem „ältesten Knecht", der auf Josephs Ankündigung, dass seine Brüder in Ägypten eingetroffen seien, zwar die Motive */zerrissen/in die Grube werfen/in die Welt verkaufen/das Blut des Tieres/* gebraucht (E 318f), da er von Joseph nach und nach dessen Geschichte erfahren hat. Aber der weitreichenden mythischen Verweise und Konnotationen gedenkt er nicht in dem Maße wie Joseph.

[79] Mont-kaws Segen ist der zweite von dreien, er steht zwischen dem Erbsegen Isaacs und Jaakobs. Durch seine Segnung Josephs wird er in Väterrang gehoben; Joseph sieht in ihm auch einen geistigen Vater.

Auch in diesem Zusammenhang ist es nur stimmig, dass er mit seinem Versuch, seine „Geschichte von den drei Lieben" aufzuschreiben, nie über den Anfang hinauskommt. Besitzt der Erzähler auch die mythische Erkenntnis, so greift er selbst doch auch auf die Kategorien von Raum und Zeit, die Form des Mythos, zurück, um zu erzählen. Er fiktionalisiert, eine Fähigkeit, die Mai-Sachme, dem außerdem die Erkenntnis im Vergleich mit Joseph in sehr viel geringerem Maße zu eigen ist, fehlt. Er kann wohl Ansätze zur (schriftlichen) Erzählung seiner Liebesgeschichte machen, soweit er sie erlebt hat. Es fehlt ihm aber die Fähigkeit, das begründete Muster weiterzuführen und auszugestalten.[80]

[80] Auch der Ismaeliter, der Joseph aus dem Brunnen gezogen hat und dem Joseph anspielungsreich einige Umstände offenbart hat, benutzt Motive, die ihm von diesem genannt wurden: */Ehrwürdigem/Überständigem/in die Grube/sträflich Vertrauen und blinde Zumutung/ Geheimnis/Freudenöl/Leib des Brunnens/* (Ägy 157f). Aber trotz einer Ahnung, dass es besonders um Joseph steht, verfügt er nicht über ein geeignetes Decodierungssystem, um die Konnotationen selbst aufzudecken oder mitzudenken.

Anknüpfung

Die Konstruktion der „rollenden Sphäre" ist nicht nur für die theoretisch-philosophische Basis der Josephsromane, sondern auch für die formale Programm. Sie reicht bis in die Doppelstruktur der erzählstrategischen Konstruktion, in der sich mittelbarer und unmittelbarer, d. h. offener und verdeckter Kommentar, eigentliches und uneigentliches Sprechen, einfacher und komplexer Wortsinn verschränken und sich verschiedene Erzählerstimmen überlagern. Es offenbaren sich Parallelen zum *Ring des Nibelungen,* die sich nicht in Äußerlichkeiten, der Vierteiligkeit und dem bloßen Gebrauch wiederholender musikalischer bzw. sprachlicher Elemente, der Motive, erschöpfen. Vielmehr sind es die Analogien in der Anwendung und im Einsatz der narrativen Mittel, die es erlauben, im Musikdrama das „Muster" zu entdecken, dessen sich der Roman bedient, und das er mit Abwandlungen neu erfüllt.

Im Musikdrama ist die Existenz der im Medium der Leitmotive kommentierenden, heterodiegetischen Erzählinstanz eine Besonderheit, ebenso die ebenfalls festzustellende Verschachtelung der Erzählebenen durch das Nebeneinander von extradiegetischem und intradiegetischem Erzählen. Für das rein literarische Erzählen ist die Beobachtung verschiedener Erzählebenen und der Aufspaltung der erzählenden Stimme in eine heterodiegetische, kommentierende Erzählinstanz mit Nullfokalisierung und multiple homodiegetische Erzähler mit interner Fokalisierung zunächst weniger spektakulär. In beiden Werken aber zeichnet sich ein Changieren der Erzählerfiguren ab, das sowohl den heterodiegetischen als auch den homodiegetischen Erzählern zu eigen ist, unter diesen vor allem den Protagonisten Wotan und Joseph. Dieses Changieren resultiert zum einen aus der Schwierigkeit, die übergeordnete Erzählinstanz als Person zu fassen, zum anderen daraus, dass die An- oder Abwesenheit des Erzählers in der Diegese nicht immer eindeutig zu bestimmen ist und bei den personalen Erzählern zumindest ein Spiel mit ihrer Fähigkeit zur Übersicht und ihrem Bewusstsein für die Großzusammenhänge gespielt wird. Dieses Spiel wird entscheidend gestützt durch die motivische Arbeit.

Die Motivstrukturen stärken den an sich in einem Kunstwerk schon ausgeprägten Idiolekt der Werke. Trotz medialer Unterschiede herrschen für Musikdrama und reines Sprachwerk letztlich die gleichen Grundbedingungen, nämlich die Arten der Bezugnahmeweisen und die konstituierende Wiederholungsstruktur. In Wagners Theorie und in der Praxis kommt der Vergegenwärtigung eine zentrale Stelle zu, wie dies, als unabdingbare Komponente des „Fests der Erzählung“, auch für die Josephsromane konstatiert werden konnte. Zentrales Mittel sind die vergegenwärtigenden Motive, außerdem die in beiden Werken zu beobachtenden wiederholenden und rekapitulierenden Erzählungen, die gleichzeitig motivische Kulminationspunkte darstellen.

Dabei sind die Motive nicht nur unmittelbare „Gefühlswegweiser“, sondern verbinden die Unmittelbarkeit mit Reflexion, wodurch sie in beiden die Funktion eines Kommentars übernehmen. Die Möglichkeiten des Kommentierens und die Funktionsweise wurden eingehend besprochen. Eine Besonderheit ist ihre Eigenschaft, durch die Art, wie sie im Erzählerbericht (bzw. in der Orchestermelodie), vor allem aber auch in der Figurenrede eingesetzt werden, Gradmesser für die Bewusstseinsstufe der Figuren zu sein.

Diese formalen Parallelen gilt es weiter zu verfolgen und mit einer inhaltlichen Interpretation zu untermauern, die beide Werke als Darstellung der Bewusstwerdung und der Entwicklung hin zum Ausgleich der Gegensätze Liebe und Macht (*Ring*) bzw. Seele und Geist (*Joseph*), mithin als Menschheitsmythos liest.

FORTSCHRITT ODER STILLSTAND?

VON KREIS UND STRECKE

„Als junger Jahre Lust mir verblich" – Die Wotanstragödie

Warum müssen die Götter im Ring zugrunde gehen? Der zwangsläufige Untergang von Gott und Götterherrschaft ist das Resultat der Handlungen Wotans. Um seine Entwicklung als Gott und Charakter zu verfolgen, muss man sich mit seinen Taten und deren Darstellung durch ihn selbst wie auch durch andere befassen. Die Zwangsläufigkeit des Untergangs und die Unmöglichkeit auch für Wotan, seinem Schicksal zu entrinnen, erschließt sich in voller Tragweite, zieht man außerdem die Kunstschrift *Oper und Drama* hinzu.

Im zweiten *Walküre*-Akt erzählt Wotan in seinem „Monolog" von den Anfängen seiner Herrschaft: An deren Anfang war der „junge[n] Liebe Lust" die Triebfeder seines Handelns, bis diese ihm „verblich" (s.o). Die Lust an der Liebe wandelt sich in Lust auf die Macht: Mit einem ausgeklügelten Vertragswesen macht er sich die Welt untertan. Äußerliches Symbol seiner Macht ist der Speer, den er sich, so berichten die Nornen im Vorspiel zur *Götterdämmerung*, nach einem Trunk aus dem Weisheitsquell aus der Weltesche gebrochen hat (G, Vorspiel, T. 65ff). Er steht für die neue, auf ein vertragliches Rechtssystem gestützte Ordnung, in seinen Schaft sind die „Vertragsrunen" eingeritzt. Weiter lässt Wotan sich Walhall erbauen, wozu er die Riesen beauftragt. Auf Rat, wie er behauptet, des Halbgottes Loge, eigentlich einer Art Elementargeist, akzeptiert er deren Lohnforderung und verspricht ihnen die Liebesgöttin Freia. Während es Fasolt um ihre Liebe geht, verfolgt sein Bruder Fafner noch andere Ziele: Er weiß, dass nur Freia die goldenen Äpfel ziehen kann, die den Göttern ewige Jugend verleihen. Der Verlust Freias ist also eine konkrete Bedrohung für das Fortbestehen des Göttergeschlechts. Fafner zielt auf nichts Geringeres als den Untergang der Götter zur Förderung des eigenen Machtaufbaus.

Bemerkenswert ist der Umstand, dass Wotan – trotz Wissensquell – so wenig weiß. Der Zusammenhang von ewiger Jugend und Freias Äpfeln scheint ihm entfallen; vom Raub des Rheingolds und der Herstellung des Rings durch Alberich, immerhin ein weltbedrohliches, das Machtgefüge erschütterndes Ereignis, hat er noch gar nichts gehört; dass es mit des „Rheines Gold" etwas besonderes auf sich hat, ist ihm wenigstens nicht ganz unbekannt; und schließlich muss ein „dummer Riese" ihn daran erinnern, dass auch er an einmal geschlossene Verträge gebunden ist Da ist es beinahe schon folgerichtig, dass für den Unwissenden die allwissende Erda im *Rheingold* eine absolute Neuerscheinung darstellt. Der *Ring* ist auch das Bildungsdrama

Wotans und beschreibt seine Entwicklung zum reflektierenden Herrscher – leider etwas spät, er wird nur noch zum Insolvenzverwalter.

Bei so viel Nachlässigkeit auf seiner Seite ist Wotans entscheidende Ursünde auf den ersten Blick nicht leicht auszumachen – zu viele missverständliche Fremd- und Eigeninterpretationen und das auf offener Bühne begangene Unrecht verstellen die Sicht. Tatsächlich ist man genötigt, über den Anfang aller Dinge, das heißt des sichtbaren *Ring*-Geschehens hinauszugehen.

In Urzeiten hat Wotan, das erzählt er selbst in der „Wissenswette" im I. Akt des *Siegfried*, einen Ast aus der Weltesche herausgebrochen, um daraus seinen Speer zu formen. Seitdem ist dieser Baum, das ergänzen die Nornen, geschwächt, er erholt sich nicht von der Verletzung.[1] Diese symbolisch aufgeladene Tat ist jedoch nicht die „Ursünde" selbst, sondern deren Folge. Wotan handelt unmittelbar nach Genuss der Weisheitsquelle, wofür er sein eines Auge hingeben musste.

Wichtig ist seine Motivation, überhaupt aus dem Weisheitsquell trinken zu wollen: Sie beruht auf seiner Abwendung von der Liebe und der Hinwendung zur Macht, die er mit Wissen zu untermauern strebt.[2] Das Problem ist die Einseitigkeit: Die von ihm eingesetzte neue Ordnung gründet auf Wissen bzw. auf Vernunft, ohne das Gegengewicht der Liebe, des Gefühls. Die Trennung der Kategorien Liebe und Wissen bedeutet die tatsächliche und symbolische Verletzung der Natur. Bezeichnenderweise gehört zu den ersten sichtbaren Handlungen Wotans im *Rheingold* denn auch der Tauschhandel Liebe, in der Gestalt der Liebesgöttin Freia, gegen Macht, den Bau Walhalls. Das Gleiche spielt sich im direkten Anschluss daran zwischen den Riesen ab, von denen der eine (Fasolt) das Prinzip Liebe, der andere (Fafner) das Prinzip Macht vertritt und Gold und Macht der Liebe vorzieht. Die Liebesentsagung

[1] Über Schwächung und Dahinwelken der Esche informiert erst der „Weltenklatsch" (Thomas Mann) der Nornen im „Vorspiel" der *Götterdämmerung* ausführlicher.

[2] Der Trunk aus dem Quell liegt chronologisch nach Wotans Entschluss, die Liebe durch Macht zu ersetzen. Der Weisheitsquell könnte unter Umständen sogar selbst als eine Folge der Liebesentsagung interpretiert werden, womit Wotan wirklich am Anfang aller Entwicklungen zum Ende stünde. Auf jeden Fall ist schon im paradiesischen Anfangszustand das Böse, in Form der Macht, als Möglichkeit vorhanden: Deutlichster Hinweis darauf ist die reine Existenz des Rheingolds und die Tatsache, dass es keineswegs verboten ist, das Gold zum Reif zu schmieden und aus dem rein ästhetischen Zustand in einen zweckgebundenen zu überführen. Die Liebesentsagung – „Nur wer der Minne Macht entsagt" – ist lediglich die Bedingung, die dazu befähigt.

bzw. der Liebesverrat durchziehen das ganze *Ring*-Geschehen, die Ursünde wiederholt sich permanent in oder an den Figuren.

Zur Macht gehört das Wissen, das per se jedoch nicht negativ besetzt ist. Im Gegenteil gehören Wissen und Bewusstsein bzw. Bewusstseinswerdung zu den zentralen Aspekten im *Ring*, stellen sogar das Entwicklungsziel dar, wie von Brünnhilde in ihrem Abschlussgesang in der *Götterdämmerung* formuliert „Daß wissend würde ein Weib" (G III, T. 1335ff). Sie weiß von Anbeginn schon viel, erstens als Tochter Erdas, zweitens durch die Offenbarungen, die Wotan ihr macht. Doch Wissen allein ist nicht ausreichend. Nur durch die Liebe, d. h. durch den unwissenden Siegfried, kann sie im *Ring*-Universum wirklich wissend werden. Damit ist nicht gemeint, dass der männliche Geist sie erhelle[3], vielmehr erreicht ihr Wissen durch seine Liebe wie durch seinen Verrat, der dieser Liebe die Blindheit nimmt, eine höhere Stufe. Brünnhilde adressiert Wotan mit den Worten:

> Meine Klage höre,
> du hehrster Gott!
> Durch seine Tat,
> dir so tauglich erwünscht,
> weihtest du den,
> der sie gewirkt,
> dem Fluche, dem du verfiehlest;
> mich – mußte der Reinste verraten,
> daß wissend würde ein Weib! (G II, T. 1320)

[3] Allerdings denkt Wagner in Kategorien, die den Verstand, Geist, Wissen und Bewusstsein dem Männlichen, das Gefühl, Liebe, Natur und Unbewusstes dem Weiblichen subsumieren. In seinen Schriften sind das „Weibliche" und das „Männliche" zwei Grundprinzipien, die in ihrem Gegensatz, empfangend vs. zeugend, unwissend vs. wissend, weibliche Hingabe vs. männlicher Eroberungswillen etc., die Basis des Wagnerschen Gedankensystems bilden. Nicht zuletzt für seine kunstästhetischen Theorien und hier besonders für das Zusammenspiel von „männlicher" Dichtkunst und „weiblicher" Tonkunst, erweist sich die Geschlechtsmetaphorik als grundlegend. Dies ist auch zu berücksichtigen bei der Lektüre von *Oper und Drama*, in dem die (romantischen) Schlagworte „abstrakte Begrifflichkeit" für die Wortsprache und „sinnliche Anschauung" für die Tonkunst bemüht werden. Zentral ist dabei der Gedanke der Erlösung durch das natürlich-sinnliche, das liebende Weib – in jeder Oper durchexerziert, selbst noch im *Parsifal*, sogar andeutungsweise noch in den *Meistersingern*: Erst seine Liebe zu Eva und dann ihre Unterstützung machen Stolzing zum Künstler – mit einem Werk, das sie auch noch zum Gegenstand hat.

Durch die Bloßlegung seiner innersten Gedanken hat Wotan bereits in der *Walküre* Brünnhilde, ohnehin schon Tochter der personifizierten Allwissenheit, Erda, zu einem „wissenden Weib" gemacht. Doch dieses Wissen allein macht sie noch nicht zur handelnden Heldenfigur, in der selbst das Gleichgewicht wieder hergestellt würde, so dass sie durch „die Tat", die Rückgewinnung des Rings, dieses Gleichgewicht insgesamt neu etablieren könnte.

Das Wissen muss ergänzt werden durch die Liebe, das Objekt ihrer Liebe sind die Wälsungen. Durch sie werden die für den weiteren Verlauf der Handlung, für den Göttermythos notwendigen Aktionen motiviert. Die Liebe lässt Brünnhilde jedoch zunächst das Wissen vergessen, es zählt nicht mehr. Das wird im ersten Akt der *Götterdämmerung* in der Szene mit ihrer Walküren-Schwester Waltraute offensichtlich:

> Der Götter heiligem Himmelsnebel
> bin ich Thörin enttaucht;
> nicht faß' ich, was ich erfahre,
> wirr und wüst
> scheint mit dein Sinn. (G I, T. 1378ff)

Der Ring, den Siegfried ihr vor seiner Abreise an Gunthers Hof übergeben hat, ist für sie nur noch ein Zeichen für Siegfrieds Liebe. Alle anderen Konnotationen und Zusammenhänge (Gefahr, Macht, Fluch ...), die sie von Wotan erfahren hat, existieren für sie nicht mehr. Auf Waltrautes Bitte, den Rheintöchtern den Ring zurückzugeben, antwortet sie:

> Den Rheintöchtern – ich – den Ring?
> Siegfrieds Liebespfand?-
> Bis du von Sinnen? (G I, T. 1409ff)

Erst in einem dritten Schritt findet Brünnhilde auch zurück zum Wissen. Sie erlangt die neue Bewusstseinsstufe nach dem Durchgang durch das reine Gefühl, woran sich Synthese und Fortschritt anschließen. Diesem triadischen Modell unterliegt inhaltlich und formal Wagners gesamter theoretischer Gedankenbau in *Oper und Drama*, und es findet auch Eingang in Gestalt und Gehalt seines *Ring des Nibelungen*. Dialektisch wird die Synthese der Dichotomie von Liebe und Macht verfolgt, zwei Kategorien, die sich jeweils zu einem Komplex von Begriffen und Bedeutungen erweitern, die vor allem Kraft analogischer Übertragung aufeinander bezogen sind.

Das folgende Zitat verdeutlicht das teleologische, dialektische und auf Analogien beruhende Denken in großen Bedeutungszusammenhängen in besonderem Maße:

> Die Tonsprache ist Anfang und Ende der Wortsprache, wie das Gefühl Anfang und Ende des Verstandes, der Mythos Anfang und Ende der Geschichte, die Lyrik Anfang und Ende der Dichtkunst ist. (...) Der Gang dieser Entwicklung ist aber ein solcher, daß er nicht eine Rückkehr, sondern ein Fortschritt bis zum Gewinn der höchsten menschlichen Fähigkeit ist und nicht nur von der Menschheit im allgemeinen, sondern von jedem sozialen Individuum dem Wesen nach durchschritten wird. (OuD 230)

Eine andere Formel wäre die von Ursprünglichkeit – Erlösung – neue Ursprünglichkeit, bzw. die (romantische) Vorstellung vom verlorenen goldenen Zeitalter, das, nach dem Ende des gegenwärtigen, in einem goldenen Zeitalter der Zukunft restituiert werden wird.

Die zentrale Kategorie, auf die sich Wagnersche Theoriegebäude in allen „Züricher Kunstschriften" bezieht, ist das „Reinmenschliche". Das „Reinmenschliche", darin ist Dahlhaus Recht zu geben, ist allerdings letztendlich schwierig zu fassen, es wird nicht eindeutig definiert. Ende der 1850er Jahre verliert es außerdem seine zentrale Bedeutung für Wagner, ohne dass etwas Vergleichbares an seine Stelle träte.[4] Einige Aspekte lassen sich jedoch herausfiltern.

Als kunsttheoretischer (polemischer) Begriff zunächst als eine Rückkehr zur „Natürlichkeit" in der Musik aus der vornehmlich französischen Verirrung der Künstlichkeit zu lesen, ist das „Reinmenschliche" Chiffre für die Verbindung von „Verstand und Gefühl" bzw. die Verbindung des Weiblichen mit dem Männlichen:

> Dieser Reiz [zum Drang der auf seiten des Verstandes stehenden Wortsprache zur Tonsprache] ist die Einwirkung des ‚ewig Weiblichen', die den egoistischen männlichen Verstand aus sich herauslockt, und selbst nur dadurch möglich ist, daß das Weibliche das sich Verwandte in ihm anregt: das, wodurch der Verstand dem Gefühle verwandt ist, ist das Reinmenschliche, das, was das Wesen der menschlichen Gattung als solcher ausmacht. An diesem Reinmenschlichen nährt sich das Männliche wie das Weibliche, das durch die Liebe verbunden erst Mensch ist. (OuD 243, Herv. im Original)

[4] Vgl. *Konzeption*, S. 17ff.

Das „Reinmenschliche“ geht in Liebe und Zeugung auf: „Der notwendige Drang des dichtenden Verstandes (…) ist daher die Liebe – und zwar die Liebe des Mannes zum Weibe“ (ebenda, Herv. im Original). Wie Mann und Frau liebend Nachkommen zeugen, so befruchten sich auch Dichter und Musiker bzw. Dichtkunst und Tonkunst und gebären zusammen das Kunstwerk der Zukunft. Wagners Geschlechts-, Sexual- und Zeugungsmetaphorik wird angewandt auf Form und Gehalt des Kunstwerks sowie auf die Gesellschaft der Zukunft, die sich ebenfalls einem überindividuellen Zeugungs- und Gebärungsakt verdanken wird.

Beide Seiten der immer neue Verbindungen eingehenden Gegensätze bestehen aus ganzen Bedeutungskomplexen. Und doch ist das System, trotz aller Bedeutung, die geradezu tiefenepistemisch hinter jedem einzelnen Aspekt steht und leicht dazu verführt, jedem Objekt und Gedanken grenzenlose Bedeutung zuzuschreiben, durch Analogie strukturiert: Wagner springt zwischen allen Bereichen und überträgt analogisch die Gehalte und Begriffe von einem Bedeutungsfeld ins nächste. Er umspannt damit schlichtweg alle Seinsbereiche von der Lebensfunktion über die Form des Kunstwerks bis zur politisch-gesellschaftlichen Dimension. Das allumfassende Konzept von *Oper und Drama* bezeichnet Martin Gregor-Dellin in seiner Wagner-Biographie sehr treffend als „verkappte Religion“:

> Eine Welt-Konzeption, die von der griechischen Antike geradewegs auf eine Vorhaltdissonanz in einer klassenlosen Final-Gesellschaft zuläuft. Oder anders gesagt: von Zeus-Wotan zu Richard Wagner. Wir haben es in Wagners Kunstschriften der Jahre 1849 bis 1851 mit einem vollkommenen theoretischen System zu tun, das in sich schlüssig und stimmig erscheint und nur einen einzigen Nachteil hat: es ist eine verkappte Religion. (…) Verkappte Religionen sind verknüpft mit dem Erscheinungsbild des Monomanen, der seine Lehre mit dem Postulat einer neuen Welt verbindet, eines künstlichen Paradieses mit Endzeitcharakter. Darin offenbart sich ein Krankheitsvirus, ein Wille zur Machtergreifung, eine Triebfeder des vom Rauschtrank seiner fixen Ideen überschwemmten Menschen. Was immer ihm begegnet oder entgegengehalten wird (…) ihm schrumpft die Welt zur Untermauerung eines einzigen Gedankens zusammen, der (…) die Welt aus einem Punkt erklären und kurieren will. (*Richard Wagner*, S. 339f)

Religion ist hier in dem Sinne zu verstehen, dass eine Weltanschauung sämtliche Ebenen und Strukturen durchdringt. Wagner selbst setzt an Stelle der Religion – d. h. immer: der christlichen Religion – das „rein Menschliche“ und die Liebe des Individuums. Der Schlusspunkt, in den alles mündet, ist Zeugung und Gebären, eine logische Konsequenz aus der Grundbedingung von Sehnsucht nach Erlösung, die in den Liebesakt führt. Diese Regungen sind auch die Quelle des Kunstwerks: Der Schlusssatz von *Oper und Drama* nennt die Sehnsucht des Künstlers als grundlegenden Schaffenstrieb:

> Der Erzeuger des Kunstwerks der Zukunft ist niemand anderes als der Künstler der Gegenwart, der das Leben der Zukunft ahnt, und in ihm enthalten zu sein sich sehnt. (OuD 392)

Das Kunstwerk verdankt sich also einem Zeugungsakt durch den Erzeuger, der durch Sehnsucht und Begehren nach „Enthaltensein", also Verschmelzung, getrieben ist. Die Zeugungsmetaphorik wird ergänzt durch eine Liebes- und Gattungsmetaphorik, die besonders prägnant in der Beschreibung der „Tonarten" und ihrem Verhältnis zur gesamten „Tongattung" erscheint. Wagner überträgt analogisch die ersehnten, auf Verwandtschaft und Liebe gegründeten menschlichen Familienstrukturen auf musikalische Beziehungen und Strukturen, vor allem auf harmonische Bezüge. Die Tonart schreite

> aus Neigung ihrer einzelnen Tonfamilienmitglieder zur unwillkürlichen [!] Verbindung mit anderen Tonarten [fort]. Wir können die Tonarten hier sehr entsprechend mit den alten patriarchalischen Stammfamilien der menschlichen Geschlechter vergleichen (...) Die Geschlechtsliebe des Individuums, die sich nicht an einer gewöhnten, sondern nur an einer ungewöhnten Erscheinung entzündete, war es aber, was die Schranken der patriarchalischen Familie überstieg und die Verbindung mit anderen Familien knüpfte. (...) Die Jungfrau gelangt zu selbständigem Heraustreten aus der Familie nur durch die Liebe des Jünglings, der als Sprößling einer anderen Familie die Jungfrau zu sich hinüberzieht. So ist der Ton, der aus dem Kreise der Tonart hinaustritt, eine bereits von einer anderen Tonart angezogener und von ihr bestimmter, und in dieser Tonart muß er sich daher nach dem notwendigen Gesetz der Liebe ergießen. (OuD 300ff)

Noch einmal wird deutlich, dass die Liebe, genauer: die Geschlechtsliebe als unmittelbarster Ausdruck des „Reinmenschlichen" die Triebfeder des ganzen Wagnerschen Universums darstellt.[5]

Diese Grundzüge des Wagnerschen Denkens stützen eine Interpretation des *Rings* als Menschheitsmythos, in der die Götterherrschaft einer neuen

[5] Wagners Verständnis und stellenweise Uminterpretation der Philosophie Schopenhauers wurde und wird viel diskutiert. Dass Wagner die Liebe nicht nur als alles beherrschenden „Trieb" bzw. „Willen" versteht, sondern auch noch positiv besetzt, gehört zu den großen Umdeutungen, die auch als konstruktive Eigenleistung zu sehen sind.

Gesellschaft, getragen von Liebe *und* Wissen weichen muss. Die dialektische Entwicklung vollzieht sich in drei Stufen: vom reinen Wissen durch die Liebe bzw. von der Liebe durch Wissen (Wotan beginnt mit der Liebe) zur Synthese von Wissen und Liebe.

Durch Erda wird Wotan auf den Weg der Erkenntnis gebracht und findet, nach zahlreichen Wiederholungen des Liebesverrats in mannigfaltiger Variation, erst zum Schluss zur Liebe zurück, indem er auf die Macht verzichtet. Die Einseitigkeit, das heißt das Verharren auf der ersten Stufe, kann keinen Fortschritt bringen, der in Wagners teleologischem Geschichtsmodell jedoch angelegt ist. Das wird an allen tragenden Figuren durchexerziert, wobei dieser Fortschritt eben gleichzeitig den Untergang der alten Ordnung impliziert. Dessen Bild ist das der absterbenden Weltesche.

Der offensichtliche Grund für ihr Dahinwelken ist die Verwundung des Stammes durch Wotan, das Ende der alten Welt und Ordnung ist auch nicht aufzuhalten. Erdas Prophezeiung ist lediglich das Mittel, Wotans Bewusstsein für die Zusammenhänge zu wecken. Hinter dem Bild der verdorrenden Weltesche stehen jedoch noch weitreichendere Bedeutungen. Zunächst verdankt es sich dem Quellenstudium Wagners.[6] In der Ringgeschichte vermischt Wagner germanische und altnordische Sagen, er schafft seinen eigenen Mythos, indem er die heterogenen Stoffe neu zusammensetzt und seinem eigenen System subsumiert. Mythostheoretisch wäre dies tatsächlich eine Arbeit am Mythos (im Sinne Blumenbergs), die einen neuen „Grundmythos" entstehen lässt. Dazu gehört allerdings auch, dass Versatzstücke in den neuen Mythos eingefügt werden, deren Bedeutung sich nicht immer sofort erschließt. Die ganze Tragweite des Absterbens der Weltesche tritt zutage vor dem (revolutionären) Hintergrund *Oper und Drama.*

---

[6] Während das Nibelungenlied v. a. für die *Götterdämmerung* genutzt wurde, bediente sich Wagner für die drei vorhergehenden Abende v. a. der altnordischen Überlieferungen (Edda, Völsunga-Saga, Wilkina- und Niflinga-Saga). Wichtig sind auch die Mythologie der Brüder Grimm und die *Deutschen Heldensagen* von Wilhelm Grimm, außerdem ist Wagners genaue Kenntnis der antiken Dramen zu berücksichtigen. Zu den Quellen bes. Peter Wapnewski: *Der Ring des Nibelungen. Richard Wagners Weltendrama*, München 2004, S. 37–46. Den „geistigen Überbau" lieferte die Beschäftigung mit Historie und Philosophie, unter ihnen die Schopenhauers, Hegels, Feuerbachs (dessen Ethik zur Grundlage von Wagners Revolutionsverständnis wird); über seine Freunde in der Revolutions- und Exilzeit, Bakunin, Ernst Röckel, Max Herwegh, wurde er auch bekannt mit den Theorien des französischen Ökonomen und Soziologen Proudhon und schließlich mit den Gedanken von Karl Marx (dazu auch Gregor-Dellin: *Richard Wagner*).

Im *Ring* geht es um die Zerstörung der alten Machtstruktur, die an sich, durch ihr bloßes Dasein, zum Untergang verurteilt ist. Hinweise dafür liefert *Oper und Drama,* in dem man auch auf das Bild des welkenden Baums stößt, zusammen mit Formulierungen, die ähnlich, sogar wörtlich im *Ring* verwendet werden. Diese Tatsache untermauert noch den engen Zusammenhang zwischen Theorie und Werk. Für die weitere inhaltliche und poetologische Deutung ist bei Wagners Mythosverständnis in *Oper und Drama* anzusetzen.

Der Mythos entsteht, nach Wagner, aus dem Volk, womit ein Bedeutungsfeld um Natürlichkeit, Einfachheit und Gefühl aufgerufen wird. Der Mythos hat also einen natürlichen, unwillkürlichen und sinnlichen Ursprung. Er wächst aus dem Bestreben, Erscheinungen und Zusammenhänge zu erklären und verstandesmäßig zu durchdringen (ist also „narrative Grundlage" im Sinne Assmanns), im nächsten Schritt aber auch wieder zu versinnlichen:

> Gott und Götter sind die ersten Schöpfungen der menschlichen Dichtungskraft: in ihnen stellt sich der Mensch das Wesen der natürlichen Erscheinungen als von einer Ursache hergeleitet dar; als diese Ursache begreift er aber unwillkürlich nichts anderes als sein eigenes menschliches Wesen, in welchem die gedichtete Ursache auch einzig nur begründet ist. (OuD 161)

Der Mensch sucht also nach den Gründen der äußeren Erscheinung und findet letztlich nur sich selbst, er ist Objekt und Subjekt jeder Erkenntnis.[7] Wieder wird deutlich, dass Wagner alles auf seine Zentralkategorie des (Rein-)Menschlichen zurückführt. Dafür kann auch der Begriff des Volkes einstehen, das den Mythos gestaltet:

> Aller Gestaltungstrieb des Volkes geht im Mythos somit dahin, den weitesten Zusammenhang der mannigfaltigsten Erscheinungen in gedrängtester Gestalt sich zu versinnlichen. (OuD 162)

Diese Vorstellung ist nicht weit entfernt von derjeingen Th. Manns, dass das Leben sich „volkstümlicher Weise" im Mythos offenbare, dessen „Zeitformen" Vergangenheit und Zukunft sind, der also überhaupt nur in zeitlichen Kategorien denkbar ist (s. o.). Die „Versinnlichung" bei Wagner ist nichts anderes als die „Erscheinung" in Raum und Zeit. Die Schopenhauer-Basis beider Künstler, von denen jeder auf seine Weise den Philosophen weiter-

[7] Eine Suche nach Bedeutung und Zusammenhängen, die hinter allem nur den Menschen findet: eine Reinausformung der empirisch-transzendentalen Doublette.

denkt, wird hier evident. Bei Wagner nun wird das Volk „im Mythos zum Schöpfer der Kunst“ überhaupt. Und Kunst ist nach Wagner

> ihrer Bedeutung nach nichts anderes als die Erfüllung des Verlangens, in einem dargestellten bewunderten oder geliebten Gegenstand sich selbst zu erkennen, sich in den durch ihre Darstellung bewältigten Erscheinungen der Außenwelt wiederzufinden. (OuD 163)

Schließlich gehört in diesen Gesamtkomplex auch die Motivation der Kunst: „Alles Verständnis kommt uns nur durch die Liebe“ (OuD 162) – damit umfasst die Zentralkategorie des Reinmenschlichen auch die Schöpfungskraft und die Liebe.

In seiner höchstpersönlichen „Mythentheorie“ beschreibt Wagner zunächst den altgriechischen Mythos als Mythos schlechthin, mit Betonung der Kategorie „Natur“. Dem setzt er einen „zweiten Mythenkreis“ entgegen, der wie der antike Mythos vom „christlichen Mythos“ abzugrenzen sei: die „*heimische Sage* der neueren europäischen, vor allem aber der *deutschen* Völker“.[8] Als Beispiel nennt er die Siegfriedsage[9], voller „Reichtum verehrter Vorfälle und Handlungen“, ein „zur Heldensage gestalteter, religiöser Mythos“. Alle Ereignisse seien auf einen Urgrund zurückzuführen, auf eine dichterische Anschauung: „Diese wurzelte tief in derselben religiösen Naturanschauung, die einst den Urmythos erzeugt hatte.“ Wagner also sieht im Mythos einen „religiösen Glauben“, dessen Basis die „Grundanschauung vom Wesen der Natur“ (OuD 169) ist. Das Natürliche macht diesen Glauben zum guten Glauben – im Gegensatz zum Christentum, für Wagner ein Feindbild, das auf seiten des politischen Staates steht. Das Christentum habe die in seinen Augen natürliche Religion, den natürlichen Glauben verdrängt. Dieser Glaube sei die „Uranschauung des Wesens der Dinge“, die „*Wurzel*“ der Dichtkunst der Sage, an die das Christentum Hand anlegte. In seiner bildreichen, sich weiterhin in Zeugungsmetaphorik ergehenden Formulierung:

> Was aber dieser [der üppig zeugenden künstlerischen] Kraft bisher entwachsen war, die unermeßlich reich gestaltete Sage, dies blieb nun, als vom Stamme und der Wurzel losgelöstes Geäst, die fortan aus ihrem Keime selbst ungenährte, das Volk

---

[8] OuD 169, Hervorhebung im Original.

[9] Wagners Gebrauch der Begriffe Mythos und Sage erscheint auf den ersten Blick etwas willkürlich, auf den zweiten lässt sich ausmachen, dass er von Mythos spricht, wenn er den emphatischen Gehalt, von Sage, wenn er die konkrete Ausgestaltung, die gedichteten Handlungen, die Heldensage meint.

> selbst nur noch kümmerlich nährende Frucht. Wo zuvor in der religiösen Volksanschauung der einheitliche bindende Haft für alle noch so mannigfaltigen Gestaltungen der Sage gelegen hatte, konnte nun, nach Zertrümmerung dieses Haftes, nur noch das lose Gewirr bunter Gestalten übrigbleiben, das halt- und bandlos in der nur noch unterhaltungssüchtigen, nicht mehr aber schöpferischen Phantasie herumschwirrte. Der zeugungsunfähige Mythos zersetzte sich (...). (OuD 170)

Dieser Entwurf findet sich nicht einfach im *Ring* gespiegelt, einige Details sind jedoch interessant. Die Zugehörigkeit einzelner Ausdrücke zu den dichotonomisch geordneten Begriffsfeldern lässt es zu, auf einer ersten Stufe die Begriffe Natur, Volk, Mythos, zeugende Dichtkunst, Stamm, Wurzel, einheitlich bindende Haft zusammenzubringen. Dem stehen entgegen: Künstlichkeit, Christentum, zeugungsunfähiger Mythos, Geäst, Zertrümmerung des Hafts, loses Gewirr.

„Wurzel“ und „Stamm“ verweisen auf die „Uranschauung des Wesens der Dinge“, eine Naturanschauung, die dem Mythos ursächlich zugrunde liegt und Zusammenhalt verbürgt, d. h. sämtliche Handlungen und Einzelsagen in einem einzigen Ursprung sammelt. Das von außen kommende Christentum zerstört, nach Wagner, diesen mit vielfacher Bedeutung beladenen „Stamm“.

Dem verdorrten Stamm begegnen wir im *Ring*, wo er zunächst ein Bild für die verletzte Natur abgibt. Darin erschöpft sich die Bildmächtigkeit jedoch nicht, sie erfasst auch die verletzende Kraft: Wotan im *Ring* und das Christentum im theoretischen System. Also ist die Weltesche Chiffre für Natur, Naturreligion, Volk, Menschlichkeit, Liebe, Mythos, zeugende Dichtkunst. Dieser Komplex wird verdrängt von Künstlichkeit, Staat, Christentum, zeugungsunfähiger Mythos.

Indem Wotan den Speer aus der Esche bricht, verlässt er den Bereich der natürlichen Ordnung, seine zukünftige Herrschaft beruht auf einer künstlichen, geregelt durch Verträge. Die alte, natürliche Ordnung entspricht dem zeugungsfähigen Mythos; beide müssen nun durch ihre eigene Zersetzung – Wotans Verfehlungen auf der einen Seite, Unnatürlichkeit und einseitige Betonung des abstrakten Verstandes auf der anderen Seite – hindurch, um, diese Momente hinter sich lassend, in einen Mythos überführt zu werden. Die Folge lautet Mythos – Geschichte – neuer Mythos; als Geschichte kann die Ringgeschichte eingesetzt werden.

In diesen Zusammenhängen liegen Wotans Schicksal sowie seine Ursünde eingeschlossen. Die Machtergreifung ist direkte Folge der Abkehr von der Liebe. Das Bild dafür ist die Verwundung der Weltesche, Symbol für die Vertragsherrschaft ist der Speer – totes Holz. Doch Wotans Handeln ist notwendig, damit der neue Mythos (poetologisch wäre dies das Kunstwerk der Zukunft) entstehen kann, woran er im Übrigen immensen Anteil hat. Indem er selbst in den Untergang geht und diesem auch zuarbeitet, ermöglicht er gleichzeitig einen neuen Anfang. Die Tatsache, dass er, wie die Nornen erzählen, das „welke Geäst" der Esche abzuholzen befiehlt und die Esche selbst fällen lässt, ist ausdrucksstarkes Bild für sein aktives Betreiben des Götter-Endes.

Neben der verdorrten Esche gehört auch der im obigen Zitat benutzte Begriff der „Haft" zum gemeinsamen Vokabular von *Ring* und *Oper und Drama*. Im *Ring* verweist er vornehmlich auf die Verträge Wotans. Sie stellen eine neue Form der Haft dar, die die alte, natürliche Ordnung ersetzt, sind dabei allerdings eher negativ besetzt. Trotzdem steht „Haft" für ordnenden Halt und wird so auch im *Ring* eingesetzt, z. B. in der *Walküre*:

> Lass ich's verlauten
> lös' ich dann nicht
> meines Willens haltenden Haft? (W II, T. 664ff)

Im *Siegfried*, vor dem Zweikampf mit seinem Enkel Siegfried, singt Wotan von „der Herrschaft Haft" in seiner Hand, also seinem Speer, dem Symbol der Herrschaft. Und schließlich heißt es in der Erzählung dieses Kampfes durch die Nornen:

> Ein kühner Held
> zerhieb im Kampfe den Speer
> in Trümmer sprang
> der Verträge heiliger Haft. (G Vorspiel, T. 119ff)

Beachtenswert ist die Doppeldeutigkeit: Im Laufe der Ringhandlung, und vollends mit Blick auf Wagners Weltentwürfe, wird deutlich, dass das künstliche Vertragssystem von Übel ist. Und doch sind die Verträge heilig – sie sind unantastbar, jedenfalls in der bestehenden Ordnung. Zerstörung und Zertrümmerung sind, auf der teleologischen Entwicklungslinie, die unabdingbaren Mittel, eine neue Ordnung zu etablieren. Der *Ring* ist eben der Entwurf eines Revolutionärs.

In der Nornenszene finden sich weitere Textparallelen: Die Nornen klagen über das „verflochtene Geflecht" des Schicksalsseiles und ihren „wirren Sinn", die sich auf das Bild vom „losen Gewirr" in *Oper und Drama* zurückführen lassen. Die Textbeispiele illustrieren, wie sehr eine Lektüre der Theorie den Bedeutungshorizont des Werks erweitern kann.

Es ist also letztlich nicht die moralisch bedenkliche Haltung, die Wotan und das ganze Göttergeschlecht, die ganze „absolutistische" Weltordnung dem Untergang preisgibt. Es gibt einen tieferen Grund, der zur Notwendigkeit „an sich" führt, die Götter, also die Macht, zu stürzen. Den Anfang vom Ende der vertragsrechtlichen Götterherrschaft markiert – die Gegenseite (Alberich und die Riesen) erkennt das klar – ein Vertragsbruch, also das Vergehen an der eigenen Ordnung. Dieser Vertragsbruch ist Wotans Fehlverhalten gegenüber Alberich, in letzter Konsequenz eine Folge der „Ursünde", die darin besteht, überhaupt eine durch Verträge geregelte Ordnung in die Welt gebracht zu haben, also dem Naturzustand eine Künstlichkeit, künstliche Zwänge übergestülpt zu haben.

Denn nachdem Wotan nun einmal die Vertragsherrschaft eingeführt hat, ist er selbst, wie alle anderen, dieser Ordnung unterworfen und darf nicht gegen sie verstoßen. Er tut es jedoch, indem er Alberich den Ring entreißt – ohne rechtliche Rückendeckung. Was auch immer dessen Motive sind (Machtergreifung und Versklavung der Welt, durchaus verwerflich): Alberich hat sich des Rheines rotes Gold verdient, indem er die Bedingung zur Erlangung des Runenzaubers erfüllt hat, also gewissermaßen einen Vertrag mit Vater Rhein eingegangen ist[10]. Wotan ist nicht dazu berechtigt, ihm den Ring abzunehmen, scheint er auch moralisch, nachdem Alberich ihm in der dritten Rheingoldszene seine Welteroberungs- und Weltunterwerfungsphantasien ausgebreitet hat, beinahe gerechtfertigt. Doch die Begründung, er habe Alberich in dessen Machtstreben aufhalten müssen, wirkt fadenscheinig. Wotans Antrieb ist ein anderer: die eigene Faszination durch die Macht. Alberich kommt ihm gerade recht. In der Walküre lautet Wotans Selbsterkenntnis: „Ich hielt seinen Ring" – er hielt ihn, weil auch er bis zu einem gewissen Grade die Liebe durch Machtlust ersetzt hat. Daraus resultiert die enge Verwandtschaft von ‚Ringmotiv' und ‚Walhallmotiv', gleichzeitig erklären sich aber auch die Unterschiede. Denn Wotan ist, trotz seiner Machtphantasien, nicht wie Alberich, er schwört der Liebe nie ganz ab, sondern findet zu ihr zurück. So kann er auf dem Weg zum sicheren Untergang als

[10] An dieser Stelle soll keine Juristerei betrieben werden, wenn der *Ring* auch dazu herausfordert. Die mannigfaltigen Tatbestände sind auch bereits häufiger im „Lichte des deutschen Strafrechts" (z. B. von Ernst von Pidde) betrachtet worden. Mit der Diskussion um Wotans Recht, Alberich den Ring abzunehmen, soll nur verdeutlicht werden, dass erstens Recht und Gesetz nicht mit der Machtseite, also nicht mit Wotan, ist, und dass man zweitens aber zu kurz griffe, wollte man nur darin Wotans Ur-Schuld sehen. Aus den juristischen Deutungen zu den Besitzverhältnissen im Ring sei daher ein Aufsatz herausgegriffen: *Der Ring im Ring* aus der Aufsatzsammlung *Recht Wagnerisch* von Klaus Kirschbaum, Köln 2002.

Korrektiv der Alberichseite wirken, womit er am Ende tatsächlich verhindert, dass diese den Ring in die Hände bekommt. Gleichzeitig aber zahlt er einen hohen Preis: Als Realpolitiker opfert er, wen er liebt.

Die Erkenntnis und das Erkennen des eigenen Fehlverhaltens stellt sich allerdings nur schrittweise ein. Die Warnung Erdas bewirkt zunächst lediglich, dass er auf Möglichkeiten sinnt, seine Macht zu befestigen. Er akzeptiert das „Ende" im ersten Moment nicht, im Gegenteil versucht er alles, um es abzuwenden. Auch noch nach weiteren Informationen, die er von Erda erlangt, sinnt er auf Mittel und Wege, die Ereignisse zu beeinflussen, Wahlhall zu verteidigen und dem Götterende entgegenzusteuern.

Das aber ist unmöglich – das Schicksal der Götter ist unausweichlich, Erda ist nur seine Prophetin. Ihre Warnung, dass Wotan den Ring meiden solle, heißt nicht, dass das Ende zu verhindern wäre. Von Anfang an ist Wotan seinem Schicksal unterworfen, wie jeder Held der klassischen Tragödie.

Die Phase des Ankämpfens gegen die Katastrophe, gegen das eigene Schicksal, dauert bis zum zweiten *Walküren*-Akt, bis zur Peripetie im Dialog mit Brünnhilde. Dort erst, während er sämtliche Motive und Motivationen Revue passieren lässt, findet er (wie gezeigt) zur Akzeptanz seines Schicksals. Die angestrengten Bemühungen zum Machterhalt in der Phase zuvor sind dabei die Grundbedingungen für den weiteren Verlauf der Handlung, die den Göttermythos mit dem Heldenepos verbindet und das Schicksal der Helden auf dem Weg zur Zertrümmerung der alten Ordnung bestimmt.[11]

Die „Ursünde" ist zu interpretieren im Zusammenhang mit Wagners Theorien zu Politik und Gesellschaft, außerdem aber – es führt ja alles auf das Kunstwerk der Zukunft hin – poetologisch. Wagners Systementwurf wird zusammengehalten von der Zentralkategorie des Reinmenschlichen, in der sich Liebe, Begehren und Zeugung bündeln. Die Geschlechts- und Sexualmetaphorik wird wiederum als das Menschlich-Natürliche schlechthin auf sämtliche Bedeutungskomplexe angewandt, inklusive dort, wo es um die konkrete Gestaltung des Kunstwerks geht, um seine Form. Vor diesem Hintergrund verdient der Bedeutungskomplex Inzest im *Ring* einige Beachtung.

---

[11] Man kommt nicht umhin zu überlegen, warum Wotan, wenn an der Götterdämmerung ohnehin nichts zu ändern ist, nicht selbst dafür sorgt, dass der Ring zurück zu Vater Rhein kommt. Man muss seine Selbsteinschätzung wohl ernst nehmen: Vor Fafner „erläge sein Mut", er ist in vollem Ausmaß an seine Verträge gebunden und kann sie selbst nicht brechen. Die eigene Ordnung macht Wotan handlungsunfähig. Daher braucht er auch den Helden nicht nur, um den Ring zurückzugewinnen, sondern um die eigene Ordnung, den Speer zu zerstören.

Inzest und politischer Untergang

Die Genealogie im *Ring* ist nicht nur einigermaßen verwickelt, sondern auch einigermaßen bedeutsam, vor allem die Verwandtschaftsbeziehungen auf der Wotanseite. Sie zeichnen sich aus durch inzestuöse Verstrickungen, die sich nicht im Inzest-Skandalon zwischen Sieglinde und Siegmund erschöpfen. Der Inzest der Wotansprösslinge und die Zeugung Siegfrieds sind jedoch der Kernpunkt des Geschehens, das zu Wotans großer Erkenntnisszene führt.

Rein äußerlich verbürgt die genealogische Linie auf Figurenebene einen Zusammenhang des Gesamtwerks *Ring*, der nicht so ohne weiteres gegeben ist: Keine Figur ist an allen vier Abenden präsent, und allein Wotan, Brünnhilde und Alberich wenigstens an dreien. Die Genealogie bedeutet Kontinuität; so führt Brünnhilde in der *Götterdämmerung* an Wotans statt die Familienangelegenheiten weiter und wird zur Gegenspielerin Alberichs und Hagens. Siegfried, in Unkenntnis der Großzusammenhänge, zählt da als direkter Gegner weniger, spielt er auch, wie schon seine Eltern, einen wichtigen Part im Intrigengewirr der *Götterdämmerung*. Auffallend ist, dass alle, die genealogisch mit Wotan zu tun haben, automatisch in den Strudel der Irrungen, Wirrungen und Schuldverstrickungen geraten.

Als extreme Sonderform verwandtschaftlicher Beziehungen versinnbildlicht der Inzest zunächst die enge Verbundenheit des Wotanclans – wenigstens genealogisch, denn tatsächlich begegnen sich die Familienmitglieder

[12] Unter diesem Aspekt ist der Inzest auch schon Gegenstand einiger Untersuchungen geworden. Genannt seien Peter Wapnewski: *Die Oper Richard Wagners*, der den Aspekt der Auserwähltheit betont; außerdem Dieter Borchmeyer, der in *Das Theater Richard Wagners* die Bezüge zum Ödipus- und Antigonemythos in Verbindung mit Wagners Interpretation des Ödipusmythos herausstellt. In seinem Aufsatz *Die Destruktion der Institutionen* finden sich einige Thesen Udo Bermbachs zum politischen Potential des *Rings* in konzentrierter Form. Er liest ihn als „Politische Parabel“ (ebenda, S. 123) und sieht im Inzest (als auf Liebe gegründeten Sonderfall gegenüber der Ehe) eine „Negation aller sozialen Differenzierungs- und Stabilisierungsleistungen (…) als Votum für die Zerstörung traditionaler Gesellschaftsstrukturen zum Zwecke der Errichtung einer neuen und freien, auf Liebe gegründeten Gemeinschaft“ (ebenda, S. 130f). Die gesellschaftliche Sprengkraft des Inzests sei unbestritten, doch es ist herauszustellen, dass sich diese Gemeinschaft nicht verwirklicht. Eine jüngere Publikation ist die überzeugende, die früheren Ergebnisse zusammenfassende wie weiterführende *Arbeit am Inzest* von Christiane Emig. Die Autorin setzt den Akzent auf die inhaltlichen Bedeutungen des Inzests im Werk Wagners und Thomas Manns und stellt dabei für Wagner und vor allem für den *Ring* die politisch-revolutionären Implikationen in den Mittelpunkt. Sie gibt außerdem einen Überblick über die kulturhistorische und rechtliche Bewertung des Inzests und deren Wandel.

(außer Wotan und Brünnhilde) kaum, haben nur kurze Momente miteinander und die Wälsungen wissen wenig bis nichts über ihre wahre Genealogie.

Darüber hinaus, mit Seitenblick auf Wagners Interpretation des Ödipus-Mythos in *Oper und Drama,* wächst dem Inzest die Bedeutung eines revolutionäres Anrennens gegen künstliche – politische – Ordnungen zu.[12] Damit bekommt die Unausweichlichkeit des Schicksals, dem Wotan und die genealogisch mit ihm verbundenen Helden und (Heldinnen) unterworfen sind, einen eigenen Impuls.

Der Inzest wird grundsätzlich positiv bewertet. Wie aber passt dazu die Tatsache, dass auf der Geschwisterliebe zwischen Siegmund und Sieglinde kein Segen ruht? In Wotans Erkenntnisszene wird das Ausmaß seines Fehlverhaltens und seiner Fehlplanung evident. Er wagt es, seine Gedanken auszusprechen, die seit der ersten Begegnung mit Erda immer um das Eine kreisen: das Ende und wie dem Ende abzuhelfen sei, wobei er sich immer wieder mit den in der Vergangenheit entstandenen Grundkonflikten zu beschäftigen hat. Das gedankliche und thematische Kreisen um den Ring mit all seinen Implikationen und die Notwendigkeit, seine Helden zu opfern, offenbart sich dabei nicht allein in den inhaltlich-musikalischen Wiederholungen des „Wotanmonologs“[13]. Das gesamte Musikdrama ist von Wiederholungsstrukturen durchzogen, die den nicht zu durchbrechenden Kreislauf formal wie inhaltlich abbilden.

Grundsätzlich entbehrt Wotans „großer Gedanke“, der alle Hoffnung auf den „freiesten Helden“ setzt, nicht einer eigenen Logik. Der Gedankenfehler liegt darin, dass ein „freiester“ Held nicht erschaffen werden kann. Und das Risiko, dass ein wirklich freier Held in seiner Freiheit nicht nach dem Willen Wotans handelt, ist groß – daher sind Kontrollmechanismen doch angebracht. Aus diesem Zirkel kann der Gott nicht ausbrechen, ohne dass es zu großen Opfern kommt: Götter und Helden sind endlich gleichermaßen dem Untergang geweiht. In der Peripetie des zweiten *Walküre*-Aktes erkennt und

[13] Auf die Wiederholungsstruktur des Monologs weist auch Abbate hin: „The text's force, then, derives from it's rhetorical strategy, from repetition. A disaster set long ago in motion, now touching the whole world, marks sonority and formal shape in the text. Thus, the text is strophic (…) But it is strophic semantically, strophic in that sense that the master trope [Liebe, Macht, Vertrag, Ende] is repeatetd many times, strophic in its asymmetrical sonorous recurrences, in the frequent repetition of a single bleak line concernig Erda's prophecy of the end.“ (*Voices*, S. 175) Abbate überträgt dies auch auf basale musikalische Strukturen: Wiederholung an sich sei als stilistisches Prinzip in der Musik noch bedeutsamer als in der Sprache, da sie zu den grundlegenden Formkriterien gehöre (ebenda, S. 176).

akzeptiert Wotan sein von ihm selbst durch die Abkehr von der Liebe und dem Aufbau einer künstlichen Ordnung herbeigeführtes Schicksal, dem er nicht mehr entrinnen kann. Ziel seiner Aktionen ist es nun, wenigstens den Ring zu retten bzw. dafür zu sorgen, dass dieser nicht in die falschen Hände, sprich in die der Alberichseite gelangt. Darum nimmt er seinen eigenen Untergang und den seiner Helden in Kauf.[14]

Die inzestuöse Vereinigung der Zwillinge Siegmund und Sieglinde ist das entscheidende Ereignis, das Wotan, von Fricka in die Enge getrieben, zur Erkenntnis und zur Aufgabe seiner ohnehin von Fehlkalkulation und Selbsttäuschung gezeichneten Heilspläne zwingt. Fricka, Vertreterin der „heiligen Ordnung" der Ehe, stellt ihm die Scheinhaftigkeit der Freiheit seines Helden vor Augen. Weil er im Anschluss daran auch seine eigenen Verfehlungen und infolgedessen die Zwangsläufigkeit des Untergangs der Götter erkennt, willigt Wotan in Frickas Forderung ein, Siegmund im Zweikampf mit Hunding verlieren zu lassen.

Die Geschwisterliebe der Wälsungen ist allerdings nur ein, wenn auch das in der Handlung am deutlichsten verankerte, inzestuöse Moment. Um die Genealogie des Wotanclans in seinen Eckpunkten kurz in Erinnerung zu rufen: Aus dem Bund zwischen Sieglinde und Siegmund entstammt Siegfried, der nach seinem Sieg über den Drachen (Fafner) seine Tante Brünnhilde erobert, Tochter des Großvaters Wotan, die wiederum selbst die Liebe überhaupt erst durch ihren Halbbruder Siegmund entdeckt, und deren Verhältnis zum Vater auch leicht oszilliert.[15] Die aus den inzestuösen Banden resultierenden Implikationen sind vielfältig. Nicht unwichtig, gerade auch in der Wagner als Vorlage dienenden *Völsunga Saga*[16], ist der Aspekt der Aus-

---

[14] Die Selbsterkenntnis Wotans wird in vielen Interpretationen, die in den Handlungen Wotans nur den Versuch sehen, die *Götterdämmerung* zu verhindern, übersehen. So auch von Herwig Gottwald in seinem Aufsatz *Das Inzest-Motiv bei Richard Wagner und Thomas Mann.* Gottwalds Schlussfolgerung, dass der Inzest, der chronologisch auch vor Wotans Bewusstwerdung stattfindet, nicht etwa die Rettung der alten Ordnung bedeutet, ist zuzustimmen. Das nimmt dem Inzest-Motiv jedoch nicht die revolutionär-politische Dimension.

[15] Inzestuöse Tendenzen sind auch unter den übrigen Göttern und am Gibichungenhof zu beobachten.

[16] Siehe dazu die eingehende Quellenanalyse Emings, die auch auf die Völsunga-Saga eingeht (*Arbeit am Inzest*, S. 47–57). Außerdem Jürgen Schläder: *Siegmund und Sieglinde – Die Läuterung aus schwerer Sünde*, der ebenfalls Übernahmen und Differenzen der genealogischen Vorgaben herausstellt. Wagner nimmt mehrere Eingriffe vor: Der aus dem Geschwister-Inzest zwischen Sigmund und Signy hervorgehende Held ist Sinfjötli, einzig befähigt, Rache für den Tod seines Großvaters Völse, der keineswegs mit Odin identisch ist,

erwähltheit und der „Reinhaltung“ des Blutes durch den inzestuösen Zeugungsakt: Gezeugt wird der reinste Held mit dem reinsten Blut, außergewöhnlich und stark, dazu bestimmt, die Rachetat zu verüben. Der Status der Auserwähltheit findet sich bei Wagner wieder, die Geschwister zeugen den „hehrsten Helden der Welt“. Siegfried ist der Held an sich, aber das ändert nichts an seinem ererbten Schicksal.

Die Betrachtung der inzestuösen Bande im *Ring* auf inhaltlicher Ebene und mit Rückblick auf Wagners gesellschaftlich-politische Interpretation des Ödipusmythos kann dazu beitragen, die Unausweichlichkeit des Schicksals, dem Wotan und die genealogisch mit ihm verbundenen Helden und (Heldinnen) unterworfen sind, zu fassen. Die gesellschaftlich-politische Bedeutung des Inzests ergibt sich in direkter Konsequenz aus Wagners Deutung des Ödipusmythos in *Oper und Drama.*[17] Der Inzest steht für die unbedingte Liebe, die sich nicht von Konventionen, d. h. von oktroyierten, gegen die menschliche Natur gerichteten Verhaltensregeln ersticken lässt. Zu Ödipus heißt es:

> Ödipus, der seine Mutter ehelichte und mit ihr Kinder zeugte, ist eine Erscheinung, die uns mit Grauen und Abscheu erfüllt, weil sie unsere *gewohnten* Beziehungen zu unserer Mutter und die durch sie gebildeten Ansichten unversöhnlich verletzt. (…) So fragen wir: Verging sich Ödipus gegen die menschliche Natur, als er seiner Mutter sich vermählte? Ganz gewiß nicht. Die verletzte Natur hätte sich sonst dadurch offenbaren müssen, daß sie aus dieser Ehe keine Kinder entstehen ließ; gerade die Natur zeigte sich aber ganz willig. (OuD 190, Herv. im Original)

Wagner stellt die „soziale Beziehung“ von Ödipus zu Jocaste und die „Sittlichkeit“ bzw. die „sittliche Gesellschaft“ und das „soziale Bewußtsein“ gegen die zentrale Kategorie des „Reinmenschlichen“, getragen von unmittelbarer, individueller, gefühlsgeleiteter Natürlichkeit. Ödipus und Jocaste hätten

---

an Signys Ehemann Siggeir zu üben. In zauberischer Verkleidung verführt Signy den um ihre wahre Identität unwissenden Bruder, der Inzest dient also ausschließlich der Zeugung des „stärksten“ Helden, ist sonst jedoch zu verurteilen: Nach vollzogener Rache geht Signy zur Buße freiwillig in den Tod. Der mit Siegfried identische Held Sigurd ist zwar ebenfalls ein Sohn Sigmunds, jedoch von diesem erst Jahre später gezeugt. Wagner zieht also die Generationenfolge zusammen und setzt Völse und Odin in eins; Siegmund stammt direkt von Wotan ab.

[17] Dazu auch Emig, *Arbeit am Inzest*, S. 59f. Emig sieht im Inzest insgesamt eine „Chiffre in vielerlei Hinsicht: als Illustration des triadischen Geschichtsgedankens, als utopischer Gründungsakt eines neuen Zeitalters, als Ursprung sowie Strukturmodell des musikalischen Dramas (…). Inzest ist die Erlösung von Geschichte und Kunst im Mythos“.

> unbewußt nach der natürlichen Unwillkür des reinmenschlichen Individuums gehandelt; ihrer Verbindung war eine Bereicherung der menschlichen Gesellschaft in zwei kräftigen Söhnen und zwei edlen Töchtern entsprossen, auf welchen nun, wie auf den Eltern, der unabwendbare Fluch dieser Gesellschaft lastete. (OuD 191)

Das liest sich wie eine Beschreibung des Wälsungengeschlechts und unterstützt die These der „Erbsünde": Qua Geburt sind zunächst Siegmund und Sieglinde ihrem Schicksal unterworfen, mehr noch aber Siegfried. Die doppelte Genealogie verdoppelt auch die Determination. Im Unterschied zum altgriechischen Mythos handeln Sieglinde und Siegmund sehr bewusst, sie wissen vor dem Liebesakt, dass sie Geschwister sind (sogar Zwillinge) und fügen sich nicht der sittlichen Norm,[18] wobei allerdings in der Schwebe bleibt, ob sie diese überhaupt kennen, sind sie doch gegen alle Konventionen oder sogar in deren Unkenntnis aufgewachsen:

> Was rechtes je ich riet,
> andern dünkte es arg;
> was schlimm immer mir schien,
> andre gaben ihm Gunst (W I, T. 572ff)

Dies erzählt Siegmund im ersten Walkürenakt. Die einzige Leitlinie, die den Wälsungen anscheinend vermittelt wurde, ist die Liebe. Das ist der an Raserei grenzenden Verzweiflung Sieglindes im zweiten Walkürenakt zu entnehmen. Diese hat nicht etwa die Liebesnacht mit dem Bruder zum Gegenstand, sondern die Tatsache, sich vorher einem ungeliebten Mann – Hunding – hingegeben zu haben. Sie fühlt sich dadurch erniedrigt und ihrem Bruder unwert:

> Grauen und Schauder
> ob gräßlichster Schande
> mußte mit Schreck
> die Schmähliche fassen,
> die je dem Manne gehorcht,
> der ohne Minne sie hielt!"
> (...)
> Schande bring' ich dem Bruder,
> Schmach dem freienden Freund (W II, T. 1300-1333)

[18] Emig und Borchmeyer sehen hierin auch Besonderheit in Wagners künstlerischer Bearbeitung des Inzest-Motivs: Der Inzest wird bewusst vollzogen und nicht bereut.

Die Szene erscheint auf den ersten Blick etwas unmotiviert, gewinnt jedoch an dramaturgischer Stringenz, sieht man sie vor dem Hintergrund der Implikationen des Inzests. Wie die Lektüre von *Oper und Drama* gezeigt hat, stehen Natur, Liebe und das Reinmenschliche in Opposition zur Künstlichkeit und die von einer Obrigkeit oktroyierte Sittlichkeit, die die menschliche Natur soweit entfremdet, dass sie die Liebe unterdrückt und sogar liebelose Handlungen deckt – nach Wagners Auffassung das zentrale Vergehen gegen die Menschlichkeit.

In seiner Theorieschrift wendet Wagner die private Tragödie in eine öffentliche, indem er, seinen Gedankengang mit dem Antigone-Stoff fortsetzend, nicht nur allgemein die Gesellschaft, sondern konkret Staat und Religion dem reinmenschlichen, liebenden Herzen entgegensetzt. Seine Ausführungen gipfeln in dem Satz: „*Der Liebesfluch der Antigone vernichtete den Staat*" (OuD 198, Herv. im Original).[19]

Im Anschluss verbindet Wagner die Kategorie des Reinmenschlichen mit der des reinsten Kunstwerks, wobei dieses reinste Kunstwerk zunächst der Mythos (konkret der Antigone-Mythos) ist:

> Man suchte nach dem Werke, in welchem sich die Kunstform am reinsten aussprach, und siehe da – es war genau dasselbe, dessen Inhalt die reinste Menschlichkeit, die Vernichterin des Staates war! (OuD 199)

Auf diesem Weg geht Wagner noch einen Schritt weiter, indem er eine Theorie über das jeder Staatsordnung zugrundeliegende Verbrechen formuliert. Das Gegensatzpaar sind Natürlichkeit und Ordnung; Wagner sieht in Laios einen „unnatürlichen Vater", der seine Macht befestigen will:

> Als den Keim aller Verbrechen [in der Ödipussage] erkennen wir die Herrschaft des Laios, um deren ungeschmälerten Besitzes Willen dieser zum unnatürlichen Vater ward. Aus diesem Eigentum gewordenen Besitze, der wunderbarerweise als die Grundlage jeder guten Ordnung gerühmt wird, rühren alle Frevel des Mythos und der Geschichte her. (ebenda)

In diesem Zusammenhang mutet die folgende Passage wie eine Charakterisierung der Wotansherrschaft an und darf auch als der tiefere Grund für den Untergang der Götter verstanden werden:

---

[19] Man ist versucht, an Brünnhilde zu denken – das hat vor allem auch schon Borchmeyer getan, der den *Ring* vor dem Hintergrund der antiken Mythen betrachtet und Brünnhilde neben Antigone stellt (*Das Theater Richard Wagners*, S. 242ff).

> Die Denker dieses Staates wollten die Unvollkommenheiten der wirklichen Gesellschaft nach einer erdachten Norm ebenen und ausgleichen. (...) Der politische Staat lebt einzig von den Lastern der Gesellschaft, deren Tugenden ihr einzig von der menschlichen Individualität zugeführt werden. (...) Das Wesen des politischen Staates ist aber Willkür, während das der freien Individualität Notwendigkeit ist. (...) Das Unbewußte der menschlichen Natur in der Gesellschaft zum Bewußtsein bringen, und in diesem Bewußtsein nichts anderes zu wissen als eben die allen Gliedern der Gesellschaft gemeinsame Notwendigkeit der freien Selbstbestimmung des Individuums, heißt aber soviel, als – den Staat vernichten; denn der Staat schritt durch die Gesellschaft zur Verneinung der freien Selbstbestimmung des Individuums vor – von ihrem Tode lebt er. (OuD 201f)

Bei der Beschreibung des Ödipusmythos schon fiel die Betonung der Individualität gegen das Gesellschaftliche auf, das hier als Staat gefasst wird. Damit wird die politische Implikation des Inzests vollends deutlich. Der große Fehler des Staates sei es, dass er „von oben herab die menschliche Natur leiten wollte, die er gar nicht verstand, und umso weniger verstehen konnte, je mehr er sie leiten wollte" (ebenda). Wagner kritisiert die Einmischung des Staates in die Belange des menschlichen Individuums – Gott und Held, so könnte man angesichts des Verhältnisses zwischen Vater Wotan und Sohn Siegmund auch sagen. Tatsächlich gebraucht auch Wagner das Wort „Erziehung":

> Der Staat ist aber keine solche elastisch biegsame Umgebung, sondern eine dogmatische, starre, fesselnde, gebieterische Macht, die dem Individuum vorausbestimmt – so sollst du denken und handeln! Der Staat hat sich zum Erzieher der Individualität aufgeworfen. (OuD 204)

Im Prinzip ist das genau der Versuch, den Wotan unternimmt, indem er Siegmund eine ganz besondere Sicht auf die Dinge anerzieht. Er ist biologischer und kultureller Vater, gleichzeitig vertritt er die (Vater-)Macht des Staates, und bis zum Moment der Erkenntnis – durch Frickas logische Vernichtung seiner Scheinargumente – ist Wotan davon überzeugt, dass er durch diese Beeinflussung seine Herrschaft retten kann.

Im Musikdrama lassen sich tatsächlich eine Vielzahl der Gedanken über Gesellschaft, Staatlichkeit und freie Selbstbestimmung des Menschen wiederfinden, ohne dass der *Ring* nur als kunsthandwerkliche Übersetzung eines gesellschaftspolitisch-künstlerischen Manifests gedeutet werden dürfte. Die Übertragung des Ödipusdramas auf den *Ring* gelänge auch nicht ohne Kompromisse: Die genealogischen Ebenen sind im *Ring* vertauscht, der Herrscher Wotan begeht den Inzest nicht selbst. Der einzige offene Inzestakt auf Handlungsebene ist einer zwischen Geschwistern und wird, eine weitere Differenz, bewusst vollzogen. Daraus lassen sich jedoch wichtige Implikationen ableiten.

Nach Wagner entspringen die Unterdrückung der inzestuösen Begierden und das Tabu des Inzests gesellschaftlichen Konventionen und Zwängen und ist nicht in der Natur des Menschen verankert.[20] So kann der Inzest in der *Walküre* zum positiv besetzten Symbol einer freien Selbstbestimmung des seinen natürlichen Anlagen folgenden Menschen gegen das künstliche Gebilde des politischen Staates werden. Und dennoch steht dem Positivbild des Prinzips Inzest ein Negativbild im Sinne der Ausweglosigkeit entgegen.[21] Zwei Aussagen Wotans, einmal mehr aus seiner Erkenntnisstelle, sind von entscheidender Bedeutung: „Wie macht ich den Andern, der nicht mehr ich, und aus sich wirkte, was ich nur will?“ Und dann: „Zum Ekel find ich ewig nur mich, in Allem, was ich erwirke“.

Im *Ring* gibt es Nichts und Niemanden, auf das Wotan und seine Pläne, Verstrickungen und Verträge nicht in irgendeiner Weise Einfluss hätten. Streng genommen agiert nicht einmal die Alberichseite unabhängig, jedenfalls nicht mehr von dem Moment an, in dem Wotan auf den Hort und den Ring aufmerksam wird und Alberich entgegentritt. Die Handlung kennt tatsächlich nur eine einzige wirklich freie Tat: die Erschaffung des Rings, bestehend aus Liebesfluch, Goldgewinnung und Ringschmiede durch Alberich.[22]

Alle Helden, durch die Wotan den Ring zurückgewinnen will, sind genealogisch mit Wotan verbunden und, mit Ausnahme von Siegfried, dessen doppelter Großvater er allerdings ist, auch vom Gott selbst gezeugt.

Als Wotansprössling ist Siegmund von vornherein zum Scheitern verurteilt, da er qua Geburt gewissermaßen die Erbsünde Wotans tragen muss, außerdem ja, mit umgekehrten Vorzeichen, vollkommen von Wotan abhän-

---

[20] Vgl. auch Emig, *Arbeit am Inzest*, S. 62f.

[21] Schläder bemerkt treffend, dass im Inzest-Motiv „kulturhistorisch positive und mentalitäts- und rechtsgeschichtliche negative Konnotationen“ zusammenfließen (*Siegmund und Sieglinde*, S. 114), der Inzest also Gegensätze in sich einschließt (wie Heil und Sünde, Auserwählung und Fluch, Erfolg und Scheitern). Die gehaltlichen Gegensätze schlagen sich auch formal nieder, wie weiter unten gezeigt wird.

[22] Die Alberichseite kann aber wiederum als Kehrseite Wotans interpretiert werden, als sein „Schatten“, wie Donington es formuliert – ein Gedankengang, in dem man ihm (bei allen Vorbehalten gegen seine psychologisch-symbolische Interpretation) durchaus folgen kann. Zu seiner Unterstützung kann die andere freie Tat herangezogen werden: Wotans Errichtung der Vertragsherrschaft bzw. das Herausbrechen des Speeres aus der Esche, wie bei Alberich an eine Bedingung geknüpft, ist genaues Pendant zur Ringschmiede, jedoch nicht Teil der sichtbaren Handlung.

gig ist und sich nie bewusst gegen ihn hätte stellen können. Das heißt nicht, dass seine und Sieglindes Handlungen nicht von Wichtigkeit für den weiteren Verlauf der Dinge wären. Im Kräftefeld des Werks stehen die Geschwister für die Liebe, die ganz allein, das lehrt Wagner triadisches Geschichtsmodell, ein Fortschreiten der Menschheit jedoch nicht gewährleisten kann. Die Wälsungen befinden sich auf der ersten Stufe der natürlichen Ordnung.

Siegfried scheint dagegen alle Voraussetzungen zu erfüllen: er wächst fern von Wotan bei Alberichs Bruder Mime auf, also sogar in der Obhut der Gegenseite. Aber auch er ist Vertreter des Gefühls auf der ersten, weisheitsarmen Stufe. Mime hält ihn bewusst unwissend, und alle späteren Versuche Brünnhildes, ihm ihr Wissen zu vermitteln, schlagen fehl. Bei seinem Abschied in der *Götterdämmerung* gibt er selbst zu:

> Mehr gabst du, Wunderfrau,
> als ich zu wahren weiß:
> Nicht zürne, wenn dein Lehren
> Mich unbelehret ließ! (G Vorspiel, T. 419ff)

Vor allem aber handelt Siegfried nie frei, seine Taten sind immer von außen motiviert; Siegfried tut, was man ihm sagt. Mime macht ihm den Drachenkampf schmackhaft, der Drache provoziert ihn, das Waldvöglein rät ihm, Ring und Tarnhelm aus dem Hort zu nehmen, außerdem Mime nicht zu trauen und das „herrlichste Weib" zu freien. Den „fragenden Schwätzer" Wotan würde er nicht weiter beachten, würde der Gott selbst ihn nicht reizen, bis Siegfried sich auf einen Kampf einlässt. Und auch in der *Götterdämmerung* erscheint Siegfried als Marionette in den fest gesponnenen Intrigen Hagens.

Wie bewusst im Sinne des Untergangs hingegen Wotan im dritten Akt des *Siegfried* agiert, zeigt sich nicht zuletzt darin, dass er sich als Feind von Siegfrieds Vater zu erkennen gibt, mitnichten aber als Siegfrieds Großvater. Er fordert den Kampf und damit das Zerbrechen des Speeres, also seiner Herrschaft, selbst heraus. Das Herrschaftssymbol zerbricht dabei nicht allein an der jugendlichen Kraft des unwissenden Helden, sondern an Vertragsbruch: Denn letztlich ist es Wotan, der die Handlungen anstößt und steuert, also gegen die geschlossenen Verträge arbeitet. Er hat Siegfried, wenn auch indirekt, mit dem Schwert zum Sieg über Fafner verholfen und durch das Feuer, das nur der in seiner Unwissenheit furchtlose Siegfried durchschreiten kann, dafür gesorgt, dass dieser zu Brünnhilde findet. Die Konfrontation am Walkürenfelsen ist geplant – und ist tatsächlich das letzte notwendige Eingreifen Wotans in die Handlung.

Der „freie Held" hat selbst eigentlich kaum etwas damit zu tun, geschweige denn, dass er irgendwelche Einblicke in die Vorgänge gewänne. Wie seine Eltern bleibt er unwissend. Er ist blindes Werkzeug, außerdem genealogisch mit dem Urheber der Vertragsherrschaft verbunden und somit, wie sein Vater, Träger der „Erbsünde" und Mitglied der alten Gesellschaft. Seine Unbelehrbarkeit ist dabei gleichzeitig die Voraussetzung für seine Furchtlosigkeit: Siegfried lebt nur in der Gegenwart, äußerliches Zeichen dafür ist seine Elternlosigkeit, seine Unkenntnis der eigenen genealogischen Herkunft. Ohne bewusste genealogische Rückbindung ist er selbst vergangenheitslos, dementsprechend können ihn die vergangenen Ereignisse, die Konstellationen des Göttermythos, auch nicht berühren. Dies befähigt ihn (mehr noch als seine inzestuöse Herkunft) zu seinen Taten.[23] In einem einzigen Moment kommt er der Furcht nahe: vor der schlafenden Brünnhilde. Als Tante tritt sie anstelle der Mutter, von der sie Siegfried außerdem erzählt. Damit bindet sie ihn genealogisch ein, doch alles weitere bleibt ihm „dunkel". Das Gefühl der Furcht verliert sich wieder und Brünnhilde wird für ihn zur Frau „an sich" („Sei mir ein Weib"), ohne Rückbindung an die Wälsungen. Er ist wieder tätiger Held der Gegenwart („Was du mir sein wirst – sei es jetzt").

Bleibt Brünnhilde – die schließlich tatsächlich das Nötige tut und den Ring zurück zu Rhein und Rheintöchtern gelangen lässt. Bis dahin muss sie einen schmerzlichen Erkenntnisweg gehen, der in der Selbstopferung gipfelt: Auch sie stirbt mit der alten Ordnung, aber als Erlöserin, die Liebe und Wissen in sich vereint. Der Gedanke, dass Brünnhilde von Anfang an die Heldin Wotans gewesen ist, sei hier wieder aufgegriffen – nur ihr ist es gegeben, sich als sein Geschöpf von ihm ab- und bewusst gegen ihn zu wenden, und doch in seinem Sinne zu handeln, sobald sie selbst erkannt hat, was notwendig ist; sobald sie wissend ist. Dann wäre das „Raten mit sich selbst" im Wotanmonolog ‚eigentlich' eben doch nur Schein und an sie adressiert gewesen: Wotan musste seine Gedanken bloßlegen, damit Brünn-

[23] Es geht hier natürlich um das Bewusstsein für die Vergangenheit, das Siegfried fremd bleibt, sein Leben und Schicksal ist ganz vom Göttermythos bestimmt. Im Siegfried fragt der Wotanenkel ja nach seinen Eltern, nach seiner eigenen Vergangenheit, doch diese kurzen Momente werden von der Gegenwart verdrängt. Auch Bermbach weist auf die Verbindung von Siegfrieds Furchtlosigkeit und seiner fehlenden Sozialisation hin, die eine „Folge bewußter sozialer Manipulation, von Wotan gewollt, von Mime ausgeführt" sei und ihn zum geeigneten Instrument, „geschichtsvergessen und reflexionslos", machten (*Destruktion*, S. 133f).

hilde erkennen konnte, was zu tun ist. Damit aber steht auch hinter Brünnhildes Handeln wieder – Wotan.

Siegfried wandelt gewissermaßen auf einer Nebenspur, wenn auch mit wichtigen Aufgaben: Er nimmt Fafner den Ring ab, um anschließend das nächste Werkzeug, Brünnhilde, in einem schmerzlichen Prozess durch die Liebe zum Wissen zu führen. Sein Handeln in der *Götterdämmerung* ist wieder nur bestimmt von der Gegenwart: Was fern ist, verschwimmt, existiert für ihn nicht mehr. Bezeichnenderweise gilt sein Trinkspruch, bevor er den von Hagen kredenzten Vergessenheitstrank an die Lippen setzt, Brünnhilde: „Ihr zu gedenken" will er nie vergessen – und hat es im nächsten Moment. Ebenso vergisst er Waldvogel und Hort, selbst seine einzige große Heldentat, die Ermordung des „Riesenwurms", ist ihm nur präsent, wenn er von Dritten daran erinnert wird. Wie seine Taten, so sind auch seine Erinnerungen immer von außen motiviert: Hagen bringt ihn dazu, die Vergangenheit hervorzutauchen, symbolisch durch die Umkehrung des Vergessenstrankes mit einem neuen Trank. Eigentlich zeigt Siegfried einen sicheren Instinkt, indem er die Vergangenheit meidet: Die Konfrontation mit ihr zieht indirekt seinen Tod nach sich.

Wie in allem, was er „erwirkt", immer nur Wotan zu finden ist, so dreht sich im *Ring* alles um das Eine – um den Ring, der selbst symbolisch für ein ganzes Bedeutungsfeld steht. Die gegensätzlichen Prinzipien Liebe und Macht, Natur und Künstlichkeit, Schuld und Unschuld (letztere droht allerdings ein wenig unterzugehen) stehen sich gegenüber, wobei sie ihre volle Bedeutung vor dem Hintergrund der jeweils zugehörigen Begriffsfelder in *Oper und Drama* entfalten. Reduziert man dementsprechend das Handlungsgeschehen auf die Grundkonflikte, so schält sich folgendes Schema heraus: Reines Gold in seiner „natürlichen" Form, damit unschuldiges Gold, wird durch einen unnatürlichen Akt, Absage und Verfluchung der Liebe, zu einem Instrument der Macht, dem Wotans unredliche Vertragsbindungen bzw. Herrschaftslisten in Nichts nachstehen. Das Prinzip der Macht soll wieder in das Prinzip Liebe umgewandelt werden, ein Vorgang, der legal, wegen der Vertragsbindungen des höchsten Gottes, in der einmal etablierten Ordnung unmöglich ist. Der einzig mögliche Ausbruch aus diesem ausweglosen Teufelskreis ist Zerstörung und die Etablierung eines Neuen. Das (gedankliche) Kreisen um die immer gleichen Grundbedingungen, denen nicht zu entrinnen ist, bildet sich in den Wiederholungsstrukturen des *Ring* ab. Dem Wiederholungsprinzip auf Inhaltsebene in Situationen, Handlungen und Figurenkonstellationen[24] entspricht die narrative Konstruktion vor allem mit den wiederholenden Erzählungen und mit der Leitmotivtechnik. Die grundlegenden Konstellationen werden in den wiederholenden Erzählungen immer wieder aufgegriffen und die Ereignisse, auch aus verschiedenen Figurenperspektiven, vergegenwärtigt und neu erörtert. Kommentarfunktion erfüllen auch die omnipräsenten, sich durch Wiederholung konstituierenden Leitmotive, die nicht nur als Einzelmomente, sondern als Teil eines komplexen Beziehungsnetzes zu sehen sind. Wiederholung ist jedoch nicht das einzig wirksame Prinzip, Variation und Abweichung sind ebenfalls entscheidende Aspekte.

Im Sinne einer strukturellen Kategorie eignet sich die Gedankenfigur des Inzests nicht nur zur Beschreibung der inhaltlichen, sondern auch der formalen Zusammenhänge und Wechselspiele.

Struktureller Inzest

Der Inzest ist im *Ring*, und Gleiches gilt auch für die Josephsromane, nicht nur als teils konkreter, teils im Hintergrund schwelender Tatbestand an wichtigen Schaltstellen der Handlung präsent. Die der Inzestfigur inhärenten Mechanismen sind auch der narrativen Struktur eingeschrieben.

Im inzestuösen Verlangen nach dem Eigenen im Anderen, nach Gemeinsamkeiten und Entsprechungen, die durch die nahe Blutsverwandtschaft natürlich gegeben sind, äußert sich ein narzisstisches Moment. Die Tatsache, dass Siegmund und Sieglinde Zwillinge sind, unterstreicht diesen Aspekt der Selbstbezüglichkeit noch.

Es wird im Gleichartigen gezeugt, woraus strukturell gesehen immer nur ein Gleiches entstehen kann. Fortpflanzung und Fortführung einer Linie sind möglich, Fortschritt jedoch ausgeschlossen. Daraus ergibt sich einerseits eine Kreisbewegung, die kaum aufgebrochen werden kann. Um es anders zu formulieren: Es wird kein neuer genetischer Impuls von außen gegeben, einzig das vorhandene „Material" vermehrt sich. Die Vermehrung findet statt im Sinne einer Akkumulation, nicht im Sinne einer Entwicklung. Andererseits ist Widerholung nie identisch, Differenz bleibt immer bestehen, während die Auskristallisation bestimmter Eigenschaften möglich wird. Dies ist der

---

[24] Als Beispiel seien genannt der wiederholte Liebesverrat; das wiederkehrende Scheitern der Helden; die geschwisterlichen bzw. verwandtschaftlichen Paare Sieglinde – Siegmund, Brünnhilde – Siegfried, Gutrune – Gunther.

Anknüpfungspunkt für den Gedanken der Auserwähltheit, der kulturhistorisch bzw. soziologisch mit dem Inzest verbunden wird, vor allem aber in den Mythen immer wieder aufscheint und auch im *Ring* eine entscheidende Implikation des Inzests ist.

Resultiert aus der Selbstbezüglichkeit strukturell auch immer nur die Wiederholung, so existieren also trotzdem Variationen und Abweichungen innerhalb der durch das „Material" vorgegebenen Möglichkeiten. Der Begriff der „Spirale", den Emig in ihrer Arbeit einführt, drückt diese Spannung treffend aus: Inzest ist Symbol für die „Spiralform des geschichtlichen Mythos"[25]. Der „serpentinische Prozeß" umspannt sowohl die (mythische) Wiederkehr des Immergleichen als auch die teleologische Ausrichtung auf ein neues goldenes Zeitalter, das nur mit Hilfe eines Auserwählten, an den bestimmte Eigenschaften potenziert weitervererbt wurden, entstehen kann.

So ist Siegfried eine Wiederholung, da sich in ihm das Schicksal seiner Eltern, besonders das seines Vaters, wiederholt. Er ist der auserwählte Held, auf sich allein gestellt, besteht Heldenprüfungen (die mit Unglück und Ermordung einhergehen) und lässt sich leiten von der Liebe oder von dem, was er darunter versteht. Zu seinem Erbgut gewissermaßen gehören die Werte Liebe und Natur bzw. Natürlichkeit, für die seine Eltern schon einstehen. Grundsätzlich ist auch er dem gleichen Schicksal unterworfen, gleichzeitig aber durchlebt er seine eigene, individuelle Geschichte, die das Leben seines Vaters variiert: Stärkste Parallele, die gleichzeitig die größte Abweichung darstellt, ist der Kampf mit Wotan, in dem diesmal der Speer, nicht das Schwert in Stücke geht. Siegfried geht also, legt man experimentierend die Maßstäbe der Josephsromane an, in Spuren. Er folgt einem Muster, das er jedoch kaum bewusst gestaltet. Die Identitätsfindung gelingt nicht, seine Herkunft bleibt ihm unklar und damit auch das Heldenschema, das er abwandelnd zu erfüllen hätte. Die Differenzen in der Wiederholung verdanken sich in erster Linie den äußeren Umständen.

Das Erbgut bleibt in der Variation endlich, und alle Eigenschaften führen zurück zu dem einen Ausgangspunkt Wotan, der auf Figuren- und Handlungsebene bestimmend ist. Es muss dabei unterschieden werden zwischen dem Handlungsgeschehen im *Ring*, der aus Heldenepos und Göttermythos bestehenden Wotantragödie, und dem angestrebten Ziel: der Zertrümmerung einer Ordnung, um eine neue, um das Neue zu etablieren. Auf Ebene der Wotantragödie steht, wie der Gott selbst erkennt, hinter allem immer nur

[25] Emig, *Arbeit am Inzest*, S. 111.

er selbst. Daher herrscht Ausweglosigkeit, die auch für die genealogisch mit ihm verbundenen Helden gilt. Die Selbstzertrümmerung der alten Ordnung aber steht im Dienste der Bewusstseinsentwicklung und der Entstehung einer neuen – vom freien Individuum getragenen – Gesellschaft.

In der entgöttlichten, „reinmenschlichen“ Brünnhilde wird die Existenz des neuen Menschen, in dem sich Liebe und Weisheit verbinden, vorweggenommen. Muss der Wotanclan auch untergehen, so hat sich in ihr für einen kurzen Augenblick eine ganze Utopie erfüllt.

Die für den Inzest relevanten Kategorien Wiederholung, Verwandtschaft, Selbstbezüglichkeit und Abweichung bilden ein Begriffsrepertoire, das sich auch auf die Leitmotivtechnik anwenden lässt. Zwischen den Motiven bestehen Verwandtschaften, es gibt zahlreiche Ableitungen. Dabei muss man nicht so weit gehen, in allen Motiven, wie es die Leitmotivexegese in ihrer „Beziehungssucht“ (Dahlhaus) durchaus versucht hat, Ableitungen eines einzigen Grundmotivs zu sehen, vorzugsweise des Anfangsdreiklangs aus dem Rheingoldvorspiel.[26] Aber natürlich existieren musikalische und inhaltliche Beziehungen, man könnte sogar versuchen, Motivgruppen zusammenzustellen, solange man sich darüber im Klaren ist, dass diese immer nur Tendenzen angeben und Überschneidungen an der Tagesordnung sind. Solche Motivverwandtschaften sind gleichermaßen durch Übereinstimmung wie durch

[26] Abgesehen davon, dass damit gerade eine entscheidende Eigenschaft der Motive, das Charakteristische (buchstäbliche Exemplifikation), aufgeweicht wird, erscheinen solche Erklärungsversuche so willkürlich wie unspezifisch: Natürlich kann jegliche musikalische Struktur über Ähnlichkeit oder Kontrast irgendwie von einem Dur-Dreiklang abgeleitet werden. Um der Konstruktionswut zu entgegnen, schlägt Dahlhaus einige Kriterien für sinnvolle Ableitungen vor (*Konzeption*, S. 93f). Folgend Wagners eigener Beschreibung stellt er heraus, dass mehrere Grundmotive eine Basis bilden, von denen weiter differenzierende Motive abgeleitet würden. Diese Betrachtungsweise ermöglicht einen gewissen Überblick über die Vielfältigkeit der Motive. Tatsächlich existieren Ableitungen, Assoziationen, Motivverwandtschaften, die musikalisch (exemplifikatorisch) begründbar und denotativ zu verwerten sind. Als Beispiel sei die auskomponierte Ableitung des ‚Walhallmotivs‘ aus dem ‚Ringmotiv‘ im Übergang zur zweiten Szene des *Rheingold* genannt: melodischer Zusammenhang (Intervallstruktur und Bewegungsrichtung) bei harmonischem Gegensatz (am deutlichsten: Dur/Moll), was metaphorisch gedeutet werden kann als zwei Seiten des Machtwillens. Es gibt zentrale Motive, die den gesamten *Ring* durchziehen und einerseits die musikalische Struktur wesentlich bestimmen, andererseits als musikalische Metaphern der Grundkonstellationen inhaltlich von Bedeutung sind, z. B. ‚Ring-‘, ‚Walhall-‘, ‚Speer-‘, ‚Erda-‘ bzw. ‚Naturmotiv‘ (dies die gängigen Namen) etc. Ist es auch schwierig und letztlich nur bedingt nützlich, sauber getrennte Motivgruppen zu bilden, so kann man doch einige Motive ausmachen, die gewissermaßen einen Mittel- und Ausgangspunkt für verwandtschaftliche Beziehungen bilden.

Abwandlungen und Variationen des gegebenen Materials bedingt, das zum größten Teil im *Rheingold*, also in den Anfängen eingeführt wurde, und auf das sich alles Weitere zurückführen lässt.

Es sei noch einmal an die komplexe Zeichenstruktur der Leitmotive erinnert: Das Vorweisen der eigenen Strukturmerkmale wird ergänzt durch das Verweisen auf einen außermusikalischen Gehalt, wodurch der denotative Wert des Motivs bestimmt wird. Dazu gesellt sich ein Drittes: der formale Verweis auf andere strukturelle Einheiten, d. h. andere Motive und auf die gesamte Motivstruktur.

Auf drei Ebenen bildet sich somit eine wesenhafte Selbstbezüglichkeit ab: auf der Ebene des einzelnen Motivs durch das formale Vorweisen der eigenen Struktur; auf Ebene der gesamten Motivstruktur durch das formale und inhaltliche Verweisen der Motive aufeinander; auf Ebene des gesamten Kunstwerks durch die Herausbildung eines formalen und inhaltlichen Codes, des Idiolekts, der nur in diesem Kunstwerk gültig ist. Gilt dies prinzipiell für jedes semantische System, so besonders, wenn, wie hier, die Autoreflexivität durch die gewählten Stilmittel, die Leitmotive, einen außergewöhnlich hohen Grad erreicht.

Motivverwandtschaften sind zunächst durch die „buchstäbliche“ Exemplifikation der Motive, dann durch die „metaphorische“ und schließlich durch die Denotation begründet. Musikalische Struktur und außermusikalischer Gehalt treten dabei in Wechselbeziehungen. Zur Illustration sei eine Stelle aus der Prophezeiung bzw. Warnung Erdas in der vierten Szene des *Rheingolds* (RG IV, T. 3495–3508) herangezogen: Anfang und Ende des *Rings*, Anfang und Ende des Mythos und der bestehenden Ordnung sind hier musikalisch-motivisch in einem Moment zusammengeschlossen.

Die Passage umfasst insgesamt 17 ½ Takte, durch die Zäsuren in der Gesangsstimme in fünf Taktgruppen zerlegt, deren Abschluss die Orchesterlinie bildet.

Textgliederung	Taktlänge	Orchestergliederung/ Motiv	Taktlänge
Doch höchste Gefahr Führt mich heut' Selbst zu Dir her.	**3 ½**	*Alberich/Nibelung*	**3**
--------------------	**½**	Halteton **gis**	**1**
Höre! Höre! Höre!/	**3**	*Seufzerfigur („Wehe")* Sekundakkord A7	**2** **1**
----------------------	**1**	*Erda*	**2**
Alles was ist, endet!	**2**	*Erda/Natur*	**2**
------------------	1		
Ein düst'rer Tag Dämmert den Göttern:	**3**	*Götterdämmerung* *Ring*	**1 ½** **5 ½**
--------------------	1		
Dir rath' ich: Meide den Ring!	**1 ½**		

Die motivisch dichte Orchesterlinie wird hauptsächlich durch die Motivstruktur gegliedert, während die Gesangsstimme, metrisch gegen das Orchester verschoben, einer Textgliederung folgt.

Die Zäsuren in der Gesangsstimme setzen die einzelnen Sätze voneinander ab und sorgen so für eine starke Gewichtung der Einzelaussagen. Die enge Anlehnung an den Sprachduktus, unter anderem aufgrund der Tonrepetitionen, führt außerdem zu einer freien metrischen Gestaltung, die jedoch musikalisch in die Motivstruktur der Orchesterlinie eingebettet ist und dadurch formalen Zusammenhalt gewinnt. Die Motivstruktur wiederum steht dem Aussagegehalt der Sprache gegenüber und ergänzt ihn.

RHEINGOLD IV, T. 3495–3508

Im ersten Gesangsabschnitt nennt Erda den Grund ihres Kommens: höchste Gefahr, die musikalisch durch den Hinweis auf Alberich (Vorschlagsfigur) konkretisiert wird. Die Vorschlagsfigur im Orchester begleitet seinen ersten Auftritt in der Szene mit den Rheintöchtern. Verbunden mit dem Synkopenmotiv erklingt es zuerst unmittelbar vor seiner Verfluchung des Rings im *Rheingold* (daher der Name ‚Nibelungenhass'), zu genau dem Zeitpunkt also, in dem Wotan völlig im Besitz des Ringes aufgeht. Die Motivstruktur erinnert an diese Situation und umfasst damit den ganzen Gefahrenkomplex: Nibelung – Enteignung – Wotans Machtgier.

Die zweite Taktgruppe macht den Appell an Wotan durch das dreimalige, jeweils höher ansetzende „Höre" und die Seufzerfigur in den Bässen dringlicher. Harmonisch ist dieser absteigende Halbton ein Vorhalt zu Gis-Dur, womit ein Sekundakkord (**A7**) zu Erdas drittem „Höre" vorbereitet wird. Die der chromatischen Seufzerfigur eigene Charakteristik (Exemplifikation) wird ergänzt durch die Konnotation vergangener Situationen (Denotation): Weherufe der Rheintöchter nach dem Raub des Goldes; Weherufe Frickas, als die Götter ohne Freias Äpfel rapide altern.

Die Holzbläser setzen im Pausentakt der Gesangsstimme mit dem ‚Erdamotiv' ein, das wenige Takte zuvor bei ihrem Auftritt das erste Mal erklungen ist. Dieses Motiv könnte man einer Gruppe von auf- bzw. absteigenden Dreiklangsmotiven zuschreiben, die sich tatsächlich aus dem sich allmählich aufbauenden Es-Dur-Dreiklang des Rheingoldvorspiels ableiten lassen.[27] Das ‚Erdamotiv' ist die Mollableitung einer melodischen Variante des Anfangsdreiklangs. Alle drei Motive bzw. Motivvarianten sind charakterisiert durch Punktierungen und angebundene Noten, die den Taktschwerpunkt betonen. Die Motivverwandtschaft ist bei der Interpretation des denotativen Werts zu berücksichtigen.

Nach dem einmaligen Erklingen des ‚Erdamotivs' in den Holzbläsern in „seiner" Tonart cis-Moll, setzt es in den hohen Streichern auf **cis** erneut an, aber eingebettet in A-Dur. Das Anfangsintervall wird, in Erinnerung an das gerade verklungene Erda-Motiv in Moll, noch als Mollterz gehört, obwohl der

[27] Im Rheingoldvorspiel bildet sich musikalisch durch das Fortschreiten vom einfachsten Urgrund zur harmonischen Struktur ein Werden, eine Weltentstehung ab: Zum Kontra-**Es** der Bässe setzen die Fagotte im fünften Takt des Vorspiels die Quinte **B,** die Harmonie bleibt ohne Terz. In Takt 17 setzen die Hörner ein mit einer aufsteigenden Quinte **es – b**, immer noch also eine leere Quinte, dann erst entwickelt sich der Es-Dur-Dreiklang. Der nächste Schritt ist die melodische Füllung dieses Dreiklangs in einem Motiv, das (zusammen mit dem Dreiklang) unter ‚Naturmotiv' bekannt wurde, teils schrittweise der Dur-Skala folgend, teils gebrochener Dreiklang.

Anfangston durch das umgebende A-Dur zur Terz umgedeutet wird. Die Hör- und Lesarten verschwimmen während sich die Mollvariante zum ‚Naturmotiv' in Dur zurückverwandelt. Im zweiten Takt der Streicher wird melodisch ein A-Dur-Akkord mit großer Sept **gis** aufgebaut, der im nächsten Takt im ganzen Orchester harmonisch und melodisch aufgelöst wird: Das aufsteigende ‚Erda-/Naturmmotiv' mündet zu den Worten „Ein düst'rer Tag" übergangslos in eine absteigende Linie in D-Dur ein, der Umkehrung nun des ‚Naturmotivs', das übrige Orchester wechselt ebenfalls zum Zielakkord. D-Dur wird jedoch sofort wieder verlassen. Übergehend in das ‚Ringmotiv' führt die absteigende Linie, das ‚Untergangsmotiv', zur Terzverwandten fis-Moll. Das ‚Ringmotiv' bestimmt die letzten Takte und wird auch in der Gesangslinie aufgenommen.

Der *Ring des Nibelungen* kompakt: Ein überspannender Bogen vom Anfang zum Ende, die absteigende Dur-Linie schließt den Kreis durch die Gegenbewegung einerseits, durch die (kurzzeitige) Auflösung andererseits. Sie ist melodisches und harmonisches Ziel. Das übergangslose Einmünden in das ‚Ringmotiv' ist einerseits tautologischer Kommentar zum Text, da Erda den Ring erwähnt („Meide den Ring"), andererseits ergänzend-metaphorischer Kommentar, der den direkten Auslöser des Untergangs bezeichnet. Das ‚Ringmotiv', wie auch sein primär denotiertes Signifikat, der Ring, ist selbst Abbild der Kreisbewegung, die hier komprimiert weitergeführt wird. Harmonisch beschreibt die Passage ab dem ‚Erdamotiv' eine Tour von cis-Moll (Erda), A-Dur, D-Dur, fis-Moll, das im letzten Takt „Meide den Ring" wieder zu cis-Moll führt. Die Tonart ist Ausgangs- und Zielpunkt.[28]

Die buchstäbliche Exemplifikation der Motive erlaubt es, Motivverwandtschaften zwischen den Motiven zu konstatieren: Die melodische Gestaltung basiert auf dem Dreiklang, beim ‚Ringmotiv' ausgeweitet zu einem Septakkord. Die Bewegungsrichtung zwischen ‚Erda-/Naturmotiv' und ‚Untergangsmotiv' ist durch Gegenbewegung aufeinander bezogen, das ‚Ringmotiv' vereint Ab- und Aufstieg in sich. Rhythmisch ist allen Motiven eine Verschiebung zum Metrum, durch Punktierung einerseits, Synkopisierung andererseits gemeinsam. Damit weisen die einzelnen Motive ihre eigene Struktur vor und verweisen gleichzeitig auf die Motivstruktur der anderen. Die metaphorische Exemplifikation leitet sich her aus der buchstäblichen (musikalischen) Exemplifikation: dem Verhältnis von Dur zu Moll, dem Rhythmus, der

---

[28] Am Ende der *Götterdämmerung* sieht die harmonische Struktur dann anders aus, „das Ende" steht in Des-Dur.

Bewegungsrichtung, den harmonischen Bezügen. So kann die absteigende Linie des ‚Untergangsmotivs' melodisch und harmonisch als Zielpunkt, als ein Rückfallen in den Ausgangspunkt erscheinen. Das ‚Ringmotiv' ist neues Ziel, harmonisch aber kehrt es an den Ausgangspunkt zurück.

Das hier zum ersten Mal auftretende ‚Untergangsmotiv' erfährt eine direkte Konkretisierung durch den Text: „Ein düstrer Tag". Die semantische Übertragung der musikalischen Syntax und die Interpretation des denotativen Werts geben dieser besonderen Stelle auch besondere Signifikanz: Durch die enge Verbindung mit dem ‚Naturmotiv' verweist das ‚Erdamotiv' auf den Rheingoldanfang, den Anfang aller (*Ring*-) Dinge. Die Umdeutung der ursprünglich in Moll stehenden Linie in Dur, womit die Grenzen zwischen „Erda" und „Natur" verwischen, unterstreicht diesen Bezug. Als ‚Erda-/Naturmotiv' mündet die Linie übergangslos ins „Ende". Erda selbst gehört zur Weltordnung, die aufgelöst werden wird, im *Siegfried* nimmt sie denn auch ihren Abschied und versinkt in ewigem Schlaf. Das Ende wird eingeleitet durch den Ring, entsprechend ist das ‚Ringmotiv' Abschluss und Ziel. Harmonisch schlägt es einen Bogen zurück zu Erda, mit deren Motiv es unter anderem durch die Molltrübung verbunden ist. Auch der Ring geht wieder in der Natur auf, allerdings ist fraglich, wie es dann weitergeht: Wird der Anfangszustand wiederhergestellt? Wird der Ring zurückverwandelt und ist alle Schuld getilgt? Gibt es einen neuen Alberich? Bleibt es bei der Utopie, oder gelingt dem Menschen ein neues Gesellschaftsmodell? Musikalisch ist die Doppelstruktur der Inzestfigur greifbar: Innerhalb des geschlossenen Kreislaufs existiert auch Veränderung. Am Ende ist nichts mehr wie vorher, die Weltesche verbrennt und alle Akteure des *Rings* treten definitiv ab, sie weichen dem Neuen.

Die hier durchgeführte Interpretation der Motivstruktur als Erzählkommentar berücksichtigt das Verweisen der einzelnen Motive nicht nur auf einen außermusikalischen Gehalt, sondern als musikalische Strukturen auch aufeinander. Die Bezüge stellen sich her durch Selbstbezüglichkeit, Verwandtschaft und Variation des musikalischen Materials, wodurch der Inzest strukturell in der musikalischen Erzählstruktur aufscheint.

Mit der Leitmotivstruktur und den wiederholenden Erzählungen, die beide größtenteils auf vergangene, jedenfalls nichtpräsente Ereignisse und Situationen rekurrieren, gehört die Wiederholung zu den Konstituenten der erzähltechnischen Mittel im *Ring*. Die signifikanten Momente des Dramas werden immer neu vergegenwärtigt und kommentiert. Alle Ereignisse führen immer zu einem Ausgangspunkt: zu Wotan und seiner Ursünde, woraus sich die Folgeereignisse (Ringfluch, Heldengedanke, Götterende) zwingend ergeben.

Das Spiel mit dem immer gleichen Material, wenn auch in größtmöglicher Variation, wird auf narrativer Ebene zur Entsprechung der schicksalhaften Ausweglosigkeit und der Unmöglichkeit, die vorgegebenen Bedingungen zu verändern oder aus ihnen hinauszutreten. Es fehlt der erlösende Impuls von außen. Dies gilt für die Verstrickungen Wotans wie für die Handlungen und Motivationen der anderen Figuren, die ebenfalls permanent eingeholt werden von den an den Anfängen stehenden Grundkonstellationen. Bewusst oder unbewusst stehen sie immer im Dienst der einen Sache.

Die Tatsache, dass es inhaltlich jedoch auch Entwicklung gibt (Wotan und Brünnhilde werden zur Erkenntnis geführt), und dass sich die musikalische Sprache entwickelt und reicher wird (die Motive und Varianten werden zahlreicher), steht dazu nicht im Widerspruch. Das Inzest-Motiv umfasst das Immergleiche ebenso wie Differenz und Variation, die auch der Motivstruktur inhärent sind. Im gleichen Zug begegnet man Wagners triadischem Geschichtsmodell: Ist das Ziel auch ein progressives Fortschreiten, so soll gleichwohl ein alter (idealer) Zustand, das alte goldene Zeitalter, rekonstituiert werden in einer neuen Zeit. Übertragen auf die Form: Die Motive stellen Variationen des Bekannten dar, neue Motive werden in die vorhandene Motivstruktur eingebettet und ergänzen die bestehenden Beziehungen.

Der *Ring* kann als Menschheitsmythos gehört werden, erkennt man in Brünnhildes Ontogenese die stellvertretende Phylogenese des für sich selbst einstehenden, frei handelnden Menschen. Die Doppelstruktur des Inzests bestimmt zwei ineinanderfließende Ebenen: Die eine Ebene, das Ringgeschehen selbst, umfasst die beiden Handlungslinien Heldenepos und Göttermythos, die zusammen die ausweglose Wotantragödie bilden. Auf der zweiten Ebene ist der *Ring des Nibelungen* als Parabel zu deuten, die auf Zukunft, Fortschritt und der Entstehung einer aufgeklärten Gesellschaft ausgerichtet ist, emanzipiert von uneinsehbaren Gesetzen und einem dogmatischen Religions- und Gottesbegriff. Der Weg zur selbstbestimmten und selbstverantwortlichen Menschheit führt über die Loslösung von der alten, starren Ordnung, repräsentiert durch Wotan. Das Zauberwort ist die Liebe – jedoch, das wurde an Brünnhilde vorgeführt, nicht die unreflektierte Liebe. Der *Ring* endet mit dem Ausblick auf ein zukünftiges Ideal: den liebenden und wissenden Menschen, der im Werk jedoch keinen Platz mehr hat – außer in der rein musikalischen Verheißung:

Am Schluss der *Götterdämmerung*, ab dem Moment, in dem sich laut Regieanweisung „ein rötlicher Glutschein mit wachsender Helligkeit am Horizont" (G III, T. 1533) ausbreitet, erscheint ein bis dahin lediglich zweimal in der

Walküre erklungenes Motiv. Es wird von Sieglinde in der Vokalstimme auf den Text „Oh hehrstes Wunder" eingeführt, nachdem sie von Brünnhilde erfahren hat, dass sie schwanger sei (W III, T. 534ff). Das Wunder bezieht sich weniger auf Brünnhildes Versprechen, sie zu retten, als auf die Tatsache der Schwangerschaft, auf das Wunder des neuen, in Liebe gezeugten Lebens. Dieses Wunder, die Hoffnung auf das neue Leben (poetologisch auf das Kunstwerk der Zukunft, gesellschaftlich-politisch auf die freie, durch Liebe verbundene Menschheit) wird am Schluss der *Götterdämmerung* beschworen. Das „Sieglinde-Motiv" steht als letztes Motiv vor der Schlusskadenz (G III, T. 1394f), als Schlusswort, das unausgesprochen bleibt: als „Unaussprechliches". Es bleibt bei der unaufgelösten Sehnsucht, deren Erfüllung innerhalb des geschlossenen Kunstwerks in diesem Motiv als ästhetische Verheißung lediglich aufscheint.

Mit der starken Ausprägung des Idiolekts durch die Leitmotivstruktur wird die Geschlossenheit des Kunstwerks unterstrichen, die Wiederholungen untermauern das inhaltliche Kreisen in sich selbst. Tendenziell kommt weniger neues Material ins Spiel, als dass vorhandenes weiter ausgebaut würde. Neues Material, neue Motive, werden sofort ins Alte eingebunden. Narration und Erzählung, Handlung und Reflexion bleiben gezwungenermaßen selbstbezüglich, bilden ein stabiles System, in dem die Utopie nur als Ausblick ihren Raum hat. Das Kunstwerk weist zwar ex negativo über sich hinaus, es ist nur vor dem Hintergrund einer lebensweltlichen Realität denkbar und kann ihr entgegengesetzt werden. Das aber betrifft nicht die Figuren innerhalb der Diegese, ihres Universums. Für den *Ring* gilt, dass die Grenzen des Werkes nicht durchbrochen werden, es tritt keine Figur vor den Vorhang und damit aus der Geschichte oder der Diegese hinaus. Trotzdem dient die lebensweltliche Realität, dazu gehören auch biographische Informationen zum Autor, als Kontrastfolie: Der revolutionäre Exilant Wagner schreibt seinen *Ring* nach dem Scheitern der 1848er-Revolution gegen die bestehende politische, soziale und künstlerische Gesellschaftsordnung. Mit seiner Kunst, dem Kunstwerk der Zukunft, zielt Wagner, wie Th. Mann es verstand, „sozial-sittlich weit hinaus über alle kapitalistisch-bürgerliche Ordnung in eine von Machtwahn und Geldherrschaft befreite, auf Gerechtigkeit und Liebe gegründete, brüderliche Menschenwelt".[29] Doch neben der romantisch-aufklärerischen Hoffnung auf eine Verbesserung von Welt und Menschen steht die tiefe Skepsis des „Realpolitikers" Wagner, der die Verwirklichung der Utopie selbst im Kunstwerk nur aufscheinen lässt.

[29] Th. Mann: *Richard Wagner und der ‚Ring des Nibelungen'*, S. 122.

„Vom absprechenden Segen" – der Josephsweg

Wie für den *Ring des Nibelungen* ist das grundlegende Ordnungsprinzip der Josephsromane die Wiederholung. Inhaltlich strukturiert sie das In-Spuren-Gehen der Figuren, das Leben nach alten Mustern und das Ausfüllen ihrer „Rollen", wodurch es zu immer gleichen Figurenkonstellationen und lediglich zu einer (variierten) Neuauflage vergangener Ereignisse und Situationen kommt. Auf narrativer Ebene ist sie bestimmend durch die motivischen Strukturen und die wiederholenden Erzählungen, die mit dichten Motivbündelungen einhergehen. Wiederholung ist auch ein Moment der Vergegenwärtigung (eines vergangenen Geschehens), wodurch die Narration in der Narration, das Erzählen der Geschichte, die sich einmal selbst erzählte, geradezu potenziert wird. Auf formaler und inhaltlicher Ebene bildet sich ein dichter Idiolekt heraus, wodurch, unterstützt von den selbstreferentiellen, vor allem narratologischen Kommentaren, auch das Moment der Autoreflexivität verstärkt wird.[30]

Die Gedankenfigur des Inzests greift hier ebenso wie für den *Ring* sowohl im Sinne formaler Selbstbezüglichkeit der narrativen Struktur als auch angewandt auf den konkreten bzw. möglichen Tatbestand an wichtigen Schaltstellen der Handlung. Der Inzest steht im *Joseph* für ein Prinzip, das es zu überwinden gilt: für „Rückständigkeit" und „Gottesdummheit" bzw. die Gefahr, ins Rückständige zurückzufallen, kurz für alles, was der Vaterreligion Jaakobs, der auch Joseph, wenngleich etwas weltoffener, verbunden bleibt, ein „Greuel" ist.

Das konzeptionelle Zusammendenken von Rückständigkeit und Motivstruktur ist weit entfernt davon, die Motive zu einer Form des reinen Stillstands zu stilisieren, eine Lesart, die in der literatur- wie musikwissenschaftlichen Forschung bzw. Kritik durchaus Vertreter hat.[31] Im Gegenteil bilden die dynamische Bedeutungsanreicherung der Motive, die Variation durch

---

30 Zum Zusammenhang zwischen Wiederholung und Selbstreferenz vgl. Pütz (*Wiederholung als ästhetisches Prinzip*): „[Selbstreferenz] ereignet sich dadurch, daß sie wie die phonetischen, optischen, semantischen und strukturellen Zeichen künstlerischer Texte ständig auf sich zurückkommt, Raum und Zeit in Intervalle gliedernd, sie zugleich miteinander verbindend und trennend, ein System von Beziehungen schaffend und zugleich zerstörend – getreu dem Doppelcharakter von Wiederkehr und Abkehr" (ebenda, S. 24).

31 Für Wagner sei an die pejorative Bezeichnung „Etikett" für die Leitmotive erinnert; Adorno schon deutet die Leitmotive als starre Bildchen, in denen sich die „Invarianz" der gesellschaftlichen Zustände im Ring abbildet: Am Ende der *Götterdämmerung* habe sich nichts verändert. Stellt die hier versuchte Interpretation des Ringgeschehens auch die

Synonyme und die vielfältige Verweisungsmöglichkeit durch Konnotation und Denotation eine Prozesshaftigkeit ab, die, zusammen mit der Vergegenwärtigung, nicht nur Zeitstrukturen bewusst macht, sondern auch vorwärts gewandte Entwicklung. Eine Frage der Ebene: Als übergeordnetes Bezugssystem ist das von (leit-)motivischen Strukturen durchzogene Werk in sich geschlossen. Innerhalb des Systems aber sind Varianten möglich.

Bewegen sich die Figuren einerseits innerhalb mythischer Muster und leben sie in ihren Rollen, so ist andererseits ein Prozess der Individualisierung festzustellen, die im frei mit den Mustern spielenden Joseph ihren Höhepunkt findet. Er tritt aus den vorgegebenen Bedingungen heraus, doch was hier ontogenetisch durchgeführt wird, ist nicht unbedingt phylogenetisch zu deuten. Es stellt sich die Frage, ob die Menschheit, das heißt das Volk Israel, an dem eine Menschheitsentwicklung exemplarisch durchgeführt wird, weiter fortschreitet oder selbst auch auf einer Stufe verharrt, nachdem die Sondererscheinung Joseph verschwindet.[32] Geht der Weg des Volkes Israel nach vorne in eine wirklich heilsbringende Zukunft des Vatergeistigen, oder ist das rein Vatergeistige sogar eine Sackgasse?

Die Art der Bedeutungsaufladung des Inzestmotivs, der Bewertung des Inzests im Roman und der Übertragung der Inzestfigur auf die formalen Strukturen ist auch im *Joseph* Ausdruck des Spannungsverhältnisses zwischen Stillstand und Entwicklung. Eine Interpretation des Romans als mythenpoetische Menschheitsgeschichte hat danach zu fragen, nach welcher Seite diese Spannung aufgelöst wird, oder ob sie bestehen bleibt. Wie verhält sich der Kreis zur Strecke?

Unmöglichkeit, aus den gegebenen Bedingungen herauszutreten, in den Mittelpunkt, so gilt dies doch nur für die Unmöglichkeit, den Fortschritt, die neue Gesellschaft innerhalb des Kunstwerks von den dort handelnden Figuren eingelöst zu sehen. Das Bewusstsein für notwendige Änderung jedoch hat sich entwickelt. Adorno vernachlässigt die dynamische Bedeutungsanreicherung der Motive, ihre Fähigkeit zur Variation und zum Aufdecken neuer Verweisungszusammenhänge. Für Th. Mann wurde eine ähnliche Invarianz z. B. für die *Buddenbrooks* festgestellt: Die Motivstrukturen stellten nur die Wiederholung des Gleichen dar, wodurch eine statische Welt abgespiegelt würde (Ronald Peacock, Hans Mayer). Auch hier wird die den Motiven inhärente Dynamik ausgeklammert, die sehr wohl befähigt ist, „geschichtliche Prozeßhaftigkeit" (Vaget, *Seelenzauber*, S. 104) auszudrücken.

[32] Das Utopische des Menschenentwurfs ‚Joseph' versteckt sich auch in dem eigentümlichen Oszillieren der Figur zwischen Menschlichkeit und Göttlichkeit. Hier schimmert wieder das Wirken der „rollenden Sphäre" durch, da es aber um die Entwicklung zu einer reinen Menschlichkeit geht, kann die Göttlichkeit Josephs, die sich in seiner Wirkung auf die Mitmenschen äußert, als Hinweis darauf verstanden werden, dass der wahre Humanismus so bald nicht Realität werden kann.

Inzestuöses im Joseph

Die Inzestverbindungen im *Ring* gründen auf tatsächlicher Blutsverwandtschaft. In der göttlichen und halbgöttlichen Wotansphäre sind alle miteinander verwandt, während im *Joseph* der Inzest „im Geiste" überwiegt. Es genügen stärkere oder schwächere Analogien mit dem „Ur-Frevel", für den in der Geschichten- und Gedankenwelt „Israels", also Jaakobs, die Entblößung Noahs steht. Wie die Aufschlüsselung des Motivs /*Entblößung*/ ergeben hat, verweist diese weiter auf die Ermordung des Vaters (Kronos-Typhon). Das gegenwärtige Geschehen (Josephs Standhaftigkeit gegen Mut) wurde an ein Urgeschehen rückgebunden und so als (mögliche) Wiederholung der einstigen Verfehlung gekennzeichnet, womit es sich in das Muster (allgemein: des „Roten") einfügen lässt.

‚Geistig' meint also die Übertragung mythisch-typologischer Muster und Rollen auf das gegenwärtige Ereignis und die handelnden Figuren. Nichtverwandte werden in diesem Prozess zu Blutsverwandten stilisiert, wodurch das Muster deutlich erkennbar wird und sich die Handlung erst als Inzest, als Tabubruch, offenbart. In dieser Hinsicht interessieren besonders die Episode zwischen Ruben und Bilha, einer Nebenfrau Jaakobs, in den *Geschichten Jaakobs* und die Verführungsszenen zwischen Mut und Joseph in *Joseph und Ägypten*. Die mythologische Bedeutung des Inzests wird vom Erzähler aus- und durchgespielt, gleichzeitig aber auch von den Figuren selbst erkannt. Die Art des Erkennens und ihre Stellung zum Inzest, dies sei vorweggenommen, offenbaren ihren sittlich-religiös gebundenen Standpunkt und entsprechen ihrem Bewusstsein für die mythischen Rollen und Muster, wodurch auch Rückschlüsse auf die phylo- wie ontogenetische Entwicklungsstufe gezogen werden können.

Wie die weit reichenden Konnotationen des Motivs /*Entblößung*/ zeigen, haftet letztlich aller Erotik und Sexualität ein inzestuöses Moment an. Allerdings finden sich auch die mit dem Inzest verbundenen Vorstellungen von Reinheit und Erwähltheit wieder: Es werden teilweise absurde Herleitungen bemüht, um Verwandtschaftsbeziehungen zwischen dem Stamme Israel und anderen Stämmen und Völkern nachzuweisen, damit eine Heirat stattfinden kann (der Stamm Israel achtet darauf, nicht in „Fremdvölker" einzuheiraten).

Die grundsätzliche Unterscheidung von biologischem und geistigem, mythisch konstruiertem Inzest ist sowohl für die Jaakobssphäre als auch für die ägyptische Sphäre zu beobachten. An Varianten sind auszumachen: der tatsächlich vollzogene und der nicht vollzogene, aber begehrte Inzest zwischen Blutsverwandten und der vollzogene oder eben wieder nur begehrte zwischen „Verwandten im Geiste". Die Bedeutung des Inzests ergibt sich gerade aus den Differenzen zwischen geistigem und biologischem Inzest.

Als Gegenentwurf zum vergleichsweise jungen, der Zukunft zugewandten Volk Israel und seiner Religion ist Ägypten grundsätzlich das Land des Atavismus. Nur hier begegnet Joseph dem tatsächlich zwischen Blutsverwandten vollzogenen Inzest in Form der in der kulturellen Sphäre Ägyptens autorisierten Geschwisterehe: die des Zwillingspärchens Huij und Tuij, den Eltern des Potiphar, und die der ägyptischen Herrscher. Darüber hinaus wird er mit Formen des Inzests und inzestuös aufgeladenen Versuchungen konfrontiert, die im Gefüge des Romans den Rückfall, wenn nicht das Verharren auf einer niedrigeren Bewusstseinsstufe anzeigen.

Der Inzest als Tatbestand erscheint im *Joseph* nur bedingt als direkter Vollzug, als dessen Folge das Handlungsgeschehen tatsächlich umgelenkt wird. Rubens Handlung, die gar kein tatsächlicher Inzest ist, da er zwar mit der Frau seines Vaters, aber nicht etwa mit seiner Mutter oder überhaupt einer Blutsverwandten schläft, führt immerhin dazu, dass Jaakob ihm den Erbsegen entziehen kann, den er insgeheim (und für alle ersichtlich) Joseph zugedacht hat. Dieser Umstand beeinflusst die Handlung insofern, als sich dadurch das Verhältnis zwischen Joseph und seinen Brüdern verschlechtert, woraus letztendlich der erste Grubensturz resultiert. Ein Inzest ersten Grades mit seinen dramatischen Folgen wie der Siegmunds und Sieglindes in der *Walküre* findet jedoch nicht statt. Im *Joseph* sind in erster Linie der Symbolwert des Inzests und die reflektierende Auseinandersetzung mit ihm entscheidend. In der „Jaakobsphäre", die auch für den Joseph in Ägypten Bezugspunkt bleibt, wird der Inzest vor allem durch – im Mythischen wurzelnde – Gedankenspielereien wirklich zum Tatbestand. Als Resultat geistiger Spekulationen erscheint er subtiler als im *Ring*, ist jedoch ebenso präsent und erfüllt in seinen verschiedenen Formen eine wichtige Funktion im Projekt Menschheitsentwicklung.

In diesem Kontext sind die für die Konzeption des *Joseph* grundlegenden Schriften J. J. Bachofens – Thomas Mann beschäftigte sich sowohl mit Bachofen selbst als auch mit dem als Einleitung dienenden Aufsatz Alfreds Baeumlers – von substantieller Bedeutung.[33] Eingebettet in die von

[33] Zu Thomas Manns Bachofen-Rezeption v. a. Elisabeth Galvan: *Zur Bachofen-Rezeption in Thomas Manns Josephsroman*, Thomas Mann Studien 12, Frankfurt/Klostermann 1996. Galvans zu großen Teilen philologische Studie legt einen Schwerpunkt auf die Differenzierung zwischen Thomas Manns Rezeption der Schriften Bachofens selbst und der Einleitung

Bachofen entworfene, geradezu als Geschlechterkampf inszenierte Entwicklungsgeschichte der Menschheit entpuppen sich der Inzest und seine Überwindung als Urteilskriterien für den erreichten Entwicklungsstand. In dieses konzeptionelle Grundgerüst arbeitet Th. Mann außerdem die Freudsche Interpretation des Zusammenhangs von Inzestverbot und Religion (*Totem und Tabu)* ein.[34]

Die Inzestfigur in ihrer inhaltlichen Bedeutung, Inzest als biologischer und geistiger Akt, ist auch der Narration eingeschrieben: Die selbstreferentiellen Wiederholungsstrukturen, besonders das motivische Beziehungsgeflecht, heben den potentiellen Stillstand, aber auch die Variationsmöglichkeiten auf eine formale Ebene. Bevor dieser Pfad weiter verfolgt wird, ist allerdings zunächst auf die Implikationen des Inzests im *Joseph* auf Basis der Theorien von Bachofen und Freud einzugehen.

Bachofen und Freud

In Bachofens System der beiden Prinzipien von Mutter- und Vaterreligion stößt Th. Mann auf ein Denken in Dualismen, das dem seinen nahe steht. Die sein gesamtes Werk durchziehende Dichotomie von Geist und Leben, die er in unterschiedlichen Ausprägungen und unter der Verwendung variantenreicher Begrifflichkeiten bearbeitet, sieht er in Bachofens Theorien verknüpft mit Mythos und Menschheitsgeschichte.

Die Schriften des Rechtshistorikers Johann Jakob Bachofen wurde im Kreis der Münchner Kosmiker Anfang der 1920er Jahre nicht nur wieder-, sondern vielmehr überhaupt entdeckt, zu Lebzeiten blieb eine größere Anerkennung

---

Baeumlers. Inhaltlich bedeutsam für Th. Mann sei vor allem die Entwicklung der Menschheit in mehreren Stufen hin zu einem Vatergeistigen, das den gedanklichen Hintergrund des Joseph bildet. Desweiteren zieht Galvan eine Verbindung über das Bedrohliche des Rückfalls auf die tellurische Mutterrechts-Stufe zur Homoerotik als erotischen Ästhetizismus: freie Liebe ohne Konsequenzen, d. h. ohne Fruchtbarkeit, wie vom Autor selbst in Briefen/Essayentwürfen formuliert. Außerdem grundlegend Dierks, bes. *Mythos und Psychologie*, S. 179–206, überblicksartig Neumann und Heftrich. Auch Emig bespricht den Aspekt Inzest im Hinblick auf Bachofen. Ihre überzeugende Darstellung der Bedeutung der Inzestfigur bei Wagner und Mann und besonders für den Joseph macht allerdings halt vor der Übertragung der inhaltlichen Implikationen auf die narrativen Strukturen.

[34] Nach Dierks überhaupt die für die Josephsromane einzig wirklich relevante Schrift Freuds.

aus.[35] Bachofen entwirft eine Geschichtsphilosophie, die auf dem Widerstreit der beiden Prinzipien Mutterrecht und Vaterrecht bzw. -religion fußt. Dieser metaphysische Dualismus ist verbunden mit einem christlich getönten Fortschrittsglauben, wobei dem Vaterrecht als geistigem Prinzip die Rolle der vorwärtstreibenden Kraft zufällt. Es ist der Dualismus von Geist und Stoff, der dem Th. Mannschen Dualismus von Geist und Leben so verwandt ist.

Auf seiten des Geistes stehen „kosmo- und mythologisch die Sonne, das Licht, der Tag und das Männliche." Auf seiten des Stoffes „die Erde, die Finsternis, die Nacht und das Weibliche":

> Metaphysisch und kosmologisch sind Geist und Stoff allgegenwärtige Antipoden. Historisch verschieben sich ihre Machtverhältnisse jedoch in einem Prozeß von naturgesetzlicher Regelhaftigkeit und kosmischen Ausmaßen. (Neumann, *Romane,* S. 115f)

Bachofen unterscheidet in einem geschichtlichen Entwicklungsprozess drei Großepochen, die bestimmt werden vom jeweils vorherrschenden Prinzip. Sie werden gemessen am Verhältnis zwischen Mutter- und Vaterrecht, dessen Durchsetzung das eigentliche und im Fortschrittsglauben verankerte Ziel darstellt. Anders ausgedrückt: Die Epochen schreiten vom Stofflichen zum Geistigen fort. Die einzelnen Epochen haben ihre soziologische, politische und metaphysische Verfasstheit, die sich auch in den ihnen eigenen mythologischen Bildern spiegelt. Die Mythologie einer Epoche kreist um ihr eigenes Zentrum, das in der nachkommenden neuen Epoche durch ein anderes ersetzt wird. Fortschreitend vom Stofflichen zum Geist folgen nacheinander Erde, Mond und Sonne.

In den ersten beiden Epochen sieht Bachofen das Mutterrecht vorherrschend. Aus einem Urchaos, in dem Stoff und Geist ungemischt existieren, entsteht die erste Epoche, der „chtonische Tellurismus." Erde, Stoff, das Weibliche, Mütterliche besitzen die Vorherrschaft, das Männliche ist nur als Zeugungskraft gegenwärtig. Verwandtschafts- und Familienbeziehungen haben sich nicht herausgebildet, jeder schläft mit jedem, also auch Blutsver-

---

[35] Seine zwiespältige und für Th. Mann selbst problematische Rezeption aufgrund der politischen Umstände und der Art und Weise der Bachofendeutung, wie sie von A. Baeumler im Einleitungsaufsatz des 1926 in München herausgegeben *Mythus von Orient und Occident* gegeben wurde, ist ein eigenes Forschungsfeld (siehe v. a. Galvan). Im Kontext dieser Arbeit sind die übernommenen Ideen und ihre Bedeutung für das Romanganze von Interesse, seien sie nun von Baeumler oder aus den Schriften Bachofens selbst bezogen.

wandte miteinander. Spätere Unterscheidungen in Mutter/Sohn/Vater/Tochter gibt es nicht. Soziologisch gesehen ist dies die Epoche der „hetärischen Gynaikokratie." In Analogie dazu, dass jeder mit jedem schläft, gibt es auch kein persönliches Eigentum, alles gehört jedem.

Auch die zweite tellurische Epoche steht unter der Herrschaft des Mutterrechts, doch zeigt sich der Stoff schon im Beginn geistiger „Läuterung." Im „lunarischen Tellurismus" wird die männliche Zeugungskraft als eine Macht erkannt und im Mond verehrt, anstelle des Hetärismus tritt die „eheliche Gynaikokratie", mit der auch das Eigentum einhergeht. Bild für die Einehe ist die keusche Umarmung von Sonne und Mond im Gegensatz zu der sich vorher „selbst umarmenden" Erde. Diese zweite Epoche, unter dem guten Einfluss des Geistigen, bedeutet also eine Abwendung von „erdiger" Selbstzeugung und Inzest.

In der dritten Epoche schließlich herrscht das Vaterrecht. Der „Solarismus" steht im Zeichen von Licht und Sonne. Entsprechend der „geistigen" Verfasstheit sind nicht länger physische Gewalten Gegenstand der Verehrung, sondern es bildet sich die Metaphysik heraus, die väterliche, geist- und vernunftgeleitete Gottesreligion.

Dass diese Entwicklungsgeschichte der Menschheit damals wie heute nicht wissenschaftlich überzeugt, sei dahingestellt. Interessant sind die geschichtsphilosophischen Implikationen. Für Th. Mann ist das Fortschreiten vom Stoff zum Geist, vom Mütterlichen zum Väterlichen durch die verschiedenen Epochen mit ihrer je eigenen Mythologie zum Ideenfundus für seine Erschaffung der Josephswelt geworden.

Bachofens System wird ergänzt durch Freud, vor allem den in *Totem und Tabu* phylogenetisch gewendeten Ödipus-Komplex[36]: Bewältigt der Sohn das inzestuöse Begehren nach der Mutter nicht, so kann sich die libidinöse Bindung an die Mutter nicht lösen und Neid und Hass auf den Vater bleiben bestehen. Daraus leitet Freud für seine Kulturentstehungsgeschichte den Aufstand der Söhne gegen die patriarchalische Herrschaft ab: Sie töten den Vater und verzehren ihn, Mütter (und Schwestern) stehen ihnen dann zur Verfügung. Angetrieben von Schuldbewusstsein, Reue und der Angst, untereinander könnte sich ähnliches wiederholen, werden Inzestverbot und Exogamie eingeführt, schließlich die beiden „fundamentalen Tabus des Totemismus" festgesetzt: das Inzestverbot sowie das Verbot, das Totemtier, das an Stelle des

[36] Vgl. hierzu auch Emig, *Arbeit am Inzest*, S. 172–178; Dierks, *Mythos und Psychologie*, bes. S. 160–168.

Vaters getreten ist, zu töten. Der Totemismus wird von Freud als ein Verdrängungsmechanismus aufgedeckt, um die Schrecken des „Urfrevels" zu beschönigen. Aus dem Totemismus wiederum entwickelt sich nach Freud der Monotheismus: Das Verdrängte, der Vater, erhebt sich wieder. Das Totemtier wird ersetzt, der Vater kehrt zurück, zunächst als Mensch, dann als Gott. Der Kreis schließt sich endlich – im Christentum – in der Opferung des Sohnes, des Menschensohnes, wodurch die Ursünde gesühnt wird.

In den Josephsromanen ist diese psychologisierende Kultur- und Religionsgeschichte als mythisch-poetisch-psychologisches Rüstzeug wirksam und bildet zusammen mit den Theorien Bachofens die Basis für die Arbeit am Ausgleich der gegensätzlichen Prinzipien Geist und Leben. Inzest und Ermordung des Vaters stehen symbolisch füreinander ein und sind Grundbestandteile eines Musters, das auch die Rollen der beteiligten Figuren bestimmt und an prominenten Stellen im *Joseph* auftaucht. Das Vaterprinzip steht für Vernunft, wachsende Freiheit, Arbeit am Gottesbild im Sinne der Humanisierung und der Einsicht in die Selbstverantwortlichkeit des Menschen. Das Mutterprinzip bezeichnet das Stoffliche, die Natur, worin das Triebleben und das Erotische überhaupt, der altbekannte „Wille" Schopenhauerscher Prägung, Nietzsches „Dionysisches", der homo natura (*Zauberberg*) wiederzuerkennen sind.

Die sich in Joseph vollziehende Menschheitsentwicklung führt vom Mütterlichen zum Väterlichen, zum Geistigen, aber natürlich nicht nach rein Bachofenschen Gesetzmäßigkeiten. Wie bei allen Quellen ist es zwar erstaunlich, wieviel Th. Mann in seinen Roman übernimmt – aber mindestens ebenso erstaunlich, wie er sie sich und seinem Werk anverwandelt, die Quellen „einschmilzt".[37]

Die drei Menschheitsstufen werden im Roman sowohl in der Phylogenese als auch in der Ontogenese durchgespielt: als Fortschreiten des Volkes Israel, als Gegensatz zwischen den Völkern (Israel gegen den Rest der Welt, v. a. Ägypten) und in der Entwicklung Josephs selbst. Aber auch andere Einzelfiguren repräsentieren eine oder durchlaufen mehrere Stufen, besonders Mut, die Frau des Potiphar, und in gewisser Weise selbst Potiphars „ehrwürdige Elterlein", die auf ihre Art, den Zeichen der Zeit folgend, das „Mutterdunkel" in die Schranken zu weisen versuchen.

Der äußerlich sichtbare Verweis auf Josephs eigenes Durchleben der verschiedenen Stufen sind seine „Grubenstürze" und die folgenden „Auferstehungen" bzw. „Wiedergeburten". Erst in seinem dritten Leben, auf der

[37] Neumann, Romane, S. 92.

dritten Stufe, hat er das Vaterprinzip verinnerlicht. In seiner Entwicklung geht es jedoch nicht um den kompletten Ausschluss des Mütterlichen: Das „Geheimnis“, so steht es in der *Höllenfahrt*, ist die Vermittlung und Vereinigung der gegensätzlichen Prinzipien. Versinnbildlicht ist sie im doppelten Segen, mit dem ein „Menschentum“, und das ist Joseph, gesegnet sein soll: mit „Segen oben vom Himmel herab [das Licht, das Vatergeistige] und mit Segen von der Tiefe, die unten liegt [das Dunkle, Mütterliche, Fruchtbarkeit]“ (Jak 46). Dieser Segen wird auf dem Sterbebett von Jaakob lediglich bestätigt, dabei noch weiter definiert als Gabe,

> Gunst zu finden vor Gott und den Menschen. Das ist ein seltener Segen, denn meist hat man die Wahl, Gott zu gefallen oder der Welt; ihm aber gab es der Geist anmutigen Mittlertums, daß er beiden gefiel. (E 532)

Als Mittler zwischen Gott und der Welt ist Joseph eindeutig eine Hermesfigur, soweit Eindeutigkeit bei diesem Halbgott der Ambivalenz überhaupt greift. In diese Charakterisierung fließen außerdem zahlreiche Anspielungen auf andere mythische Gottheiten ein: Osiris, Tammuz, Adonai, Götter, die in der Tradition werdender, vergehender und wiedererstehender Fruchtbarkeitsgötter stehen.[38]

Die Entwicklung der Menschheit in drei Epochen und die damit verbundene Bewusstwerdung im Sinne des Vatergeistigen ist ablesbar an der Einstellung gegenüber dem Inzest. In der chtonischen, ersten Epoche gibt es noch kein Bewusstsein für den Tatbestand Inzest, das sich in der zweiten Epoche überhaupt erst entwickelt. Erst dann wird der Inzest erkannt, definiert und endlich abgelehnt. Der Inzest gehört in eine Epoche des Un-, besser vielleicht des Vorbewussten – mit Bachofen: eines naturhaften Nichtgeistigen. Die sich vollziehende Entwicklung vom Mütterlichen zum Väterlichen bzw. von der Natur zum Geist geht einher mit der Entwicklung vom Unbewusstsein zum Bewusstsein.

Je nach Epoche und Sphäre ist Inzest sowohl positiv als auch negativ besetzt: negativ als regelloses, ungelenktes Triebleben, nicht beherrscht vom Geist, positiv als göttliches Vorrecht, das sich aus zahlreichen Ursprungsmythen herleitet und im Zeichen der Heiligkeit steht. Die göttliche Abstammung der Herrscher, ihre eigene Göttlichkeit wird durch den anerkannten Inzest untermauert. Das gilt auch für den in der Gottessorge vergleichsweise

[38] Hierzu vor allem Schulz, die in ihrer Studie auch die mythischen Hintergründe der Rollen und Muster darlegt und bespricht. Zu Hermes und seiner Mittlerrolle v. a. S. 195ff.

weit fortgeschritten Pharao der Josephsromane, Echnaton. Mögen auch dynastische und staatspolitische Gründe eine gewisse Rolle spielen, so bekräftigen die inzestuösen Heiraten, meist in Form der Geschwisterehen, in erster Linie die Göttlichkeit des Herrschergeschlechts. Dies steht im Zeichen der „Reinhaltung" des Blutes und der Auserwähltheit, beides Aspekte, die auch für die Jaakobssphäre eine Rolle spielen.

Der Tatsache, dass im Inzest-Motiv positive und negative Konnotationen zusammenfließen, entspricht auch die Doppeldetermination des Inzests im *Joseph*. Er bestimmt sich von zwei Seiten: einerseits durch atavistische Rückständigkeit (regelloses Ausleben der Triebe und die Implikation des Vatermords). Jaakobs Angst vor dem „Rückfall in graue Vorzeit", die sich grundsätzlich an allem Erotischen entzündet, hat dabei durchaus reale Ursachen, die nicht zuletzt seiner eigenen Geschichte entspringen. Andererseits impliziert Inzest den Nimbus des Göttlichen und der Auserwähltheit. Letzterem haftet jedoch vor allem in der ägyptischen Form auch wieder ein falsches, rückständiges Gottesverständnis an. Ganz davor bewahrt ist Israel jedoch selbst nicht, spielt doch immerhin der Gedanke vom auserwählten Volk eine wichtige Rolle.

Spielarten des Inzests

Ruben und Bilha

Schon in den Geschichten Jaakobs wird, eingebettet in eine erste Charakterisierung Josephs, von Rubens Fehltritt, seiner Verfehlung gegen den Vater erzählt, die ihn den Erbsegen kostet. Er schläft mit einer der Nebenfrauen, Bilha (der nach Rachels Tod anstatt der zweiten Hauptfrau, Rahels Schwester Lea, Jaakobs Vorliebe gilt), das Geschehen wird von Joseph beobachtet und dem Vater hinterbracht. Der nun nimmt die Sache zum Anlass, Ruben die Rechte der „Erstgeburt", das Anrecht auf den Erbsegen, zu entziehen. Er begleitet und begründet dies durch Beschimpfungen, die die tiefere, „mythische" Bedeutung der Tat erhellen. Der Erzähler gibt wieder:

> Jaakob nannte ihn Cham, Vaterschänder, Chaosdrache, Behemoth und schamloses Flußpferd, dies letztere unter Einfluß eines ägyptischen Gerüchts, das Flußpferd habe die wüste Gewohnheit, seinen Vater zu töten und sich mit seiner Muter zu paaren. Indem er so tat, als sei Bilha wirklich Rubens Mutter, nur weil er selber mit ihr schlief, ließ er über seinen Donnerreden die alte und dunkle Auffassung walten, Ruben habe sich, indem er der Mutter beiwohnte, zum Herrn über alles und alle machen wollen. (Jak 84)

Die mythischen Anspielungen Jaakobs und der Kommentar des Erzählers machen die Hintergründe deutlich: In Rubens Tat sieht Jaakob den Aufstand des Sohnes gegen den Vater, der entsprechend geahndet werden muss. Das gegenwärtige Geschehen wird allerdings etwas gewaltsam dem Muster „Inzest" angepasst: Bilha ist beileibe nicht Rubens Mutter (er ist ein Sohn Leas), es handelt sich nicht um tatsächlichen Inzest. Jaakob aber begnügt sich nicht damit, in Bilha lediglich die Frau des Vaters zu sehen (sein Zorn wäre immer noch gerechtfertigt). Indem er sie Mutter nennt, wird das Vergehen Rubens zum realen Inzest umgewertet, wodurch die Brisanz der Tat verstärkt wird. Damit schafft Jaakob einerseits eine gute und (öffentlich) nicht zu kritisierende Begründung dafür, Ruben die Erstgeburt abzuerkennen. Die Vererbung des Segens hängt von dieser Episode an in der Schwebe, ist es auch ein offenes Geheimnis, dass Jaakob den Erbsegen auf Joseph übertragen will. Andererseits zeigt sich die ganze Bedeutungsmächtigkeit des Musters, das auch bei nur teilweiser Erfüllung evoziert wird.

Im Muster verschränken sich Freudsches und Bachofensches Gedankengut: Zu Rubens Mutter stilisiert, wird Bilha zur Muttergestalt an sich, womit die tellurisch-chtonische Epoche des Mutterdunkels auf den Plan gerufen wird. Die Anspielung auf Noahs Sohn Cham bringt die Gedanken der „Entblößung", der Kastration, und weiter im Freudschen Sinne Vaterhass und Tötung des Vaters ins Spiel. Beide Herleitungen stehen für tiefsten Rückfall und die „Greuel", die Israel so fürchtet und in der besonderen Bedeutung der Beschneidung aufgehoben und überwunden glaubt: Der Bund mit Gott durch „humane" Beschneidung ist sichtbarer Ausdruck der Lösung des Vater-Sohn-Konflikts.[39] Symbolisch schwört der Sohn dem Mütterlich-Gefährlichen, dem Tellurischen ab, das Begehren nach der Mutter und damit die Beseitigung des Vaters werden ausgeschaltet im Bund mit dem Vater und dem Vatergeistigen. Dazu erklärt der Erzähler, dass

> die Beschneidung in Josephs Sippe und Kreis von langer Hand her eine besondere mystische Bedeutung gewonnen hatte. Sie war die von Gott geforderte und eingesetzte Vermählung des Menschen mit ihr, der Gottheit, vorgenommen an dem Teil des Fleisches, der den Sammelpunkt seines Lebens zu bilden schien und auf den jedes körperliche Gelöbnis getan wurde. (...) Der Treuebund mit Gott war geschlechtlich und fügte dadurch, geschlossen mit einem begehrenden und auf

[39] Dazu auch Emig, *Arbeit am Inzest,* S. 181f, außerdem Kurzke: „Diese Art der Entmannung ist kultivierend, denn sie macht die Vatertötung unnötig" (*Die Hunde im Souterrain,* S. 134).

> Alleinbesitz dringenden Schöpfer und Herrn, dem menschlich Männlichen sinnigerweise eine Abschwächung zum Weiblichen zu. Das blutige Opfer der Beschneidung näherte sich in der *Idee* der Entmannung noch mehr als körperlich. Die Heiligung des Fleisches hat zugleich den Sinn der Keuschheit und ihrer Darbringung: einen weiblichen Sinn also. (Jak 78, meine Herv.)

Gott ist Vater und Mann schlechthin, dem der Sohn, der Mensch, vermählt wird. Die Mutter, die Frau, wird aus diesem Bund ausgeschlossen, stattdessen wird der Mann selbst durch die Beschneidung „verweiblicht". Sämtliche Gefahren werden dadurch ausgeschaltet: Ist der Mann selbst „verweiblicht", so erlischt auch das Begehren nach der Mutter, folglich der Wunsch, den Vater zu töten. Das Bedrohliche des Weiblich-Mütterlichen wiederum, das Erotische, wird gleich mitausgeschaltet, da die Beschneidung „im Sammelpunkt seines Lebens" zwar einen „weiblichen Sinn" hat, dieser aber durch „Keuschheit und Darbringung" (Opferung) geläutert wird. Der Sohn ist an den Vater gebunden, an das Vatergeistige, der sich sonst zwanghaft wiederholende Kreislauf Typhon-Kronos findet ein Ende.

Ruben, der älteste Sohn, erliegt der Verführung des „Mutterdunkels", der chtonischen Stufe, womit er sich als noch nicht bereit für das Vatergeistige erweist.[40] Immerhin erkennt er die tiefere, mythische Bedeutung in Jaakobs Anschuldigungen:

> Es ist nicht zu sagen, wie es dem fehlbaren Ruben durch Mark und Bein gegangen war, als der Vater ihm seinerzeit den anrüchigen Namen des Cham entgegengeschleudert hatte. Denn Jaakob war nicht der Mann, sich dieses Schimpfs etwa nur im Sinne einer matten Anspielung zu bedienen. Seine Geistesmacht bewirkte ein furchtbares Aufgehen der Gegenwart im Vergangenen, das völlige Wiederinkrafttreten des einst Geschehenen, seine, des Jaakob, persönliche Einerleiheit mit Noah, dem belauschten, verhöhnten, von Sohneshand entehrten Vater; und Ruben hatte auch im voraus gewußt, daß es so sein und daß er ganz wirklich und eigentlich als Cham vor Noah liegen werde (...). (Jak 92)

---

40 Siehe auch Emig, *Arbeit am Inzest*, S. 181: „Mit Rubens Versuch, den Vater zu „ermorden" – ihn zu entblößen, zu kastrieren, seine Frauen zu beschlafen und seinen Platz einzunehmen – ist das von Freud aufgespürte Ur-Verbrechen der Söhne gegen den Vater evoziert. Jaakob wußte genau, warum er Ruben so hart bestrafte: Er hatte einen Usurpationsversuch niederzuschlagen, die „chtonische" Kette der „Vatermorde" zu zerreißen".

Die Erkenntnis stellt sich aber erst nach der Tat ein. Trotz seiner eigenen mythischen Bildung erkennt er das Muster erst im nachhinein, er kann sein Wissen nicht vorausschauend für das eigene Leben nutzen und seine Handlungen steuern.

Heirat, Sinnlichkeit und Liebe im Stamme Israel

Trotz der bedrohlichen Konnotationen des Inzests, der Greuel einer frühen und überwundenen Vorzeit, existiert er subversiv in der Jaakobsspähre weiter in einer abgeschwächten Form als Garant dafür, dass die Gottessorge in Reinheit weitergetragen wird, mithin als Garant der Auserwähltheit des Volkes. Grundsätzlich und theoretisch jedenfalls akzeptiert Jaakob nur Heiraten mit Angehörigen verwandter Völker, die ihren Göttern zugunsten des Einen Gottes Jahwe abschwören. Wie wichtig dies ist, zeigt die Tatsache, dass Jaakob für einige Frauen seine Söhne „etwas künstlich" (Jak 105) Genealogien entwirft, um eine Verwandtschaft, die gleichzeitig eine geistig-religiöse Nähe verbürgt, nachzuweisen. Aber „lauter religiös einwandfreie Heiraten waren nicht durchzuführen gewesen" (ebenda). Die Söhne zeigen sich in gewisser Hinsicht also sogar fortschrittlicher als ihr Vater, der selbst innerfamiliär heiratet. Sie würden es jedenfalls, wäre ihre Wahl sittlich-religiös motiviert, sie ist allerdings weit eher sinnlich-erotisch bestimmt. Damit muss Jaakob leben, findet diese Tatsache auch nicht seine unumschränkte Zustimmung: Die „Verheißung" ist auch eine Verantwortung, Israel hat zu wachsen und sich zu vermehren, dahinter steht alles zurück.

Jaakobs Verbindung mit seinen beiden Cousinen ersten Grades – Laban, der Vater Leas und Rahels, ist der Bruder Rebeccas – gehört zu den nicht rein geistigen Inzestbeziehungen der Israelsphäre.[41] Bezeichnenderweise stellen sich Jaakob und Rahel bei der ersten Begegnung am Brunnen einander als „Schwester-Sohn" und „Bruder-Tochter" vor. Und wirklich ergeben sich aus dieser Konstellation einige Komplikationen: der „Sohn" Jaakob wird vom Vatergott schließlich zurechtgewiesen. Ist der offensichtliche Grund für Jaakobs Bestrafung auch seine Gefühlsherrlichkeit, die Gott ihm verweist, so legt die Tatsache der inzestuösen Verbindung noch eine Spur zur untergründigen Ursache.

[41] Die Heirat innerhalb der Familie folgt auch einem Muster: Rebecca ist die Cousine Isaacs; Sarah, die Schwester Lots, die Nichte Abrahams. Letzteres führt dazu, dass Abraham sie halbwegs legitim bei seinem eigenen Aufenthalt in Ägypten aus Selbstschutz (er fürchtet wegen ihrer Schönheit das Begehren anderer Männer und hat Angst, als Ehemann ermordet zu werden) als seine Schwester einführt. (Jak 122f)

Jaakob, der sinnende Patriarch, der sich am liebsten damit beschäftigt, Gott weiter denkend zu konturieren, ist einerseits der Inbegriff des Vatergeistigen, hingegeben der Gottessorge, daneben aber auch der große Liebende der Josephsromane. Seine Liebe zu Rahel, die sich nach deren Tod auf Joseph überträgt, ist in ihrer gefühlsseligen Selbstherrlichkeit jedoch aus zwei Gründen bedenklich: Erstens macht sie ihn nachlässig gegenüber anderen Mitgliedern des Stammes Israel, d. h. sowohl gegenüber seinen weiteren Frauen als auch deren Söhnen. Seine Gefühlsherrlichkeit ist ein sozialer faux-pas, der ihn blind bis zur Rücksichtslosigkeit gegenüber anderen macht.

Zweitens ist sie religiös bedenklich, da er nicht mehr gänzlich auf Gott fokussiert ist, wodurch dessen Eifersucht geweckt wird. Diese Eifersucht ist nicht nur mit dem göttlichen Vorrecht der Bevorzugung zu begründen, sondern liegt tiefer und lässt den „Urfrevel" hervor scheinen.

Ein ganzes Kapitel in den Geschichten Jaakobs, *Von Gottes Eifersucht*, handelt von den Beweggründen. Die lapidare Begründung der biblischen Überlieferung, warum zwar Lea, aber nicht Rahel dem Jaakob schwanger wird, erfährt folgende Auslegung:

> Der Kern ist, daß Gottes Maßregel (...) eine belehrende Züchtigung für Jaakob selbst bedeutete, welcher nämlich damit in dem Sinne verwiesen wurde, daß die wählerische und weiche Selbstherrlichkeit seines Gefühls, die Hoffahrt, mit der er es hegte und kundtat, nicht die Billigung Elohims besaß (...). (E 316f)

Ein weiterer Grund sei der, dass Jaakobs „zügellose Vorliebe" und "Auserwählung" eine „Nachahmung" Gottes selbst darstelle, ein „Vorrecht" jedoch, das dieser nicht zu teilen willens sei. Es

> bleibt kein Zweifel, daß der höchste Beweggrund für die hier erörterte Maßnahme [die Unfruchtbarkeit Rahels, ihr Tod und Josephs Absonderung] die E i f e r s u c h t Gottes auf ein Vorrecht war, welches er durch ebendiese Maßnahme, durch die Demütigung von Jaakobs Gefühlsherrlichkeit, als Vorrecht zu kennzeichnen gedachte. (Jak 317, Herv. im Original)

Der Erzähler führt Abrahams Bund mit Gott an, die gegenseitige Bedürftigkeit, ineinander heilig zu werden, eine Abmachung, die beide einander verpflichtet. Da die „wirkliche Würde" Gottes nur durch den „Menschengeist" erlangt wird, ist die Eifersucht Gottes ein „Restbestand leidenschaftlicher Vor-Heiligkeit", wobei „Eifer auf Abgötter" und „Vorrecht auf Gefühlsüppigkeit" dasselbe seien (Jak 318). Dabei geht es nicht nur um die „abgöttische" Liebe zu Rahel, sondern auch zu Joseph:

> Denn was wäre das zügellose Gefühl des Menschen für den Menschen, wie Jaakob es sich für Rahel gönnte und dann, in womöglich verstärkter Übertragung, für ihren Erstgeborenen, anderes als Abgötterei? (Jak 318)

Der „Restbestand leidenschaftlicher Vor-Heiligkeit" verweist auf das frühe Dasein Jahwes als Wüstengott, bevor Abraham ihn „hervorgedacht" hat. Wie der Mensch ist auch der Gott auf dem Weg der Entwicklung in Richtung des „Vatergeistigen" und dort noch längst nicht angelangt.

> Bedenkt man aber andererseits Rahels dunkles Los, und erfährt man dann gar, was der junge Joseph auszustehen hatte (...) so besteht kein Zweifel, dass es sich um Eifersucht reinsten Wassers und eigentlichen Sinns handelt – nicht um die allgemeine und abgezogene auf ein Vorrecht, sondern um die höchst persönliche Eifersucht auf die Gegenstände des abgöttischen Gefühls (...) – mit einem Worte: um Leidenschaft. Nenne man das einen Wüstenrest, so bleibt doch wahr, daß gerade erst in der Leidenschaft das tosende Wort vom „lebendigen Gott" sich recht erfüllt und bewährt. (Jak 318f)

Die Eifersucht kann gelesen werden als „Rest der Wüstengöttlichkeit", das „tosende Wort vom ‚lebendigen' Gott" ließe allerdings auch die Auslegung zu, dass sich in Gott auch die Vereinigung von Leben und Geist verwirklicht: Die Heiligkeit Gottes verdankt sich dem Hervordenken, dem rein Geistigen, aber er trägt auch das Leben, hier in Gestalt der Leidenschaft, in sich.

Die Erwähnung des Bundes bringt noch andere Konnotationen mit sich: die „Vermählung" mit Gott nämlich, die Gebundenheit des Sohnes an den Vater im Sinne des Vatergeistigen und unter Ausschluss des Erotischen. Jaakob verrät diesen Bund, indem er seine Liebe zu Rahel über alles stellt. Die Gottessorge verlässt ihn zwar nie ganz, aber tatsächlich gibt es Momente der Abkehr von Gott: Rahels Tod nimmt er nicht kritiklos hin, und als ihm Joseph auch noch genommen wird, hadert Jaakob in seiner Trauer, die ihn in rückständige Rituale bzw. ihre tatsächliche, nicht nur übertragene Ausübung zurückwirft, mit Gott.

Auch der Sohn erfährt die „Zurechtweisung" des Vatergottes, worüber sich Joseph und Jaakob auch im Klaren sind. Im Zwiegespräch beim endlichen Wiedersehen, im Kapitel *Vom absprechenden Segen*, verständigen sie sich über die Gründe der Absonderung[42] und Gottes Zorn: „Gott hat uns verziehen (...) Du siehst es ja, denn er hat dich mir wiedergegeben" (E 470). Und weiter:

[42] Zur Begründung der Absonderung Josephs werden einige Konstruktionen bemüht, unter denen der Hauptgrund, der Dreischritt Entrückung/Erhöhung/Nachkommenlassen, am Ende doch nicht wirklich logisch erscheint: Welchen Sinn hat es, dass Gott Israel nach Ägypten führt, um es eines Tages wieder hinausführen zu lassen? Zwar wird das Volk in Zeiten der

> „Leben, Vater, wollen wir miteinander, jetzt, wo die Strafe verbüßt und die lange Karenz beendet ist!“ „Bitter lang war sie“ nickte der Alte, „denn sein Zorn ist gar wütig und sein Grimm eines gewaltigen Gottes Grimm.“ (Ebenda)[43]

Die Liebe zu Rahel macht Jaakob dem Vatergeistigen abspenstig und führt ihn zurück ins Mutterdunkel, wie es die Ereignisse der Hochzeitsnacht vor Augen führen. In seiner Liebe zu Rahel übergeht er die ältere Schwester Lea, eine Vernachlässigung, die den Unwillen des Vaters Laban hervorruft. Nach Landesbrauch sollte die ältere Tochter, die er außerdem versorgt sehen will, zuerst verheiratet werden. In der Hochzeitsnacht nun wird Jaakob im Dunkeln nicht Rahel, sondern die verschleierte Lea zugeführt. Jaakob überlässt sich völlig dem „Dunklen Reich der Nacht“, er hält Lea für Rahel.

Jaakobs Geschichte ist die Wiederholung des Geschehens um Usis/Osiris/Set, ebenfalls eine Verwechslungsgeschichte im Dunkel der Nacht, der Anup entstammt.[44] Dieser erscheint Jaakob vor der Hochzeitsnacht im Traum und bedeutet ihm, dass es letztlich unerheblich sei, welche individuelle Frau er liebe, jeder Frauenkörper sei zum Zeugen gut (vgl. Jak 285). Die Vertauschung variiert außerdem einmal mehr den Segensbetrug. Wie Isaak bei der Segnung auf die Ähnlichkeit zwischen Brüdern zu sprechen kommt, so drängt sich auch Jaakob der Gedanke um die Gefahr der Verwechslung auf, die bei Brüdern und Schwestern leicht geschähe. Das blinde Ertasten des

---

Hungersnot nicht nur gerettet, sondern leidet dank Josephs Position wirklich keinen Mangel – doch es ist ja Gott, der diese Not schickt. Eine ähnliche Konstellation wie in der *Walküre*, in der Fricka Wotan vorwerfen kann: „Du schufst ihm [Siegmund] die Not und auch das Schwert“. Eigentlich liegt in der ganzen Gottesgeschichte keine Notwendigkeit, außer natürlich darin, das die Vorgaben des Buches Genesis bindend sind. In umgekehrter logischer Beweisführung wird das Geschehen als sinnvoll akzeptiert und genügt als Grund für die Ereignisse. Mit den Worten des Erzählers: „(...) Wenn geschehen sollte, was geschah, und wenn die Tatsache, daß es geschah, auch zugleich der Beweis dafür ist, daß es geschehen sollte und mußte.“ (Jak 335).

[43] Joseph erkennt allerdings auch einen tieferen Sinn, der nicht mehr hinterfragt wird, in der Strafe und der Eifersucht: „Dich, mein Vater, und mich hat er hart angefaßt uns einander genommen, daß ich dir starb. (...) Aber in Einem meint' Er, mich vor euch herzusenden um der Errettung willen, daß ich euch versorgte, dich und die Brüder und dein ganzes Haus in der Hungersnot, die Er im vielbedeutenden Sinne trug, und die für ihr Teil ein Mittel zu vielem war, dazu vor allem, daß wir uns wieder zusammenfänden. Das alles ist höchst bewundernswert in seiner weisen Verschränktheit. Wir sind heiß und kalt, aber Seine Leidenschaft ist Vorsehung, Sein Zorn weitschauende Güte.“ (E 471)

[44] Und mit tödlichem Ausgang: Usir, der versehentlich mit seiner Schwägerin schläft, wird von Set getötet. Anup erzählt Jaakob im Traum die vollständige Geschichte.

Körpers „mit sehenden Händen" ist ebenfalls ein Rückverweis auf den Segensbetrug: Auch Isaak betastet den mit Fell verkleideten Jaakob und nimmt diesen schließlich für Esau. Jaakob müsste, wenn ihm schon nicht gewisse Unterschiede in Stimme und Gestalt auffallen, zumindest das Schema erkennen, er tut es jedoch nicht – das Mutterdunkel verstellt ihm die Sicht. Er verfällt also selbst, wenn auch ehelich mit einer Frau verbunden, der Verführung durch das Weibliche. Das Begehren ist stärker als alles Vatergeistige. Labans Rechtfertigung, er habe die Schmach der älteren Tochter tilgen müssen, und Jaakob daher Lea zugeführt (übrigens ganz „legal", im Ehe- und Dienstvertrag ist nur von einer Tochter die Rede), bleibt an der Oberfläche. ‚Eigentlich' geht es um den Widerspruch zwischen Gefühl und Zweck. Die eheliche Verbindung zielt auf Nachkommen, Liebe ist Luxus.

Jaakobs Enttäuschung am hellen Tag ist nachvollziehbar, der Erzähler lässt jedoch keinen Zweifel daran, dass ihn die Zurechtweisung, direkter Vollstrecker ist Laban, nicht unverdient trifft. Da er von seiner Liebeshybris, seinem „geheiligten Gefühl", aber auch weiterhin nicht Abstand nimmt, handelt er sich weitere Zurechtweisung durch den „Vater" ein. Rahel bleibt 12 Jahre lang unfruchtbar, erst im 13. Ehejahr wird Joseph geboren. Ihren Tod bei der Geburt Benjamins führt Jaakob selbst direkt auf Jahwe zurück: „(...) wo Er's tat, da soll sie liegen" (Jak 388). Jaakob kommt nie ganz über den Tod Rahels hinweg, und doch hat er einen „geistigen Vorteil" davon, wodurch Rahels Tod wirklich als Sinnbild des Sieges des Vatergeistigen über das Mutterdunkel gelten kann:

> Sein Aufblicken ins Ungeheure war entsetzensvoll, aber nicht ohne Kraft des Schauens, und seine Arbeit am Göttlichen, die sich immer als Ausdruck von Besorgnis in seiner Miene abzeichnete, erfuhr in dieser furchtbaren Nacht eine Förderung (...). (Jak 387)

Jaakob lässt sich seine Gefühlsherrlichkeit jedoch immer noch nicht nehmen: In Joseph setzt sich seine Liebe zu Rahel fort. Der scharfe Gottesverstand Josephs gibt dieser Bevorzugung zwar auch eine geistig-religiöse Berechtigung, aber Jaakobs Gefühl zum Sohn ist vor allem bestimmt durch die Liebe zur Mutter. Damit wird auch das Inzestuöse dieser Liebe potenziert weitergetragen:

> Zwischen Josephs und Rahels Augen hatte er nie einen klaren Unterschied gemacht (...). Im Tode flossen sie ihm vollends zu einem Augenpaar zusammen – die geliebten Gestalten flossen ihm zum zwiegeschlechtlichen Sehnsuchtsbilde zusammen. (JJ 264, meine Herv.)

Diesmal lautet die Strafe Entrückung – für Jaakob aber ist Joseph zunächst gestorben. In seiner Trauer fällt er tatsächlich in die Rituale grauer Vorzeit zurück, die längst überwunden geglaubt bzw. in symbolische Handlungen umgewandelt waren: Er zelebriert seine Trauer und „ging aus tiefsten Schmerz auf den Grund der Sitte, vom Sinnbild [dem Zerreißen der Kleider] zur rohen Sache [die Entblößung des eigenen Körpers] selbst zurück und zum schrecklichen Eigentlichen" (JJ 248).

Jaakobs Angst vor Rückfälligkeit und allgemeiner „Greuel", die immer sexuell konnotiert sind, resultiert nicht nur aus dem Bewusstsein für typisch-phylogenetische „Urfrevel", sondern aus der eigenen, individuell-ontogenetischen Erfahrung. Die Hingabe ans Weibliche, Erotische ist eine ständige Bedrohung, die gebändigt werden muss durch das Vatergeistige. Zweck der Ehe ist es, Nachkommen zu zeugen und der Verheißung gerecht zu werden, damit dieses Vatergeistige, die neue monotheistische Gottesreligion, weiterverbreitet werden kann. Das Gefühl hingegen „neigt von Natur aus zur Zügellosigkeit", und Jaakob zeichnet sich auch noch durch „Unenthaltsamkeit" in Gefühlsdingen aus, weswegen er von Gott „zurechtgewiesen" wird.

„Des Gefühlsmenschen weiche Unbeherrschtheit" vererbt er auf Joseph, bei dem sie sich mit narzisstischer Eigenliebe paart. Sie äußert sich zunächst darin, dass er nicht weiß, wann Schweigen und Verschweigen angebracht sind – unbeherrscht drängt es ihn dazu, alles zu erzählen und zu kommentieren, auch Geschichten zu erfinden. Das petzende „Angeben" ist eine direkte Folge. Jaakobs Erziehung, unverhohlene Bevorzugung, gibt zudem Josephs Einbildung, jedem sei unendlich an seiner Person gelegen, reichlich Nahrung. Vater und Sohn werden „zurechtgewiesen", die erste Erziehungsmaßnahme des Vatergottes ist Josephs erster Grubensturz. Jaakob kann seine Gefühle, die Liebe zu Rahel und Joseph und ihre Bevorzugung, nicht abtöten oder verleugnen. Doch er lernt, sie in seinem Inneren zu verschließen: Trotz seiner Neigung wird nicht Joseph den Erbsegen erhalten, sondern Juda.

Wie in seiner Fähigkeit, frei mit den Mustern zu spielen, so ist Joseph seinem Vater auch im Verständnis des göttlichen Wesens voraus. Zwei Dinge sind bezeichnend: Joseph ist sich seiner Auserwähltheit immer bewusst, bei aller anfänglichen Charakterschwäche achtet er darauf, dass sich nichts (und mit Mut nur beinahe) in den Bund mit dem Vatergott drängt. Wie er selbst Potiphar im Gespräch erklärt, ist er aufgespart, Gott im Bund „vermählt" und hält auf seine Jungfräulichkeit (Ägy 250). Er steht dem erotischen Mutterdunkel fern, die Jungfräulichkeit ist dafür äußeres Zeichen, oder die Tatsache, dass Joseph dem Trunke, überhaupt dem Rausch abgeneigt ist, wie anlässlich der Feste Ägyptens bemerkt wird.

Josephs Heirat ist eine „Staatsheirat", bei der wohl gegenseitige Sympathie im Spiel, von Liebe aber weniger die Rede ist. Er heiratet eine ägyptische Jungfrau par excellence, die Tochter des Oberpriesters zu On, also des Sonnengottes, ein angemessenes, den Bund nicht störendes Arrangement. Der ohnehin abgesonderte Joseph ist der einzige, der aus seiner Sphäre hinaus heiratet. Mit seiner interkulturellen Heirat, die ihn auch zu einem Mittler der Völker macht, durchbricht er also den Inzestreigen. Andererseits verbindet er sich mit seinem ägyptischen alter ego: Beide sind auserwählte Jungfrauen im Zeichen des Vatergeistigen. Soweit es für eine Frau, sie wird auch als Amazone charakterisiert, möglich ist, gehört auch Asnath, eben als Tochter des Oberpristers der Sonnenscheibe, in die Sphäre des Vatergeistigen, in der Hell-dunkel-Metaphorik gesprochen: des Solarismus.

Diese Heirat ist die einzig mögliche für den Vatersohn Joseph. Sie führt aus dem Inzest hinaus, führt jedoch dessen narzisstische Komponente weiter. Joseph heiratet sein weibliches Gegenbild, wobei Asnath als Figur extrem farblos bleibt – sie geht völlig in Joseph auf. Dieser nun zeugt nur Söhne, Anlass für einige eheliche Verstimmung, das Weibliche ist erfolgreich ausgeschaltet worden. Josephs rein vatergeistige Linie wird dann aber nicht fortgeführt. Die beiden Söhne werden von Jaakob adoptiert, die Sondererscheinung Joseph wird vom zukünftigen Weg des Volkes Israel ausgeschlossen: Dies ist es in erster Linie, was der „absprechende Segen" Jaakobs beim schlussendlichen Wiedersehen mit Joseph besagen soll. Ephraim und Menasse werden Israel einverleibt und zu Söhnen Jaakobs:

> Die du noch erhältst, sollen dein sein, diese aber mein, denn ich will sie nehmen an Sohnes statt. Du bist nicht gleich den Vätern, mein Kind, denn kein geistlicher Fürst bist du, sondern ein weltlicher. (E 474)

Von weiteren Söhnen aber weiß der Roman nichts – im Gegenteil wird in Joseph in Ägypten proleptisch erwähnt, dass Joseph in seiner ägyptischen Heirat zwei Söhne erwachsen werden, aber keine weiteren (Ägy 470).

Die von vielen Interpreten aus dem Roman herausgenommene Begründung, Josephs Segen sei ein rein weltlicher Segen, und daher falle er heraus aus dem geistlichen Heilsweg Israels, überzeugt nur partiell.[45] Betont Jaakob beim Wiedersehen mit Joseph auch, dass dieser nur weltlich über seine Brü-

[45] Darauf weist auch Pütz hin, der feststellt, dass Josephs Segen eben nur ein weltlicher, kein geistlicher sei, und er und seine Nachkommen nicht in die Zukunft seines Volkes eingreifen

der erhoben sei, nicht aber das „Heil" trage, sondern lediglich ein Wohltäter in irdischen Dingen sei, so regt sich trotzdem Widerspruch. Denn ebenso hält Jaakob in seinem Segensspruch fest, dass Joseph ja gerade Gnade vor Gott und den Menschen finde. Außerdem wäre das Übergewicht des Vatergeistigen mit einem rein irdischen Segen schwierig in Einklang zu bringen, wie auch die Tatsache, dass Joseph bei allem doch der Mittler zwischen den Sphären und Gegensätzen ist, in dem sich das Ideal als Verbindung von oben und unten, von Geist und Leben verwirklicht.

Entweder ist auch in ihm der glückliche Ausgleich doch noch nicht erreicht – oder Josephs verwehrte Nachkommenschaft zeigt an, dass der Ausgleich tatsächlich nur im Kunstwerk möglich war und seine Realisierung in utopischer Ferne liegt. Ebenso wäre zu überlegen, ob der Heilsweg ins Zukünftige, von dem Joseph ausgeschlossen wird, vielleicht nicht unbedingt zum ersehnten Ziel führt. Ein Blick auf den Inhalt der „Verheißung" mag Licht ins Dunkel bringen. Sie besteht letztlich aus nichts anderem als dem biblischen Spruch „Wachset und mehret Euch", dem das auserwählte Volk auch nach Kräften nachkommt. In Jaakobs Himmelstraum, seiner „Haupterhebung" auf der Flucht nach dem Segensbetrug, in den *Geschichten Jaakobs* heißt es:

> (...) denn ich will deinen Samen zahlreich machen wie das Staubkorn der Erde und sollst mir ein Gesegneter sein vor allen (...). Ich will dich hüten und hegen, wo du wandelst und dich reich heimführen auf den Boden, wo du schläfst, und dich niemals verlassen. (Jak 141)

Israel soll den Menschen ein Heil werden, indem es den wahren, monotheistischen Gottesglauben verbreitet. Zunächst aber geht es vornehmlich um das rein quantitative Wachsen, das für die Stämme Israels zum eigentlichen Selbstzweck wird. Dabei sind die Nachkommen Jaakobs alle mehr oder minder empfänglich für die Gottessorge und geistige Spekulationen, zeigen auch Josephs Brüder eher wenig Neigung dazu. Auf dem Weg nach Ägypten verbringt die ganze Sippe einige Tage in Beerscheba. Unter dem „Unterweisungsbaum" lehrt Jaakob „Gott",

> was ihnen nicht etwa langweilig sondern den Halbwüchsigen schon höchst unterhaltend und wichtig war, denn alle waren sie mehr oder minder begabt in dieser Richtung und erfaßten mit Lust das Knifflige. (E 461)

---

werden (*Wiederholung*, S. 108). Dies ist allerdings nur bedingt richtig: Die Söhne Josephs werden ja durch die Adoption „Israel" einverleibt und in den Rang der Söhne Jaakobs gestellt, so dass sie Stämme Israels werden. Damit aber ist tatsächlich Josephs eigene Genealogie abgeschnitten, er ist ausgeschlossen und eben eine absolut singuläre Erscheinung.

Mit einiger „Spitzfindigkeit" wird über das Problem nachgedacht, ob „Elohim" Mehrzahl oder Einzahl sei, also die Einheit in der Vielheit oder die Vielheit in der Einheit betont werde und es „Elohim will" oder „Elohim wollen" zu heißen habe. Nachdem Jaakob zunächst für die Einheit spricht, es sei nur eine Gottheit, scheint sich dann die Waagschale Richtung Mehrzahl zu senken, wobei er eine Annäherung an die Vorstellung der Dreieinigkeit (Gott als Vater, als Hirte und als Engelswesen, das mit „Taubenflügeln" über den Menschen wache) wagt. Die aufs Christentum vorausweisende Gottesvorstellung ist zwar weitsichtig, die Diskussion aber bleibt in all ihrer Spitzfindigkeit fruchtlos. Eine Entscheidung für Einzahl oder Mehrzahl fällt nicht, die Diskussion wird zum geistigen Selbstzweck, während das Anwachsen des Stammes lebendiger Selbstzweck ist. Vom Mittlertum Josephs und der Verbindung von Geist und Leben ist dies weit entfernt.

Die Gedankenfigur Inzest eignet sich auch hier. Sowohl geistig als auch biologisch ist eine eher quantitative als qualitative Entwicklung zu erkennen, ein wirklicher Fortschritt auf dem Weg zur Verbindung von unten und oben ist darin nicht zu erkennen. Der „chtonische" Inzest existiert immer noch, wenn auch in einer anderen Ausprägung. Die übertriebene Sorge und der Abscheu vor allem Körperlichen, die Jaakob zur Schau stellt, verstärken den Verdacht, dass das Vatergeistige eine eher labile Konstruktion darstellt. Die Verbindung von Geist und Leben ist noch nicht stabil, der Rückfall in die „Greuel" ist stete Bedrohung.

Im gleichen Kapitel wird beschrieben, wie in früheren Zeiten an der Kultstätte in Beerscheba dem Gott Baal gehuldigt wurde. Das Ritual ist letztlich immer noch das gleiche, wird von den Kindern Israels jedoch in anderem „Geist" durchgeführt: Alles Unflätige und Ausufernde wird ausgeschaltet, nach dem Opfer (des Lammes) wird „nicht paarweise miteinander gescherzt, jedenfalls nicht öffentlich" (E 461). Jaakob billigt diese Übernahme bzw. Parallele zu den Fruchtbarkeitsriten des Baalskultes ungern, wie er überhaupt gewisse „Wurzeln" auch der Opferriten des eigenen Pesach-Festes kritisch betrachtet und sich Gedanken darüber macht, dass an deren Anfang das Menschenopfer stand:

> „(...) was ist geschlachtet worden und gegessen in unflätigen Zeiten? Wissen wir also, was wir festlich tun, wenn wir essen, und müßte uns nicht, wenn wir's bedächten, das Unterste zuoberst kommen, so daß wir erbrächen?" (JJ 90)

Joseph spricht sich hingegen dafür aus, das Fest „zu schonen und es nicht ereifernd anzutasten um seiner Geschichte willen" (JJ 91). Es zeigt sich wieder, dass Jaakob die abstrakte Betrachtung der Muster sehr viel schwerer fällt als Joseph. Anstatt Alt und Neu zu verbinden und zu erkennen, dass das Fest nicht nur reaktionär im Alten fußt, sondern ja in seiner gegenwärtigen Form eine fortschrittliche Variante darstellt, sieht er nur das „Unflätige" (Freudianisch den Vatermord) und bevorzugt die komplette Ausschaltung. Ohne Josephs Vermittlung würde er sie zumindest versuchen, ungeachtet des Nutzens und der Praktikabilität.[46]

Jaakob, und bis zu einem gewissen Grad sein ganzer Stamm, verliert sich in Gottesspekulationen, deren praktischer Nutzen zumindest dahingestellt sei. Joseph fällt auch in der Hinsicht die Sonderrolle zu, sein Gottesverständnis für das Leben nützlich zu machen. Mit Kurzke: „Gefragt ist die soziale Nützlichkeit des Gottesglaubens, nicht seine religiöse Wahrheit" (*Thomas Mann*, S. 252).

Unter bestimmten Gesichtspunkten ist es tatsächlich nur Juda, auf den der Erbsegen auch tatsächlich übergeht und aus dessen Stamm Christus geboren wird, der eine ähnliche Mittlerrolle einnimmt wie Joseph: Ausgezeichnet durch besondere Sinnlichkeit, worunter er leidet, hat er gleichzeitig das Bedürfnis nach „reiner Geistigkeit" – wofür sich die Sinnlichkeit regelmäßig rächt. Aber er ist der Segensträger:

> Ja, er war's, der Geplagte, der seinem Gefühl nach gänzlich Unwürdige, der Knecht der Herrin, der keine Lust zur Lust hatte, aber sie zu ihm, der Sünder und der Gewissenhafte. (…) „Nun denn, trotzdem und offenbar. Es war am Ende so schlimm nicht, und für den Segen war's kein Hindernis, vielleicht wird das nicht so schwer genommen – die Reinheit, nach der ich lechzte, war, wie sich zeigt, nicht unerläßlich zum Heil, gewiß gehörte alles dazu, die ganze Hölle (…)." (E 526)

Heil und Hölle gehören zusammen, Juda lebt in den Gegensätzen, kann er sie vielleicht auch nie ganz harmonisch, d. h. ohne Reue, miteinander vereinen.

---

[46] Als diplomatischer Vermittler zwischen Neu und Alt erweist sich Joseph auch in Ägypten: Während der an einer schwärmerischen Liebesreligion arbeitende Echnaton am liebsten den todesverbundenen Kult um Osiris, dem aber das Volk besonders anhängt, verbieten und gleichzeitig der starren, konservativen Amun-Religion zugunsten seiner (monotheistisch geprägten) Vorstellung des Aton einen Schlag versetzen würde, ist Joseph auch hier Fürsprecher der Vermittlung von oben (Licht, Leben, Aton) und unten (Dunkel, Tod, Amun). Wie die Pharaonenmutter Teje deutlich macht, dürfen dem Volk nicht seine Götter und sein Glauben genommen werden (E 178ff). Auch Joseph selbst hegt gewisse Sympathien für das Leben mit dem Tode, spielen Tod und Auferstehung in seinem Leben doch eine wichtige Rolle.

Gottesdummheit

Welche Folgen das Abschneiden des Alten vom Neuen, des Unteren vom Oberen nach sich zieht, wird am Beispiel des Höflings Potiphar vorgeführt, der von seinen inzestuösen Elterlein kastriert wurde. Der Inzest ist hier wieder Chiffre für die Rückständigkeit. Ägypten, das „Land des Schlammes", ist aus Israels Sicht das Land der Unterwelt, der zügellosen Sexualität; schon in einem der ersten Kapitel, *Vom Äffischen Ägypterland,* werden Jaakobs Haltung und Urteil über die Nachbarn am Nil vorgeführt. Inzest ist hier in den oberen Schichten prominent und selbstverständlich, wird aber durchaus differenziert gesehen. Einerseits bestärkt er den Nimbus des Göttlichen, Pharao folgt mit dem ehelichen Inzest uralten göttlichen Vorgaben. Andererseits aber hat sich auch in Ägypten ein Bewusstsein dafür entwickelt, dass dem Inzest, und allem voran der Geschwisterehe, etwas Rückständiges anhaftet. Joseph belauscht die inzestuösen Elterlein des Potiphar als „stummer Diener". Er ist „bewegt und bestürzt" von der „unverantwortlichen Gottesdummheit" (Ägy 217), die sich herausschält: Die Erkenntnis, dass eine neue Zeit anbricht, hatte ein Vorpreschen in die erahnte neue Richtung zur Folge, das gewissermaßen in Übergeistigung resultiert.

Das Gespräch der „ehrwürdigen Elterlein" ist eine Parodie der Bachofschen Beschreibung der chtonischen Epoche und steckt voller Anspielungen, Symbole und Begriffe, mit denen Bachofen das Tellurische kennzeichnet.[47] Ganz im Sinne des Fortschrittsgedankens wird begründet, warum die „Sumpfzeit" überwunden werden muss, wobei das Pärchen sich frei des symbolisch-metaphysisch aufgeladenen Bilderrepertoires (Schlamm, Sumpfpflanze, Mutterdunkel, Mond, Sonne, Licht etc.) bedient. Die Heirat von Huij und Tuij, nicht einfach Geschwister, sondern sogar Zwillingsgeschwister, folgt einer alten Tradition vornehmer ägyptischer Familien. Im Laufe der Zeit entwickelt sich bei Huij (natürlich: beim „geistigen" Mann) eine „Ahnung" davon, dass ein neues Zeitalter mit anderen Maßstäben im Anzug ist. Als Zeichen seiner Abwendung vom Althergebrachten lässt er seinen Sohn Potiphar im Knabenalter entmannen – ein Opfer, das von der symbolischen Kastration, der Beschneidung, wie im Stamme Israel üblich, meilenweit entfernt ist. Die Vermittlung zwischen oben und unten, Natur und Geist, ist so gar nicht mehr möglich, der zeugungsunfähige Potiphar bleibt reines Licht, reiner Geist, fürs wahre Leben untauglich, weswegen er als Titeloberst zwar bei Hofe zu großen Ehren kommt, jedoch zur „formalen

[47] Vgl. Dierks, *Mythos,* bes. S. 187ff.

Existenz" verdammt ist. Die Zeugungsunfähigkeit verleiht seinem Dasein eine Zwecklosigkeit, die sich unter anderem darin ausdrückt, dass er sich „keiner Sache annimmt". Die Kastration des Sohnes ist der Gegenpart der Vaterschändung durch Ruben, dessen Gegenbild Potiphar auch äußerlich darstellt. Joseph fühlt sich bei seinem Anblick sofort an den ältesten Bruder erinnert:

> Der Würdenträger war (...) wirklich von Turmesgröße – Joseph mußte an Ruben denken angesichts dieser Säulenbeine (...); doch war diese Leibesmassigkeit ganz anderer Art als die des heldischen Bruders: sehr fett nämlich überall, besonders aber in Gegend der Brust (...). (Ägy 150)

In ihrem Bestreben, für das Heraufkommen einer neuen Epoche gerüstet zu sein, schießen die Elterlein also über ihr Ziel hinaus, ihre „Gottessorge", ohnehin eher weltlicher Natur, geht es doch konkret auch darum, Potiphar hohe Ämter und Titel zu verschaffen, verkehrt sich in gottesdumme Rückständigkeit. Die Verweichlichung und Verweiblichung, die in der obigen Beschreibung Potiphars anklingen, sind die ironische Folge einer Handlung, die eigentlich gerade das Männliche und Geistige stärken sollte.

Joseph ist die Tragweite dieser Handlung sofort bewusst. Der Weiterentwicklung seiner kulturellen Toleranz kommt zunächst die Beobachtung zugute, dass an sich die „Gottessorge" ein weitverbreitetes Phänomen und nicht nur beschränkt ist auf Jaakob und den Stamm Israel. Und er sieht, dass es leicht ist, in dieser Sorge in die Irre geführt zu werden, wie dies auch Jaakob bezüglich der Wurzeln des Pesach-Festes geschieht: Joseph erinnert sich, wie er „um Schonung" hatte bitten müssen, denn er „war für Verschonung, er war nicht fürs Ausroden" (Ägy 218). Die „Annäherung an das Vatergeistige", wie er weiter feststellt, „geschah nicht durch Ausrottung, und groß war der Unterschied zwischen der Vollkommenheit des Zwiegeschlechtlichen und der Abwesenheit des Geschlechtes im Höflingstum" (Ägy 219).[48]

Das Vatergeistige allein ist ebenso wenig erstrebenswert wie das reine Mutterdunkel. Ziel ist die Verbindung beider Prinzipien in dem Bewusstsein um die ewige Spannung zwischen ihnen, die ausgehalten werden muss. In Israel wie in Ägypten ist Joseph derjenige, der diese Notwendigkeit erkennt, und auf seine Art auch Juda.

---

[48] Das Zwiegeschlechtliche ist ein Attribut, das in seiner eigenen Androgynität aufscheint: in seiner Schönheit, der Vermischung von Mutter- und Sohnesgestalt.

Sieg des Vatergeistigen?

Die Liebestragödie von Mut-em-enet in *Joseph in Ägypten* und Josephs zweideutige Rolle darin gehören zu den intensiv untersuchten Partien der Josephsromane.[49] Der Fokus liegt hier zunächst auf der Bedeutung, die der Liebesepisode (bzw. dem Liebesleid) vor dem Hintergrund des Gedankengutes von Bachofen und Freud zufällt. Wie in der Episode Ruben – Bilha bündeln sich hier die Implikationen des Inzests, der außerdem mit der Sphäre des Musikalischen verknüpft wird. Es lässt sich eine Brücke zur Bedeutung der Musik auf inhaltlicher, formaler und schließlich auf Metaebene schlagen, wobei die Verführungskraft des Mutterdunkels eine analogische Entsprechung in der Bedrohung durch die ungebändigte, „dionysische" Musik, letztlich immer die Musik Wagners, findet. Diese Sichtweise wird unterstützt, liest man den Konflikt zwischen Joseph und Mut mit Dierks[50] als eine Zusammenführung nicht nur Bachofens mit Freud, sondern auch mit Nietzsches *Geburt der Tragödie,* die mit ihrer Gegenüberstellung von Dionysischem und Apollinischem zu den wichtigsten Eckpfeilern in Th. Manns von dualistischem Denken geprägter „Privatmythologie" gehört.

Durch ihre Heirat mit dem Kastraten Potiphar ist Mut zum Dasein als „keusche Mondnonne" verurteilt: ein Paradox an sich, da Mut als Priesterin des Hathor-Kults dem Mütterlichen und Erotischen, der „großen Mutter" und der „Liebesherrin" dient (Ägy S. 350). Wie Potiphar führt sie eine formale Existenz, sie dient dem Mütterlich-Fruchtbaren, ohne selbst fruchtbar zu werden. Dieser Gegensatz drückt sich physiognomisch aus in ihrem

> eigentümlichen Antlitz (...), in welchem die Augen sich mit dem Munde stritten; denn jene waren streng, finster und langsam beweglich, dieser aber geschlängelt und seltsam vertieft in den Winkeln. (Ägy 251)

[49] Tatsächlich ist die Episode äußerst ergiebig für zahlreiche Forschungsansätze. Für unseren Zusammenhang vgl. besonders Dierks und Galvan, die v. a. die Bachofenschen Hintergründe beleuchtet; Darauf aufbauend Emig, die der Inzestthematik nachgeht; Heftrich konzentriert sich in *Geträumte Taten* auf Mut als eine Wiedergängerin Kundrys, geht außerdem auf formale (das dramatische „Singen") und inhaltliche (z. B. Bezüge zu Figuren der Musikdramen) musikalische Reminiszenzen ein.

[50] Dierks, *Mythos*, bes. S. 195ff. Das Dionysische dringt, als Einbruch des irrational Vitalen, in die apollinisch abgeschirmte Diesseitswelt ein. Diese „Heimsuchung" zeigt sich bei Mut. Th. Mann bereichert den Konflikt zwischen Dionysischem und Apollinischem mit Bachofens „Stoffülle, aber auch mit der Stufenbewertung und so mit anderen, zugehörigen Mythen" (ebenda).

Ihr Dasein als entsagende Mondnonne macht Mut, in Bachofens Kategorien, zu einer Schwester der amazonenhaften Priesterinnen der Artemis, dem „Paradigma entsagender Weiblichkeit" (Dierks, *Mythos,* S. 198). Diese „Entartung" des Weiblichen hat Dionysos zum Gegner. Für Mut wird Joseph zu Dionysos (darauf verweisen auch auf ihn angewandte Begriffe wie „der Zerrissene", „der Gott", „das Heil"), zum „Erwecker" ihrer Weiblichkeit, der er jedoch mit seinem „pädagogischen Heilsplan" zu begegnen sucht. Von Sexualität, Mutterschaft und Fruchtbarkeit unnatürlich ausgeschlossen, versetzt die Liebe zu Joseph sie in einer Gegenbewegung zum „Übergeistigen", in einen Zustand, der sie zurück in die tellurischen Tiefen wirft. Während sich ihr Körper in einen hexenhaften „Geschlechts- und Liebeskörper" (Ägy 495) verwandelt, der Schlängelmund gewissermaßen die strengen Augen überwältigt, entwickelt sie sich zur Personifikation des Weiblichen schlechthin, in dem die verschiedenen mythischen „Archetypen" und Prinzipien nach Bachofen und Nietzsche (die große Mutter, der Typus der Mänade, Isis) mit Freud unterfüttert werden.

Nach dem sich über mehrere Jahre erstreckenden Versuch, ihrer Liebe „Herr" zu werden, ist Mut an dem Punkt angelangt, an dem sie nicht mehr zurückschreckt und sich auf das „mythische Erbgut" beruft, um Joseph zu verführen. Dem Bachofenschen Argument „Mit der Mutter schläft jeder" (Ägy 511), in dem sich ihr Rückfall in die tellurische Gynaikokratie ausdrückt, folgt einige Zeilen weiter die Anspielung auf Freud: Sie schlägt vor, Potiphar, der ihnen im Wege stünde, zu töten – die ‚eigentliche' Bedeutung des Inzests, die Ermordung des Vaters, tritt hier offen zutage (vorbereitet durch ihren Ausspruch „wer mit der Herrin schläft ist der Herr – weißt du das nicht?", Ägy 510). Mut geht in diesem Moment ganz in ihrer mythischen Rolle auf, indem sie sagt: „Isis bin ich, die große Mutter, und trage die Geierhaube! Mut ist mein Muttername (…)" (Ägy 511). Das Mythisch-Typische gewinnt Oberhand, ihre individuelle Persönlichkeit löst sich auf, womit sie auch in der werkinternen ontogenetischen Entwicklungslinie auf die tiefste Stufe zurückfällt. Sie lebt den Mythos neu, statt ihn reflektierend, mit mythischer Erkenntnis zu durchdringen.

Joseph bleibt hingegen auch in dieser Situation hellsichtig. Die hinter der Verführung stehenden Greuel, zusammengefasst in der Ursünde des Vatermords, gehören zu dem „Sternenhaufen" der Gründe, weswegen er Mut auf keinen Fall nachgeben darf. Die Tatsache, dass der Vorschlag des

Vatermordes von der Frau kommt, unterstützt dabei die Gefährlichkeit, die vom Weiblichen für das Vatergeistige ausgeht.[51]

Die sieben Gründe, die aufgeführt werden, um Josephs Verhalten und seine Abwehr zu erklären, gipfeln alle in der Angst vor der Vaterschändung. Die Achtung des Vatergeistigen und der ihm von Jaakob tief eingepflanzte Argwohn gegen das wollüstige, alte, erstarrte Ägyptenland unterstützen Joseph in seiner Standhaftigkeit. Mut, für die der Erzähler Sympathie und Verständnis zeigt und einfordert, hat das Unglück, für Joseph der Inbegriff dessen zu sein, was er zu vermeiden hat: Verführung durch das Mutterdunkel mit allen Konnotationen der Rückständigkeit. Es ist eine Prüfung, die er bestehen muss, die er sich teils selbst auferlegt, teils wieder aus Hochmut ins Extrem steigert (auch für diese Hybris, die erkennen lässt, dass seine soziale Verantwortung noch nicht ganz ausgereift ist, wird er bestraft), eine Prüfung, ob er dem Mutterdunkel entwachsen ist – und er ist es noch nicht.

Nach ihrem Vorschlag, Potiphar „kaltzumachen", kommt das Gespräch mit der „schmerzlichen Zunge" zu seinem Höhepunkt, der jeden Zweifel daran ausschließt, mit welchen mythischen Rollen Joseph es hier zu tun hat. Seinen Einwänden und seiner Entrüstung über ihre Mordgedanken begegnet sie mit Bachofen (und Anleihen aus Wagners *Parsifal):*

> „*Tor! Kindischer Tor*" antwortete sie mit Sangesstimme, „Wie du mir *knäbisch* erwiderst in deiner Liebesscheu, die ich brechen muß als werbende Herrin! Mit der Mutter schläft jeder – weißt du das nicht? Das Weib ist die Mutter der Welt; ihr Sohn ist der Mann, und jeder Mann zeugt in der Mutter – muß ich dir das Anfängliche sagen? (…)" (E 511, meine Herv.: *Parsifal*-Parodien)

Nach dieser in äußerster „Liebesraserei" vorgebrachten „chtonischen" Argumentation, die jedoch nichts gegen die sieben Gründe Josephs ausrichten kann, folgt der finale Vorstoß am Tag des Neujahrsfestes. In ihrer Verzweiflung willigt Mut in den Vorschlag ihrer Sklavin Tabubu ein, einen Liebeszauber (bei dessen nächtlicher Ausführung zahlreiche Walpurgisnacht-Anspielungen zum Tragen kommen) über Joseph auszusprechen. Am Festtag wohnt das ganze Hausgesinde den Feierlichkeiten bei, auch der Hausherr Potiphar. Nur Mut und bezeichnenderweise die „sumpfigen" Elterlein sind zurück-

[51] Außerdem kommt hier eine weitere Facette zum Vorschein: In ihrer Werbung übernimmt Mut den aktiven, „männlichen" Part, Joseph verteidigt seine Jungfräulichkeit. In dieser Geschlechtsverschiebung werden nicht nur homoerotische Phantasien sichtbar, wie u. a. von Galvan festgestellt, sondern auch die androgynen Züge Josephs.

geblieben, Mut in der Hoffnung, dass Joseph davon erfahre und frühzeitig zurückkehren möge. Dies tut er auch – unter dem Vorwand, wegen des von Potiphar am Abend ausgerichteten Festes „nach dem Rechten zu sehen". Ein Ausdruck, der ihm selbst eigenartig vertraut und gefährlich vorkommt, war dies doch auch sein (ebenso eingebildeter) Auftrag bei der Fahrt zu den Brüdern ins Tal Dotan und in die erste Grube.

Joseph kommt und versieht seine überflüssigen meierlichen Pflichten, als er von Mut „mit Sangesstimme" gerufen wird. Früheren, iterativ beschriebenen Verführungsversuchen ist kaum etwas hinzuzufügen, also „schweigt die Geschichte" über die Einzelheiten, um in dem Moment wieder anzusetzen, in dem Joseph doch beinahe der Verführung erliegt. Sein Körper zeigt sich willig, er rettet sich durch Flucht. Diese gelingt ihm, da ihm das einzige Gegenmittel gegen das Weibliche, das Vatergeistige zu Hilfe kommt: Joseph sieht das „Vaterantlitz", ein „Denk- und Mahnbild war es, das Bild des Vaters in weiterem und allgemeinerem Verstande" (Ägy 596).

Dieses Vaterbild, von Josephs Geist produziert, ist ein Konglomerat von Vaterbildern, bestehend aus den geistigen Vätern und Herren (Gott, der alte Ismaeliter, Mont-kaw, Potiphar) und dem biologischen Vater Jaakob. Man hat es zu tun mit einer potenzierten Vatergeistigkeit, die Joseph Schutz vor dem Rückfall ins Chtonisch-Mütterliche, in die Epoche des Inzests bietet. Im Hinblick auf seinen persönlichen Bildungsweg ist gleichzeitig die zweite Lern- und Lebensphase abgeschlossen: Joseph kommt zum zweiten Mal in die Grube und wird daraus ein drittes Mal „geboren", um im großen Rahmen sozial tätig zu werden[52]. Dies wird er auch und vor allem als der „Ernährer". Für dieses Amt wiederum scheint er durch seine Begegnung mit dem Mütterlichen, damit dem Fruchtbaren, „Erdigen" und Stofflichen berufen zu sein. Erweist sich Joseph auch als Vatersohn, so bleibt ihm doch ein Verständnis von den „unteren Dingen".

---

[52] Ein durchaus aufklärererisches Erziehungsprogramm: In Anlehnung an die Interpretation der Inzest-Verstrickungen in Lessings *Nathan* von Helmut J. Schneider kann Josephs zwar knapper, aber am Ende erfolgreicher Widerstand als Loslösung „aus den symbiotischen Verstrickungen mit der Frau und Mutter" (ebenda, S. 318) gelesen werden. Der „Befreiungsprozeß" ist hier noch stärker als im *Nathan* angestoßen vom väterlichen Prinzip, das nicht nur den biologischen Vater Jaakob, sondern auch Josephs geistige Väter involviert. Damit wird auch für Joseph der „geistige Familienkörper", in dem das erotische Begehren ausgelöscht ist, möglich: Seine Heirat mit Asnath steht im Zeichen des Vatergeistigen. *Gotthold Ephraim Lessing: Nathan der Weise*, in: Dramen vom Barock bis zur Ausfklärung, Stuttgart 2000, S. 295–332.

Mit Hilfe des Vatergeistigen also widersteht Joseph dem Rückfall, ontogenetisch-psychologisch löst er sich aus der Mutterbindung und bleibt dem Vater treu. Ganz aufgelöst sind die Spannungen jedoch nicht. In seiner Heirat mit Asnath ist das Prinzip Inzest letztlich durch die ihm eingeschriebene narzisstische Komponente doch wieder präsent, da Joseph ja sein ägyptisches, weibliches alter ego heiratet. Ein „geistiger" Inzest, der in Unfruchtbarkeit im Sinne des genealogischen Abbruchs seiner Linie endet. Das chtonische Prinzip des Inzests wird zwar durchbrochen, an seine Stelle aber tritt im (männlichen) Narzissmus ein „Übergeistiges".

Einen Hang zum Narzissmus besitzt Joseph schon früh; sein Hauptfehler, der ihn in die erste Grube brachte, ist nicht nur die Arroganz, mit der er den Brüdern begegnet, sondern auch eine Selbstverliebtheit in seine Schönheit und Geistesgaben, die in der Überzeugung gipfelt, „daß alle Menschen ihn mehr liebten denn sich selbst" (JJ 100). Bis zu seiner ersten „Auferstehung" nach dem ersten „Grubensturz" lebt Joseph nur in mythologischen Mustern, nach dem Leben (oder der Geschichte) anderer. Als „Usarsiph" lebt er auch sein eigenes Leben nach – der zweite Grubensturz ist eine Variante des ersten, im Detail anders, mit neuen Statisten und Kulissen, aber das eigene, bereits gelebte Geschehen stellt das Grundmuster. Wider besseres Wissen reizt Joseph die Situation aus. War er sich schon der schädlichen Wirkung seines „Angebens" den Brüdern gegenüber nicht ganz unbewusst, so auch jetzt nicht des verheerenden, da Hoffnung spendenden, „freundschaftlich"-tröstenden Verhaltens gegen Mut.

Die Formel, dass er am Neujahrstag „nach dem Rechten sehen muß", ist eine direkte Reminiszenz auf seinen Besuch bei den Brüdern im Tal Dotan. Wieder geht es „hinab" mit ihm, aber in dem Bewusstsein, dass dem ein Hinauf, die nächste Erhöhung folgen wird, wie schon einmal geschehen. Die mythologischen Muster (Dionysos, Tammuz, Adonai etc.) dienen hauptsächlich der Bestätigung der Zwangsläufigkeit der Ereignisse (auf das Hinab muss das Hinauf folgen) und des eigenen Lebenslaufes. Diese Tatsache kann gelesen werden als gelungene Individualisierung Josephs – oder als Gipfelpunkt inzestuöser Selbstbezüglichkeit im Narzissmus.

Skepsis gegenüber dem gelungenen Ausgleich sowohl in der Figur Josephs als auch im ganzen Roman scheint angebracht. Dennoch ist nicht abzustreiten, dass Joseph oben und unten zusammenbringt, das Mütterlich-Fruchtbare und das Väterliche-Geistige in seinem Krisenmanagement in Ägypten verbinden kann. Die Vorratshaltung und großzügige Verteilung des Korns geschieht dabei nicht aus Gründen purer Menschenliebe: Der dahinter stehende Zweck ist die Erhaltung und das Nachkommenlassen des eigenen Volkes, damit die Verheißung sich erfüllen kann – also die reine Vermehrung, Fruchtbarkeit an sich. Diese allein kann aber kaum als vatergeistiges Voranschreiten der Menschheit (bzw. Israels und dadurch der Menschen) anerkannt werden. Der Verdacht erhärtet sich, dass dies zwar das hochgesteckte Ziel darstellt, dass diesem Ziel jedoch die Realisierungsmöglichkeit abgesprochen wird, wodurch die Sonderstellung Josephs noch weiter hervorgehoben wird.

Selbstbezüglichkeit

In der Übertragung der Gedankenfigur Inzest auf die narrativen Strukturen findet dieses Spannungsverhältnis über mehrere Ebenen hinweg auch seinen formalen Niederschlag. Im Rückbezug kann die formale Gestaltung auch Licht in das Verhältnis von Stillstand – Fortschritt und Einseitigkeit – Ausgleich bringen.

Die Übersetzung des Inzestmotivs in die narrative Form bildet sich in erster Linie in den Wiederholungsstrukturen ab. Wie im *Ring* sind dies vor allem die motivischen Bezüge, die (variierten) Wiederholungen von Begriffen, Ausdrücken, Sätzen, außerdem die kommentierenden, auf das Vergangene bezogenen Kommentarblöcke (ähnlich den wiederholenden Erzählungen). Auf der Ebene der Geschichte sind es die Wiederkehr bestimmter Grundkonstellationen, das Zusammentreffen gleicher Figurentypen, verwandte Situationen und ähnliche Lebensverläufe bzw. das Nachleben der eigenen oder der fremden Muster, die eine werkimmanente Selbstbezüglichkeit herstellen.

Auf Metaebene ist die gesamte Narration Wiederholung, da sie sich aus einem Urgeschehen, überliefert in der biblischen Geschichte, speist, das in seinen Grundkonstanten nicht veränderbar ist. Die Vorgabe, das lebendige Geschehen bzw. der Urtext[53], erfährt in ihrer narrativen Ausgestaltung Variationen, so wie auch in der Diegese die vorgegebenen (Lebens-)Muster neu gestaltet und abgewandelt werden. Eine Entsprechung findet die Abwandlung der Muster schließlich auch in der Funktion und in der Funktionsweise der Motivstruktur, die ebenfalls Veränderung unterworfen ist: durch sprach-

[53] In diesem Kontext kommt es nicht so sehr auf die Unterscheidung der einzelnen Quellen, die Trennung der biblischen Überlieferung von all den anderen Anregungen an. Entscheidend ist, dass die Vorgabe existiert, sei sie real oder fiktiv.

liche Variationen einerseits, durch Bedeutungsanreicherung andererseits. Die wiederholenden Motive sind Zeichen, die einerseits einen dem allgemeinen Code entsprechenden denotativen Wert besitzen, andererseits besonderen Anteil an der Herausbildung des außergewöhnlichen Idiolekts des Werks haben. Dieser ist besonders dicht sowohl durch die expliziten Reflexionen als auch, wie im *Ring,* durch die motivischen Bezüge.

Der Unterschied der neuen Erzählung, der Wiederholung, liegt nach der werkeigenen Narratologie in ihrer Qualität als reflektierte und reflektierende Geschichte, während die „sich selbst erzählende Geschichte", ihr Gegensatz, nur geschieht und in sich selbst befangen bleibt. Die Formulierung „sich selbst erzählen" ist bezeichnend: Das nicht reflektierte Ursprungsgeschehen ist selbstbezüglich und unbewusst. Die Bewusstseinsentwicklung der Menschheit ist in der Erzählstruktur nachgebildet: Die sich erörternde Geschichte strebt dem „Vatergeistigen" zu. Sie löst sich aus der reinen, inzestuösen Selbstbezüglichkeit, dem im übertragenen Sinne „Mutterdunkel", und durchbricht mit dem Mittel der Reflexion die Inzestspirale. Die Reflexion gehört zum Wesen der Narration durch den Erzähler, und zwar sowohl des heterodiegetischen Erzählers als auch der homodiegetischen Erzählergestalt Joseph, der ein Bewusstsein für die Geschichte besitzt.

In besonderem Maße ist den Motivstrukturen, die sich als Zeichen durch verschiedene Bezugnahmeweisen auf Signifikate beziehen, gleichzeitig ein unmittelbar vergegenwärtigendes und ein reflexives Moment immanent. In ihnen verwirklicht sich die Verbindung vom (unbewussten) Strömen und (bewussten) Erörtern der Geschichte. Als „Fest der Erzählung" und Vergegenwärtigung ist die Narration kein rein geistiges Konstrukt (das wäre das Fest ohne Wurzeln), vielmehr verbinden sich Leben und Reflexion, also Geist und Seele.

Die Gefährlichkeit der Selbstbezüglichkeit, des Inzests, wird auch in den narrativen Strukturen durch die geistige Reflexion aufgehoben. Unterstützt wird diese These, wirft man einen Blick auf die Bedeutung, die dem Inzest bis zu den Josephsromanen im Werk Th. Manns zukommt und die im Kontext seiner Wagnerrezeption zu sehen ist.

Mit Wagner über Wagner hinaus

Der Inzest ist im Gesamtwerk Th. Manns von einiger Bedeutung, in seiner biologischen wie in seiner geistigen Form.[54] *Wälsungenblut* ist sicherlich die exemplarische Erzählung, aber auch in *Königliche Hoheit*, natürlich im *Erwählten* und später im *Felix Krulll*, um nur diese Romane zu nennen, wird das Inzestmotiv durchgespielt.

In *Wälsungenblut* ist der Inzest zwischen den Geschwistern Aarenhold der Zielpunkt der Novelle, deren Wagnerbezug eindeutig ist. Wie Emig überzeugend darstellt, stellt sie eine Transkription der *Walküre* dar: Sie sei als „musikalisches Drama" inszeniert, als Dreiakter (vor der Oper, in der Oper, nach der Oper), der immer den ersten Akt, in dem der Inzest stattfindet, variiere. Neben dem Kompositionsschema sei es Wagners leitmotivische Technik, die Th. Mann für seine Novelle nutze, wobei die Motive alle um den Komplex Abstammung und Inzest kreisten (ebenda, S. 180), und vielfach nur im direkten Bezug zum musikdramatischen Vorbild zu entschlüsseln seien. Im Gegensatz zum Zwillingspaar des Musikdramas führe der Inzest der Geschwister Aarenhold nicht zu einer befreienden Tat, zu einem Heldentum (das in der Überwindung der Dekadenz und dem Durchbruch zum Leben bestünde), sondern sei „purer Eskapismus" (ebenda 184). Siegmund Aarenholds Tat erschöpfe sich im Inzest mit der Schwester, darauf folge keine weitere „heroische" Handlung. Der Inzest berge die ganze Kreativität, deren er fähig sei: „Im biologischen wie im geistigen Sinne ‚Inzest'".

Der Inzest der Geschwister ist also unfruchtbar und bedeutet nicht den Durchbruch zum Leben, sondern erotischen, dem Bürgerlichen entgegengesetzten Ästhetizismus. Gleichzeitig impliziert er eine allerdings raffiniert-dekadente Rückfälligkeit: Wie Emig herausarbeitet, ist unter der Oberfläche der Dekadenz ein Subtext eingeschrieben, der die Aarenhold-Zwillinge zu Nachkommen der Wöflinge macht. Beschreibungen und Motive evozieren „barbarische und animalische" Züge unter der verfeinerten Lebensart der Decadence. Der Inzest ließe die Zwillinge, die ansonsten eine ebenso arabeske wie scharfe Rhetorik zelebrieren, sogar auf eine vorsprachliche Stufe zurückfallen: Sie sind nur noch des Stammelns fähig.

---

[54] Vgl. besonders Emig, *Arbeit am Inzest*, außerdem die Studie zu Wälsungenblut: *Wagner in verjüngten Proportionen*. Hingewiesen sei auch auf Herwig Gottwald: *Das Inzest-Motiv bei Richard Wagner und Thomas Mann.*

Rückfall und Unfruchtbarkeit, erotischer Ästhethitizismus und Selbstbezüglichkeit sind ebenfalls für den *Joseph* entscheidende Stichworte, in diesem späteren Großwerk jedoch in weitere Zusammenhänge eingebettet. Der formale Anschluss wird durch die Arbeit mit den motivischen Strukturen sichtbar. Die Implikationen, die mit der Gedankenfigur Inzest einhergehen, können inhaltlich spezifiziert und, in Einklang mit Th. Manns dualistischem Denken, einem der Assoziationsfelder zugeordnet werden. Inzest gehört in den Komplex /Künstlertum/Musik/Dionysisches/Rausch/Verführung/Wagner/Romantik/Sexualität/Liebe/Tod/Leben/, dem gefährlichen Gegenpol zu /Bürgerlichkeit/Ordnung/Pflicht/Apollinischem/Geist/.[55]

Steht der Inzest im *Joseph* für ein rückständiges Prinzip, das es zu überwinden gilt, so ist die Musik das Medium, das zum Rückfall verführt und das im Sprachwerk zu bändigen ist. Ziel ist der Ausgleich zwischen Geist und Leben, Dionysischem und Apollinischem. Das Verbindungsglied ist die Motivstruktur, ein Mischgebilde aus Dionysisch-Musikalischen und Apollinisch-Sprachlichen, in dem strukturell mittelbare Reflexion und unmittelbares Erleben zusammenkommen, aber auch die Selbstbezüglichkeit der Inzestfigur zum Tragen kommt.

Metamusik

Die drei „Traummotive" Entrückung/Erhöhung/Nachkommenlassen werden in *Joseph in Ägypten* die „musikalische Substanz" von Josephs Leben genannt (Ägy 67). Eine simple poetologische Lesart wäre die, dem Autor zu unterstellen, an dieser Stelle darauf hinzuweisen, dass das motivische Beziehungsgeflecht tatsächlich auf Musik zurückzuführen sei. Metaphorisch-

---

[55] Vgl. hier auch Kurzke zur inhaltlichen Bedeutung und Funktion Wagners und der Musik Wagners in Erzählungen und Romanen: „Der inhaltliche Wagner-Einfluß betrifft insofern immer eine Kernzone des Werks: die antibürgerliche Verführung zu Kunst, Rausch, Erotik, Metaphysik und Tod." Dazu kommt die formale Seite, die Th. Mann ebenso interessierte und die er für sich fruchtbar machte, z. B. mit dem „leitmotivischen In-Beziehung-Setzen der Details, so daß ein umfassendes Motivgewebe entsteht, dem jede Einzelheit zugeordnet wird." *Thomas Mann*, S. 112f. Dierks gibt einen Überblick über die das Gesamtwerk durchziehenden, gegensätzlichen Assoziationsfelder, wobei unter dem Oberbegriff des Väterlichen u. a. der Geist, Aufklärung, das Apollinische und Fortschritt subsumiert sind, unter dem Mütterlichen demgegenüber Eros, Metaphysik, das Dionysische, Irrationalität und der Wiederkehrgedanke. *Mythos und Psychologie*, S. 160.

technisch wird angedeutet, dass die Motive wie ein Grundbass unter allen Handlungen Josephs liegen und sie begleiten; sie sind die Basis für die Variationen, die er sich mit den Mustern erlaubt. Beide Überlegungen mögen mitschwingen, das Musikalische im *Joseph* hat allerdings noch andere Implikationen, die auch über das Einzelwerk *Joseph und seine Brüder* hinaus auf das Musikverständnis des Autors Th. Mann hin zu entschlüsseln sind.

Es ist danach zu fragen, welche Rolle die Musik und das Musikalische im Romangefüge übernehmen. Dazu werden die wenigen, aber immerhin doch vorhandenen Bemerkungen zu Kunst und Poesie sowie die Situationen, in denen tatsächlich Musik als Kunstform in Erscheinung tritt oder mindestens im Hintergrund wirkt, herangezogen. Weiter ist das Musikalische als formales Konstruktionsprinzip, besonders in Gestalt der Motivstrukturen, auf die im Roman verhandelten Grundthemen zu beziehen. Besonders im Blick stehen dabei die Dichotomie von Geist und Leben bzw. Seele und deren möglicher Ausgleich. Und schließlich sind diese Ergebnisse in den Kontext der lebenslangen Auseinandersetzung des Autors Thomas Mann mit dem Komponisten Richard Wagner und seiner Musik bzw. dem Symbolwert, den diese Musik gesellschaftlich, politisch und privat für Th. Mann besitzt, einzuordnen.

Die Arbeit mit motivischen Strukturen im Rückbezug auf ein ursprünglich musikalisches Prinzip, das in einem reinen Sprachwerk eingesetzt wird, ist auch ein Verweisen auf das Medium Musik als ein der Sprache Entgegengesetztes. Die bereits angesprochenen Diskussionen im Roman selbst um den Unterschied von Wort und ‚Zeichen' können ergänzt werden mit Jaakobs (vernichtendem) Urteil über Musik und Poesie. Da sich die längere Betrachtung über die Poesie am Gesang seiner Enkelin Serach, die ihn über Josephs lebendige Existenz unterrichtet, also an der Liedform entzündet, ist sie auch auf das Musikalische übertragbar.

In der Poesie sieht Jaakob eine Gefahr, die sich als Angst vor dem Rückständigen, vor der Barbarei, vor alten Greueln entpuppt und sich vor allem mit der Abscheu vor offener Sinnlichkeit und Sexualität verbindet. Jaakob, selbst ja eigentlich der leidenschaftlich Liebende, outet sich als Verwandter Herrn Pfühls aus den *Buddenbrooks*: nur, dass er als solcher den Hedonismus nicht allein in der Kunst, sondern im ganzen Leben ablehnt. Er vertritt das Vaterprinzip in all seiner Strenge: Licht, Verstand und Geistigkeit, Gottessorge. Diese Strenge erweist sich schon im ersten Gespräch zwischen ihm und Joseph, bezeichnenderweise am Beispiel des „äffischen Ägypterlandes":

> Es ist ein Land weit unten, das Land Hagars, der Magd, Chams Land oder das schwarze geheißen, das äffische Ägypterland. Denn seine Leute sind schwarz an der Seele (...). Sie tragen, wie ich vernahm, ihres Gottes Mannheit drei Ellen lang durch alle Gassen mit Trommeln und Saitenspiel und buhlen in Gräbern mit geschminkten Leichnahmen. Ohne Ausnahme sind sie dünkelhaft, lüstern und traurig. Sie kleiden sich nach dem Fluche, der Cham getroffen, welcher nackt gehen sollte, mit bloßer Scham, denn Leinewand, dünn wie Spinnenwerk, bedeckt ihre Blöße, ohne sie zu verbergen (...). Denn sie schämen sich nicht ihres Fleisches und haben für die Sünde weder Wort noch Verstand. (Jak 95)

So geht es einige Zeilen fort, zu Jaakobs Vorstellungen gehört außerdem, dass die Männer ihre Weiber austauschten und die Frauen mit jedem schliefen, der ihnen gefalle, außerdem Tiere angebetet und bei dieser Anbetung Orgien gefeiert würden.

Ägypten ist für Jaakob der Inbegriff des „Unterweltlichen", es steht für alles, was er ablehnt, und zwar aus sittlicher wie religiöser Überzeugung, die ohnehin in seinem Denken kaum getrennt sind. Und diese „sittlichen Greuel", das heißt immer auch religiöse Rückständigkeit, werden laut Jaakobs Beschreibung auch noch musikalisch, von „Saitenistrumenten und Trommeln" begleitet (ebenda).

Die der Musik anhaftende Konnotation „Unterweltlichkeit" kommt auch bei Bruder Esau zum Vorschein: Dieser spielt die Flöte, das Pans-Intrument, und lässt es sich auch nicht nehmen, Jaakob beim Wiedersehen, Jahre nach dem Segensbetrug, mit Musik und einem Festzug zu begrüßen:

> Das erste, was Jaakob von Esau vernahm, war dessen Flötenspiel, das ihm von früh her bekannte, hoch-hohle Geträller auf einem Gebinde verschieden langer Rohrpfeifen (...), einem bei den Seir-Gebirglern beliebten und vielleicht von ihnen erfundenen Instrument, das Esau früh von ihnen übernommen hatte und worauf er mit seinen wulstigen Lippen recht kunstreich zu musizieren verstand. Dem Jaakob war die blöde und wüste Idyllik dieses Getöns, das unverantwortliche, im unterweltlichen Südlande beheimatete Tu-rü-li von jeher verhaßt gewesen. (Jak 145)

Was dem geistigen Segensträger Jaakob verhasst ist, passt hingegen gut zum Charakter seines „roten Zwillings". Der Ursprung der Panflöte im „unterweltlichen Südlande" und die Charakterisierung „wüste Idyllik" weisen sie als Instrument der Unterwelt, also wieder der Welt von Sittengreuel, Orgien, Rückständigkeit und ungezügelter Erotik aus. Parallel wird damit auch wieder die Vorstellung vom dekadent verdorbenen Ägypten evoziert. Das Bild Esaus und seines Gefolges gewinnt noch festere Konturen:

> Überdies tanzte Esau. Sein Pfeifenspiel am Munde, den Schießbogen auf dem Rücken und einen Fetzen Ziegenfells um die Lenden, sonst aber ohne Kleider, deren er wirklich nicht bedurfte, da er so behaart war, daß ihm das Vlies in grauroten Zotteln buchstäblich von den Schultern hing, tanzte und sprang er mit seinen spitzen Ohren und seiner platt auf der nackten Oberlippe liegenden Nase über das offene Land hin zu Fuß vor Troß und Mannschaft dem Bruder entgegen, blasend, winkend, lachend und weinend (...). (Ebenda)

Es fällt nicht schwer, in dieser Beschreibung einen Faun zu erkennen, halb Mensch, halb Tier, Flöte spielend und tanzend. Der ihm folgende Zug vervollständigt das Bild, und ist es auch nicht Dionysos selbst, der den Tross anführt, sondern eher einer seiner Satyre, so ist doch die Anspielung auf einen dionysischen Zug deutlich genug.

Musik als Saitenspiel, Flötengeblase oder Trommeln ist also eindeutig Sache der roten Unterwelt und abzulehnen. Der bedenkliche Charakter der Musik kann weiter aus Jaakobs Betrachtungen über die Poesie geschlossen werden, die er in *Joseph, der Ernährer* anstellt (s.u.). Sein Urteil mutet im Mannschen Kosmos vertraut an, vor allem vor dem hier aufgezeigten Hintergrund: Kurz umformuliert ist die Musik dionysisch und birgt die Gefahr des Rauschhaften und Erotischen in sich.

In Analogie zu den Überlegungen im *Jungen Joseph,* wie dem Vater das Verschwinden seines Lieblingssohnes Joseph beigebracht werden kann, steht in *Joseph der Ernährer* nun die Frage, wie die Brüder Jaakob vermitteln sollen, dass Joseph lebt. Wieder wird differenziert zwischen Wort und ‚Zeichen':

> Das Beste wäre, wir bräuchten ihm gar nicht zu sagen, sondern könnten ihn hinabführen nach Ägyptenland und ihn vor Joseph stellen, seinen Sohn, daß er ihn mit Augen sähe und sich alle Worte erübrigten. (...) Nun aber hat die Wahrheit nicht nur Worte, sondern auch Zeichen, als da sind: des Erhöhten Geschenke (...) – die werden wir ihm zeigen, vielleicht sogar zuerst, vor allem Reden, und ihm dann die Zeichen erklären. (E 428)

Wurden in der ersten Stelle Wort und ‚Zeichen', dem eine grausame Unmittelbarkeit und Unmissverständlichkeit zugeschrieben wurde, noch strikt getrennt, so sollen nun ‚Zeichen' und Wort eine Einheit bilden, das Wort soll das ‚Zeichen' erklären. Das ist nur auf den ersten Blick ein Widerspruch, wurde ja im Falle von Josephs „Tod" schon deutlich, dass die Unmissverständlichkeit keineswegs gesichert ist. Die Decodierung des ‚Zeichens', Jaakob las aus ihm den Tod Josephs, entsprach nicht den Tatsachen. Allerdings war dies genau der Effekt, den die Brüder erzielen wollten: Jaakob selbst sollte gerade nicht die Wahrheit erfahren, sondern seine eigenen Schlüsse ziehen, um den Brüdern die Eröffnung, die sie gleichzeitig noch stärker dem Verdacht ausgesetzt hätte, zu ersparen. Hier nun soll die Wahrheit vermittelt werden, allerdings vorsichtig.

Wort und ‚Zeichen' werden in ihren verschiedenen Bezugnahmeweisen als gegenseitige Ergänzung verstanden. Die Brüder entscheiden sich folgerichtig für eine Mischform: Bei ihrer Rückkehr treffen sie auf Serach, die Tochter Aschers. Serach „psaltert und psalmt" den ganzen Tag, wie sich Ascher ausdrückt, und die Brüder kommen darin überein, dass ein Lied die geeignete Form der Botschaft sei:

> Serach, die soll's ihm stecken auf ihre Art, daß ihm die Wahrheit erscheint in Liedesgestalt, was immer die schonendste Art ist, sie zu erfahren, ob sie bitter ist oder selig, oder gar beides. (E 433)

Weder also das Wort noch ein ‚Zeichen' alleine, sondern eine Mischform aus Musik und Wort, ein Lied soll Jaakob die Wahrheit „schonend" beibringen. Schonung ist aber nur möglich, weil in der Kunst, wenn man das Lied Serachs als solche bezeichnet, nicht nur (oder sogar selten) die Darstellung von Wahrheit, sondern auch Fiktion möglich ist – Jaakob an sich genauso verdächtig wie Musik alleine.

Jaakob ergreift die Gelegenheit, lehrhaft seine Ansicht über die Poesie und somit über das „Liederwesen" zu formulieren. Die Möglichkeit, der Inhalt des Liedes könne wahr sein, kommt zunächst überhaupt nicht in Betracht:

> Denn um die Poesei, liebe Kleine, ist's immer ein gefährliches, schmeichlerisch-verführerisch Ding; Liederwesen ist leider nicht ferne der Liederlichkeit und neigt zu Rückfall und zierlicher Abirrung, wenn's nicht gezügelt ist von der Gottessorge. Schön ist das Spiel, aber heilig der Geist. Spielender Geist ist die Poesei, und ich klatsche herzlich angetan in die Hände dazu, wenn sich der Geist nichts vergibt im Spiel und bleibt Gottessorge. (E 441)

Poesie muss also durch den Geist, und der ist für Jaakob gleichbedeutend mit der Gottessorge, veredelt und gezügelt sein. Das reine Spiel ist als solches bedenklich und gefährlich: Entscheidend ist das Adjektiv „verführerisch". Dasselbe gilt für die Musik – nur geistliche Musik also fände wohl Gnade vor seinen Augen, die geistliche Komponente, die in Esaus Spiel nicht zu finden ist. Ungehalten verdächtigt er Serach weiter, von einem „Wiesengott" zu singen, einem Gott der Landeskinder. Er wirft ihr also eine Nähe zu „heidnischem" Gedankentum vor, wieder werden Dionysos und, da auch Serach eine wachsende Menge folgt, sein Zug evoziert.

Endlich kommt der Wirklichkeitsbegriff ins Spiel in Jaakobs rhetorischer Frage: „Darf denn das sich die Poesei wohl herausnehmen und ist's nicht ein Mißbrauch der Gabe, Dinge zu künden, die keinen Bezug zur Wirklichkeit haben?" (E 443). In Jaakobs Gedankengang wäre dies reines Spiel, jenseits der Gottessorge und des Geistigen. Über die frühere Bewertung der Schriftlichkeit als Medium der Legenden und Lügenmärchen ergibt sich auch wieder ein Anknüpfungspunkt an das Ägyptische mit seinen negativen Konnotationen. „Poesie" dient keinem direkten Nutzen, und schon gar nicht der Gottessorge.

Zusammengenommen steht die Musik, und mit ihr alle Kunst, als Gegenpol zum Vatergeistigen und im Zeichen des Dionysischen: verführerisch, gefährlich, sinnlich und nicht gebändigt vom (apollinischen) Geist. So greifen auch in der *Josephs*-Tetralogie diese Antithesen, die weit in Th. Manns Frühwerk zurückreichen. Und nicht nur Jaakobs die Musik denunzierenden Betrachtungen, auch andere Situationen, die mit Musik und mit Elementen, die das Musikalische evozieren, angereichert sind, spielen die Gefährlichkeit der Musik vor allem auf der Ebene der Sinnlichkeit aus.

Zentral ist Josephs Gefährdung durch Muts Verführungsversuche, in denen auf vielfältige Weise musikalische Elemente eingesetzt werden. Die Verführungsszenen, in denen die mythisch-typischen Muster und Rollen zum Tragen kommen, sind ausgestaltet mit werkimmanenten und intertextuellen Bezügen, besonders zu Wagners Musikdramen.[56] Inhaltlich und formal stellen sie Kulminationspunkte der motivischen Technik dar. Besonders deutlich ist dies im „Zwiegesang" Josephs und Muts im Kapitel *Die schmerzliche Zunge,* außerdem in der finalen Szene im „leeren Haus", bei der Joseph sein Obergewand zurücklässt. Das motivische Material ist in beiden Szenen extrem verdichtet, wobei neben inhaltlichen Verweisen auf den *Ring* auch solche auf *Parsifal, Tristan* und *Tannhäuser* stehen.[57]

---

[56] Hierzu vor allem Heftrich, *Taten*, S. 233ff. Außer Bezügen zu *Parsifal* deckt er weitere zu *Tristan* und *Siegfried* (Siegfried und Brünnhilde) auf. Neben den Wagnerwerken spielen auch Anklänge an den *Faust* (v. a. Walpurgisnacht) eine Rolle, außerdem die Theorien Bachofens und Schopenhauers Gedanken zur „Metaphysik der Geschlechtsliebe".

[57] Mut ist eine „Wiedergängerin" Kundrys, der mütterlichen Geliebten, die verzweifelt versucht, den „reinen Toren" Parsifal zu verführen. Im Musikdrama kommt es ihr zu, Parsifal über seine Herkunft aufzuklären und ihm vom Tod seiner Eltern zu berichten. Sie gibt ihm „als Muttersegens letzten Gruß der Liebe ersten Kuß" – den ersten und einzigen Kuss, der Parsifal sehend, d. h. fühlend für die Schmerzen Amfortas' macht, ihm Erkenntnis schenkt.

Die Verführungskraft des erotischen Mutterdunkels, die Bedrohung des Vatergeistigen, entfaltet sich in einer musikalisierten Sprachsphäre. Wiederholt bedrängt Mut Joseph mit „Sangesstimme", teilweise folgen leicht verfremdete Zitate aus den Musikdramen. Die intertextuellen Verweise auf die musikdramatischen Werke lassen durchscheinen, welcher Mechanismus im Hintergrund steht: die dionysische Macht der Musik. An dieser Stelle nähert sich der Romantext selbst dem Musikdrama dadurch an, dass Mut und Joseph eine rein dramatische Wechselrede[58] führen. Auf Inquit-Formeln wird verzichtet, stattdessen werden die Sprecher nur durch die Angabe „Die Frau" und „Joseph" angezeigt. Die Typisierung Muts als „Die Frau" betont ihre Rolle im überzeitlichen Muster „Verführerin" und „liebendes Weib", während Joseph seine Individualität behält – es liegt nur an ihm, wie die Geschichte sich entwickelt.

Eingeleitet wird der dramatische Modus mit den Begriffen „singen, Gesang" etc. Thema des „Zwiegesangs" sind Leidenschaft und Verführung, denen Joseph zwar widerstehen kann, jedoch nur mit knapper Not. Muts Dasein als Tempelsängerin, sie spricht mit einer „weichen Stimme, der man die Sangesübung anmerkte, einem wohllautenden Alt" (Ägy 365), ist dabei ein Aperçu, das ihre Rolle als sinnliche Verführung „musikalisch" unterstreicht. Die Worte „süße zeugende Weltennacht", mit denen Mut ihre Rede schließt, nachdem sie Joseph das „Uranfänglichste" („Mit der Mutter schläft jeder", s. o.) gesagt hat, ist eine *Tristan*-Anspielung, in der alle Verführungsmacht eingeschlossen ist: Wagners *Tristan* dient einmal mehr als Symbol musikalischer Erotik und der Sehnsucht nach der dionysischen Auflösung in der Weltennacht.

Muts „Sangesstimme" kommt auch zum Einsatz in der finalen Konfrontation am Neujahrstag. Der unter Vorwänden ins Haus heimgekehrte Joseph schrickt zusammen,

---

Wie Brünnhilde ist sie eine Mutterfigur für den Geliebten. Aus den weiteren intertextuellen Anlehnungen sei v. a. auf Goethes *Faust* verwiesen, besonders im Liebeszauber-Ritual Tabubus; hierzu ausführlich Heftrich.

[58] Der Zwiegesang zwischen Jaakob und Joseph in den *Geschichten Jaakobs* ist kaum anderer Art: Jaakob ist hier der Liebende, Joseph erscheint als Abbild seiner Mutter; und verhandeln die beiden auch hoch- „anständige" Dinge, so ist die Konstellation, basierend auf Jaakobs überschwänglicher Liebe und Josephs Umspringen mit dem Vater und seiner Überzeugung, jeder müsse ihn mehr lieben als sich selbst etc., nicht weniger bedenklich. Der Grubenfall folgt zwangsläufig, und auch Jaakob wird für seine Zuneigung bestraft.

> denn eine Stimme tönte aus einiger Weite zu ihm herüber, von läutendem Klang, eine Sangesstimme, die seinen Namen rief, den Namen, den er sich zugelegt in diesem Lande: „Osarsiph!"
> Sein ganzes Leben vergaß er nicht diesen Augenblick, wie im leeren Haus von Ferne her dies Namensgeläut an sein Ohr schlug (...). Endlich aber läutete es abermals sanghaft durch die Räume. (E 593)

Die Passage ist durchsetzt von Allusionen auf den *Parsifal:* Im zweiten Akt, der „Tor" vergnügt sich mit den Blumenmädchen bzw. diese zanken sich um ihn, ruft Kundry Parsifal mit seinem Namen (dreisilbig, wie Osarsiph), den er zum ersten mal wieder hört, seit er seine Mutter verlassen hat. Kundry ruft ihn zweimal, er reagiert staunend und erfährt dann, dass sein Vater Gamuret ihn so taufte, als dieser in fernem Lande verschied. Ein Detail, das hier in Variation ebenfalls aufscheint: Joseph legt sich den Namen im fernen Lande selbst zu. Und eine weitere Variante ist die, dass es hier nicht zum Kuss kommen wird. Joseph wendet die musikalisch-dionysische Gefahr ab, er ist kein reiner Tor, wenn auch noch töricht. Wie in früheren Situationen wendet Joseph eine Gegenmaßnahme an, um Muts Sinnlichkeit (und auch seine eigene) abzukühlen: Er hält Muts Sangesstimme seine eigene Sprechstimme, also seine Sprachbegabung entgegen, der dionysischen Musik die apollinische Sprache.

> Namentlich war es Joseph, der durchaus nicht schwieg und nicht schweigen durfte, sondern in einem Zuge und Atem unglaublich flüssig und gewandt dahin redete, indem er die ganze Klugheit und Anmut seines Geistes gegen das Begehren der Frau ins Felde führte, um es ihr auszureden. (E 596)

Das allein aber ist nicht ausreichend, er kann sich der Verführungsmächte, Mut als „dionysische[n] Stimulans" (Dierks), also des Weiblichen, Erotischen, Musikalischen, Dionysischen, Rückständigen usw. nur erwehren, indem er sich gedanklich, durch Evokation der Vaterbilder, am Vatergeistigen festhält. Dann erst gelingt es ihm, der Verführung zu entkommen.

Eine weitere Passage macht den Bezug zwischen „Lied" und Liebe bzw. Verführung evident: Zu den persönlichen Diensten Josephs im Hause Potiphars gehört es, vorzulesen. Potiphar lauscht, „um das Bekannte wiederzuhören, wie man Musik wiederhört" (E 254). Meist handelt es sich um Liebesgeschichten, die Anlass zur Diskussion zwischen Potiphar und Joseph geben: Potiphar horcht seinen Diener nach dessen Erfahrungen aus, worauf Joseph mit der Erläuterung seiner aufgesparten Jungfräulichkeit antwortet. Die Geschichten von Liebe und Sinnlichkeit geben den Anstoß, über das Konzept der Sünde zu sprechen, das den Ägyptern, im Gegensatz zum Jaakobsstamm, fremd ist. Dies weist proleptisch auf das kommende Geschehen zwischen Mut und Joseph hin, vor allem aber stellt Joseph, Potiphars Empfindlichkeiten berücksichtigend, das Gebiet des Erotischen als „dämonischen Bereich" (Ägy 259) dar.

Übrigens geschieht es oft, das Potiphar „bald überm Lauschen, eingelullt von der spröden, doch angenehmen Stimme" (ebenda) einschläft. Er wird also in Schlaf gesungen, ins Vergessen, auch der letzten geistigen Tätigkeit enthoben.

Die symbolische Bedeutung der Musik in den Josephsromanen, die aufgrund ihrer werkimmanenten Funktion entschlüsselt werden kann, weist auch über den Romantext hinaus auf den vom Autor in anderen Zusammenhängen, in den Erzählwerken und Essays, wiederholt reflektierten Komplex um Musik, Rausch, Sinnlichkeit, Gefährlichkeit Willensverneinung, Todessehnsucht und unreflektierte Hingabe – kurz, in Th. Manns Privatästhetik, zum Dionysischen, für das in erster Linie das Werk Wagners steht.

Th. Manns Auseinandersetzung mit Wagner ist geprägt von seiner Schopenhauer- und Nietzscherezeption. Steht die Musik, und insbesondere eben die Wagners, auf der Basis Schopenhauers für die Verneinung des Willens, die Sehnsucht nach Auflösung im Tode, so wird der pessimistischen Weltsicht, in geistiger Nachfolge Nietzsches, jedoch der Wille zum Leben entgegengehalten. Die Unterscheidung des Dionysischen und Apollinischen, die Th. Mann aus Nietzsches Geburt der Tragödie übernimmt und die als Grundgerüst in den frühen Erzählungen (z. B. *Der kleine Herr Friedemann*), aber auch schon in den *Buddenbrooks* und vor allem im *Tod in Venedig* fungiert, wird zusammengedacht mit der Zweiteilung der „Welt als Wille und Vorstellung". Auch in den frühen Werken ist jedoch die Kritik an der zersetzenden Wirkung des dionysischen Prinzips, die sich in der unreflektierten Hingabe an die Musik äußert, deutlich ausgeprägt.

Th. Manns Wagnersicht ist entscheidend beeinflusst von der Wagnerkritik Nietzsches. Der Wagner von Nietzsche unterstellte Dilettantismus, die artistische Effekthascherei, die doppelte Optik und die Dekadenz sind Schlagworte, die in Th. Manns eigener Auseinandersetzung mit Wagner eine wichtige Rolle spielen.[59] Ist die Musik Wagners für Thomas Mann einerseits Quelle der Entzückung, so sieht er sie andererseits kritisch. Vereinigt die

[59] Der mit der Dekadenz einhergehende Vorwurf des Ästhetizismus ist dabei auch zu sehen im Gesamtzusammenhang des Wagnerismus des Fin de siècle.

Person Wagners einerseits (detailliert ausgeführt in den Betrachtungen eines Unpolitischen) Künstlertum und Bürgerlichkeit, so beschimpft Mann den Komponisten andererseits wieder als den „schnupfenden Gnom aus Sachsen", dekadent und anmaßend. „Wagnerferne und Wagnernähe" (Claudius Reinke) sind nicht nur in einzelnen Essays oder Werken zu spüren, sondern durchziehen die komplette Wagnerrezeption Th. Manns.

Fällt das Urteil über Wagner und das Wagnerwerk, z. B. in politischer Hinsicht, auch je nach Lebensphase unterschiedlich aus, so gibt es doch auch Konstanten, die ihre Gültigkeit nicht verlieren. Das Gefahrenpotential der Musik liegt im rauschhaften Erleben, das zum Vergessen der Individualität und zur Auflösung, zum Verderben des Menschen führt. Ist dies im Schopenhauerschen Kosmos noch die gewollte Aufhebung des principium individuationis, so nicht mehr bei Nietzsche, der stattdessen den „Willen zum Leben" setzt. Dagegen ist Wagners Musik der „Inbegriff der Kunst, die gegen das Leben steht"[60], da sie dazu verführt, das Leben, dessen Prinzip, die Welt als geistige Vorstellung, in der Kunst entlarvt und aufgedeckt wird, auslöschen zu lassen. In diesen Kontext gehören die Dichotomien von Geist und Leben, Kunst und Bürgerlichkeit, Licht und Dunkel, Trieb (als Erotik, Sinnesrausch, Liebe, Begehren) und Triebverdrängung.

Überwiegt im Frühwerk die Auslöschung, eben die Befreiung oder besser Flucht aus dem principium individuationis, indem sich die Figuren in der Musik dem Dionysischen wehrlos hingeben und ihre bürgerliche Lebensform aufgelöst wird (besonders bei Hanno Buddenbrook, der selbst auch musiziert, nicht nur rezipiert), so zeichnet sich spätestens mit den *Betrachtungen eines Unpolitischen* die Suche nach dem Ausgleich ab. Ein Resultat, das sich geradezu zwingend aus der Konstellation des Dreigestirns Schopenhauer-Wagner-Nietzsche ergibt.[61] Das Bedrohliche der Musik existiert weiter, aber ihr wird nicht länger unbedingt nachgegeben. Das Leben hat seine eigene Berechtigung und steht nicht gegen den Geist, sondern neben ihm.

---

[60] Kurzke, *Thomas Mann* S. 111.

[61] Kurzke ist recht zu geben in seiner Feststellung, dass „auch der Joseph-Roman (…) im Schema Nietzsche contra Wagner gesehen werden [muss]". *Thomas Mann*, S. 249. Die Bedeutung des Dreigestirns Schopenhauer-Nietzsche-Wagner fasst er zusammen: „Wagner liefert die Mittel der Kunst, Nietzsche ihre Entlarvung und Schopenhauer die Grundkonzeption, die es möglich macht, sowohl die Mittel als auch ihre Entlarvung beizubehalten, indem die Entlarvung der Mittel nur als ironisches Selbstdementi des eigenen Willens verstanden wird." (Ebenda, S. 117)

Jaakobs Urteil über die Poesie ist hiervon gar nicht so weit entfernt, doch er betont, dass der „spielende Geist", den er recht einseitig als „Gottessorge" bestimmt, sich nichts vergeben dürfe. Die Gottessorge, das Bemühen um Gott, ist eng verbunden mit der Abwehr des Rückfalls und auch nur der Gefahr eines Rückfalls in die alten Muster, inbegriffen die der rauschhaften Musikerfahrung.

Letztlich drückt sich auch in Jaakobs Poesie-Vorstellung wieder die Suche nach dem Ausgleich aus, weniger jedoch im Sinne eines Nebeneinanderstehens und Aushaltens der Gegensätze als vielmehr unter klarer Führung des „heiligen Geistes", der die Flucht in Rausch und Auflösung in Jaakobs Konzept eher durch „Ausrodung" verhindern soll.

Die motivischen Strukturen, derer sich Th. Mann bedient, sind ein genuin musikalisches Element, das untrennbar mit dem Werk Wagners verbunden ist. Für Mann (und allgemein in der Rezeptionsgeschichte Wagners) gilt die leitmotivische Arbeit als Inbegriff der Wagnerschen Kompositionstechnik und stellt sogar die harmonische Progressivität seiner Musiksprache in den Schatten. Ein wichtiger Aspekt dabei ist der Eindruck des ‚Epischen', den Wagners Dramen vor allem bei Th. Mann erwecken – und noch vor allen anderen der *Ring des Nibelungen*, in dem die Leitmotivtechnik in ihrer formalen und inhaltlichen Funktion erst voll entwickelt wird. Allein als musikalisch-wagnerisches Stilmittel stehen die Motivstrukturen also für die Musik Wagners mit ihrem gefährlichen Potential sinnlicher, rauschhafter Verführung. Literarisiert erscheinen die Motive gleichzeitig gewissermaßen gezähmt. Ihre „musikalische" Eigenschaft, d. h. die zeichentheoretisch begründbare „Unmittelbarkeit" wird genutzt, während das Gefährliche gebannt wird, indem die Motive im Roman ins Sprachliche, das Medium apollinischer Klarheit und geistiger Begrifflichkeit, gewendet erscheinen. Das ohnehin in ihnen angelegte Potential zur Reflexion wird so ausgeschöpft.

Noch vor jeder inhaltlichen Bedeutung der Einzelmotive nimmt die Motivstruktur als Ganzes das Gefahrenpotential des Musikalischen im Sprachwerk auf. Die Gefahr des „Rückfalls" ist immer gegeben: Die ungezügelte Musik bzw. Kunst ist, Jaakob spricht es aus, nach wie vor „schmeichlerisch-verführerisch", sie ist das Medium der Verführung, wie es die Verführungsszenen mit Mut deutlich machen.

Auf der werkinternen narrativen Ebene vertreten die Motivstrukturen außerdem das Prinzip der „Sich-selbst-erzählenden Geschichte", sind also der narrative Gegenpol zum reflektierenden Erzähler, dem (scheinbaren) Garant von Vernunft und Bewusstsein, und als solches eine mögliche dionysische

Bedrohung. Allerdings besteht ja gerade das Besondere der Motive darin, Gegensätze in sich zu vereinen. Das Konstrukt der Geschichte, die sich selbst erörtert, also das Bewusstsein ihrer selbst erlangt, ist nur möglich durch die besondere Art der Bezugnahmeweisen der Motive, die für die Motive von Sprach- und Musikwerk am Ende die gleichen sind. Als „mehrdimensionale Referenzgebilde", die exemplifikatorisch und denotativ Bezüge herstellen und vielfältige Konnotationen ermöglichen, generieren sie unmittelbar und mittelbar Bedeutung und wirken eigenständig als Kommentar. Ihnen wohnt gewissermaßen ein sprachliches und ein musikalisches, ein dionysisches und ein appollinisches Moment inne.

Auf Ebene der Geschichte endlich entspricht dem Josephs Entwicklung: Er widersteht den Verführungskünsten der und in der Musik („Zwiegesänge") und lernt außerdem (in der Figurenrede und als homodiegetischer Erzähler), sich selbst bewusst der Motive zu bedienen und sie in die Gestaltung seines Lebens einzubeziehen. Ihm ist es als Einzigem gegeben, die komplexen Bedeutungen und Verweise nicht nur zu verstehen, sondern, darauf aufbauend, für seinen Lebensweg zu nutzen.

Die Eigenschaft der Leitmotivstruktur, eine vom auktorialen Erzähler unabhängige Kommentarfunktion zu übernehmen, löst auf formaler Ebene den Anspruch an die Geschichte ein, zugleich zu quellen und sich zu erörtern. Als Mittel der Vergegenwärtigung schaffen die Motive Gegenwart, die das Wesen des Lebens ist. In der Motivstruktur werden also zwei Prinzipien, Reflexion respektive Bewusstsein und lebendige Unmittelbarkeit respektive Unbewusstsein miteinander verbunden. Damit ist sie die poetologische Ausformung des „Geheimnisses": die gegenseitige Durchdringung von Geist (Bewusstsein) und Seele (Liebe und Leben), die ersehnte Vereinigung zweier Prinzipien, die sich nicht mehr ausschließen, sondern nebeneinanderstehen und ausgehalten werden. Das Grundthema des Romans, die in Joseph personifizierte Vermittlung und der Ausgleich, findet seine formale Übertragung noch im kleinsten Element, dem Motiv, das wie nichts sonst für den Ring des Nibelungen und insgesamt für die Musik Wagners steht.

Die Vereinnahmung des musikalischen Prinzips der Leitmotivtechnik durch das reine Sprachwerk ist auch zu lesen als das (im Joseph einmal verwirklichte) Gleichgewicht in Th. Manns lebenslanger Auseinandersetzung mit Wagner. Seiner Musik wird die Gefährlichkeit genommen, durch ihre dionysische Rauschwirkung zu Rückständigkeit und Barbarei zu führen[62].

[62] Das weist voraus auf den *Faustus*, ist aber viel subtiler und dadurch überzeugender.

Die Gefahr wird abgewendet durch die Art, wie das leitmotivische Verfahren im Sprachwerk ‚aufgehoben' wird: In der Narration werden die Motive zum Stilmittel des Erzählers, der zunächst als Hüter der Reflexion und des Bewusstseins das Unbewusste und also auch die motivischen Strukturen kontrolliert. Außerdem aber greifen die Destabilisierung des Erzählsystems und die Sensibilisierung des Lesers für Widersprüche und Brüche in der Erzählhaltung. Die reflektierende Erzählinstanz, folgend dem Prinzip des Einerseits – Andererseits, macht es vor.

Auf dem Weg zu einer endlichen Aussöhnung der dichotomischen Spannung Geist und Leben distanziert sich Th. Mann von dem romantisch-schwärmerischen Komplex um das Dionysische (zum Beispiel im direkten Vorgänger zu den Josephsromanen, dem *Zauberberg*), bevor die Aussöhnung der gegensätzlichen Prinzipien eben in *Joseph und seine Brüder* ausgestaltet wird. Parallel läuft die wechselvolle Auseinandersetzung mit Wagner[63], von dem Thomas Mann sich ebenfalls zeitweise weit distanziert, bis er ihn mit dem Gegengewicht Goethe zusammen als (deutsche) Künstlerinstanz wieder inthronisieren und seinen Vorbildcharakter zugeben kann. In Manns privater Geistesgeschichte hält der Apolliniker (Goethe) dem Dionysischen (Wagner) die Waage: Beide sind Deutschland. Die Synthese ist erreicht in der literarischen Utopie, im Werk *Joseph und seine Brüder,* und dort personifiziert in der Figur des Protagonisten.

Wie der *Ring* politisch-gesellschaftlich vor dem Erfahrenshintergrund der Revolution von 1848 und der darauf folgenden Reaktionsära mit der partiellen Restitution der vorher bestehenden Verhältnisse zu sehen ist, so auch der *Joseph* in Bezug zu den geschichtlichen Ereignissen seiner Entstehungszeit: der Weimarer Republik, ihrer Auflösung und der Nationalsozialistischen Herrschaft. In dem Maße, wie Th. Mann sich vom selbst inszenierten „Unpolitischen" zum politisch engagierten Schriftsteller wandelt, verschiebt sich auch sein metaphysisch-geistiges Weltbild.[64] Verbunden mit dem Fortschrittsgedan-

---

[63] Siehe besonders Reinke, *Musik als Schicksal.*

[64] Zu dem Gesamtkomplex von politischem und metaphysischem Denken Th. Manns vor allem Wolters, *Zwischen Politik und Metaphysik.* Th. Manns politische Meinung gründet immer auch auf dem Versuch, sein philosophisches Weltbild mit der Gegenwart in Einklang zu bringen. Die Weltsicht der Betrachtungen leitet sich noch ganz aus einem konservativ-romantischen Deutschlandbild her, dem Politik und „reines" geistiges Künstlertum unvereinbar scheinen. Bleibt die geistige Basis die gleiche, so steht seit Beginn der 20er Jahre, und noch im Zauberberg, die Anbindung des Politischen an die romantische Tradition auf dem Programm, verbunden mit der Frage nach der Erziehung und Entwicklung des Menschen.

ken in den Josephsromanen ist die Frage, wie sich politisch und gesellschaftlich verantwortungsvolles Handeln mit einer romantisch-metaphysischen Weltsicht vereinbaren lässt, in der die Vorstellung des geistigen, kulturellen, d. h. immer auch philosophischen und vor allem musikalischen Deutschlands weiter besteht. Der Roman ist ein Weltentwurf, in dem sich, entgegen den frühen Ansichten, die vor allem in den *Betrachtungen eines Unpolitischen* formuliert wurden, Politik und Metaphysik, Bürgertum und Künstlertum, also praktisches Handeln und romantische Geistigkeit nicht mehr ausschließen, sondern in der Person Josephs und seinem Denken und Handeln vereint sind. Die Entwicklung der eigenen Individualität und die bewusste Ausgestaltung des mythischen Musters stellen dabei genau das Gegenteil dessen dar, was Th. Mann im Nationalsozialismus beobachtet: einen rückwärts gewandten Umgang mit dem Mythos, der Reflexion und Aufklärung ausschließt und in unbewusst nachgegangenen Spuren in die „Barbarei" zurückführt.

In dieser Konstellation sind Wagner, sein Werk und seine Einvernahme durch das NS-Regime wichtige Größen. Der Mythos wird nicht nur „den Faschisten aus den Händen genommen", sondern in gewisser Weise auch Wagner: Die künstlerische Arbeitsweise, Strategien und Inhalte werden benutzt, aber in dem Medium der Sprache, und in weiterführenden Zusammenhängen ihrer musikalischen Gefährlichkeit beraubt – apollinisiert. Allerdings nicht „ausgerottet": Die Gefährdung, die Versuchung zum Rückfall bleibt, aber eben dies muss der Mensch sich bewusst machen und bewusst dagegen angehen. Diese Implikationen sind in den Wiederholungsstrukturen und ihrer Anwendung angelegt: Wer wiederholt, ohne zu reflektieren, also nur den alten Mustern folgt, kann seine eigene Individualität nicht ausprägen und weder sich selbst weiterentwickeln noch dem allgemeinen Entwicklungsprozess dienlich sein. Und in poetologischer Lesart: Ein Erzähler, in den Josephsromanen sowohl der heterodiegetische Erzähler als auch in besonderer Form der homodiegetische Erzähler Joseph, ist der Ausgestalter einer Vorgabe, hier der biblischen Geschichte, nicht nur ihr wortgetreuer Rezitator.

Wagner wird mit Wagner überwunden. Ein Tagebucheintrag Th. Manns vom 13. April 1948 mag die Sache auf den Punkt bringen: „Hörte die Geschwisterszene I. Akt Walküre. Der Inzest mit Frühlingspoesie, geht nicht mehr." Nein, er geht nicht mehr – das zeigt sich schon im fünf Jahre früher vollendeten *Joseph*, in dem das Prinzip Inzest als Prinzip der Rückständigkeit die Frühlingspoesie aushebelt.

Aber mit der Gedankenfigur Inzest kann immer noch gearbeitet werden: in einer Umwertung, in der revolutionäre, positive Implikationen ausgeschaltet werden, und die der Abwendung von den dionysischen, musikalischen Abgründen und der Hinwendung zu apollinischer, sprachlicher Klarheit durch eine Verbindung der Prinzipien entspricht. Die Selbstbezüglichkeit, die sowohl alle Ebenen des Romans als auch des Musikdramas (als Kunstwerk, auf Ebene der Geschichte und auf Ebene der Narration bzw. Darstellung) durchzieht, das Spiel mit dem immer gleichen Material, wenn auch in größtmöglicher Variation, ist Ausdruck der letztendlichen Unmöglichkeit, die gegebenen Bedingungen zu verändern oder aus ihnen hinauszutreten. Und doch gibt es neben der Wiederholung, die an sich auch nie identisch sein kann, die Möglichkeit der Veränderung innerhalb der vorgegebenen Grenzen. In der Gedankenfigur Inzest fließen beide Vorstellungen zusammen.

Im *Ring* und im *Joseph* werden Entstehung einer aufgeklärten Gesellschaft, emanzipiert von uneinsehbaren Gesetzen und einem dogmatischen Religions- und Gottesbegriff, vor Augen gestellt. Die Frage nach dem „Wie“ und nach der Realisierbarkeit einer solchen Gesellschaft wird jedoch unterschiedlich beantwortet. Führt im *Ring* der Weg zur selbstbestimmten und selbstverantwortlichen Menschheit letztlich über die Loslösung von der alten, starren Ordnung und die Überwindung des Göttlichen, so ist es im *Joseph* der besondere Umgang mit dem Göttlichen, basierend auf einem Verständnis des beidseitigen Ergänzungsbedarfs, der zur erfolgreichen Zusammenarbeit von Göttlichem und Menschlichem, von oben und unten führt. Es ist ein Umgang, bei dem immer unentschieden bleibt, ob das Göttliche sich dem Menschlichen oder das Menschliche dem Göttlichen verdankt, getreu dem Konzept der rollenden Sphäre, das sich auf sämtlichen Ebenen bemerkbar macht.

Am Schluss des *Rings* steht der Ausblick auf das „Reinmenschliche“, eine ideale Menschheit, in der Liebe und Wissen gleichermaßen die leitenden Prinzipien sind. Dieses Ideal scheint als Zukunftsvision auf, es ist im Kunstwerk selbst nur in einem kurzen Moment in Brünnhilde verwirklicht. Die im Werk selbst handelnden Menschen sind noch nicht fähig, die Entwicklung ganz zu vollziehen, nicht zuletzt, weil sie an die Götter gebunden und in den Göttermythos verstrickt sind. Aber die Hoffnung bleibt, dass dieses Ideal zu erreichen ist.

Im *Joseph* geht Wagners Idee des „Reinmenschlichen“ in Thomas Manns Humanitätsideal auf, dessen Realisierung umgekehrt jedoch nur literarisch im Werk möglich ist. Am Schluss fehlt der emphatische Ausblick des *Kunstwerks der Zukunft* mit seinem Anspruch, ins wirkliche Leben einzugreifen. Für Joseph gibt es keinen Nachfolger, also auch keine Weitergabe seiner hervorragenden Eigenschaften. Sein Tod bedeutet das Ende des doppelten

Segens von oben und von unten, der Vereinigung von Geist und Seele, er bleibt eine absolut singuläre Erscheinung. Seine Art, mit den vorgegebenen Mustern zu spielen, Zusammenhänge wahrzunehmen und weltlich nutzbar zu machen, die vom Bewusstsein für den „Göttermythos" zeugen, dabei eine „Allsympathie" für alles Menschliche wahrend (alles eingefasst im doppelten Segen), ist niemandem vor ihm und absehbar niemandem nach ihm gegeben. Die Humanisierung der Menschheit kann sich nur im geschlossenen Kunstwerk verwirklichen, eine Übertragung auf das Leben bleibt ausgeschlossen und der Humanitätsentwurf ein utopisches Ideal.

RÜCKBLICK

Der Blick zurück von *Joseph und seine Brüder* auf den *Ring des Nibelungen* deckt Anknüpfungspunkte für das Sprachwerk auf, die über die äußerlichen Aspekte wie schiere Länge, vierteilige Gliederung und einige inhaltliche Allusionen hinausgehen. Th. Mann strebt keine Nachahmung des Musikdramas in literarischer Form an. Auszumachen ist vielmehr eine analogische Übertragung von inhaltlichen und formalen Prinzipien, bei der es auch nicht an Brüchen und Kontrasten fehlt. Diese sind nicht zuletzt sowohl als Auseinandersetzung mit dem Werk als auch mit der Person Wagners und dem übergreifenden Assoziationsfeld um die Musik und das philosophisch-ästhetische Konstrukt des Dionysischen zu sehen.

Eher in begrenztem Ausmaß dient der *Ring,* das zeigen die Allusionen, verfremdeten Zitate und parodierenden Situationen und Konstellationen im Roman, auch als Stoff-Quelle – und ist damit nur eine unter vielen und nicht einmal das einzige Musikdrama Wagners. Die Doppelstruktur des Erzählens aber, die besonders, jedoch nicht nur auf der Adaption und Weiterentwicklung der Leitmotivstruktur für das Sprachwerk beruht, und die Verarbeitung der Inzestfigur machen die Rückbindung des *Joseph* an den *Ring* substantiell.

Im *Ring* findet Th. Mann eine Doppelstruktur des Erzählens vorgebildet, die er für das Literarische adaptiert und transformiert. Die im Musikdrama entgegen der Gattungspoetik auszumachende epische Form leitet sich aus der leitmotivischen Technik und der Kommentarfunktion der Motive sowie aus den (wiederholenden) Erzählungen der Figuren her. Das Erzählen ist auf verschiedene Ebenen, Musik, Sprache und Szene, verteilt, wodurch Vorgänge auf einer Ebene simultan auf einer anderen kommentiert werden können. Der Rezipient wird aufgefordert, den komplexen Code, der primär durch die Motivstruktur erstellt wird, zu entschlüsseln und die motivischen Kommentare zuzuordnen.

Im literarischen Werk, in dem nur die eine Ebene der Wortsprache existiert, bleibt die Doppelstruktur des Erzählens erhalten, die sich auch auf das Verhältnis zwischen der Motivstruktur und den Erzählerfiguren bzw. der übergeordneten anonymen Erzählinstanz erstreckt. Sowohl der Erzähler als auch die von ihm unabhängige (leit-)motivische Struktur haben Kommentarfunktionen. Ins Sprachwerk wird dabei auch die zeichentheoretisch begründbare Besonderheit der Motive übernommen, mittelbar und unmittelbar Bedeutung zu generieren, also sowohl ein Mittel des unreflektierenden als auch des reflektierenden Erzählens zu sein.

Die Frage „wer spricht?" wurde an beide Werke gestellt. Für beide konnte festgestellt werden, dass die neben oder über den homodiegetischen Erzählern stehende Erzählinstanz anonym bleibt: Im *Ring* wird in der Orchestermelodie eine Erzählinstanz greifbar, die jedoch nicht personalisiert werden kann. Im *Joseph* bleibt der seine Rollen und Perspektiven wechselnde heterodiegetische Erzähler nicht nur anonym, sondern spielt auch mit der Stabilität des diegetischen Universums. Er ist nicht länger die sichernde und vertrauenswürdige Erzählinstanz, sondern animiert den ‚idealen Leser' dazu, den Text selbst kritisch zu hinterfragen.

Die Überlagerung von motivischem und sprachlichem Erzählen im *Ring* führt zu Unsicherheiten, ob sich nicht doch, zumindest partiell, die Hauptfigur Wotan auch durch die Motivstruktur in der Orchestermelodie ausdrückt, also als übergeordnete Erzählinstanz gelten könnte. Diese Frage wurde verneint, der gleichen Ambivalenz aber begegnet man wieder in den Josephsromanen: Hier ist es Joseph, der als eigentlich homodiegetischer Erzähler selbst das Geschehen und das Verhältnis zwischen Geschichte und Erzählung reflektiert und damit in die Nähe des heterodiegetischen, kommentierenden Erzählers rückt. Aber auch hier bleiben die Erzählebenen letztlich getrennt, wird die Ambivalenz durch die inhaltlichen und narrativen Unbestimmtheiten der Erzählerfigur auch verstärkt.

Die Versuchung, einer intradiegetischen Figur eine Position der Übersicht zuzuschreiben, hat ihren entscheidenden Grund in der Motivstruktur. In beiden Werken kann sie als Gradmesser der Bewusstseinsstufe einer Figur gelten. Allein Wotan und Joseph sind jeweils dazu fähig, die Großzusammenhänge in ihrem Universum zu erkennen und danach zu handeln – sind ihre Motivationen und die Zielsetzung auch unterschiedlich.

In seinem *Ring* führt Wagner heterogene Stoffe unterschiedlicher Herkunft – mythisch, geschichtlich, philosophisch, religiös – zusammen, denen er die eigenen philosophisch-anthropologischen und gesellschaftlich-politischen Ideenlinien einzieht. Eine Arbeit am Mythos in diesem Sinne ist auch bei Th. Mann zu beobachten, wobei seine Menschheitsdichtung sich an den Ausblick, der im Wagner-Mythos gegeben wird, anschließt. Die Umwertungen, die damit einhergehen, lassen sich anhand der „Arbeit am Inzest" nachzeichnen.

Die Inzestfigur erhält in beiden Werken ihre eigene inhaltliche Wertung und formale Ausformung, die für die jeweilige Gesamtinterpretation als mythopoetische Menschheitsdichtung von entscheidender Bedeutung sind. Grundsätzlich sind dem Inzest zwei im ersten Moment widersprüchlich erscheinende Implikationen inhärent: Wiederholung und Variation. Beide Prinzipien durchziehen Geschichte und Narration sowohl des Musikdramas als auch der Romane. Insbesondere findet sich dies in der Motivstruktur gespiegelt, für die Wiederholung und Variation konstitutiv sind. Allgemein bildet sich in der Inzestfigur die duale Grundstruktur der Werke ab, die sich nicht auf die Narration beschränkt. Wagner strebt nach einer Auflösung der destruktiven Spannung von Macht und Liebe, um eine neue, konstruktive zu setzen: Wissen und Liebe, die zusammen das Reinmenschliche ausmachen. Nach dessen flüchtiger Realisierung im Kunstwerk selbst, in der Figur Brünnhildes und, ansatzweise, Wotans, bleibt der positive Ausblick[1] auf das Kunstwerk der Zukunft, das in direktem, wechselseitigem Austausch mit der lebensweltlichen Gesellschaft stehen soll.

Der doppelte Segen der Josephsromane bewegt sich in der Spur dieses Reinmenschlichen: Th. Manns Humanitätsideal gründet letztlich auf den gleichen Pfeilern. Die konstruktive Spannung ist hier die von Geist und Seele. Verwirklichung findet sie jedoch nur im geschlossenen Kunstwerk, dem emphatischen Ausblick des *Rings* wird im *Joseph* das einfache Ende der „schönen Gotteserfindung" entgegengestellt.

Sind alle Figuren im *Ring*, die durch den Inzest und genealogisch mit Wotan verbunden sind, zusammen mit der bestehenden Ordnung auch dem Untergang geweiht, so führt die Inzestspirale mittelbar doch in die Zukunft. Im Gegensatz dazu ist der Inzest im *Joseph* grundsätzlich das Prinzip der Rückständigkeit. Darüber hinaus führt die Inzestspirale nicht nur zum Stillstand, sondern in die reine Selbstbezüglichkeit und im Segensträger Joseph selbst zum Narzissmus und zu einem rein Vatergeistigen, dessen Genealogie abgeschnitten wird.

Wie Wagners eigene Theoriebildung durch die begleitende Lektüre von *Oper und Drama* berücksichtigt wurde, so sind auch Th. Manns Privatmythologie und geistesgeschichtliche Vorstellungen besonders um die beiden Assoziationsfelder des Apollinischen und des Dionysischen einzubeziehen. Hier stehen auf der dunklen Seite Wagner und Wagners Musik als Inbegriff der rauschhaften Verführung zu Erotik und Tod gegen die Helligkeit des apolli-

[1] Ganz konkret ist dies der Blick der überlebenden Menschen bzw. durch sie der Blick des Zuschauers: „Aus den Trümmern der zusammengestürzten Halle [der Gibichungen] sehen die Männer und Frauen in höchster Ergriffenheit dem wachsenden Feuerscheine am Himmel zu." (Regieanweisung G 417)

nischen Denkens. Statt aber sich für eine der beiden Seiten einseitig zu entscheiden, propagiert Mann das „Sowohl-Als-Auch“: für den Ausgleich im Sinne des Aushaltens der Spannungen, der Akzeptanz von Hell und Dunkel nebeneinander, wie dies im Roman auf allen Ebenen als Ideal durchgeführt wird. Erreicht wird es nur im Kunstwerk und erstreckt sich (einmalig) auch auf die besondere Auseinandersetzung Th. Manns mit Wagner. Der musikalische Mythos wird apollinisch-sprachlich vergeistigt und der dionysisch-musikalischen Sphäre enthoben. Dies geschieht jedoch nicht im Zeichen der „Ausrodung“, sondern der Integration.

Joseph und seine Brüder erweist sich am Ende, bei aller Lebensfreundlichkeit, als Negativ zum *Ring des Nibelungen*: Dem Menschheitsideal wird seine Realisierungsmöglichkeit in absehbarer Zeit, wenn nicht überhaupt abgesprochen. Ein „Negativ“ aber auch im weiteren Sinne: Das Musikdrama *Ring* hinterlässt seinen musikalischen und gehaltlichen Abdruck im literarischen Kunstwerk, dessen symbolischer Raum damit verdichtet und erweitert wird. So ist es möglich, den Roman vor dem Hintergrund des „szenischen Epos“ zu lesen.

ANHANG

Die Walküre, II. Aufzug, 2. Szene (Beginn und „Wotanmonolog")

BRÜNNHILDE
Schlimm, fürcht ich,
schloß der Streit,
lachte Fricka dem Loose!-
Vater, was soll
dein Kind erfahren?
Trübe scheinst du und traurig?

WOTAN (*er läßt den Arm machtlos sinken und den Kopf in den Nacken fallen)*
In eig'ner Fessel
fing ich mich: –
ich unfreiester Aller!

BRÜNNHILDE
So sah ich dich nie!
was nagt dir das Herz?

WOTAN (*von hier an steigert sich Wotans Ausdruck und Gebärde bis zum furchtbarsten Ausbruch)*
O heilige Schmach!
O schmählicher Harm!
Götternot!
Götternot!
Endloser Grimm!
Ewiger Gram!
Der Traurigste bin ich von Allen!

BRÜNNHILDE *(Sie wirft erschrocken Schild, Speer und Helm von sich und läßt sich mit besorgter Zutraulichkeit zu seinen Füßen nieder)*
Vater! Vater!
Sage, was ist dir?
Was erschreckst du mit Sorge dein
Kind!
Vertraue mir!
Ich bin dir treu:
Sieh, Brünnhilde bittet!

(*Sie legt traulich und ängstlich Haupt und Hände ihm auf Knie und Schoß.)*

WOTAN *blickt ihr lange in das Auge; dann streichelt er ihr mit unwillkürlicher Zärtlichkeit die Locken. Wie aus tiefem Sinnen zu sich kommend, beginnt er endlich sehr leise*
Laß ich's verlauten,
lös ich dann nicht
meines Willens haltenden Haft?

BRÜNNHILDE (*ihm ebenso erwidernd)*
Zu Wotans Willen sprichst du,
sagst du mir, was du willst;
wer bin ich,
wär ich dein Wille nicht?

WOTAN (*sehr leise)*
Was keinem in Worten ich künde,
unausgesprochen
bleib es denn ewig:
mit mir nur rat ich,
red ich zu dir.

Mit noch gedämpfterer, schauerlicher Stimme, während er Brünnhilde unverwandt in das Auge blickt

Periode I

Als junger Liebe
Lust mir verblich,
verlangte nach Macht mein Mut:
von jäher Wünsche
Wüten gejagt,
gewann ich mir die Welt;
unwissend trugvoll,
Untreue übt' ich,
band durch Verträge,
was Unheil barg:

listig verlockte mich Loge,
der schweifend nun verschwand.
Von der Liebe doch
mocht ich nicht lassen,
in der Macht verlangt ich nach
Minne.
Den Nacht gebar,
der bange Nibelung,
Alberich, brach ihren Bund:
er fluchte der Lieb,
und gewann durch den Fluch
des Rheines glänzendes Gold,
und mit ihm maßlose Macht.

Periode II

Den Ring, den er schuf,
entriß ich ihm listig;
doch nicht dem Rhein
gab ich ihn zurück:
mit ihm bezahlt ich
Walhalls Zinnen,
der Burg, die Riesen mir bauten,
aus der ich der Welt nun gebot.

Periode III

Die Alles weiß,
was einsten war,
Erda, die weihlich
weiseste Wala,
riet mir ab von dem Ring,
warnte vor ewigem Ende.
Von dem Ende wollt ich
mehr noch wissen;
doch schweigend entschwand mir
das Weib. –

Periode IV

Da verlor ich den leichten Mut,
zu wissen begehrt es den Gott:
in den Schoß der Welt
schwang ich mich hinab,
mit Liebeszauber
zwang ich die Wala,
stört ihres Wissens Stolz,
daß sie Rede nun mir stand.
Kunde empfing ich von ihr;
von mir doch barg sie ein Pfand:
der Welt weisestes Weib
gebar mir, Brünnhilde, dich.

Periode V

Mit acht Schwestern
zog ich dich auf:
durch euch Walküren
wollt ich wenden,
was mir die Wala
zu fürchten schuf: –
ein schmähliches Ende der Ew'gen.
Daß stark zum Streit
uns fände der Feind,
hieß ich euch Helden mir schaffen:
die herrisch wir sonst
in Gesetzen hielten,
die Männer, denen
den Mut wir gewehrt,
die durch trüber Verträge
trügende Bande
zu blindem Gehorsam
wir uns gebunden, –
die solltet zu Sturm
und Streit ihr nun stacheln,
ihre Kraft reizen
zu rauhem Krieg,
daß kühner Kämpfer Scharen
ich sammle in Walhalls Saal!

Einwurf Brünnhilde

BRÜNNHILDE
Deinen Saal füllten wir weidlich;
viele schon führt ich dir zu.
Was macht dir nun Sorge,
da nie wir gesäumt?

WOTAN *wieder gedämpfter*

Periode VI

Ein Andres ist's:
achte es wohl,
wes mich die Wala gewarnt!
Durch Alberichs Heer
droht uns das Ende:

mit neidischem Grimm
grollt mir der Niblung: –
doch scheu ich nun nicht
seine nächtigen Scharen,
meine Helden schüfen mir Sieg.

Periode VII

Nur wenn je den Ring
zurück er gewänne,
dann wäre Walhall verloren:
der der Liebe fluchte,
er allein
nützte neidisch
des Ringes Runen
zu aller Edlen
endloser Schmach;
der Helden Mut
entwendet er mir,
die Kühnen selber
zwäng er zum Kampf,
mit ihrer Kraft
bekriegte er mich.

Periode VIII

Sorgend sann ich nun selbst,
den Ring dem Feind zu entreißen.
Der Riesen einer,
denen ich einst
mit verfluchtem Gold
den Fleiß vergalt:
Fafner hütet den Hort,
um den er den Bruder gefällt.
Ihm müßt ich den Reif entringen,
den selbst als Zoll ich ihm zahlte.
Doch mit dem ich vertrug,
ihn darf ich nicht treffen;
machtlos vor ihm
erläge mein Mut: –
das sind die Bande,
die mich binden:
der durch Verträge ich Herr,
den Verträgen bin ich nun Knecht.

Periode IX

Nur Einer könnte,
was ich nicht darf: –
ein Held, dem helfend
nie ich mich neigte,
der fremd dem Gotte,
frei seiner Gunst,
unbewußt,
ohne Geheiß
aus eig'ner Not,
mit der eig'nen Wehr
schüfe die Tat,
die ich scheuen muß,
die nie mein Rat ihm riet,
wünscht sie auch einzig mein
Wunsch!

Periode X

Der, entgegen dem Gott,
für mich föchte,
den freundlichen Feind,
wie fände ich ihn?
Wie schüf ich den Freien,
den nie ich schirmte,
der im eig'nen Trotze
der trauteste mir?
Wie macht ich den Andren,
der nicht mehr ich,
und aus sich wirkte,
was ich nur will?
O göttliche Not!
Gräßliche Schmach!
Zum Ekel find ich
ewig nur mich
in Allem, was ich erwirke;
das Andre, das ich ersehne,
das Andre erseh ich nie:
denn selbst muß der Freie sich schaf-
fen;
Knechte erknet ich mir nur.

BRÜNNHILDE.

Einwurf Brünnhilde

Doch der Wälsung, Siegmund?
Wirkt er nicht selbst?

WOTAN

Periode XI

Wild durchschweift ich
mit ihm die Wälder;
gegen der Götter Rat
reizte kühn ich ihn auf:
gegen der Götter Rache
schützt ihn nun einzig das Schwert,
(*gedehnt und bitter*)
das eines Gottes
Gunst ihm beschied.
Wie wollt ich listig
selbst mich belügen?
So leicht ja entfrug mir
Fricka den Trug:
zu tiefster Scham
durchschaute sie mich!
Ihrem Willen muß ich gewähren.

BRÜNNHILDE

Einwurf Brünnhilde

So nimmst du von Siegmund den Sieg?

WOTAN

Periode XII

Ich berührte Alberichs Ring, –
gierig hielt ich das Gold!
Der Fluch, den ich floh,
nicht flieht er nun mich: –
Was ich liebe, muß ich verlassen,
morden, wen je ich minne,
trügend verraten,
wer mir traut!

Periode XIII

(*Wotans Gebärde geht aus dem Ausdruck des furchtbarsten Schmerzes zu dem der Verzweiflung über*)
Fahre denn hin,
herrische Pracht,
göttlichen Prunkes
prahlende Schmach!
Zusammen breche,
was ich gebaut!
Auf geb ich mein Werk:
nur Eines will ich noch:
das Ende –

Periode XIV

das Ende! – (*Er hält sinnend ein*)
Und für das Ende
sorgt Alberich;
jetzt versteh ich
den stummen Sinn
des wilden Wortes der Wala: –
»wenn der Liebe finstrer Feind
zürnend zeugt einen Sohn,
der Sel'gen Ende
säumt dann nicht.«
Vom Niblung jüngst
vernahm ich die Mär,
daß ein Weib der Zwerg bewältigt,
des Gunst Gold ihm erzwang:
des Hasses Frucht
hegt eine Frau;
des Neides Kraft
kreißt ihr im Schoß:
das Wunder gelang
dem Liebelosen;
doch der in Lieb ich freite,
den Freien erlang ich mir nie.
(*Mit bitterem Grimm sich aufrichtend*)

Periode XV

So nimm meinen Segen,
Niblungensohn!
Was tief mich ekelt,
dir geb ich's zum Erbe,
der Gottheit nichtigen Glanz:
zernage ihn gierig dein Neid!

Motivübersicht

RHEINGOLD IV, 'Schwert'-Motiv, Trompeten

RHEINGOLD IV, 'Fluch'-Motiv, instr./überwiegend Posaunen

RHEINGOLD IV, 'Fluch'-Motiv, vokal

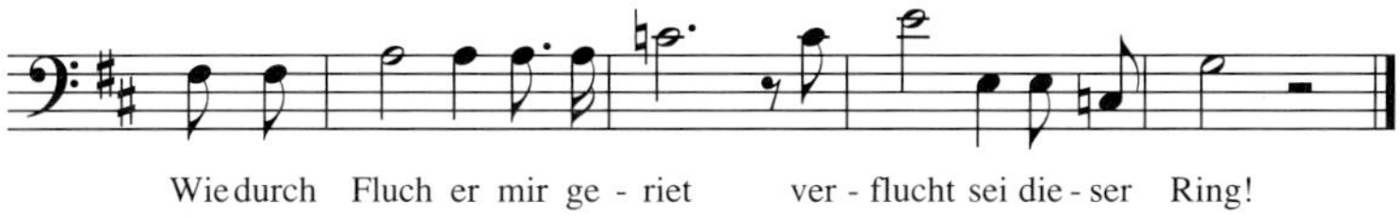

RHEINGOLD II, 'Walhall'-Motiv, Hörner

RHEINGOLD I, 'Ring'-Motiv, Text: "Zum Reife zu zwingen das Gold"

WALKÜRE I, 'Siegmund'-Motiv, verwandt mit 'Ring'/'Walhall'

WALKÜRE II, 'Unmuts'-Motiv, Regieanweisung: "In furchtbarem Unmuth"

RHEINGOLD IV, 'Trauer'-Motiv, Singstimme (Alberich)
abgeleitet aus dem 'Entsagungs'-Motiv

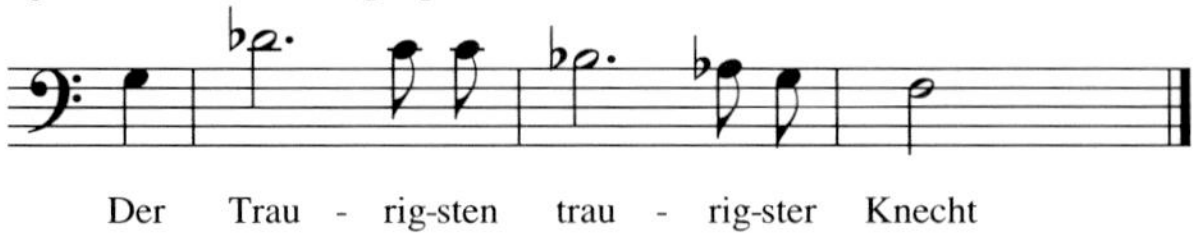

RHEINGOLD I, 'Entsagungs'-Motiv, Singstimme (Woglinde), direkter Übergang in 'Ring'-Motiv

RHEINGOLD II, 'Speer'- bzw. 'Vertrags'-Motiv

RHEINGOLD I, 'Vertragstreue'-Motiv, Text (Fasolt): "Verträge zu wahren die Treu"

WALKÜRE I, Cellokantilene (erste Blicke Siegmunds/Sieglindes)

RHEINGOLD IV, 'Erda'-Motiv, Mollvariante des 'Natur'-Motivs

RHEINGOLD I (Beginn Vorspiel), Natur'-Motiv

RHEINGOLD IV, 'Untergangs'-Motiv, direkter Anschluss an 'Erda'-Motiv

RHEINGOLD I, Alberich-Synkopen, 'Nibelungenhass'-Motiv

RHEINGOLD I, Rheingold-Fanfare

RHEINGOLD I, Rheingoldrufe (Rheintöchter)

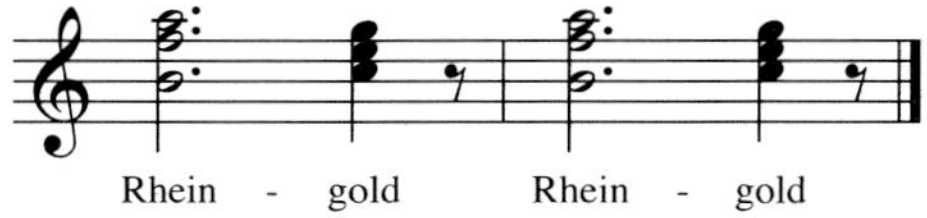

LITERATUR

Ausgaben

Thomas Mann

Thomas Mann: Gesammelte Werke in Einzelbänden. Frankfurter Ausgabe der Werke Thomas Manns, hg. v. Peter de Mendelssohn, Frankfurt am Main 1980ff.
– Ausgewählte Essays in drei Bänden, hg. v. Hermann Kurzke, Frankfurt a. Main 1982.
– Essays, herausgegeben u. kommentiert v. Hermann Kurzke und Stephan Stachorski, 6 Bände, Frankfurt am Main 1993.
– Tagebücher, hg. v. Peter de Mendelssohn, Frankfurt am Main 1979–1995.

Richard Wagner

Richard Wagner: Der Ring des Nibelungen, in: Sämtliche Werke (kritische Ausgabe), in Zusammenarbeit mit der bayerischen Akademie der schönen Künste, München, hg. v. Carl Dahlhaus (begr.) und Egon Voss, Mainz 1970ff, Bände 10–13.
– Dichtungen und Schriften. 10 Bde., hg. v. Dieter Borchmeyer, Frankfurt a. Main 1983f.
– Oper und Drama, herausgegeben und kommentiert v. Klaus Kropfinger, Stuttgart 2000 (1994).

Forschung

Abbate, Carolyn: Unsung Voices. Opera and Musical Narrative in the Nineteenth Century, Princeton 1991.

Anton, Herbert: Die Romankunst Thomas Manns. Begriffe und hermeneutische Strukturen, Paderborn 1972.

Assmann, Jan: Thomas Mann und Ägypten. Mythos und Monotheismus in den Josephsromanen, München 2006.

Bensch, Gisela: Träumerische Ungenauigkeiten. Traum und Traumbewußtsein im Werk Thomas Manns. ‚Buddenbrooks' – ‚Der Zauberberg' – ‚Joseph und seine Brüder', Bonn 2004.

Berger, Willy R.: Die mythologischen Motive in Thomas Manns Roman ‚Joseph und seine Brüder', Köln 1971.

Bermbach, Udo: Der Wahn des Gesamtkunstwerks. Richard Wagners politisch-ästhetische Utopie, Stuttgart 2004.

Ders.: Wotan – Der Gott als Politiker, in: Alles ist nach seiner Art. Figuren in Richard Wagners ‚Der Ring des Nibelungen', hg. v. Udo Bermbach, Stuttgart 2001, S. 27–48.

Ders.: Die Destruktion der Institutionen, in: In den Trümmern der Welt, hg. v. Udo Bermbach, Hamburg 1989, S. 111–144.

Beulertz, Stefan: Erhabener Lärm. Thomas Mann und der ‚Ring des Nibelungen', in: Zeitschrift für Ästhetik und allgemeine Kunstwissenschaft, Bd. 41, H. 2 (1996), S. 313–324.

Borchmeyer, Dieter: Mythos und Romanstruktur – Thomas Manns Joseph und seine ästhetischen Brüder, in: Mythos im Text. Zur Literatur im 20. Jahrhundert, hg. v. Rolf Grimminger und Iris Hermann, Aisthesis Bd. 10, Bielefeld 1998, S. 197–217.

Ders.: Heiterkeit contra Faschismus. Eine Betrachtung über Thomas Manns Josephsromane, in: Kiedaisch/Bär: Heiterkeit, Konzepte in Literatur und Geistesgeschichte, München 1997.

Ders.: Thomas Mann und Richard Wagners Anti-Poetik des Romans, in: Poetik und Geschichte. Viktor Žmegač zum 60. Geburtstag, hg. v. Dieter Borchmeyer, Tübingen 1989.

Ders. (Hg.): Wege des Mythos in die Moderne. Richard Wagner – ‚Der Ring des Nibelungen'. Eine Münchner Ringvorlesung, München 1987.

Breig, Werner: Zur Musikalischen Struktur von Wagners ‚Ring des Nibelungen', in: In den Trümmern der Welt, hg. v. Udo Bermbach, Hamburg 1989, S. 39–61.

Dahlhaus, Carl: Dramaturgie der italienischen Oper, in: Geschichte der italienischen Oper, hg. v. Lorenzo Bianconi und Giorgio Pestelli, Band 6, Laaber 1992.

Ders.: Wagners Konzeption des Musikalischen Dramas, München 1990.

Ders.: Vom Musikdrama zur Literaturoper, München 1989.

Ders.: Musik als strukturale Analyse des Mythos. Claude Lévi-Strauss und der ‚Ring des Nibelungen', in: Wege des Mythos in der Moderne. Richard Wagner – ‚Ring des Nibelungen'. Eine Münchner Ringvorlesung, hg. v. Dieter Borchmeyer, München 1987, S. 64–74.

Ders.: Musik als Text, in: Dichtung und Musik. Kaleidoskop ihrer Beziehung, hg. v. Günther Schnitzler, Stuttgart 1979, S. 11–28.

Ders.: Die Musikdramen Richard Wagners, Zürich/Schwäbisch Hall 1971.

Dahlhaus, Carl/Miller, Norbert: Beziehungszauber. Musik in der modernen Dichtung, München 1988.

Dierks, Manfred: Studien zu Mythos und Psychologie bei Thomas Mann. An seinem Nachlaß orientierte Untersuchungen zu ‚Tod in Venedig', ‚Zauberberg', ‚Josephstetralogie', Bern/München 1972 (Thomas Mann-Studien Bd. 2).

Döhring, Sieghart: Die Oper Meyerbeers als Theater der redenden Bilder, in: Sieghart Döhring und Arnold Jacobshagen (Hg.): Meyerbeer und das europäische Musiktheater [Thurnauer Schriften zum Musiktheater 16], 1998, S. 250–257

Donington, Robert: Wagner's ‚Ring' and its Symbols. The Music and the Myth, London 1963, dt: Richard Wagners ‚Ring des Nibelungen'. Symbole – Musik und Mythos, Stuttgart 1976.

Dürr, Walter: Sprache und Musik. Geschichte, Gattungen, Analysemodelle, Kassel u. a. 1994.

Emig, Christiane: Arbeit am Inzest. Richard Wagner und Thomas Mann, Frankfurt a. Main 1998.

Dies.: ‚Wagner in verjüngten Proportionen'. *Wälsungenblut* als epische Wagner-Transkription, in: Thomas-Mann-Jahrbuch Band 7, 1994.

Erkme, Joseph: Das Motiv ‚Hand' – ein Beispiel für die Leitmotivtechnik im Zauberberg von Thomas Mann, in: Literaturwissenschaftliches Jahrbuch im Auftrag der Görres-Gesellschaft, Bd. 34 (1993).

Fähnrich, Hermann: Thomas Manns episches Musizieren im Sinne Richard Wagners. Parodie und Konkurrenz, hg. v. M. Hülle-Keeding, Frankfurt 1986.

Fiebig, Paul: Objektive Beziehungen zwischen Literatur und Musik. Umsetzungs-Versuche vor allem bei Thomas Mann, Diss. München 1974.

Fritzen, Werner: Die Bekenntnisse des Hochstaplers Felix Krull: Thomas Manns letztes Wort zu Wagner, in: Jahrbuch der Deutschen Schillergesellschaft, Jg. 32 (1988), S. 291–313.

Genette, Gérard: Die Erzählung, München 1994.

Ders.: Palimpsest. Die Literatur auf zweiter Stufe, Frankfurt a. Main 1993.

Gier, Albert/Gruber, Gerold (Hg.): Musik und Literatur. Komparatistische Studien zur Strukturverwandtschaft, Frankfurt a. Main 1995 (Europäische Hochschulschriften, Reihe 36, Musikwissenschaft Bd. 127).

Glaser, Horst: Wagners Musik im Werk Thomas Manns, in: Richard Wagner 1883–1983. Die Rezeption im 19. und 20. Jahrhundert, gesammelte Beiträge des Salzburger Symposiums, hg. v. Müller/Hundsnurscher/Sommer, Stuttgart 1984.

Gockel, Heinz: Das Musikalische im Werk Thomas Manns, in: Hefte der Deutschen Thomas-Mann-Gesellschaft, Lübeck 1987, Heft 6/7.

Goodman, Nelson: Sprachen der Kunst – Entwurf einer Symboltheorie (1963), Frankfurt 1995.

Gottwald, Herwig: Das Inzest-Motiv bei Richard Wagner und Thomas Mann, in: Androgynität und Inzest in der Literatur um 1900, hg. v. Hans Weichselbaum, Salzburg/Wien 2005, S. 181–202.

Graf, Julia: Leidenschaft und Nüchternheit. Zeitgeschichte in Thomas Manns Roman ‚Joseph und seine Brüder', Bonn 1999.

Gregor-Dellin, Martin: Wagner und kein Ende. Richard Wagner im Spiegel von Thomas Manns Prosawerk, Bayreuth 1958.

Hamburger, Käte: Die Logik der Dichtung (1957). 2., stark veränderte Auflage, Stuttgart 1968.

Dies.: Der Humor bei Thomas Mann. Zum Joseph-Roman, Hamburg 1965.

Heftrich, Eckhard: Richard Wagner in Thomas Manns Joseph-Tetralogie, in: Literaturwissenschaftliches Jahrbuch der Görres-Gesellschaft, Bd. 35, 1994, S. 275–290.

Ders.: Geträumte Taten. ‚Joseph und seine Brüder'. Über Thomas Mann. Band III, Frankfurt a. Main 1993.

Ders.: Richard Wagner im Werk Thomas Manns, in: Hefte der Deutschen Thomas-Mann-Gesellschaft, Lübeck 1985, H. 5, S. 5–18.

Ders.: Zauberbergmusik. Über Thomas Mann. Band I, Frankfurt a. Main 1975.

Heller, Peter: Some Functions of the Leitmotiv in Thomas Mann's Joseph-Tetralogie, in: The Germanic Review, Vol. 22 (1947), S. 126–141.

Hohmeyer, Jürgen: Thomas Manns Roman ‚Joseph und seine Brüder'. Studien zu einer gemischten Erzählsituation, Marburg 1964.

Hughes, Kenneth: The Sources and Function of Serach's Song in Thomas Mann's ‚Joseph der Ernährer', in: The Germanic Review, Vol. 45 (1970), S. 126–133.

Kaiser, Gerhard: „… und sogar eine alberne Ordnung ist immer noch besser als gar keine." Erzählstrategien in Thomas Manns ‚Doktor Faustus', Stuttgart 2001.

Koppen, Erwin: Vom Décadent zum Proto-Hitler: Wagner-Bilder Thomas Manns, in: Stationen der Thomas-Mann-Forschung, hg. v. Hermann Kurzke, Würzburg 1985.

Kristiansen, Børge: Das Problem des Realismus bei Thomas Mann. Leitmotiv, Zitat, mythische Wiederholungsstruktur, in: Thomas-Mann-Handbuch, hg. v. Helmut Koopmann, 3. Auflage, Stuttgart 2001.

Ders.: Ägypten als symbolischer Raum, in: Thomas-Mann-Jahrbuch Band 6, 1993, S. 9–36.

Ders.: Thomas Manns ‚Zauberberg' und Schopenhauers Metaphysik, Bonn 1984.

Kurzke, Hermann: Thomas Mann. Das Leben als Kunstwerk. Eine Biographie, München 1999.

Ders.: Thomas Mann. Epoche – Werk – Wirkung, 3. Auflage, München 1997.

Ders.: Mondwanderungen. Ein Wegweiser durch Thomas Manns Joseph-Roman, Frankfurt a. Main 1993.

Ders.: Die Hunde im Souterrain. Die Philosophie der Erotik in Thomas Manns Roman ‚Joseph und seine Brüder', in: Heimsuchung und süßes Gift. Erotik und Poetik bei Thomas Mann, hg. v. Gerhard Härle, Frankfurt a. Main 1992, S. 126–138.

Lüdecke, Johannes: Ways of Understanding Leitmotive, in: Musical Semiotics Revisited, hg. v. Eero Tarasti, Helsinki 2003, S. 376–386.

Mittenzwei, Johannes: Die Beziehungen zwischen Musik und bürgerlicher Dekadenz in den Werken Thomas Manns, in: Ders.: Das Musikalische in der Literatur, Halle 1962.

Nattiez, Jean Jaques: *Can one speak of Narrativity in Music?* in: Journal of the Royal Musical Association, 115.2, S. 240–257.

Ders.: Music and Discourse. Towards a Semiology of Music, Princeton 1990.

Nitsche, Peter: Thomas Manns *Doktor Faustus*, in: Intermedialität, Studien zur Wechselwirkung zwischen den Künsten, hg. v. Günter Schnitzler, Edelgard Spaude, Festschrift für Peter Andraschke zum 65. Geburtstag Freiburg i. Br. 2004, S. 73–93.

Peacock, Ronald: Das Leitmotiv bei Thomas Mann, Bern 1934.

Petersen, J. J.: Kategorien des Erzählens. Zur Systematischen Deskription epischer Texte, in: Poetica 9, 1977.

Ders.: Der deutsche Roman in der Moderne. Grundlagen – Typologie – Entwicklung, Stuttgart 1991.

Ders.: Erzählsysteme. Eine Poetik epischer Texte, Stuttgart 1993.

Pütz, Peter: Wiederholung als ästhetisches Prinzip, Aisthesis Essay Bd. 17, Bielefeld 2004.

Ders.: Die Zeit im Drama. Zur Technik dramatischer Spannungen, Göttingen 1970.

Ders.: Kunst und Künstlerexistenz bei Nietzsche und Thomas Mann. Zum Problem des ästhetischen Perspektivismus in der Moderne, 4. Auflage, Bonn 1997 (1963).

Reinke, Claudius: Musik als Schicksal. Zur Rezeptions- und Interpretationsproblematik der Wagnerbetrachtung Thomas Manns, Osnabrück 2002.

Riethmüller Albrecht (Hg.): Sprache und Musik. Perspektiven einer Beziehung, Laaber 1999.

Scher, Steven Paul: Literatur und Musik. Handbuch zur Theorie und Praxis eines komparatistischen Grenzbereiches, Berlin 1984.

Schläder, Jürgen: Siegmund und Sieglinde – Die Läuterung aus schwerer Sünde, in: Alles ist nach seiner Art. Figuren in Richard Wagners ‚Der Ring des Nibelungen', hg. v. Udo Bermbach, Stuttgart 2001, S. 104–119.

Schneider, Helmut J.: Gotthold Ephraim Lessing: ‚Nathan der Weise', in: Dramen vom Barock bis zur Aufklärung, Stuttgart 2000, S. 293–332.

Schneider, Wolfgang: Lebensfreundlichkeit und Pessimismus. Thomas Manns Figurendarstellung, Frankfurt a. Main 1999.

Schulz, Kerstin: Identitätsfindung und Rollenspiel in Th. Manns Romanen „Joseph und seine Brüder" und „Bekenntnisse des Hochstaplers Felix Krull, Frankfurt 2000.

Seidel, Simone: Richard Wagner im Sanatorium und im alten Orient. Thomas Manns Wagner-Sicht im ‚Zauberberg' und in ‚Joseph und seine Brüder', Frankfurt a. Main 2003

Stanzel, Frank K.: Theorie des Erzählens, Göttingen 1979.

Swensen, Alan J.: Gods, Angels and Narrators. A Metaphysics of Narrative in Thomas Mann's ‚Joseph', New York 1994.

Tarasti, Eero: Signs of Music. A Guide to Musical Semiotics, Berlin/New York/Mouton, de Gruyter, 2002.

Thomas-Mann-Jahrbuch, begr. v. Eckhard Heftrich und Hans Wysling, hg. v. Eckhard Heftrich und Thomas Sprecher, Frankfurt a. Main 1988ff. Bd. 7: Thomas Mann und die Musik.

Thorau, Christian: Semantisierte Sinnlichkeit. Studien zu Rezeption und Zeichenstruktur der Leitmotivtechnik Richard Wagners, Stuttgart 2003.

Vaget, Hans-Rudolf: Seelenzauber. Thomas Mann und die Musik, Frankfurt a. Main 2006.

Ders.: Im Schatten Wagners, in: Im Schatten Wagners. Thomas Mann über Richard Wagner, Texte und Zeugnisse 1895–1955, ausgewählt, kommentiert und mit einem Essay von H. R. Vaget, Frankfurt a. Main 2005.

Ders.: Thomas Mann und Wagner. Zur Funktion des Leitmotivs in ‚Ring des Nibelungen' und ‚Buddenbrooks', in: Musik und Literatur, hg. v. Steven Paul Scher, Berlin 1984, S. 326–347.

Vogel, Harald: Zeit bei Thomas Mann. Untersuchungen zu den Romanen ‚Der Zauberberg', ‚Joseph und seine Brüder' und ‚Doktor Faustus', Münster 1970.

Vogelmann, Katharina: Konstellationen von Mythos und Erzählen in Thomas Manns Josephs-Romanen, Hamburg 2005.

Wapnewski, Peter: Der Magier und der Zauberer. Thomas Mann und Richard Wagner, in: Thomas Mann und München. Fünf Vorträge von Reinhard Baumgart, Joachim Kaiser, Kurt Sontheimer, Peter Wapnewski, Hans Wysling, Frankfurt a. Main 1989, S. 78–103.

Wißkirchen, Hans: Zeitgeschichte im Roman, 1986.

Wolf, Werner: Das Problem der Narrativität in Literatur, bildender Kunst und Musik: ein Beitrag zu einer intermedialen Erzähltheorie, in: Erzähltheorie transgenerisch, intermedial, interdisziplinär, hg. v. Vera und Ansgar Nünning, Trier 2002, S. 23–104.

Wolters, Dierk: Zwischen Metaphysik und Politik. Thomas Manns ‚Joseph und seine Brüder' in seiner Zeit, Tübingen 1998.

Wysling, Hans: Narzißmus und illusionäre Existenzform des Hochstaplers Felix Krull, Bern/München 1982.